# 영화 로그인

사고와 표현 교육

# 영화 로그인
## 사고와 표현 교육

**초판발행** 2018년 9월 30일
**초판 2쇄** 2020년 2월 10일

**지은이** 황영미, 박현희, 김성숙, 황성근, 이재현, 김경애, 신희선, 남진숙,
　　　　　이경희, 강옥희, 나은미, 김중철, 유영희, 송인화, 정윤자, 김명희
**펴낸이** 채종준
**펴낸곳** 한국학술정보(주)
**주소** 경기도 파주시 회동길 230(문발동)
**전화** 031 908 3181(대표)
**팩스** 031 908 3189
**홈페이지** http://ebook.kstudy.com
**E-mail** 출판사업부 publish@kstudy.com
**등록** 제일산－115호(2000. 6. 19)

ISBN 978-89-268-8571-0 93370

# 영화 로그인

## 사고와 표현 교육

한국사고와표현학회 영화와의사소통연구회

황영미 외

# 머리말

　한국사고와 표현학회 산하 '영화와의사소통교육연구회' 월례 콜로키움이 현재까지 83회 동안 진행됐다. 본 연구회는 약칭 '영글이(영화와 글쓰기)'로 불리는데, 대학 교양교육 현장에서 직접 학생들을 가르치고 있는 교수자들의 교육 사례 교류와 새로운 교육 방법에 대한 고민 해결을 위해 만든 모임이다. 영상세대인 학생들에게 보다 가깝고 직접적으로 다가오게 교육할 수 있도록 영화를 활용하여 다양하고 새로운 교육방법을 모색하는 것이 본 연구회를 결성한 취지이다. 본 연구회는 이미 50회 콜로키움의 결과를 모아, 2015년에 『영화로 읽기, 영화로 쓰기』를 발간한 바 있고, 이 책이 세종도서 학술부문 우수도서에 선정되기도 했다. 이 책은 대학 교양교육에 적용될 수 있는 교육 방법과 교육 현장의 생생한 목소리를 담았다는 점에서 가치 있는 책이라고 할 수 있다.

　본 연구회를 진행하고 있는 필자가 한국사고와표현학회 회장을 맡고 있을 때 학술지 『사고와표현』은 연구재단 등재후보지에서 등재지로 승격되었다. 총무이사님을 비롯한 여러 이사님들과 회원들의 노력이 학술적으로 인정받게 된 결과라고 생각한다. 이제 학회나 본 연구회가 제2의 도약을 위한 발돋움을 할 시기이다. 이에 2015년 이후 연구회 세미나에서 발표한 글들을 모아 묶었다. 본 연구회 회원들이 영화를 활용하여 사고하기, 말하기, 글쓰기 교육을 수행했던 사례와 방법을 논문으로 발표하고 이를 단행본 형식으로 수정, 보완한 것들이다. 영화를 통해 세상과 삶, 의사소통교육에 접속하는 시도라는 점에서 『영화 로그인』이라는 제목으로 세상에 내놓는다.

'영화로 생각하기' 장에서는 4편의 글을 모았다. 사고와 표현은 연결되어 있으므로 우리 삶의 상황을 통해 생각을 깊이 있게 할 수 있어야 표현도 가능하게 된다. 먼저 영화 〈패터슨〉을 활용하여 반복된 일상에서 차이를 발견하고 글쓰기에까지 나아가게 하는, 글쓰기 이전의 사유과정에 대해 생각해 본다. 글감을 발견하고 주제를 정하고 이를 글로 완성시키기까지의 과정을 보여주는 일은 무엇을 써야 될지 모르는 학생들에게 하나의 지표가 될 수 있을 것이다. 한국 사회가 다문화 사회로 전환되는 시점에서 영화 〈반두비〉를 통해 다문화 시민성 기르기를 살피는 일은 세계시민 양성에 일조한다는 점에서 의미가 깊다. 우리 삶이 시간에 구속돼 있지만, 〈벤자민 버튼의 시간은 거꾸로 흐른다〉를 통해 삶과 시간의 의미를 되새겨 보는 교육도 인생에 대한 깊은 사유를 더하는 데 보탬이 될 것으로 보인다. 교육영화의 영원한 명작 〈죽은 시인의 사회〉를 통해 진정한 리더십에 대해 사유한 글까지 '영화로 생각하기' 장에서는 표현 이전에 필요한 사고를 키워줄 수 있는 글들을 실었다.

다음으로 '영화로 말하기'장에서는 말하기 교육에서 필요한 논리력, 비판력, 윤리적·감성적 측면을 교육하는 데 도움이 될 만한 글들을 모았다. 먼저 영화 〈컨택트〉를 통해 외계인과의 절대절명한 의사소통을 통해 진정한 대화가 과연 무엇인가를 생각하게 한다. 또한 학생들에게 각자의 상황을 넘어선 대화는 어떻게 가능한가를 모색하게 한다. 영화 〈다크나이트〉를 통해서는 윤리적, 도덕적 딜레마를 지닌 작품을 활용하여 토론을 진행하는 방법과 가이드라인을 제시한다. 이 영화는 사람들에게 드러나는 영웅이 될 것인가, 숨어 있는 영웅이 될 것인가의 딜레마에 빠진 주인공의 고뇌를 중심으로 '불완전한 세상에서 정의를 구현하는 것이 법 안에서 이루어질 수 있는가'라는 명제를 던진다. 다음으로는 영화 〈니고시에이터〉를 통해서 일과 대화에서 협상력이 얼마나 중요한지, 협상의 전략과 방법은 무엇인지를 제시하고, 갈등상황을 이성과 감성을 활용하여 협력적으로 해결하는 능력을 키우는 협상교육이 확대돼야 한다는 점을 강조한다. 또한 건축공학에서 인간을 위한 인문학적 관점이 무엇인가를 생각하게 하는 건축가 정기용의 건축관을 담고 있는 다큐멘터리 〈말하는 건축가〉를 통해 융합적 대화와 의사소통교육을 제시하기도 한다. 이 장에서는 다양한 말하기 상황에서 어떻게 표현하는 것이 가장 효과적인가를 다양하게 모색하고 있다.

다음으로 '영화로 글쓰기'장에서는 다양한 우리 삶의 현장의 문제를 매개로 이를 어떻게 글쓰기 교육과 연결시킬 수 있는지를 모색한다. 먼저 제4차 산업혁명에 의해 우리의 삶을 획기적으로 변화시켜 줄 인터넷운영체제와의 관계를 다룬 〈그녀, Her〉라는 영화가 우리에게 던져주는 포스트휴먼 시대의 사랑과 젠더 문제를 화두로, 자신의 현재 모습을 돌아보게 하는 성찰적 사고와 글쓰기 교육을 어떻게 효율적으로 진행시킬 수 있는지 구체적인 수업 사례를 제시한다. 다음 글은 영화 〈인 더 하우스〉라는 다채로운 감각과 예술, 글쓰기, 상상력에 관한 다양한 이야기가 들어 있는 작품을 통해 소설 속 인물이나, 사건, 갈등 등 재현적인 관점에서 창의적 글쓰기 교육을 할 수 있다는 점을 제시하고 있다. 또한 개인에 대한 공동체적 폭력을 다룬 〈더 헌트〉라는 영화가 자신을 삶의 관찰자의 입장에서 거리를 두고 군중의 무늬를 볼 수 있게 하는 성찰적 글쓰기 교육을 하기에 효과적인 영화라는 것을 제시한 글도 상당히 의미가 있다. 영화 〈프리덤 라이터스〉는 전쟁 같은 삶을 살아가는 아이들의 성장과 변화의 이야기며, 그들을 변화시킨 것은 교사의 독서와 글쓰기를 통한 집념과 인내를 통해서였다. 독서와 글쓰기 교육을 통해 자기표현과 타인과의 교감을 깨닫게 하여 아이들을 변화시킨다는 것은 글쓰기의 힘이 얼마나 큰지를 말하는 것이다. 주인공에 대한 판단과 해석이 열린 영화 〈다우트〉를 통해 학생들에게 교수자가 아무런 지침을 주지 않는 방식과 참고자료만 주는 방식, 아니면 질문 지침을 주고 감상문을 썼을 때 중 어느 방식이 효과적인지를 검증한 글에서는 각 세 가지 방식의 장단점을 제시하여 학생들의 수준에 따라 교수자가 어떻게 선택해야 하는지를 제시하고 있다. 또한 과학기술의 발달과 함께 사회윤리적 딜레마를 제공하는 영화인 〈가타카〉, 〈필라델피아〉, 〈아웃 브레이크〉, 〈인셉션〉을 통해 과학 글쓰기 수업 방식을 제시한 글에서는 일반적인 글쓰기나 토의에서 활용되는 기준보다 높은 수준의 논리력, 판단력, 창의력, 문제해결능력을 평가할 수 있는 지표가 필요하다는 점을 강조하고 있다. 다음으로 외국인에게 의사소통 교육을 진행할 때 영화를 활용한 한국어 의사소통 교육이 효과적임을 강조하고 있는 〈수상한 그녀〉를 활용한 글에서는 이 영화를 통하여 자신들의 삶에서 이야기를 끌어내 적용함으로써 발표와 쓰기에 더욱 효과가 있었다는 사례를 제시하였다.

영화를 활용한 생각하기, 말하기, 글쓰기 교육은 다양한 상황을 매개하고 있기 때문에 의사소통교육에 매우 효과적이다. 따라서 이에 대한 연구와 교육현장에서의 적용이 좀더 적극적으로 실현될 필요가 있다.

이 단행본에는 교양교육을 담당한 교수자들이 흘린 땀과 노력이 고스란히 배어 있다. 대학의 교양교육뿐만 아니라 전공 교육이나, 초중등 교육현장에서도 충분히 활용할 만한 사례가 많으므로 다양한 교육 현장에서 활용되기를 기대한다.

일반 학술지였던 시절부터 등재학술지가 된 지금까지 오랜 기간 묵묵히 한국사고와표현학회의 학술지『사고와표현』을 맡아 편집해 준 한국학술정보에서 영화와의사소통연구회의 두 번째 단행본을 출간하게 되어 더욱 뜻깊고 감사한 마음이다. 앞으로도 좋은 글로 보답하고자 한다.

책임편집 황영미

# Contents

머리말 • 004

## 1장 영화로 생각하기

**1. 일상의 차이 사유하기**
　　〈패터슨〉(황영미) • 012

**2. 다문화 시민성 기르기**
　　〈반두비〉(박현희) • 030

**3. 나이 듦과 나이 덞의 사유**
　　〈벤자민 버튼의 시간은 거꾸로 흐른다〉(김성숙) • 064

**4. 진정한 리더십이란 무엇인가**
　　〈죽은 시인의 사회〉(황성근) • 090

## 2장 영화로 말하기

**5. 다양한 의사소통과 진정한 만남의 접촉점 찾기**
　　〈컨택트〉(이재현) • 116

**6. 딜레마 토론**
　　〈다크 나이트〉(김경애) • 140

**7. 경쟁과 협력의 줄타기, 그것이 협상**
　　〈네고시에이터〉(신희선) • 164

**8. 융합적 대화와 소통**
　　〈말하는 건축가〉(남진숙) • 206

3장

# 영화로 글쓰기

**9. 포스트휴먼 시대의 사랑과 젠더, 글쓰기**
〈그녀 Her〉(이경희) • 232

**10. 관음과 욕망의 글쓰기**
〈인더하우스〉(강옥희) • 266

**11. 공동체의 폭력에 대한 사유와 글쓰기**
〈더 헌트〉(나은미) • 294

**12. 글쓰기, 혹은 상처 드러내기**
〈프리덤 라이터스〉(김중철) • 322

**13. 영화로 글 쓰는 세 가지 방법**
〈다우트〉(유영희) • 342

**14. 과학과 사회, 윤리의 행복한 조우, 과학 영화를 활용한 글쓰기 교육**
〈가타카〉, 〈필라델피아〉, 〈아웃 브레이크〉, 〈인셉션〉(송인화) • 374

**15. 한국어 의사소통 교육**
〈수상한 그녀〉(정윤자 · 김명희) • 400

FILM LOGIN

# 영화로
# 생각하기

# 일상의 차이 사유하기
## 〈패터슨〉[1]

황영미

## 영화를 활용한 사고와 표현 교육

대학교양 교육의 기본이 되는 사고와 표현 교육에서 학생들이 가장 어려워하는 것은 무엇을 문제삼아 생각하며, 그것을 어떻게 표현할 것인가에 대한 것이다. 이에 대한 두려움으로 인해 생각하고 글을 쓰는 자체를 어려워하는 학생들이 많다. 고등학교에서의 주입식 교육과 사지선다형 객관식 시험에만 익숙해져 있던 학생들이 대학에 와서 막상 자신의 생각을 표현하는 글을 쓰려니 막막한 것이다. 사고와 표현은 연결돼 있기 때문에 생각을 어떻게 키워나가느냐라는 사고의 문제는 표현 과정과 맞물린다. 문제에 대한 인식이 없다면 글쓰기의 출발도 할 수 없는 것이므로 글쓰기와 관련된 사고는 문제에 대한 인식에서 출발한다. 즉 의미를 언어화하는 쓰기 과정은 언어와 관련된 문자를 읽고 쓰는 사고 기능뿐만이 아니라, 언어에서 의미를 추출하여 재구성하는 사고 기능과 밀접한 관련이 있다.[2] 또한 쓰기 활동은 문제해결 행위로서, 쓰기에 수반되는 사고는 합리적으로 문제를 규정하고 거기에 대처해 나가는 유목적적이며 의도적인 정신 활동이라고 규정할 수 있다.[3] 여기에서 언급된 문제를 규정한다는 것은 문제를 발견하는 것이며, 거기에 대처해 나간다는 것은 문제를 심화하는 것이다. 이 과정을 통해 글쓰기라는 문제해결 단계에 이르게 되는 것이다. 그러므로 문제해결력과 글쓰기를 연결 짓는 연구는 그런 점에서 유의미하다고 할 수 있다. 이민호는 문제해결형 글쓰기와 관련하여 "문제해결과정에서 공통적으로 추출할 수 있는 핵심전략은 문제의 인식과 문제해결의 적극적 모색과 결과의 자기수용"[4]이라고 하였다. 이에 비추어볼 때, 문제에 대한 인식과 문제의 심화과정과 문제해결이라는 과정을 거치는 동안 글쓰기가 완성되는 것이라고 보아도 무방할 것이다.

문제는 어떻게 글쓰기라는 문제해결과정을 학생들에게 효과적으로 교육할 것인가이다. 영화활용 교육을 연구한 외국학자들은 영화는 커리큘럼의 내용과 개념적으로 연관지어졌을 때 학생들의 참여도를 증가시킨다고 보았다.[5] 또한 영화가 지닌 에듀테인먼트적 효과성을 강조하기도 한다.[6] 그렇다고 본다면 글쓰기라는 주제가 담긴 영화로 교육시켰을 때 가장 효과적인 교육이 될 것이다. 그동안 브레송 감독의 〈시골 사제의 일기〉에서부터 마이클 래드포드 감독의 〈일 포스티노〉나 이창동 감독의 영화 〈시〉 등이 글쓰기를 주제로 삼는 영화들이었고, 칸 영화제 초청작이었던 〈패터슨〉[7]도 이 계열의 영화이다.

이 글은 시를 쓰는 버스 운전사 '패터슨'의 일주일 동안의 일상을 그린 미국 인디영화의 아이콘 짐 자무쉬 감독의 영화 〈패터슨〉을 활용하여 글이 어떻게 생산되는지의 과정을 보여줌으로써 문제해결형 사고와 표현 교육 방식을 제시하고자 한다. 김지미는 "〈패터슨〉은 한편의 영화가 한 학기의 시학 강의보다 더 효과적으로 시적 경이를 체득하게 할 수 있음을 증명한다."[8]고까지 언급한 바 있을 정도로 영화 〈패터슨〉은 글쓰기 교육에 효과적이라고 볼 수 있다. 이 영화는 "'시작'詩作'"에 대한 영화다. 그렇다면 시작이란 무엇인가? 이 질문이 〈패터슨〉의 중심부에 놓여 있다."[9] 즉, 이 영화는 시쓰기를 통해 글쓰기란 무엇인가를 질문하고 있으며, 글쓰기 과정이 영화의 진행과정과 일치하는 영화인 것이다. 이문재는 이 영화로 "도시의 공유기억, 버스와 공공재, 현대인과 장소 상실, 시의 사회적 역할 등 묵직한 주제"[10]로 토론할 만하다고도 했다. 이는 영화 〈패터슨〉이 담고 있는 문제의식을 강조하고 있는 것이며, 교육적 효과가 있다는 것을 말하고 있는 것이다.

영화 〈패터슨〉에 관한 비평이나 리뷰는 상당히 많은 편이나 학술 논문은 나오지 않았다. 특히 사고와 표현 교육 분야에서 의미 있는 영화라는 점을 고려하여 이 논문에서 처음으로 문제해결적 사고와 표현 교육면에서 접근하고자 한다.

## 시 '패터슨'의 영화 〈패터슨〉되기

영화 〈패터슨〉은 미국 뉴저지 주의 소도시 패터슨에 사는 시를 쓰는 버스 운전기사 패터슨(애덤 드라이버)의 일주일 동안의 일상이 요일 별로 구성돼 있다. 패터슨이라는 도시 이름과 주인공 이름이 같은 이유는 퓰리처상을 수상한 바 있는 의사이며 시인인 윌리엄 카를로스 윌리엄스의 연작시 '패터슨' 5부작을 바탕으로 하고 있다는 점에 기인한다. "최근 미국의 젊은 시인들이 주목하고 있는 의사이자 시인이었던 윌리엄 카를로스 윌리엄스(William Carlos Williams, 1883-1963)는 그의 대표작인 '패터슨(Paterson)'을 통해 미국의 현실이 가지고 있는 병증을 진단하고 이를 치유하고자 하였다".[11] 도시 이름과 화자 이름의 동일성에 대해서는 "윌리엄스는 도시와 인간이 밀접한 관계를 가지고 있음을 패터슨의 화자의 이름을 도시 패터슨의 이름과 동일하게 설정함으로써 보여준다. 또한 그는 시 '패터슨'의 서두에서 도시 패터슨을 시적 주제로 선택함에 있어서 패세익 폭포가 '주안점'"[12]이라고 지적된 바 있다. 영화에서도 주인공 '패터슨'은 점심시간이면 아내가 싸준 샌드위치 도시락을 들고 패세익 폭포 앞 벤치에 앉아 시상을 가다듬곤 한다. 반려견 '마빈'이 패터슨의 노트를 물어뜯어 산산조각을 내버렸을 때도 일본에서 온 시인이 패터슨에게 빈 노트를 선물하고는 "때로는 텅 빈 페이지가 가장 많은 가능성을 선사한다"라고 말하며 패터슨에게 다시 시를 쓸 힘을 준 곳도 패세익 폭포이다.

영화의 제작노트(네이버) 정보에 따르면 윌리엄스 시인을 감독 짐 자무쉬가 좋아했고, 그는 시의 배경이 되는 패터슨 시(市)를 여행하면서 영화스토리를 구상했다고 한다. 윌리엄스 시인은 모더니즘 작가 제임스 조이스의 『율리시즈』에 영감을 받아 연작 서사시 〈패터슨〉을 썼다고 한다.[13] 『율리시즈』는 호메로스의 『율리시스』를 날줄로, 주인공 블룸이 더블린 시내를 하룻동안 산책하면서 든 생각들을 씨줄로 직조하면서 쓴 소설이다. 블룸처럼 영화에서 버스 기사 패터슨은 길거리를 산책하거나 버스를 운전하면서 드는 생각을 바탕으로 시의 모티프를 키워나간다. 그러므로 이 영화 전체가 시를 쓰는 과정이라고 볼 수 있다. 윌리엄스 시인의 시 '패터슨'은 짐 자무쉬 감독을 통해 시를 쓰는 버스기사로 탄생되어 일상이 시가 되는 과정을 눈 앞에 가져다 놓게 된 것이다.


## 문제해결과정과 '사고와 표현'의 관계

### 1) 문제의 발견 : 일상의 차이 발견하기와 관찰하기
① 반복된 일상의 차이 발견하기

〈패터슨〉은 시를 쓰는 버스운전 기사 패터슨의 글쓰기에 관한 여러 행위들로 구성돼 있다. '일상'이라는 단어는 매일 유사하게 반복되는 일을 말한다. 일상의 반복은 단순한 반복이 아니라, 들뢰즈가 말한 바 '차이나는 반복'일 것이다. 들뢰즈는 "반복은 일상성이 아니다. 반복은 여러 가지 관점에서 일반성과 구별되어야 한다. 이 둘을 암묵적으로 혼동하고 있는 표현은 언제나 곤혹스럽다."(질 들뢰즈, 2004, 25)[14]라고 언급하며, "반복은 항상 어떤 극단적 유사성이나 완벽한 등가성으로 '재현'될 수 있다. 그러나 점진적으로 한 사태에서 다른 한 사태로 이행할 수 있다고 해서 두 사태 간의 본성상의 차이가 사라지는 것은 아니다"[15](질 들뢰즈, 2004, 27)라고 강조하며 반복의 새로운 의미성에 주목하였다. 영화 〈패터슨〉은 반복적 일상의 조그만 균열에 현미경을 들이대며 '차이나는 반복'에 주목하고 있다.

이 영화는 패터슨의 어제와 비슷한 오늘이 반복되는 것처럼 구성돼 있지만, 다른 점을 발견하는 재미로 영화를 보게 될 정도로 차이나면서 반복되는 장면이 많다. 요일별 첫 장면은 언제나 패터슨이 아내 로라(골쉬프테 파라하니)가 곁에 누운 침대 위에서 깨어나는 아침이다. 패터슨은 침대에 누운 채 시계를 확인하고, 아내의 꿈 얘기를 듣고 일어나, 우유에 넣은 시리얼을 먹은 후 출근한다. 그리고 퇴근할 때면 언제나 아침과는 달리 비뚤어진 우편함 기둥을 바로 세우며 집안으로 들어와 아내와 얘기한다.

> 이 반복적 일상의 틈을 비집고 이어지는 시쓰기는 그의 삶을 평범하지만은 않은 것으로 만들어주는 유일한 행위다. 말수가 적고 주로 타인의 말에 귀를 기울이는 편인 그가 내면을 드러내는 순간 역시 시쓰기를 통해서다. 영화에는 패터슨이 쓴 시가 일곱 편 등장하는데, 이 7이

라는 숫자는 공교롭게 월요일부터 일요일까지의 일상을 병렬적으로 다룬 서사구조와 일치한다.[16]

이처럼 반복되는 것처럼 보이는 일상에서의 조그만 차이가 바로 패터슨의 글쓰기와 만나게 되는 것이다. 늘 비슷한 것처럼 보이는 패터슨의 일상을 영화에서는 조금씩 다르게 보여준다. 월요일부터 그 다음 주 월요일에 이르기까지 패터슨은 아침에 아내가 곁에 있는 침대에서 같은 시간에 일어난다. 그러나 비슷해 보이지만 침대에 누운 자세는 조금씩 다르다. 패터슨은 같은 버스로 같은 코스를 운전하지만 매일 다른 사람들이 타고 내린다. 비슷한 듯 차이나는 일상에서 패터슨이 발견하게 되는 차이는 이 영화의 핵심 주제가 된다. 배차를 하는 직원도 늘 같은 시각에 패터슨의 버스를 출발시키려고 말을 걸지만 그가 하는 말의 내용은 조금씩 차이나는 변화를 보인다.

아내 로라를 예를 들어보자. 그녀는 자신만의 독창적인 무늬로 커튼을 만든다. 이는 단순히 동그라미가 많이 있는 것 같지만, 자세히 보면 크기가 조금씩 바뀌는 '차이나는 반복'을 구현하고 있다. 반복되는 것처럼 보이지만 차이를 발견하는 것이 바로 글감을 찾게 되는 것이며 문제를 발견하는 지점인 것이다. 교수자는 학생들에게 다음과 같은 질문을 해 볼 수 있다. '오늘 하룻동안 어제와 같이 반복되는 일상 속에서 어제와 다른 점을 발견하였는가, 다른 점의 의미를 찾을 수 있는가'. 이와 같은 질문에 답변함으로써 이 영화를 통해 학생들은 자신의 일상에서 문제를 발견하는 능력이 키워질 수 있을 것이다.

② 관찰하기

이 영화에서 월요일, 화요일, 수요일 등으로 시간이 흘러가지만, 시를 쓰려고 관찰하는 한 그 매일은 어제와 다르다. 그는 아침에 시리얼을 먹는 중에도 옆에 있는 성냥을 만지작거리며, 관찰한다. 그는 운전하면서도 승객들을 관찰한다. 소도시 패터슨은 발전하는 도시의 이미지와는 거리가 멀다. 그곳에 사는 사람들도 도시와 마찬가지로 특출나거나 훌륭하게 보이지 않는다. 패터슨은 그들의 외모, 신발, 그들이 하는 대화를 들으며 그들을 관찰한다. 저녁에는 바에 들러 맥주를 마시며 그곳 주인이나 바에 오는 사람들을 관찰한다. 물론 바에 들어가기 전에도 바로 옆 코인 세탁방에서 들려오는 래퍼가 되고자 하는 사람의 노래하는 모습을 관찰한다. 주인공인 배우 아담 드라이버는 "이 영화에서 패터슨이 하는 일의 대부분은 다른 모든 사람의 말을 듣고, 그들을 관찰하는 것이다"[17](장성란, 2016)라고 인터뷰에서 언급하였다.

영화 〈패터슨〉의 모체가 된 '패터슨' 5부작을 썼던 칼로스 윌리엄즈는 의사로서 패세익(Passaic) 강변에 사는 가난한 공장 노동자들을 환자로 만나고, 이를 통해 소외된 사람들의 현실을 직시하고 이해할 수 있는 경험을 가질 수 있었다.[18] 영화 〈패터슨〉의 버스 기사 패터슨에게도 관찰은 글을 쓰기 위해 반드시 필요한 행위인 것이다.

그러므로 학생들에게 글을 쓰기 전 관찰하기를 훈련시키는 것이 필요하다. 관찰은 글쓰기의 가장 중요한 과정이다. 섬세한 관찰을 통해 사물과 세상을 바라보고 다양한 생각으로 다듬을 수 있다.[19] 관찰을 통해서 대상을 정밀하게 볼 수 있고 패턴을 찾을 수 있을 것이며 이러한 패턴들로부터 새로운 원리, 사물들이 지닌 유사점, 그리고 새로운 창의적 모형 등을 유추해 낼 수 있다는 것이다.[20] 관찰력은 관심, 이해의 과정을 거쳐 이루어진다. 관심은 사물을 보는 출발점이다.[21] 세부적인 예리한 관찰을 통해 사물의 특징을 분석하고 그 특징에서 사물들 간 유사점과 차이점을 이끌어 내고, 이에 기반하여 창의적인 모형을 창출할 수 있기 때문이다.[22] (로버트 루트번스타인 · 미셸 루트번스타인, 2007, 58). 교수자는 학생들에게 다음과 같은 질문을 해 볼 수 있다. '최근 관심을 가지고 관찰해 본 대상이 있는가? 대상이란 사람, 물건, 상황 모두 괜찮으니 발표해보자'라고 한 후 답변을 유도한다면 학생들 역시 패터슨처럼 관찰을 통해 문제를 인식하고 글감을 발견할 수 있을 것이다.

### 2) 문제의 심화-읽기와 사유하기

#### ① 읽기

패터슨은 그가 좋아하는 시인 윌리엄 카를로스 윌리엄스의 시집을 읽는다. 아내는 그가 읽어주는 윌리엄스의 시를 좋아한다. 집 지하에 있는 그의 책상에는 그가 좋아하는 책들이 즐비하다. 고모룡은 "영화의 주인공은 윌리엄스를 따라 그의 생애처럼 일상생활 속에서 시를 읽고 시를 쓴다. 그만의 공간인 지하 서재에는 시인 윌리엄스의 사진이 걸려 있다. 데이비드 소로, 잭 런던, 월러스 스티븐스 등의 책들과 함께 여러 판본의 시집 '패터슨'들이 산재한다."[23] 고 지적하였다. 자세히 보면 폴 오스터의 『뉴욕 3부작』도 있다. 이 영화는 패터슨이 글을 쓰는 데 읽기가 필요하다는 것을 그의 서재에 꽂힌 책과 그가 읽는 시를 통해 보여주고 있다.

읽기와 쓰기는 밀접하게 연관되어 있기 때문에, 대학 글쓰기 교육에서 읽기와 쓰기가 연계되어 진행되는 대학이 많고, 이에 대한 학술적 주장도 상당히 많다. 대학에서 요구되는 읽기 능력은 텍스트에 대한 정확한 이해를 넘어서는 차원의 것이며, 기존의 지식을 비판적으로 수용하여 새로운 가치와 지식을 생산해내는 차원의 쓰기 능력이 요청되기 때문이다.[24] 읽기와 쓰기는 다른 행위처럼 보이지만 마치 은행에 돈을 저축해 놓아야 찾아 쓸 수 있는 것처럼, 읽기는 쓰기의 전제가 되는 행위이다. 학생들도 글을 쓰기 전에 여러 읽기 자료들이 콘텐츠로 내재돼 있어야 된다는 것을 영화 〈패터슨〉을 통해 직접적으로 알게 될 수 있는 것이다.

② 산책하며 생각하기

패터슨은 저녁마다 반려견인 잉글리시 불독 마빈과 산책한다. 저녁 산책길에 비싼 블독이니 조심하라는 동네 불량배들의 말을 듣기도 한다. 퇴근길에는 비밀노트에 시를 쓰는 소녀시인을 만나게 된다. 소녀는 자신이 직접 쓴 시를 낭송하기도 하고 19세기 미국 시인 에밀리 디킨슨을 좋아한다고 말하기도 한다. 패터슨은 그녀에게 자신도 같은 시인을 좋아한다는 말을 한다. 그녀가 지니고 있는 오래된 비밀노트도 패터슨의 노트와 닮아 있다. 그의 퇴근길이나 산책길 역시 글쓰기와 관련돼 있는 것이다. 아담 드라이버는 "연기하다 보면 패터슨이 침묵을 지키고 있다는 사실을 잊어버렸다. 다른 인물들의 말과 행동을 받아들이고, 그것에 대해 생각하는 것만으로도 느끼는 것이 무척 많았기 때문"[25]이라며 다른 인물들에 대해 생각하는 것이 많이 느끼는 것이고, 그것이 바로 어떤 대상이나 문제에 대해 생각하면서 심화시키는 과정이라는 것을 말하고 있다. 영화 〈패터슨〉에서 주인공 패터슨의 산책이나 다른 인물에 대해 생각하는 행동패턴이 바로 글쓰기 과정 그 자체인 것이다. 그러므로 대상에 대해 생각하는 과정은 쓰기의 전단계로 작동한다.

③ 헤테로토피아적인 창의적 사유하기

이 영화는 자신만의 꿈을 가지고 그 꿈을 이루려는 사람들의 이야기다. 패터슨의 아내 로라는 아침마다 꿈 이야기를 한다. 아이가 없는 부부인 그들이 쌍둥이 딸이 생겼던 꿈이다. 아내의 꿈은 하루 종일 패터슨을 지배하기도 한다. 버스에 탄 쌍둥이, 퇴근길에 우연히 만났던 소녀 시인도 쌍둥이다. 영화 〈패터슨〉에 등장하는 사람은 이미 성공했거나 멋진 사람들이 아니다. 꿈을 이루려는 사람들이 살고 있는 곳이라는 점에서 이들의 일상이 전개되는 패터슨이라는 공간은 헤테로토피아적이다. 미셸 푸코가 정의하는 '헤테로토피아'[26]는 일상적 공간이면서도 구성원들이 꿈꾸는 비현실적인 유토피아를 말한다. 또한 '헤테로토피아'는 일상에 실재하는 공간이면서도 자신만의 공간이다. 패터슨의 아내 로라는 자신이 화가라도 된 듯 그림도 그리고, 디자이너가 된 듯, 옷에 물감을 칠하면서 자신의 창의력을 발휘한다. 그녀의 창의력은 급기야 기타를 치면서 노래를 부르는 팝가수가 되고자 한다. 가수가 되기 위해 우선 필요한 기타와 기타연주법이 담긴 DVD 세트를 사고 싶어 패터슨한테 사도 되느냐며 조른다. 패터슨의 허락이 떨어지자마자 그녀는 기타와 DVD를 주문하고 배달이 되자, 짬짬이 기타 연습을 한다. 그리고 가수처럼 멋진 모자와 의상을 고른 후 패터슨 앞에서 연주한다.

뿐만 아니라 그녀는 컵케이크를 만드는 재능이 있다. 그녀는 예쁜 컵케이크로 패터슨의 도시락을 싸줄 뿐만 아니라, 새 농산물공판장의 베이킹 부스 담당 순번이 돼 팔게 될 컵케이크를 만든다. 그러면서도 장사가 잘 되면, 컵케이크 가게를 열어 부자가 될 꿈도 꾼다. 꿈이 너무 여러 가지여서 어처구니없어 보이기도 한다. 그러나 로라는 그녀의 모든 꿈에 대해 진지하다. 로라 뿐만 아니라 이 영화에서는 패터슨이 퇴근길에 만났던 소녀도 시인을 꿈꾼다. 저녁에 패터슨이 매일 들렀던 바 옆 코인세탁방에도 래퍼를 꿈꾸는 남자가 있다. 패터슨 역시 시인을 꿈꾸며 시를 쓴다. 이런 사람들이 살

아가는 공간은 일상적 공간이면서도 그들 자신만의 공간으로 전환
되며, 일상성에 매몰되지 않는 공간인 헤테로토피아적으로 변화한
다. 그들은 지배적인 관념이나 일상에 묻혀 물질적 세계에 고착돼
있는 사람들과는 다르다.

칸 영화제에서의 짐자무쉬 감독 인터뷰에서 감독은 다음과 같이
말했다.

> "그녀는 끊임없이 몸을 쓰는 사람이고 그게 로라가 자신
> 의 세계를 구성하는 방식이라고 생각했다. 반대로 패터
> 슨은 늘 부유하는 느낌이다. 심지어 그는 자신이 아내에
> 게 무엇을 말했는지조차 종종 잊어버린다. 하지만 그럼
> 에도 불구하고 이 부부에게 공통점이 있다면, 자신의 삶
> 의 방식을 스스로 선택했다는 점이고, 그들은 각기 다른
> 방식으로 무언가를 만들어내는 사람들이며, 상대방에게
> 변화를 요구하지 않은 채 있는 그대로의 모습을 사랑할
> 줄 아는 사람들이라는 것이다.[27]

위의 말처럼 헤테로토피아적 공간에서는 푸코가 말했듯이 "서로
양립불가능한 여러 공간을 실제의 한 장소에 겹쳐 놓는 데 그 원리
가 있다."[28] 한 공간에 살아가는 그들 부부는 너무나도 차이나는 세
계관을 지닌 캐릭터로 각자 양립불가능한 다른 공간에서 살아가는
것처럼 다른 사람들로 보인다. 그러나 영화에서 패터슨 부부는 매
일 아침 한 침대 한 공간에서 일어나 하루를 시작하는 것이 강조된
다. 이들 부부의 사랑이 각기 다른 시각으로 보는 공간을 헤테로토
피아적으로 겹쳐지게 한다.

영화 〈패터슨〉의 등장인물의 헤테로토피아적인 사고는 창의적

사고와 그 맥을 같이 한다. 창의적 사고는 평가와 종합의 사고 기능과 밀접한 연관을 맺고, 쓰기의 문제해결적 특성으로 인하여 위계를 이룬다[29]는 지적처럼 문제해결이라는 쓰기 이전에 이루어지는 과정을 말한다. 영화 〈패터슨〉에는 이처럼 쓰기까지 이르는 과정을 하나하나 담고 있어 학생들에게 글을 쓰는 과정을 눈에 보듯이 가깝고 리얼하게 제시하고 있다.

### 3) 문제의 해결 : 쓰기

　글쓰기 과정이 문제해결과정으로 볼 수 있다는 것은 전술한 바 있다. 영화에서 패터슨은 관찰하며 읽으며 산책하며 생각한 시상을 조금씩 키워가며 시를 쓴다. 아침에 시리얼을 먹으면서 눈 앞에 있던 성냥을 만지작거리면서 '우리집에는 성냥이 많다'로 시작하게 된 글은 버스터미널에서 버스가 출발하는 시간까지 대기할 때, 아침에 몇 줄 쓴 시구를 한 줄씩 키워나간다. 시는 점점 관찰한 내용과 덧붙여지면서 사유의 깊이를 더해간다. 점심시간에는 윌리엄스 시인이 그렸던 패터슨 시(市)의 명물인 패세익 폭포가 보이는 공원으로 간다. 벤치에 앉아 폭포수의 시원한 물줄기를 보면서 아내가 싸준 도시락을 먹는다. 그리고 시를 쓴다. 그의 시는 이제 아침에 본 성냥은 그녀를 향한 사랑의 불꽃으로 승화되어 가면서 완성을 향해 간다. 그러므로 그가 무슨 일을 하고 있든 그의 행위는 글쓰기와 연결돼 있으며, 그의 하루는 글쓰기로 완성된다.

　이 영화는 뚜렷한 선악구도를 지니지 않고 있다. 유일한 악한은 주인인 패터슨 부부가 키스를 하는 등 다정한 모습을 보이면 크르렁거리며 불쾌한 소리를 내거나, 주인이 출근한 후 집 앞 우편함 기둥을 밀어 비뚤어지게 만드는 마빈이다. 문제의 마빈은 패터슨의 비밀노트를 물어뜯어 산산조각내 패터슨을 절망하게 만든다. 그러나 이 영화는 써놓은 글이 없어지는 문제 상황에서도 글쓰기는 계속된다는 것을 보여준다. 패터슨이 만난 일본인 시인은 패터슨에게 빈 노트를 전해주며 글쓰기를 포기하지 않도록 해준다. 패터슨의 글쓰기는 빈 곳에서 다시 시작하게 되는 것이다. 즉 사고를 채워가고 다시 사고를 비우고 다시 시작하는 과정을 통해 학생들은 생각을 어떻게 전개하여 글로 완성하는지를 자연스럽게 알게 되는 것이다.

## 반복된 일상에서 차이 사유하기

　대학에서의 사고와 표현 교육은 수렴적 사고 훈련만을 받았던 학생들에게 어떻게 발산적 사고를 할 수 있게 만드는가가 일차적으로 이루어져야 하며, 이를 통해 마련된 생각을 어떻게 다시 수렴적 사고로 정리하여 글로 표현하는가가 그 다음으로 진행되어야 할 것이다. 이 과정을 하나의 문제해결과정으로 보고 접근한다면 학생들이 가진 사고하기나 글쓰기에 대한 모호한 두려움을 없앨 수 있는 효율적인 교육방식이 될 수 있다. 이 논문은 버스기사 패터슨이 일상에서 시를 발견하고 쓰는 과정을 보여주는 영화 〈패터슨〉에서의 글쓰기 과정을 문제해결과정과 궤를 같이 하여 분석한 것이다. 일상적 행위의 반복처럼 보이는 일상에서의 차이를 발견하는 것은 문제를 발견하는 것이다. 또한 문제의 발견은 일상에 대한 관찰을 통해 이루어진다. 문제를 심화시키는 과정은 읽기와 사유하기를 통해 이루어진다. 이 과정에서의 사유하기는 산책을 통해 이루어지기도 하며, 헤테로토피아적인 창의적 사유하기로 이루어진다. 마지막 단계로서 문제해결 과정은 쓰기로 귀결된다.

　글을 어떻게 써야 할지 모르는 학생들에게 영화 〈패터슨〉에서 보여주는 글쓰기 과정을 통해 별 것 아니게 보이는 일상이 어떻게 새롭게 글로 완성되는지를 보여줌으로써 글쓰기가 일상에서 차이와 문제를 발견하고, 이를 심화시켜 완성하는 것이라는 것을 알게 하는 데 효과적인 영화 텍스트이다. 이 글은 영화 〈패터슨〉을 사고와 표현 교육에 적용한 첫 논문으로서 의의를 지닌다.

1) 이 글은 한국교양기초교육원 e저널 두루내(2018.3)에 게재된 「버스기사의 시가된 일상-영화 〈패터슨〉에 관한 단상」을 기초로 한 논문 「영화 〈패터슨〉을 활용한 사고와 표현 교육」(『사고와표현』11집 2호, 한국사고와표현학회, 2018.08)을 수정, 보완한 것임.

2) 강미영, 「국어교육 : "쓰기적 사고력"에 관한 연구 1 -통합 인지적 관점을 기반으로」, 『새국어교육』제 92권, 2012, 102쪽.

3) 위의 논문, 103쪽.

4) 이민호, 「문제해결형 글쓰기에서 시읽기와 시쓰기」, 『교양교육연구』제 5권 1호, 2011, 343쪽.

5) Bluestone Cheryl, "Feature Films as a Teaching Tool", College Teaching, Vol. 48, No. 4, 2000, p.141.

6) Macy, A. & Neil T., "Using movies as a vehicle for critical thinking in economics and business", Journal of Economics and Economic Education Research, Vol 9, No.1, 2008, p.31.

7) 짐 자무쉬, 〈패터슨〉, 2016, 플레인.

8) 김지미, 2018, "〈패터슨〉, 도시를 부유하는 시상(詩想) 수집가의 하루", 『씨네21』,http://www.cine21.com/news/view/?mag_id=89113

9) 신형철, 「인간의 형식-〈패터슨〉, 혹은 시인과 시작(詩作)에 대한 하나의 성찰」, 『문학동네』제25권 제1호(통권 94호), 2018, 3쪽.

10) 이문재, 2018, "일상 속에서 '일상 탈출'하기", 『경향신문』,http://news.khan.co.kr/kh_news/khan_art_view.html?artid=201804222124005&code=990100

11) 용미리, 「윌리엄 카를로스 윌리엄스의 『패터슨』에 나타난 순환과 재생 : 도시 · 인간 · 자연을 중심으로」, 고려대학교 대학원 영어영문학과 석사학위논문, 2010, 1쪽.

12) 위의 논문, 8쪽.

13) 최용미, 「거리산보자의 도시 공간 읽기-〈패터슨〉과 〈율리시즈〉」, 『현대영미시연구』18권1호, 2012, 127쪽.

14) 질 들뢰즈, 김상환 역, 『차이와 반복』, 민음사, 2004, 25쪽.

15) 위의 책, 27쪽.

16) 나희덕, "잃어버린, 또는 아직 오지 않은 시", 『무등일보』, 2018, http://www.honam.co.kr/read.php3?aid=1525100400554122242

17) 장성란, [인터뷰]아담 드라이버와의 인터뷰: 평범한 하루를 시로 완성하는 버스 기사 '패터슨', 『중앙일보』, 2016, http://news.joins.com/article/22205648

18) 최은희, 『「패터슨」: 자연과 사물에 대한 타자적 시선」, 『현대영미시연구』 제23권 1호, 한국현대영미시학회, 2017, 138쪽.

19) 한승주, 「대학 교양 글쓰기 교육의 개선 방안 탐색-공주대학교 '창의적사고와표현' 능력 향상을 중심으로」, 『교육문화연구』제22권 4호, 2016, 61쪽.

20) 김다원, 「연암의 자연 사물 관찰과 글쓰기 양상 분석 연구- 연암 박지원의 『열하일기』 여행기를 중심으로」, 『대한지리학회지』 제49권 5호, 2014, 717쪽.

21) 위의 논문, 725쪽.

22) 로버트 루트번스타인 · 미셸 루트번스타인, 박종성 옮김, 『생각의 탄생』, 에코의 서재, 2007, 58쪽.

23) 구모룡, "패터슨의 공책", 『부산일보』, 2018, http://news20.busan.com/controller/newsController.jsp?newsId=20180403000270

24) 김정녀, 「대학 읽기,쓰기 통합 교육의 실제와 교육 방안 -학술적 담화 활동을 통한 방법 모색」, 『한민족문화연구』제44호, 2013, 455쪽.

25) 장성란, 앞의 글.

26) 미셸 푸코, 이상길 역, 『헤테로토피아』, 문학과지성사, 2014.

27) 장영엽, 2016, [인터뷰] [칸 스페셜] 짐 자무시 감독 인터뷰: 폭력이 난무하는 영화에 대한 해독제가 되길, 『씨네21』, http://www.cine21.com/news/view/?mag_id=84247

28) 미셸 푸코, 앞의 책, 19쪽.

29) 강미영, 앞의 논문, 123쪽.

짐 자무쉬, 〈패터슨〉, 2016, 플래인.

**논문 및 단행본**

강미영, 「국어교육 : "쓰기적 사고력"에 관한 연구 1 -통합 인지적 관점을 기반으로」, 『새국어교육』제92호, 2012, 101-129.

김다원, 「연암의 자연 사물 관찰과 글쓰기 양상 분석 연구- 연암 박지원의 『열하일기』 여행기를 중심으로」, 『대한지리학회지』 제49권 제5호, 2014, 716-727.

김정녀, 「대학 읽기, 쓰기 통합 교육의 실제와 교육 방안 -학술적 담화 활동을 통한 방법 모색」, 『한민족문화연구』제44호, 2013, 447-486.

신형철, 「〈패터슨〉, 혹은 시인과 시작(詩作)에 대한 하나의 성찰」, 『문학동네』제 25권 1호, 2018, 1-20.

이민호, 「문제해결형 글쓰기로서 시읽기와 시쓰기」, 『교양교육연구』제 5권 1호, 32011, 39-366.

용미리, 「윌리엄 카를로스 윌리엄스의 『패터슨』에 나타난 순환과 재생 : 도시·인간·자연을 중심으로」, 고려대학교 대학원 영어영문학과 석사학위논문. 2010.

최용미, 「거리산보자의 도시 공간 읽기-〈패터슨〉과 〈율리시즈〉」, 『현대영미시연구』18권1호, 2012, 127-155.

최은희, 「『패터슨』: 자연과 사물에 대한 타자적 시선」, 『현대영미시연구』23권,1호, 2017, 137-163.

한승주, 「대학 교양 글쓰기 교육의 개선 방안 탐색-공주대학교 '창의적사고와표현' 능력 향상을 중심으로」, 『교육문화연구』,

제22권 4호, 2016, 51-79.

로버트 루트번스타인 · 미셸 루트번스타인, 박종성 옮김, 『생각의
　　탄생』, 에코의 서재, 2007.

미셸 푸코, 이상길 역, 『헤테로토피아』, 문학과지성사, 2014.

존 휴즈, 황혜령 역, 『들뢰즈의 『차이와 반복』입문』, 서광사, 2014.

질 들뢰즈, 김삼환 역, 『차이와 반복』, 민음사, 2004.

Bluestone Cheryl, "Feature Films as a Teaching Tool", *College
　　Teaching*, Vol. 48, No. 4, 2000, 141-146.

Macy, A. & Neil T., "Using movies as a vehicle for critical thinking
　　in economics and business", *Journal of Economics and Eco-
　　nomic Education Research*, Vol 9, 2008, No.1, 31-51.


**기사 및 리뷰**

구모룡, "패터슨의 공책", 『부산일보』, 2018, http://news20.
　　busan.com/controller/newsController.jsp?newsId
　　=20180403000270

김지미, "〈패터슨〉, 도시를 부유하는 시상(詩想) 수집가의 하루", 『씨
　　네21』, 2018, http://www.cine21.com/news/view/?mag_
　　id=89113

나희덕, "잃어버린, 또는 아직 오지 않은 시", 『무등일보』,
　　2018, http://www.honam.co.kr/read.php3?aid
　　=1525100400554122242

이문재, "일상 속에서 '일상 탈출'하기", 『경향신문』, 2018, http://
　　news.khan.co.kr/kh_news/khan_art_view.html?artid=2018
　　04222124005&code=990100

장성란, [인터뷰]아담 드라이버와의 인터뷰: 평범한 하루를 시로

29 완성하는 버스 기사 '패터슨', 『중앙일보』, 2016, http://
news.joins.com/article/22205648

장영엽, [인터뷰] [칸 스페셜] 짐 자무시 감독 인터뷰: 폭력이 난무
하는 영화에 대한 해독제가 되길, 『씨네21』, 2016,
http://www.cine21.com/news/view/?mag_id=84247

네이버, 〈패터슨〉 제작노트
https://movie.naver.com/movie/bi/mi/basic.nhn?code=144975

# 다문화 시민성 기르기
## 〈반두비〉[1]

박현희

## 다문화 사회, 다문화 시민성 교육이 필요하다

우리 사회는 다문화 사회로 변화하고 있다. 다문화 가정이 2014
년 현재 79만 명이고, 2020년에는 100만 명에 이를 것이라고 한다.[2]

국내 거주 외국인들은 여러 어려움에 처해 있다. 서울연구원의
보고(2015년)에 따르면, 서울 거주 외국인의 대부분(조사대상 2,500명 중)이
국적이나 외모, 교육 수준에 따른 차별을 겪었으며, 차별 경험이 없
다고 응답한 외국인은 5.5%에 불과했다.[3] 특히 국적(62.2%)이 가장
비중이 높은 차별 원인이었다. 차별 요인으로 국적을 선택한 외국
인은 중국(70.3%)과 베트남(70%) 출신이 많았고, 외모는 영미권(56%),
교육 수준은 베트남(30%)에서 높았다. 이 조사 결과에 따르면 주로
동남아 외국인이 차별을 많이 겪고 있음을 알 수 있다. 우리 사회는
출신 국가에 따른 차별이 상당한 것으로 추정된다. 사회통합의 관
점에서 보더라도 우리 사회가 다문화 적응력을 길러야 하는 것이
급선무임을 알 수 있다. 이러한 시대적 변화를 반영하여 국내 다문
화 교육 연구는 2006년 이후 활발하게 진행되고 있다.[4] 주로 초 ·
중 · 고 교육과정에 대한 연구가 대다수를 이룬다. 시대적 요청에도
불구하고 대학에서의 다문화 교육 연구를 다루는 논문은 상대적으

로 많지 않다.[5]

대학에서 다문화 교육 연구가 미비한 이유는 대학교육이 전공과 교양으로 분리되어 있는 구조에서 비롯된다고 볼 수 있다. '다문화 학과'가 존재하지 않는 현실에서 다문화 교육은 교양교육에서 포괄적으로 다뤄질 필요가 있다. 전공과 상관없이 대학 교양인을 양성하는 것을 목표로 하는 과목이 주로 교양교육이기 때문이다.

대부분의 대학은 '사고와 표현(혹은 의사소통, 글쓰기, 말하기, 독서 등)' 교과목을 전체 학부생을 대상으로 개설·운영하고 있다. 일반적으로 대부분의 학부생들은 필수교양과목으로 한 개 이상을 수강한다. '사고와 표현' 교육은 다양한 주제와 방법으로 교양교육을 할 수 있다는 이점이 있다.

세계화 시대, 다문화 사회에 속한 대학생들의 사고와 표현 교육은 시민성의 습득, 즉 '다문화 시민성' 습득에 조준될 필요가 있다. 따라서 다문화 시민성의 개념과 특성 및 역량을 검토하고, 다문화적 시민역량을 어떻게 '사고와 표현' 교과목에서 배양할 수 있을 것인가에 대해 연구할 필요가 있다.

이 글은 대학 교양교육에서 '다문화 시민성 함양을 위한 사고와 표현 교육의 중요성'을 피력하고 그 교육 방법을 모색한다. 대학에서의 교양교육은 시대에 부응하는 문제해결력과 의사소통 능력을 갖춘 대학 교양인을 기르는 것을 주요 목표로 삼고 있다. 21세기 지구시민 사회에서 다문화 시민성 함양 교육은 대학의 '사고와 표현 교육(글쓰기, 말하기, 독서와 토론, 창의적 사고와 표현 등)'의 목표라고 할 수 있다.

'다문화 시민성'은 삶 전체를 관통하는 태도(인지, 정서, 행동) 변화의 문제이므로 전인격적인 교육이 유효하다. 그뿐만 아니라 다문화 시민성은 다양성을 차이로 인정하고 부조리한 현실에 저항하고 이를 변화시키려는 적극적인 시민성을 추구한다. 이 연구는 뱅크스 (Banks)가 제안한 형평교수법을 주요 원리로 삼을 것이다. 이 연구는 다문화 시민성 함양 교육을 위해 전인격적 접근과 형평교수법의 원리를 중심으로 교육 모델을 고안하고, 창의적 사고와 표현 강좌의 교육 사례를 검토하겠다.

## 다문화 시민성에 관한 다양한 논의들

다문화 교육의 목표인 다문화 시민성은 다문화 사회를 살아가는 시민이 지녀야 하는 가치, 능력, 태도 등을 일컫는다. 다문화 사회란 다인종, 다민족으로 이루어진 이질적인 문화들이 공존하는 사회를 의미한다. 다문화 사회에서 일국적 차원에서의 마샬의 시민권이나 단일민족의 이념과 가치는 쇠락하고 다문화 시민성이 주요 가치가 되었다.

문화 다양성에 기반한 정치담론은 경제적 위계구조(economic hierar-chy)에 초점을 둔 '재분배의 정치'[6]와 신분 위계구조(status hierarchy)에 초점을 둔 '인정의 정치'[7]가 있다. 전자는 경제적 불평등이며 후자는 문화적 불평등에서 비롯한 다문화 사회의 문제에 대한 치유책이다. '사회경제적 부정의'와 '문화적 부정의'는 다문화 사회에서 상호 중첩적으로 작용한다. 킴리카는 '재분배의 정치'와 '인정의 정치'를 이론적으로는 구분하지만, 현실적으로는 이 양자가 서로 연결되어 있다고 본다.[8] 그는 서구에서 "여성, 흑인, 원주민과 같은 일부 집단들은 취약한 경제적 위치에 집중되어 있을 뿐만 아니라, 문화적으로도 비천하거나 목소리를 내지 못하는 입장"에 있는 경우와 "경제적으로는 부유하지만 문화적으로 낙인찍힌 다른 집단들"[9]의 경우를 설명한다.

다문화 사회를 바라보는 관점은 다양한 문화가 공존하는 다인종 다민족 사회에서 상호 민족적 정체성을 인정하고 조화를 이루는 삶을 지향하는 입장과 다문화 사회 자체가 문화 간 불평등을 함유하고 있음을 강조하고 불평등한 권력관계를 극복하려는 적극적 행동주의의 입장으로 분류할 수 있다. 두 입장 모두 동화주의에는 공통으로 반대하고 문화상대주의적 입장을 수용한다. 현재 다문화 담론에서 문화진화론에 입각한 동화주의는 많은 비판을 받고, 문화상대주의가 적극 받아들여지고 있다. 상대방의 문화를 존중하고 이해하려는 태도로 문화적 다양성을 인정하는 문화상대주의는 다문화 연구자들을 통해 보다 더 진화·발전하고 있는 추세이다. 문화적 다양성을 인식하고 문화 정체성에 대한 상호 인정과 존중을 강조하는 다문화 시민성으로부터 문화 간 불평등을 비판적으로 보고 이를 전복하려고 하는 비판적 다문화주의에 이르기까지 담론 분화가 이뤄지고 있다.

김미현(2011)은 다문화 시대에 국민국가에서의 시민성과 동화주의 시민성의 한계를 지적하고, 상호 정체성을 인정하는 것으로서 다문화 시민성을 강조하고 있다. 그는 "…소수 집단의 문화적 정체성을 인정하는 것이 다문화 시민성의 핵심"이며, "국가 속에서 다양한 민족, 인종, 언어 공동체들이 정체성을 드러내는 한편, 국민국가로서의 정체성이 조화를 이룰 때, 비로소 다문화 시민성을 갖추었다고" 본다.[10] 이 입장은 '문화 정체성의 인정'과 '관용'의 원리를 중요한 다문화 시민성 가치로 파악한다. 그러나 '인정의 정치'로 귀결되는 다문화 시민성은 문화 불평등을 은폐 내지는 축소할 우려가 있다. 이러한 문제의식으로 문화 간 불평등의 문제를 비판적으로 바라보는 입장이 있다.

구정화·박선웅(2011)에 의하면 다문화 시민성은 "한 국가의 시민으로서 그 국가 공동체를 구성하는 다양한 문화 정체성을 이해하고 존중하는 데 요구되는 능력과 태도"로서 다문화주의에 대한 관점과 연관되어 그 의미가 달라진다고 본다.[11] 그들은 문화상대주의와 비판적 다문화주의의 관점을 상호 연계하여 다문화 사회에서 개개인의 문화 정체성 형성과 문화적 차이의 이해와 불평등에 대한 비판적 인식이 필요하다고 주장한다. 문화적 상대주의는 문화의 다양성을 존중하고, 이질적인 문화 집단의 상호 차이에 대한 이해와 존중을 바탕으로 한 문화적 소통을 지향한다. 또 비판적 다문화주의[12]는 문화 불평등과 문화 권력 그리고 그것에 의해 매개되는 사회 불평등을 비판적으로 인식하고 이를 전복하고 변혁하려는 실천적 노력을 강조한다. "비판적 다문화주의는 문화적 차이를 주장하고 인정과 지원을 요구하는 '인정의 정치'나 '정체성의 정치'를 넘어설 것을 주장한다."[13] 이는 뱅크스(Banks)가 주장하는 문화 다양성과 불평등에 대한 비판적 인식과 극복을 위한 다문화 시민성 교육 논의와 일맥상통한다.[14]

다문화 시민성 논의는 이처럼 인정을 강조하는 '문화 중심적 논의'와 문화 간 권력관계에 초점을 둔 '정치 중심적 논의'로 진행된다. 두 논의는 그 정도의 차이는 있지만 결국 시민의 자질, 능력, 태도에 관한 논의이다. 다문화 사회를 시민성과 연결시켜 등장한 것이 다문화 시민사회론이다.

장원순은 다문화적 시민사회를 구성하는 중심적인 요소로 시민의 다양한 권리들과 합리적인 간문화 능력을, 그리고 그 사회적 기반으로서 민주주의의 제도화와 시민사회의 활성화를 제시하고 있다.[15] 이것은 다양한 가치와 이익 갈등을 합리적인 공론장에서 논의하고 타협과 합의에 이르도록 하는 담화 민주주의의 심화를 기본 전제로 한다. 그에 의하면 담화 민주주의 발전에 필요한 다문화적 시민성은 "문화 다양성과 입헌 및 담론 민주주의의 고유한 개념, 가치, 신념, 행동패턴들을 이해하고 이에 기반하여 민주적인 대화를 통하여 자신이 속한 문화를 구성하고 공통문화를 창출할 수 있는 시민의 자질"이다. 그에 의하면 다문화 시민성은 "문화적 능력과 시민적 능력 그리고 이들에 기반을 둔 민주적인 간문화 능력[16]으로 구성된다"[17]고 본다.

장원순의 논의는 민주적 시민성 개념에 포함되는 다문화 시민성을 지향하고 있다. 문화 간 불평등의 문제보다는 문화 간 갈등과 통합을 이뤄나가기 위한 민주적인 간문화적 능력을 강조한다. 이것은 문화 간 권력관계의 양상을 일반 민주사회에서 일어나는 갈등의 일부로 치환할 가능성이 높다. 다문화 시민사회로의 발달은 다문화 사회의 불평등을 주된 문제로 바라보고 이를 적극적으로 변환하려는 태도가 없이는 힘들다.

민주적 시민성에 문화적 역량을 더한 이와 같은 논의는 타문화에 대한 관용의 논리가 갖는 한계를 그대로 답습한다. 관용은 힘이 강한 문화집단이 시혜 차원에서 타문화를 인정하고 수용한다는 의미이므로 불평등한 관계에 대해 비판적으로 인식하기 어렵다. 멕라렌(P. McLaren)은 "변혁적인 정치적 의제가 빠진 다문화주의는 또 다른 사회질서에 순응하게 하는 형태에 불과하다"[18]며 비판적 다문화주의를 주장한다. 비판적 다문화주의는 서로 간의 차이를 역사, 문화, 권력, 이데올로기의 산물이라고 주장한다.[19] 관용은 비판적 다문화주의가 말하는 차이에 내재된 역사, 문화, 권력, 이데올로기의 역동성을 간과하는 순응적인 태도에 불과하다.

이민경은 동화주의와 관용을 대신하여 "지구화 시대의 다문화 시민성 교육의 방향성과 방법으로 '세계시민성'과 '환대'의 개념을 주요 원리로 제시한다.[20] 그에 의하면 "지구화 혹은 다문화 사회에

서의 세계시민성은 단순히 세계시민으로서의 권리를 넘어 사회구
조를 변화시키는 실천적 행동을 포함하는 보다 적극적인 시민성이
다. 그는 세계시민성을 세계화의 진전으로 인한 공존을 도모하고
지구촌 차원의 불평등의 문제를 해소하려는 능동적이고 적극적인
시민적 윤리라는 개념으로 정의[21]한다. 환대는 "타자 중심의 윤
리로 이방인에 대한 보다 적극적인 시민윤리와 열린 태도"[22]이다.
"지구화로 인한 다문화 사회에서 적극적인 시민윤리로서 세계시민
성은 구체적으로는 원주민들이 자신들의 공간에 들어온 이주자들
에게 '기꺼이' 시민성을 부여할 수 있는 열린 태도를 의미하는 '환
대'를 궁극적으로 표현할 수밖에 없다. 고통 받는 타자에 대한 관
용, 공존을 모색하는 타자에 대한 책임, 공동체적 성원으로서 타자
의 권리의 보장, 상호 주관성에 근거한 상호 인정 등은 환대를 구성
하는 핵심요소들이다."[23]

Banks(2008)는 참여의 정도에 따라 네 수준의 시민성(《표 1》)을 제
시한다. 법적 시민성, 최소 시민성, 능동 시민성, 변환 시민성이다.
다문화 교육의 목표인 다문화 시민성 함양은 변환 시민성을 형성
하는 것이다.[24] 그는 특히 변환 시민성은 사회적 정의와 평등과 같
은 원리와 가치를 증진시키기 위해 현존 질서와 관습을 위반할 수
있다고 본다.[25] 그는 다문화 시민성 교육은 다문화 사회에서 촉발
될 수 있는 불균형, 부정의 등을 개선할 수 있는 책임감 있는 시민
양성으로 정의한다.

〈표 1〉 Banks의 시민성 수준

| 시민성 수준 | 특성 |
|---|---|
| 법적 시민성 수준 | · 가장 피상적인 수준의 시민성<br>· 해당 국가의 법적 구성원으로서의 의미와 권리를 가지나, 어떤 방법으로도 정치 체제에 참여하려는 의지가 없는 가장 낮은 수준 |
| 최소 시민성 수준 | · 법적 시민성을 지니며 관례적으로 입후보자와 쟁점에 대한 지방과 전국적인 선거에 투표를 행사하는 수준 |
| 능동 시민성 수준 | · 법적, 관습적으로 존재하는 실질적인 투표행위를 넘어서 민주주의 수호와 공공질서 확립을 위해 참여할 수 있는 수준<br>· 항의 시위에 참여하거나 관례적 쟁점과 개혁에 관한 공적 연설 실천<br>· 현 사회적, 정치적 구조에 관해 도덕적인 수준으로 나아가지는 못하며 현존 질서 내에서 적극적인 행동을 취할 수 있는 수준 |
| 변환 시민성 수준<br>(다문화시민성<br>성취 수준) | · 도덕적 원리나 이상, 가치를 실현하기 위해 법과 관습을 초월할 수 있는 시민성 수준<br>· 그들의 행동이 현재 사회적 관습이나 법률을 해체하고 위협하는 것일지라도 사회적 정의를 증진시키기 위한 행동이 더 우위에 있다는 관점 |

앞서 논의를 통해 다문화 사회에서 다문화 시민성이란 문화 간 평등과 정의가 구현되는 다문화 민주주의의 실현을 위한 문화적 상대주의와 비판적 다문화주의에 근거한 사회정의와 평화를 실천하는 변환 시민성이라고 할 수 있다. 다문화 시민성에서 불평등으로 인한 인권침해와 차별 및 편견으로 인한 불이익, 문화 간 이익 갈등과 충돌 등의 문제를 해결하기 위해서는 무엇보다도 민주적 의사소통 능력이 중요하다. 민주적 의사소통 능력이 주효하게 작동하는 다문화 공론장의 활성화를 통해 공동체의 다양한 문화들이 상호 동등한 관계를 이뤄내는 담화 민주주의의 발전을 도모할 수 있다. 관용을 넘어 주변 문화에 대한 공감적 배려, 민주적 공동체의 일원으로서 다문화 이슈에 대한 합리적 이성의 발현, 불평등에 대한 비판과 극복 의지는 정의로운 다문화 시민사회를 구성하는 데 꼭 필요한 요소이다. 의사소통이 정의구현의 실천이 되는 담론 민주주의 사회를 지향하기 위해서라도 사고와 표현 교육은 다문화

시민성 함양 교육의 핵심 교과목이라고 할 수 있다. 그렇다면 사고와 표현 교과목에서 다문화 담론 민주주의 발전을 위해 필요한 다문화 시민성 함양을 어떻게 도모할 것인가가 중요한 과제로 부상한다.

## 다문화 시민성 함양을 위한 교육, 어떻게 할 것인가
### – 형평교수법, 전인격적 접근

다문화 교육 원리[26]는 다문화 교육 목표인 다문화 시민성 습득을 위한 기본적 원리들이다. 뱅크스(Banks)는 다문화 시민성 함양을 위해 형평교수(Equity Pedagogy)법을 제안한다. 형평교수란 "다양한 인종, 종족, 문화 집단 학생들이 사회 내에서 효과적으로 참여하고, 공정하고 인간적이며 민주적인 사회를 형성하고 지속시키기 위해 필요한 지식, 기능 태도를 얻을 수 있도록 돕는 교수전략 및 교실 환경"을 아우른다.[27] 형평교수법은 불평등을 강화하는 현재의 교수자와 학습자 간의 불평등한 권력관계와 교실환경, 일방적 지식전달과 암기 교육을 탈피하여 학생이 지식생산과 형성에 참여하도록 하는 학생 참여 교육을 지향한다.[28] 형평교수는 "학생들이 지식을 습득하고, 질문을 제기하며, 생산하는 환경과, 사회변화를 위해 지식을 사용할 수 있는 새로운 가능성을 여는 환경을 제공해준다."[29]

형평교수는 협동학습, 학생 상호작용과 학생주도학습, 프로젝트 학습 등 효과적 교수 기법과 방법을 위한 혁신적 교수법일 뿐만 아니라, 학습활동의 환경맥락에도 관심을 갖는다.[30]

뱅크스에 의하면 "형평교수가 이루어지는 교실의 학생들은 권위자들에 의해 구축된 암기에 초점을 두는 대신, 지식을 생성하고, 해석하고, 새로운 이해를 창출하는 것을 배운다."[31] 지식구성을 하면서 "학생들은 또한 동료들로부터 배운다. 따라서 학생들 사이의 상호작용을 이해하는 것이 중요하다"[32]는 것이다.

다문화 시민성이 문화적 상대주의와 비판적 다문화주의에 기반한 변환 시민성이라고 한다면, 학생들이 적극적으로 참여하여 지식을 창조하며 서로에게 배우는 형평교수야말로 불평등의 완화를 위한 실천적 시민성 함양에 적합한 교수법이라고 생각한다. 이 글에서는 형평교수법의 원리를 적용한 다문화 시민성 함양 수업 사례를 분석하고, 향후 바람직한 다문화 시민성 함양을 위한 사고와 표현 교육 모델을 제시한다.

이 모델에서는 형평교수의 원리를 통해 다문화적 시민성의 가치와 관련 지식을 학생 스스로 접하도록 한다. 이에 더하여 학생들이 단순히 지식 차원을 넘어 실천적이고 능동적인 다문화 시민성을 형성, 지속, 발전시킬 수 있는 교수법에 대한 고민이 필요하다.

다문화 시민성은 지식의 일부가 아닌 체질의 변화에 해당하는 실천적인 영역에 해당하기 때문이다. 다문화 시민성 교육의 핵심이 문화 간 불평등을 비판적으로 인식하여 실천적으로 변혁할 수 있는 변환 시민성이기 때문에 전인격 차원에서의 교육이 이뤄져야 함을 의미한다. 문화 불평등을 이성적으로 인지한다고 하더라도 정서적으로 받아들이지 못한다면 변혁을 위한 행동에 돌입하기는 거의 불가능하기 때문이다.

이민경(2013)의 인지, 정서, 행동적 차원의 교수법은 실천적이고 종합적인 접근이 필요하다는 점에서 유효하다. 인지와 정서와 행동 영역에서 다문화 시민성 교육은 복합적으로 수행될 필요가 있다. 이러한 이유로 대학에서 다문화 시민성 교육은 정서와 행동 차원에 역점을 둘 필요가 있다. 정서와 행동은 교육의 지속성과 효과성에 더 영향을 미칠 뿐만 아니라 인지 영역의 확장을 위한 내적 동기부여로 작동할 수 있기 때문이다. 즉 정서적으로 호오의 감정을 가지고, 행동을 하면서 체득한 가치는 인지 욕구를 자극하여 보다 합리적인 태도 변화를 가져올 것이기 때문이다. 이민경은 정서 차원의 교수법으로는 연극을 통한 역할놀이를, 행동 차원에서는 지구촌 시민이 갖추어야 할 "기술로서 비판적 사고, 효과적인 논쟁, 협력과 분쟁, 불평등과 부정의에 대한 도전 능력"에 초점을 맞추고 "사회정의와 평등에 대한 헌신, 다양성의 존중, 측은지심, 인간이 변화를 만들 수 있다는 신념, 환경과 지속 가능성에 대한 관심 등"[33]을 강조한다.

 사고와 표현 교육은 기술적 차원에서 비판적 사고, 효과적 논쟁, 토의와 토론, 창의적 글쓰기와 같은 의사소통 능력 향상을 강조한다. 사고와 표현 교육은 행동 영역의 교육을 지향하는 교과목이다. 그런데 사고와 표현 능력은 단지 기술적 차원의 능력에만 국한되는 것이 아니다. 사고와 표현 능력은 나와 우리에 대한 공동 맥락에 대한 관심과 애정, 정의에 대한 갈망과 변화에 대한 의지가 없이는 개발되기 어려운 비판적 사고와 표현 능력이다. 불평등에 대한 비판적 인식이라는 것은 정의에 관한 관심과 열정 및 의지가 없이는 생겨나기 어렵기 때문이다. 인지적 차원은 주로 무엇에 대해 알아야 하는가에 대한 방향성을 안내하면 될 것이다. 정서적 차원에서는 다문화 환경을 접하고, 감정적 호오를 느끼도록 자극할 필요가 있다. 이를 위해 텍스트를 활용한다. 텍스트는 정서적으로 호소할 수 있는 영화, 소설, 다문화 현장과 체험 등이다. 영화와 소설 등은 이야기를 가진 텍스트이다. 그 이야기 속에 등장하는 다양한 인물과 그들이 처한 환경 및 상호 관계의 역동을 복합적으로 조명하고 경험할 수 있다. 또 타자에 대한 공감과 우리 사회의 문제를 곱씹어 볼 수 있다. 그리고 현장 체험은 다문화 환경에 실제로 접하면서 현실을 실감하고 실제적인 차원에서의 다문화 환경에 익숙해지는 교육을 할 수 있다는 장점이 있다.

다문화 시민성 함양을 위한 사고와 표현 교육은 의사소통 교육으로 그 자체가 사회적 실천의 의미를 가진다. 따라서 학생들이 전인격적 차원에서 다문화적 시민성을 가질 수 있도록 인지, 정서, 행동 차원에서의 다문화 교육 모델이 요구된다. 세 수준에서 다문화 시민성 원리가 발현될 때 뱅크스가 말하는 변환 시민성 수준에 이를 수 있을 것이다.

## 다문화 시민성 함양을 위한 영화를 활용한 사고와 표현 교육 모델과 사례

### 1) 다문화 시민성 함양을 위한 사고와 표현 교육 모델

다문화 시민성 가치로서 주변 문화에 대한 관용을 넘어 환대의 태도를 기를 뿐만 아니라 불평등을 비판적으로 인식하고 이에 저항할 수 있는 다문화 시민성을 교육하는 것을 목표로 한다. 이를 위해 형평교수법의 원리를 적용하여 협동학습, 프로젝트학습, 학생주도 수업모형을 제시한다. 학생과 교수의 관계는 지식 생산에서 상호 동등한 관계로 오히려 교수는 촉진자의 역할을, 학생은 지식을 생산하는 주체로서의 역할을 담당한다. 학생들은 배움을 주고받는 상호작용을 한다.

〈표 2〉 텍스트를 활용한 다문화 시민성 교육 영역과 방법

| 교육 영역<br>(전인격적 접근) | 목표 | 교육 내용 | 교육 도구 | 학습 형태<br>(형평교수법) |
|---|---|---|---|---|
| 인지 | 다문화 인식 | 지구촌 시대 다문화 사회에 대한 이해와 문제의식 및 과제(텍스트에 나타난 다문화 사회의 문제와 우리 사회의 관련 문제) | 정보조사 및 다문화 담론에 대한 학습과 토론 | 협력 학습 프로젝트 학습, 학생 상호작용과 학생 주도 수업 (발표와 토론) |
| 정서 | 공감과 정의 | 이야기 속 등장인물이 되어보고 공감하기 등 | 소설, 영화, 현장 체험 등 | |
| 행동 | 불평등 극복을 위한 의사소통과 실천 | 비판적이고 창의적 사고, 문제해결을 위한 토의와 토론 | 상호 토론, 의사소통, 창작물 | |

〈표 3〉 다문화시민성 교육 모델: 형평 교수법, 전인격적 접근

| 항목 | 내용 |
|---|---|
| 학습 목표 | 대학 교양교육에서 학생들이 다문화 시민성을 함양하도록 사고와 표현 영역에서의 문화 다양성, 상호 존중과 배려의 정신을 배우고, 문화 간 불평등에 대한 문제의식을 기르고 문제해결을 위한 사고와 표현을 할 수 있도록 다양한 텍스트를 통해 비판적 문제의식의 지속성을 도모한다. |
| 수업 운영 · 구성 | · 수강생 총 20인/ 1조 5인으로 4개 조로 편성<br>· 3학점 16주 수업 중 5차시 수업<br>· 수업운영은 학생 주도형 발표와 토론 방식/ 협력학습, 프로젝트학습 |
| 역할 | 교수자는 촉진/ 학생은 주도 |
| 텍스트 선정 | 교수자가 지정 텍스트를 선정하거나 학생들이 원하는 텍스트를 선정할 수 있다. 텍스트는 다문화 사회를 반영하는 영화, 소설, 현장 경험 등이 있다. 이 글 사례에서는 학생들이 조별로 텍스트 선정. |
| 프로젝트 협력학습 · 과제 | · 조별로 다문화 주제를 다룬 텍스트 정하고 창의적 사고와 표현 과제 제출. 텍스트는 영화, 소설, 다큐 등 자유롭게 선정하게 함.<br>· 조원들은 텍스트를 하나 선정하고 아래 과제내용에 대해 역할을 분담한다. 다만 "영화 속 등장인물 중 공감 가는 인물을 주제로 창의적으로 표현"하기는 각자가 의무적으로 하나씩 제출해야 함. |

| 과제 항목 | 내용 |
|---|---|
| 문제 발견하기 | 텍스트와 관련한 현실 문제 정보 조사하기 〈인지〉 |
| 공감하고 느끼기 | 텍스트 속에 등장인물이 되어보고 공감하기 〈 정서〉 |
| 문제 해결 | 문제를 보다 구체화하거나 그 해결책에 대하여 함께 생각하고 토론하기 〈행동〉 |

| 수업 차시 | | 1단계와 3단계는 수업 현장에서, 2단계는 과제로 이뤄진다. 총 5차시 수업 |
|---|---|---|
| 수업 진행 단계 | 1단계 [사전 모색] | 수업 중 조별 토론으로 학습 과제(문제)를 스스로 찾아가는 단계 |
| | 2단계 [과제 수행] | 텍스트는 소설이나 영화를 선정하여 정서적 차원의 공감능력과 행동능력의 배양 및 다문화 사회에 대한 제반 인지를 목표로 한다. |
| | 3단계 [과제 발표와 질의응답 및 토론] | 전체 토론에서 인지와 정서, 행동 차원의 종합적 접근이 가능하다(4개 조가 발표 후 질의와 응답 및 토론). |

다문화 시민성을 함양하기 위해서 형평교수법의 원리에 더하여 전인격적 차원에서 도전하고 자극하는 교수법을 실행한다. 전인격적 차원은 이성의 영역인 인지와, 감성의 영역인 정서와, 실천적 영역인 행동 차원에서 학생들이 다문화 시민성을 기를 수 있도록 텍스트 선정, 발표와 토론 및 토의의 운영, 과제 부여 방식 등을 긴밀하게 조직할 필요가 있다〈표 2〉 참조).

〈표 3〉에서 다문화 시민성 교육 모델은 형평교수법이 가능한 수업 환경을 고려한다. 대규모 수업이 아니라 토론과 협력학습이 가능한 규모가 좋다. 약 20명이 적당하다. 조별 활동을 할 경우에 4개 조가 구성된다. 교실 환경에서 구성원들의 관계는 수평적이어야 한다. 학생 상호 간의 관계는 말할 것도 없고, 교수자와 학생의 관계 역시 가능한 한 권위적이고 위계적이지 않도록 노력할 필요가 있다. 특히 그 역할에 있어 교수자는 일방적으로 지식을 전달하는 것이 아니라 학생들이 상호작용을 통해 지식을 생산할 수 있도록 촉진하는 역할을 담당한다. 학생 스스로 개념 정의 및 문제 발견 및 해결책 등을 다양하게 제시할 수 있도록 개방적 수업 환경을 마련해야 한다. 주어진 정답을 전달하고 수동적으로 수용하는 지식 전달보다는 학생들이 주도적으로 다층적 관점으로 지식을 만들어갈 수 있도록 자율적이고 개방적인 수업 분위기를 창출하는 것이 중

요하다. 교수자는 학생들이 상호 토론을 통해, 변증법적 사유를 실천할 수 있도록 돕는다. 이뿐만 아니라 학생들이 전인격적으로 다문화 시민성을 터득할 수 있도록 기존의 인지 차원에서의 접근을 넘어 공감적 접근과 행동적 접근을 강조할 필요가 있다.

 ① 두 가지 유형의 프로젝트 부여 방식과 효과
 프로젝트 부여 방식은 텍스트 선정을 누가, 어떤 과제를 어떤 단위로(조별 혹은 개별) 수행해야 하는가에 따라 두 가지 방식으로 나뉜다.
 첫 번째는 개별 과제 방식이다. 이때 텍스트 선정 주체는 교수자이다. 개별 과제로서 각자가 텍스트를 선정할 수도 있겠지만, 협력 수업을 이뤄내기 위해서는 학생 상호 간 공감대 형성 및 공동의 이해 기반이 필요하다. 교수자가 하나의 텍스트를 선정하여 제시하고, 이를 감상한 후 학생들은 개별적으로 자신의 생각과 느낌을 드러낼 수 있다. 예를 들면, 교수자가 다문화 소설,『나마스테』를 선정하여 전체 학생이 이를 읽은 후 "내가 소설 속 ○○○라면"을 과제로 제시하여 창의적으로 사고하고 표현하게 할 수 있다. '창의적으로' 과제를 수행한다는 것은 단순한 글쓰기, 말하기 과제가 아니라, 형식과 내용 모두를 각자가 원하는 방식으로 선택할 수 있다는 것이다. 즉 한 등장인물에 초점을 맞춰 이야기를 재구성한다거나, 또 다른 영화 시나리오를 구성하거나 그림이나 음악으로 표현하거나, 블로그나 홈페이지로 구성하거나 웹툰으로 제작하는 등의 다양한 형식과 내용으로 생성하는 것을 의미한다.
 두 번째는 조별 과제 방식이다. 프로젝트를 각 조별로 수행한다. '다문화'를 키워드로 하여 관련 텍스트를 조별로 한 편을 선정하고, 그 텍스트에 대해 각 조원들의 생각과 느낌과 주장을 창의적으로 사고하고 표현하는 과제이다. 공동과제는 인지 영역에서 문제 인식을 돕기 위하여 문제 현황 등을 포함한 정보조사 과제이다. 개별과제는 정서 영역에서 조원들 각자가 공감하는 부분에 초점을 맞춰 의미부여를 하거나 재해석하여 창의적으로 표현하는 과제이다. 이 방식은 조별 프로젝트 학습으로 텍스트와 주제 선정을 위하여 학생들 사이의 긴밀한 협력이 필요하다. 한 수업에서 적어도 4-5개의 서로 다른 다문화 텍스트를 접할 수 있다.

〈표 4〉 텍스트 선정 방법과 프로젝트 부여 방식

| 텍스트 선정 주체 | 텍스트 수 | 프로젝트 부여 | 교육 영역 |
|---|---|---|---|
| 교수자 | 한 가지 예) 소설 〈나마스테〉 | 1. 교수자가 지정한 텍스트를 함께 읽는 경우 예) 나마스테 소설 읽고, "내가 만약 소설 속 ○○○라 면"을 창의적으로 표현하기 | 정서, 행동 |
| 학생 자율 | 각조별로 한 가지씩 총 5개조 5가지. | 2. 학학생들이 원하는 자료를 선정하되 조별로 대상 및 영역을 다르게 선별하도록 함. "내가 만약 ○○○라면" 혹은 자유 주제로 과제하기 | 인지, 정서, 행동 |

첫 번째 방식의 경우, 텍스트를 소설로 선정할 경우에는 소설 속 등장인물들을 다양한 층위에서 살펴볼 수 있다. 소설을 함께 읽은 상태이므로 맥락을 공유하고 있기에 전체 학생들의 이해를 도모하기 쉽고, 구체적인 사안에 대해 보다 심층적으로 논의할 수 있다.

〈표 5〉 다문화 텍스트 사례

| 문학 | 영화 | 다큐 |
|---|---|---|
| 박범신 『나마스테』, 이창래 『영원한 이방인』, 정인의 『그 여자가 사는곳』, 『타인의 시간』, 김중미의 장편 『거대한 뿌리』, 돈리의 단편 『옐로』, 하종오의 시 〈저녁시간〉, 〈불통〉 이윤기 『뿌리 너무 깊은 나무』 등 | 〈반두비〉 〈방가방가〉 〈완득이〉 〈파이란〉 〈정글피버〉 〈크래쉬〉 등 | 다큐 〈탈북 1.5〉(QTV 2008년), 실험다큐 〈다문화 사회 공존의 조건 제1편〉(원제 Make Bradford British #1, 제작사 BBC 2012), EBS 〈다문화 휴먼다큐〉 등 |

지정텍스트가 소설이므로 다문화 주제에 흥미를 갖고 접근하기 쉽다. 인권 문제뿐만 아니라 사랑과 연애와 비전 등에 대해서도 생각하고 표현할 수 있다. 이는 오히려 문화의 다양성을 체화하는 계기가 된다. 외국인 노동자 문제뿐만 아니라 국제결혼, 혼혈아, 우리나라 국민이 미국에서 경험했을 법한 차별 등에 대한 모티브를 제공함으로써 다문화 문제의 다양한 측면도 놓치지 않는다. 『나마스테』 소설은 네팔의 종교와 문화를 주요 코드로 동원하기 때문에 소설을 다 읽은 후에 네팔 문화 코드에 독자들이 자연스레 익숙해지는 문화 체험 소설이기도 하다. 문화적 상대주의 원리가 잘 관철되어 있다. 정서적 차원에서 공감능력을 배양하기 쉽다.

두 번째 방식은 텍스트와 주제 선정에서 학생 자율성을 부여한다. 5명 내외로 한 조를 구성하고 각 조별로 텍스트와 주요 대상을 선정한다. 텍스트 해석과 과제는 창의적으로 수행한다. 이 경우에 한 클래스에서 조별로 선정한 다양한 텍스트와 대상을 접하는 이점이 있다. 영화, 소설, 다큐멘터리, 현장 인터뷰 등의 다양한 텍스트로 외국인 노동자, 결혼이주여성, 북한이탈주민 등 다양한 다문화인에 대해 성찰할 수 있다. 조별로 선택한 대상자가 다르므로 우리 사회의 다양한 층위의 다문화인에 대해 성찰할 수 있다. 실제 수업 사례에서 영화 〈반두비〉, 다큐 〈탈북1.5〉, 대학로 필리핀 장터, 〈나는 한국 남자와 결혼했어요〉 결혼이주여성을 다룬 인터뷰 등의 다양한 텍스트가 선정됐다. 조별로 정한 텍스트를 감상 후에 조원들이 각자 다문화를 주제로 창의적인 형식의 과제를 하였다. 이 방식은 한국의 다양한 종류의 다문화 문제에 대해 생각해볼 수 있는 계기를 마련해준다. 이뿐만 아니라 정서적 차원 이외에도 인지와 행동 차원에서의 접근이 가능하다는 이점이 있다.

## 2) 다문화 시민성 함양 수업 사례

다음 사례는 "다문화 사회의 정의"에 대해 성찰하는 수업 사례[34]이다. 이 수업에서는 수강생 20명으로, 5인 1조로 총 4개 조가 과제를 수행했다. 과제는 조별로 원하는 다문화 대상과 다문화 텍스트를 선정하여, 관련 현황을 조사하고, 조원 각자는 공감하는 등장인물을 정하고, 자유로운 형식으로 창의적 콘텐츠를 글로 표현하는 것이다.

조별 프로젝트를 수행하기 전에 1단계로 수업 시간에 다문화 관련 이슈들에 대해 토론하는 시간을 가졌다. 이 과정은 다문화 사회의 여러 가능한 이슈들을 고민해보며 학문적 호기심을 촉발하는 단계이다. 특히 인지 차원에서의 학생 스스로 호기심을 갖고 탐구할 수 있도록 동기부여 한다. 1단계에서는 형평교수법의 원리에 따라 교수가 전달한 지식을 학생들이 수용하고 암기하는 방법이 아니라, 학생들 스스로 지식을 구성하는 과정이다. 학생들은 주어진 주제에 대해 하나의 정답을 찾는 것이 아니라 뱅크스가 주장한 "다중적 해결방안과 관점들을 산출"할 수 있을 뿐만 아니라 "어떻게 문제가 발생하고, 그 문제가 다른 문제, 쟁점, 개념들과 어떻게 관련되어 있는지를 탐구한다."[35]

이를 위해 교수자는 다문화 사회의 시민권 개념 등에 대해 학생들이 유의미하게 성찰할 수 있는 토론주제를 제시했다. 조별로 모여 20분 정도 토론하고, 조를 대표하여 한 사람씩 브리핑하고(10분), 전체 학생들이 함께 브리핑한 내용을 두고 상호 질문과 토론 시간을 가졌다.

**1단계 프로젝트 사전 모색 단계 : 교실 토론과 문제 발견**

• **1차시 교실 수업**

– 다문화를 주제로 조별토론(20분),

– 조별 토론 후 각 조 토론 결과 브리핑과 전체 질의응답 및 토론

▸ **토론 주제:** 공동체 구성원으로서 외국인을 포함한 다문화인들을 어떻게 받아들여야 하나? 시민권, 인권 관련하여 무엇이 정의로운 공동체인가?

1. 새터민의 정체성 확립을 위해 필요한 조치는?
2. 특수한 문화 공동체 형성을 적극 허용해야 하는지, 아닌지?
3. 이주노동자의 권리를 어디까지 어떻게 허용해야 하는지?
4. 결혼 이주여성이 어떻게 하면 우리사회 구성원으로 잘 적응하고 살 수 있을 것인가?

이 토론에서 학생들은 다양한 범위에서 시민권을 인식하고 있었다. 시민권의 허용범위에 대하여 "대한민국에서 사회적 관계를 맺는 사람들"이라는 논의에서부터 "대한민국에 호의적인 사람들", "귀속의식이 있는 사람들", "외국인 중에 자신을 한국인으로 여기는 사람들"에 이르기까지 그 스펙트럼이 다양했다. 교수자는 이에 대해 섣부르게 답을 주지 않는 것이 중요하다. 학생들이 토론하면서 혹은 프로젝트를 수행하면서 탐구해가도록 열어두는 수업이기 때문이다. 이 토론 과정에서 학생들은 민족주의적이고 국수주의적

태도, 동화주의적 태도, 문화 다양성을 인정하는 문화상대주의 태도, 불평등에 대한 비판적 의식을 가진 비판적 다문화주의적 태도, 융합적 문화주의 태도 등 다양한 반응을 보였다. 1단계에서 학생들은 다문화 이슈에 대해 다소 모호하고 혼돈스럽지만 우리 사회에서 간과되어서는 안 되는 중요한 문제라는 것을 공유함으로써 인지적 차원에서 지적 호기심을 가졌다.

1단계에서 촉발된 문제의식을 가지고 학생들은 2단계 프로젝트(학생과제) 발표와 토론을 진행한다. 2단계에서는 먼저 조별로 다문화 주제 중에 특정 대상과 텍스트를 선정한다. 수업에서 4개 조가 선정한 다문화 대상은 각각 외국인 이주노동자, 결혼이주여성, 탈북이주민, 필리핀 이주자였다. 다음으로 대상을 잘 나타내는 텍스트를 조별로 선정하여 공감적 차원의 접근을 통해 비판적 문제의식을 끌어내는 과제를 개별적으로 수행했다.

2단계 수업 사례로, 외국인 노동자를 대상으로 선정하고, 영화 〈반두비〉를 텍스트로 정한 조의 경우에, 한 조원은 외국인 노동자의 현황과 문제에 대해 발표하고, 나머지 학생들은 〈반두비〉에 등장한 인물의 입장에서 그들의 생각과 감정을 공감하고 이를 다양한 형식으로 표현하였다.

첫 번째 과제 사례는 영화 시나리오 형식으로, 반두비에 등장한 카림(방글라데시 외국인 노동자)의 입장에서 그가 처한 암울한 현실을 곱씹고 "3미터 선입견"이라는 제목의 영상과 글로 카림의 생각과 감정을 표현하였다. 책이나 이론과는 다르게 이 시나리오에서는 외국인 노동자가 접하는 한국인들은 그들과 여전히 3미터의 거리를 유지하고 있다는 점을 개탄하였다. 이 시나리오는 동남아 외국인 노동자가 겪는 부당한 대우를 장면과 대사로 묘사하였다. 특히 학생 해설 부분에서 보면, 한국인들은 외국인 노동자 문제를 공감하는

것처럼 보이지만, 여전히 변화를 위한 행동에는 미온적임을 비판
적으로 지적하였다. 정서적 차원에서 동남아 외국인 노동자가 겪는
억압의 상황을 공감하고 있을 뿐만 아니라 비판적 문제의식과 변
화에의 갈망을 잘 담아냈다.

두 번째 사례는 "울지 마"라는 노래로, 카림과 친하게 지낸 민서
의 입장에서 그녀가 느끼는 카림에 대한 애잔한 마음과 카림이 처
한 현실에 대한 비애를 표현했다. 이 노래 가사는 민서의 입장에서
민서가 카림을 알게 되고, 그를 사랑함으로써, 민서 자신의 세상이
더 넓어졌다고 긍정적으로 평가했다. 민서와 카림의 관계는 우리
사회와 다문화인과의 이상적 관계를 상징하였다. 즉 이 두 남녀의
관계는 서로의 문화를 대등하게 존중하고 알아가는 과정 속에서,
서로를 환대하며 사랑하는 관계로 발전하는 다문화주의의 이상향
을 나타냈다. 카림이 겪는 아픔은 결코 그의 잘못이 아니라는 것을
강조하였다. 우리 사회가 약자들을 가혹하게 다루는 것에 대한 저
항의식을 보여주었다. 이 시의 맨 마지막에 "약한 사람은 왜 더…"
라는 구절은 카림이 당한 부당한 차별과 노동 착취와 멸시를 개탄
하면서도 이 현실을 어찌할 수 없는 약자의 무력함을 감정적으로
함축하고 있다. 한국인인 민서가 느끼는 방글라데시인 카림에 대한
온전한 공감과 불평등한 사회 현실에 대한 저항 의식을 엿볼 수 있
었다.

세 번째 과제로, "고백"은 카림의 입장에서 노랫말을 개사한 것
으로, 불법체류 외국인 노동자 카림이 느끼는 인종차별의 고통을
잘 반영하였다. "너와 똑같은 사람일 뿐이야"라는 외침은 카림의
입장에서 공감적 언어로 함께 외치는 대목이다. 특별히 제3세계 외
국인 노동자로서 우리나라에서 감수해야 할 차별적 시선과 냉대를
잘 표현하였다. 이 노래 속에 묘사된 외국인 노동자의 삶은 노동자

가 겪는 고된 노동과 경제적 열악함에 더하여, 피부색이 검은 외국인이 당하는 멸시와 천대로 이 사회로부터 철저히 고립된 삶이다. 이 노래는 외국인 노동자의 아픔을 잘 공감하지만 그 해결책에 있어서는 소극적이다. "마음의 문을 열고 나를 한번 바라봐", "나의 두 손을 꼭 잡아줘"라는 대목에서 한국인들의 인식 개선을 포함한 다문화 수용 태도를 해결책으로 제시하고 있다. 이것은 관용에 초점을 맞추는 다문화성이다. 불평등적 구조 개선과 적극적 저항 정신으로 나아가지 못하고 있다는 점에서 '변환적 시민성' 수준에는 이르지 못하였다.

마지막 사례로, "체류기간 헤는 밤"이라는 시는 외국인 노동자가 겪는 인종차별과 생활고 및 가족에 대한 그리움을 드러냈다. 시에서 "부끄러운 국적과 피부색"이라는 표현은 카림의 입장이기보다는 한국인의 편견이 스며들어 있다. 제3세계 외국인들은 자신의 국적과 피부색을 부끄럽게 여길 것이라고 추측하는 것은 한국 사회의 전반적인 선입견이다. 이 시는 카림의 입장에서 차별적 현실을 강조하고 있지만, 한국인 중심주의의 한계를 드러내었다. 우리 사회에 다문화 외국인을 향해 관용이 아니라 환대의 정신이 왜 필요한지를 잘 보여주는 사례이다. 또 마지막 연에서 "나의 월급봉투에도 봄이 오면"이라는 희망으로 마무리함으로써, 외국인 노동자의 유일한 희망은 돈을 모으는 것으로 한정하였다. 우리 사회의 일원으로 존중받고, 함께 삶을 영위해가는 공동체 구성원으로서의 변화 가능성이나 희망은 전혀 찾아볼 수 없다. 이 대목에서 다문화인에 대한 배제가 얼마나 큰지를 절감할 수 있다. 그뿐만 아니라 우리 사회에 외국인 노동자들은 한시적으로 체류하여 돈만 벌고 떠날 사람들이라는 배타적 구별의식이 고정관념으로 깊숙이 자리 잡고 있음을 잘 보여준다.

네 가지 사례에서 보았듯이 학생들은 영화를 보고 외국인 노동자들이 한국에서 살아가기가 그리 녹록지 않음을 이해하고, 공감하는 입장에서 창의적인 과제를 수행했다. 이를 통해 우리 사회에 깊이 스며든 인종차별과 선입견에 대해 동의하고, 이러한 현실을 마음 아프게 받아들였다. 그럼에도 여전히 한국인의 다문화인에 대한 선입견이 틈틈이 드러났고, 그 해결책에 대해서도 적극적이고 변환적인 의지는 거의 나타나지 않았다.

3단계는 '발표 후 질의응답 및 전체 토론'을 하였다. 발표 후에 어떤 학생들은 반감을 가지고 이견을 다음과 같이 제시하였다. 우리나라 사람들이 "외국인 노동자를 향한 부정적 인식이 이유가 있는 것은 아닌지", 즉 "외국인 노동자들이 우리나라 미숙련 노동자들의 밥그릇을 빼앗아가는 건 아닌지", 또 외국인들의 범죄에 대한 경계심 등을 그 근거로 이견을 피력하는 학생들도 있었다.

이뿐만 아니라 외국인 노동자가 겪는 현실이 영화에서 그려진 것처럼 그렇게 극단적이고 인권유린적인 것이냐에 대한 의문도 있었다. 그래도 외국인 노동자의 임금 체불비율이라든가, 평균 임금, 우리나라에 온 외국인 노동자가 타국에 비해 많다는 점을 근거로 우리나라 외국인 노동자 현실이 그렇게 부정적이지 않다고 강변한 학생도 있었다. 이에 통계에 잡히지 않은 불법체류 외국인 노동자의 현실은 비참할 수밖에 없다는 요지의 반론도 제기되었다. 학생들은 토론을 하면서 좀 더 구체적인 사실관계를 알고 싶어 했다. 영화에 그려진 현실이라는 것이 픽션에 불과하다고 믿는 경향이 있기 때문이다. 우리 사회의 언론 환경이 불법체류 노동자의 열악한 현실을 적극적으로 반영해주지 못하기 때문에 특별한 관심을 가진 경우가 아니라면 현실에서의 외국인 노동자의 차별적 상황을 접하기가 어렵다. 이 수업에서도 학생들이 외국인 노동자의 현실에 대해 접근하는 데 상당한 어려움을 겪었다. 따라서 〈반두비〉를 통해 외국인 노동자의 열악한 현실과 그들의 처지에 공감을 표현했던 학생들마저 현실 사례를 잘 조사하지 못한 것에 대해 아쉬움을 표현했다.

　　그러나 숫자로 나타난 통계의 함정에 대해서 학생들 스스로 잘 간파하고 있는 점도 이 토론의 성과였다고 본다. 적어도 이 발표와 토론을 통해 학생들은 외국인 노동자에 대한 관심이 생겨났고, 그들의 현실에 대해 더 알고자 하는 욕구를 가졌을 것이다. 학생들은 평등, 정의, 인권 등과 같은 가치에 긍정적이다. 다만 사실관계라는 차원에서 자신들에게 납득되지 않은 영화 속 현실에 대해서는 저항하는 경향이 있음을 파악하였다. 다문화 교육에서 중요한 것은 학생들이 우리 사회에 존재하는 차별적인 인권유린의 현실을 이성적으로 인지하도록 하는 것이다. 생각보다 영화나 소설에 그려진 외국인 노동자들의 열악한 현실에 대해 의심하려는 태도를 가진 학생들이 꽤 있다는 사실을 발견하였다. 그러므로 무턱대고 감정에 호소하기보다는 이성적으로 인지할 수 있는 계기가 제공될 필요가 있음을 발견하였다.

## 세계와 소통하는 창의적 지성인 양성을 향하여

　　21세기 지구화 시대 국가 간 상호 교류가 활발해지면서 이주민 인구도 날로 증가하고 있다. 우리나라는 외국이주민 인구 100만 시대에 돌입했다. 세상과 공감하고 소통하는 창의적 지식인을 양성하는 대학 교양교육으로서 사고와 표현 교육은 일국가 차원의 시민성 교육에서 벗어나 다문화 시민성을 주요한 교육 목표로 설정할 필요가 있다. 다문화 시민성은 다민족, 다인종으로 이뤄진 역사적 맥락과 기호와 의미체계를 달리하는 다양한 문화가 함께 공동체를 이루며 살아가는 데 꼭 필요한 시민들의 능력과 태도이다. 다문화 사회에서 보다 좋은 사회를 만들기 위해서는 다문화 시민성의 원리와 가치는 다양한 문화를 인정하고 존중하며 이해하는 문화상대주의적 태도와 문화 간 존재하는 불평등과 인권침해와 불의에 대해 비판적으로 인식하고 타파하고자 행동하는 비판적 다문화주의(혹은 변환 시민성)의 가치와 태도를 의미한다. 현재 우리 사회에서는 단일 민족주의적 편견에서 벗어나 서로의 문화를 존중하고 인정하는 것에서 더 나아가 적극적으로 불평등한 권력 관계를 전복하고 사회정의를 실현하려는 행동주의적 시민성이 필요하다.

다문화 시민성 교육은 형평교수법의 원리와 인지, 정서, 행동적 수준을 아우르는 전인격적 교수법을 통해 실행할 때에야 성공할 수 있고, 사회변화를 가져오는 데 기여할 수 있을 것이다. 형평교수법의 원리는 학습자와 교수자 사이의 권력관계가 변화되고, 학생이 수동적인 지식 수용자가 아니라 능동적인 지식 생산자가 되도록 이끌어주고, 협동학습을 통해 학생들이 서로 배움을 주고받을 수 있으며, 학생 참여를 적극적으로 유도하여 실습과 체험을 통해 더 능동적으로 다문화 시민성을 체득하도록 돕는 교수법이다. 이뿐만 아니라 다문화 시민성 함양 교육은 전인격적인 차원에서 인지적으로는 다문화 사회의 현실과 불평등 관계와 극복대안들에 대해서 이성적으로 탐구하고, 정서적으로는 공감 능력을 배양하여 배려 및 환대 능력을 기를 뿐만 아니라, 행동 차원에서는 소통과 연대를 통해 불평등을 없애고 정의로운 민주 사회를 만드는 데 책임 의식과 열정을 가진 시민들로 교육할 수 있는 교육 모델을 필요로 한다.

이 연구에서는 형평교수법과 전인격 접근법을 활용한 다문화 교육 모델과 사례를 제시했다. 앞으로 보완할 점은 학생들이 행동 차원에서 실제 다문화 시민사회에 개입하여 소통하고 연대할 수 있는 경험을 할 수 있도록 교육 방법을 모색하는 것이다. 이를테면 다문화NGO에서 일정 기간 자원봉사를 하거나 다문화 학교에서 방과 후 봉사를 한다거나, 아니면 외국인 노동자를 돕거나 혹은 다문화 정책을 평가하거나 제안하는 등의 실천 활동을 교육과정에 적극적으로 도입하여 교육한다면 의사소통의 행동을 넘어서는 보다 완성도 높은 행동적 차원의 다문화 시민성 교육이 이뤄질 것이다.

1) 이 글은『텍스트언어학』39집, 2015(한국텍스트언어학회, 2015.12)에 게재된 논문을 수정, 보완한 것임.

2) 다문화정책과 2014년 7월

3) 한겨레신문 2015. 5. 24.

4) 장인실 · 차경희,「한국 다문화교육의 연구동향 분석: Benett이론에 근거하여」,『한국교육학연구』, 제18권 제1호, 안암교육학회, 2012, 284쪽.

5) 그 내용 역시 다문화 교육의 중요성(현남숙 2010), 다문화 교육 요구에 대한 기초 연구(어성연, 정인경, 양정혜 2010), 대학 다문화교육에 대한 대학생들의 인식(염미경 2012) 등과 같은 시론적이고 기초적인 연구가 주를 이루고 있다. 또 다문화시대의 대학교육과 관련한 연구로는 다문화 소설읽기 교육이 있다. 김혜영(2010, 2012)은 다문화 문식성 신장을 위한 다문화 소설 읽기 교육에 대해 논하였다. 이 논의는 다문화 텍스트 연구로서 다문화 주제와 관련하여 주요한 아이디어를 제공하고 있다. 그러나 대학 교양교육으로서 '사고와 표현 교육'에서 다문화 교육을 어떻게 해야 하는 지에 대해 그 원리와 방법에 대해 통합적으로 접근하지 못했다. 다문화 텍스트 연구로서 영화를 분석한 연구(손은하 2013)도 유사한 특성을 갖는다.

6) 사회경제적 부정의에서 초점을 두며, 여기에는 착취(타자에 의해 착취된 노동의 결과물), 경제적 주변화(원하지 않는 노동으로 제한, 혹은 노동시장으로부터의 완전한 배제), 경제적 박탈(생계유지에 필요한 적정한 수준의 물질적 여건의 결여)이 포함된다. (Kymlicka, Will, Contemporary Political Philosophy, 2002. 장동진 외(역),『현대정치철학의 이해』, 서울: 동명사, 2006, 461쪽).

7) 표현, 해석, 의사소통 하는 사회적 양식에 뿌리내린 문화적 부정의에 초점을 둔다. 여기에는 문화적 지배(다른 문화와 결부된 해석의 패턴에 종속되어 있는), 불인정(자신이 속해 있는 문화의 권위주의적 의사소통 관행에서 눈에 보이지 않게 작동하는), 경멸(고정 관념화된 공적 문화의 표현 또는 일상의 상호관계에서 나타나는 멸시)이 있다(위의 책, 462쪽).

8) 위의 책, 463쪽.

9) "대부분의 서구 민주 국가에서 동성애자", "일부 부유한 아랍계 또는 일본계 미국인 역시 문화적으로 소외", "카탈로니아인, 퀘백인과 같은 소수민족은" 경제적으로 상위이지만 "언어와 문화는 주류 언어보다 열등하다고 간주된다"(위의 책, 463쪽).

10) 김미현,「다문화 시민성의 위계구조에 따른 형평교수 방법의 구조화」, 한국사회과교육학회 하계학술대회, 2011, 107쪽.

11) 구정화 · 박선웅,「다문화 시민성 함양을 위한 다문화교육의 목표 체계 구성」,『시민교육연구』43권 3호, 한국사회과교육학회, 2011, 1-6쪽.

12) McLaren, 2009; 한건수, 2007

13) 한건수,「비판적 다문화주의」, 유네스코 아시아 · 태평양국제이해교육원 엮음,『다문화 사회의 이해』4장, 동녘, 2007, 163쪽.

14) Banks, J. A., An Intoduction to Multicultural Education,4/ E. 2008. 모경환 외(역),『다문화교육입문』, 서울: 아카데미프레스, 2008 , 27쪽

15) 장원순,「다문화적 시민교육의 성격과 방법」,『사회과교육연구』, 11권 2호, 한국사회과교육학회, 2004, 5쪽.

16) 문화적 능력은 "일상적 삶과 다양한 문화접촉 상황에서 자신의 문화와 공통 문화를 효과적으로 발전시키는 데 필요한 지식, 기능, 태도이다. …시민적 능력이 사회적 쟁점과 문제들을 입헌 및 담론 민주주의적 절차와 과정을 통하여 해결하는 데 필요한 지식, 기능, 태도로, 시민적 능력을 세분화하면 1)시민의 다양한 권리와 의무체계를 이해한다. 2)의견과 행동차이가 어떻게 정책에 영향을 미치고 이를 변화시키는지를 분석 3) 민주공화국 시민의 이상에 부합하는 합리적 담론형식을 실천한다. 4) 정책과 이슈들을 형식적, 비형식적 정치참여자의 관점에서 분석5) 시민들의 행동과 정책들이 민주공화국의 이상들을 어떻게 나타내고 있는지, 위반하고 있는지 평가 4) 시민의 공공선을 강화하는 활동에 참여(Pan et al, 1995, 321)… 민주적인 간문화능력은 시민들로 하여금 문화교차상황에서 민주적인 방식으로 문화적 감수성을 가지고 효과적으로 행위할 수 있도록 하는 일련의 능력을 말한다. 1) 자기문화가 가지고 있는 가정들에 도전하는 경험들, 그리고 자기 문화가 세계관을 어떻게 형성하여 왔는가에 대한 통찰을 제공하는 경험들에 직면할 수 있다. 2) 문화접촉의 촉진자와 촉매자로서 행위할 수 있다 3) 자기 문화가 가지고 있는 자민족중심주의의 근원들을 인식하고 다른 문화들을 객관적으로 인식할 수 있다. 4) 문화간 접촉들을 보다 정확하게 해석하고 평가할 수 있도록 해주는 제3의 관점을 발전시키고 문화간 의사소통의 연결자로서 행위 할 수 있다 5) 타자의 세계관에 문화적으로 공감하고 상상적으로 참여할 수 있다(Benett, 2003: 348-349 재인용)"(장원순,「다문화적 시민교육의 성격과 방법」,『사회과교육연구』, 11권 2호, 한국사회과교육학회, 2004, 12쪽)

17) 위의 글.

18) P., McLaren, "Radical Democracy, The Politics of Difference, and Education," in Kanpol, B. & McLaren, p. eds. 1995. Critical Multiculturalism-Unknown Voices in a Common Struggle. Westport: Bergin & Gravey, 1995. p. 42.

19) P. McLaren 1995; 정윤경,「자유주의 다문화교육과 비판적 다문화교육」, 권순희 외 저,『다문화사회와 다문화교육』, 교육과학사, 2010. 67쪽.

20) 이민경,「다문화 사회에서의 시민성 교육 : 세계시민성과 환대의 개념을 중심으로」,『교육문제연구』, 26권 2호(통권 제47집), 고려대학교 교육문제연구소, 2013. 119쪽.

21) 위의 글, 121쪽.

22) 위의 글, 121쪽.

23) 위의 글, 122-123쪽.

24) A., Banks, J., "Diversity, Group Identity, and Citizenship Education in Age," Educational Researcher, vol 37. no 3. pp.129-139. 2008. p.137.

25) 위의 글, 135쪽.

26) 유네스코는 1974년 다문화 교육 원리를 다음과 같이 제시하였다. "1)모든 수준과 모든 형태의 교육에서 국제적 차원과 지구적 관점 고려, 2)국내의 인종 집단과 타국의 문화를 포함한 모든 인종, 문화, 문명, 가치, 생활방식에 대한 이해와 존중, 3)사람들과 국가들 간의 증가하는 지구적 상호 의존성에 대한 자각, 4)타인과 의사소통하는 능력 5)개인, 사회집단, 그리고 국가 상호간에 부여된 권리뿐만 아니라 의무 자각하기, 6)국제적 연대와 협동의 필요성 이해하기, 7) 각자가 자신의 지역사회, 국가, 세계 전체의 문제를 해결하는 데 참여할 준비를 갖추기 등이다" (한준상,「다문화교육에 대한 호모노마드식 접근」, 유네스코 아시아 · 태평양국제이해교육원 엮음,『다문화 사회의 이해』8장, 동녘, 2007. 269쪽).

27) A., Banks, James, Educating Citizens in a Multicultural Society(2nd Edition), New York: Teachers College Press, 2007. 김용신 · 김형기 역,『다문화 시민교육론』, 교육과학사, 2009. 146쪽.

28) 위의 책, 148쪽.

29) 위의 책, 147쪽.

30) 김미현은 형평교수가 "자기주도학습, 프로젝트학습, 협동학습, 갈등해결학습 등 다양한 학습방법과 연관 지어 활용가능하며 비판적 사고력 증진, 탐구능력향상, 사회적 참여와 실천 등의 목표를 달성할 수 있는 방법으로 교수학습과정에 국한된 것이 아닌, 학교 교육현장과 환경, 교육과정 내용에 관련하여 다차원적으로 영향을 끼치는 교수법"이라고 본다. (김미현,「다문화 시민성의 위계구조에 따른 형평교수 방법의 구조화」, 한국사회과교육학회, 하계학술대회, 2011. 108쪽)

31) Banks, 앞의 책, 148쪽.

32) 위의 책, 152쪽.

33) 이민경, 앞의 글, 127-128쪽.

34) 2013년 여름학기, S대학 〈창의적 사고와 표현: 공동체와 정의〉 수업의 한 꼭지이다.

35) Banks, 앞의 책, 149쪽.

구정화·박선웅, 「다문화 시민성 함양을 위한 다문화교육의 목표 체계 구성」, 『시민교육연구』 43권 3호, 한국사회과교육학회, 2011.

김남국, 「다문화 시대의 시민」, 『國際政治論叢』 45권, 한국국제정치학회, 2005.

김미영, 「다문화 사회와 소설교육의 한 방법」, 『한국언어문화』 42권, 한국언어문화학회, 2010.

김미현, 「다문화 시민성의 위계구조에 따른 형평교수 방법의 구조화」, 한국사회과교육학회 하계학술대회, 2011.

김정남·이용환, 「다문화교육의 주요 문제: 불평등과 사회정의」, 『敎育硏究』 34권 1호, 전남대학교 교육문제연구소, 2011.

김혜영, 「다문화 시대의 독서 교육」, 『사고와 표현』 4권, 한국사고와 표현학회, 2011.

김혜영, 「국어교육: 다문화 문식성 신장을 위한 교육 내용 분류-소설과 시 텍스트를 중심으로」, 『새국어교육』 90권, 한국국어교육학회, 2012.

박상준, 「다문화 시민성의 육성을 위한 다문화교육의 방안: 이주민의 인권 측면에서」, 『법과인권교육연구』 5권 2호, 한국법과인권교육학회, 2012.

손은하, 「다문화 사회에서 이주민의 타자화: 재현된 영상물을 중심으로」, 『다문화와평화』 7권 1호, 성결대학교 다문화평화연구소, 2013.

어성연 외, 「대학 교양교육 과정으로서의 다문화 교육에 대한 연구」, 『한국실과교육학회지』 23권 4호, 한국실과교육학회,

59 2010.

염미경, 「대학 다문화교육과 대학생들의 다문화 인식」, 『현대사회와 다문화』 2권, 대구대학교 다문화 사회정책연구소, 2012.

이미숙, 「다문화 시대의 미디어 문식성 교육을 위하여」, 『우리말교육현장연구』 2권, 우리말교육현장학회, 2008.

이민경, 「다문화 사회에서의 시민성 교육: 세계시민성과 환대의 개념을 중심으로」, 『교육문제연구』 26권 2호(통권 제47집), 고려대학교 교육문제연구소, 2013.

장원순, 「다문화적 시민교육의 성격과 방법」, 『사회과교육연구』 11권 2호, 한국사회교과교육학회, 2004.

장인실·차경희, 「한국 다문화교육의 연구동향 분석: Benett이론에 근거하여」, 『한국교육학연구』 제18권 제1호, 안암교육학회, 2012.

정윤경, 「자유주의 다문화교육과 비판적 다문화교육」, 권순희 외 저, 『다문화 사회와 다문화교육』, 교육과학사, 2010.

조기제, 「다문화 사회에서의 민주시민교육: 심의민주주의 교육의 필요성」, 『한국민주시민교육학회보』 7권, 한국민주시민교육학회, 2002.

최인자, 「타자 지향의 서사 윤리와 소설교육」, 『독서연구』 22권, 한국독서학회, 2009.

추병완, 「V. O. Pang의 배려 중심 다문화교육론」, 『홀리스틱교육연구』 15권, 한국홀리스틱교육학회, 2011.

한건수, 「비판적 다문화주의」, 유네스코 아시아·태평양국제이해교육원 엮음, 『다문화 사회의 이해』 4장, 동녘, 2007.

한준상, 「다문화교육에 대한 호모노마드식 접근」, 유네스코 아시아·태평양국제이해교육원 엮음, 『다문화 사회의 이해』 8장, 동녘, 2007.

현남숙, 「다문화 시민성 확립을 위한 의사소통교육의 중요성」, 『시대와 철학』 21권, 한국철학사상연구회, 2010.

Anderson-Gold, S., "Human Rights, Cultural Identity, and Democracy: The Case for Multicultural Citizenship", *Social Philosophy Today* 23, pp.57-68, 2008.

Banks, J. A., *An Introduce Multicultural Education*. Boston, Allyn and Bacon, 1994.

Banks, J. A., "Multicultural Education in the New Century", *SCHOOL ADMINISTRATOR* 56, pp.8-11, 1999.

Banks, James A., *Educating Citizens in a Multicultural Society(2nd Edition)*, New York: Teachers College Press, 2007. 김용신·김형기 역, 『다문화 시민교육론』, 교육과학사, 2009.

Banks, J. A., "Diversity, Group Identity, and Citizenship Education in Age", *Educational Researcher*, vol 37. no 3. pp.129-139, 2008a.

Banks, J. A., *An Intoduction to Multicultural Education*, 4/ E. 2008b. 모경환 외(역), 『다문화교육입문』, 서울: 아카데미프레스, 2008.

Banks, J. A., *Educating Citizens in a Multicultural Society*, 2009. 김용신 외(역), 『다문화 시민교육론』, 서울: 교육과학사, 2009.

Frazer, Nancy, "Social Justice in the Age of Identity Politics: Redistribution, Recognition and Participation" in Grethe Peterson(ed.) *The Tanner Lectures on Human Values*, vol.

xix, pp.1-67, 1998.

Frazer, Nancy, "Rethinking Recognition", *New Left Review* 3, pp.107-120, 2000.

Gove, M. K.; Volk, D.; Still, K.; Huang, G. H.-C.; Thomas-Alexander, S., "A Critical Look at Four Multicultural Reform Efforts in One Urban College of Education", *Multicultural Education* 18, pp.18-23, 2011.

Hauser, N. O., "Multicultural Literature, Equity Education, and the Social Studies", *Multicultural Education* 4, pp.9-12, 1997.

Jones, A. H., "Globalizing Multicultural Education: A Review of James A. Banks' The Routledge International Companion to Multicultural Education", *Multicultural Education* 17, pp.57-63, 2010.

Kapai, P., "Developing Capacities for Inclusive Citizenship in Multicultural Societies: The Role of Deliberative Theory and Citizenship Education", *Public Organization Rwview* 12, pp.277-298, 2012.

Kelly, D., "Multicultural Citizenship: The Limitations of Liberal Democracy", *Political Quarterly* - London Then Oxford-Macmillan Then Blackwell- 71, 31-41, 2000.

Kymlicka, Will, *Contemporary Political Philosophy*, 2002. 장동진 외(역), 『현대정치철학의 이해』, 서울: 동명사, 2006.

Lynch, James, *Education for citizenship in a multicultural society*, Cassell, 1991.

Modood, T., "Multicultural Citizenship: A Liberal Theory of Minority Rights (Will Kymlicka)", *Political Quarterly* - London

Then Oxford- Macmillan Then Blackwell- 67, pp.377-378, 1996.

McLaren, p., "Radical Democracy, The Politics of Difference, and Education", in Kanpol, B. & McLaren, p. eds. 1995. *Critical Multiculturalism -Unknown Voices in a Common Struggle*. Westport: Bergin & Gravey, 1995.

Tatar, M., "Citizenship Education in Multicultural Society - what can we learn from Israel?", *Mct -Stoke on Trent-* 17, pp.27-34, 1998.

# 나이 듦과 나이 덞의 사유
## 〈벤자민 버튼의 시간은 거꾸로 흐른다〉[1]

김성숙

## 나이 듦에 대한 사유의 필요성

세계적으로 베이비부머 세대가 은퇴기에 접어들었다. 제1, 2차 세계대전기에 태어나 전쟁터와 전후 복구 산업 현장으로 동원된 Veterans 세대(1920-1945)가 생의 강한 의지로 출산한 Baby Boomers 세대(1946-1964)가 노년기를 맞은 것이다. X세대(1965-1980), Y세대, 밀레니엄 세대, Net 세대(1980-2000) 등으로 불리는 청장년층은 베이비부머 세대에게 어떻게 나이 먹는 것이 행복한 삶이냐고 묻는다. 답을 못 찾은 부모 세대는 일단 돈으로, 기술로, 지식으로 노년의 티를 최대한 감추는 중이다. 현대의 나이 계산법은 자기 나이에 0.7을 곱해야 한다는 속설이 생길 만큼 베이비부머의 머리는 까맣고 피부는 팽팽하며 치아도 아름답고 자세 역시 꼿꼿하다. 아름답게 늙어가는 방법을 모르기에 안티에이징(anti-aging) 기술로 노화를 최대한 지연시키는 것이다.

건강하게 100세를 누리게 된 현대인의 연장된 수명으로 인해 40대 중반부터 제2의 인생을 설계하는 사람이 많다. 은퇴 후에 뭔가 생산적인 활동에 종사하고자 하는 욕구도 높다. 따라서 중등교육을 마치고 나면 한 번쯤 평생을 조망할 계기가 필요하다. 나이 먹음을 두려워할 것이 아니라 나이 먹었음 자체가 선망의 대상이 되고 경쟁력이 될 수 있는, 인생에 대한 거시적인 안목이 일찍부터 확립되어야 한다. 이 글의 목적은 중등교육 수료생들로 하여금 자신의 과거를 돌아보고 이후 인생에 대한 계획을 잘 세우도록 안내할 수업 모형을 설계하는 데 있다.[2]

조선시대에는 회갑 등의 생애 주기를 맞은 사대부나 그에 준하는 자격을 갖춘 '노년기 여성'의 수연(壽宴) 자리에서 당사자의 인생을 돌아보며, 생애 정보, 삶의 내역, 특정 일화, 품성 등을 치하하는 내용의 수서(壽序)를 헌정하는 문화가 일반적이었다.[3] 당시에 나이 듦은 사회적으로 존중 받았고 노인은 지혜를 기록으로 남기며 기품을 지켰다. 하지만 식민지와 전쟁 등의 외환을 겪으면서 이러한 선비 문화는 사라졌고 노후를 준비하지 못한 노인들은 집안에서 목소리를 잃게 되었다.

그러다가 요즘 다시 소비력을 갖춘 노인 세대가 출현하게 된 것이다. 일정 수준의 교육을 받았고 정치적, 문화적으로 뚜렷한 가치를 지향하는 현 장년층의 평생교육과정 진입은 한국 사회에 새로운 노령 모델을 제시할 것이다. 아파트, 요양원, 기숙사 등 이 세대의 선택들은 이미 각계 산업 지형 변동에도 영향을 미쳐왔다. 이들을 대상으로 바람직한 노년 문화를 교육하고 실천하게 한다면 '꽃중년'에 이어 '꽃노년'으로, 이후 젊은 세대가 닮고 싶어 하는 연령 모델이 형성될 것이다.

본 수업에서는 공통된 노화의 주제를 소설과 영화로 각기 접근한 서사를 비교 분석하게 함으로써 나이 듦을 메타적으로 사유할 계기를 제공하고자 한다. '생산적인 시민, 분별력 있는 문화 소비자, 공손한 아랫사람'이 되는 것보다 삶을 가치 있게 향유하는 것이 더 중요함을 깨달아 선진 한국의 행복한 구성원이 되게 하기 위함이다.[4] 또한 소설에서 영화로 서사 전달 매체가 달라질 때 발생하는 차이를 분석해보게 함으로써 종합적 사고력을 길러주고자 하였다. 이로써 매체 기반 교수법을 강화한 제7차 중등 교육과정에 연계될 고등 교과목을 개발하려는 것이다. 특히 영화 서사의 분석 방법을 교육함으로써 디지털 콘텐츠 이해의 계층 간 및 세대 간 격차를 줄이고자 한다.


## 학습인지분류체계에 따른 수업 설계

전 세계적으로 선진국의 출산율이 감소하면서 교육계는 평생교육에 주목한다. 베이비부머들의 자녀가 진학을 마친 이후 고등교육 수요가 해마다 줄고 있기 때문이다. 교육 관계자들은 평균 수명이 길어진 시대에 대학을 한 번 이상 다니게 함으로써 고등교육 공급과 수요의 균형을 맞추려고 한다. 교육부가 대학의 평생교육원 설립을 장려하고 학점은행제 동참을 권장하는 것도 이러한 정책의 일환이다.[5] 18세기에 산업 인력을 충원하기 위해 표준 학제로 규격화한 공장형 학교 모델은 빠르게 변하는 21세기 사회의 요구를 충족시키기 어렵다. 현재 학생들은 외장 하드나 클라우드 공간을 연장된 신체의 일부로 삼아 정보를 구사하므로 먼저 태어남(先生) 자체는 경외의 대상이 아니다. 이제 제도권 선생의 역할은 지식 전달만이 아니다. 무질서해 보이는 정보를 교수 목적에 맞게 큐레이션하고 학생이 흥미를 가지고 몰두할 과제를 창안하여 성공적으로 완수하게 하는 것이 21세기 교수자의 임무이다.

이 글에서는 노년학 관련 교수요목으로 적합한 과제들을 큐레이션하였다. 누구나 매년 한 살씩을 먹는다. 미리 나이 듦의 의미를 알고 찬찬히 꾸리는 인생과 정신없이 살다가 황망히 떠나는 인생

가운데 어느 삶을 택할지는 개인의 결정이다. 하지만 교육 행정가나 교육과정 설계자는 국민들이 나이를 떠밀리듯 먹도록 방치하지 말아야 한다. 가능하면 일찍부터 행복하게 늙어갈 방법을 안내하고 인생에서 매 순간이 얼마나 소중한지를 지속적으로 환기시킬 필요가 있다. 노화 관련 인문교양 과목이 고등교육과정에 개설되어야 하는 이유이다.

> 울산시가 지역 베이비부머 세대 은퇴 예정자 176명을 대상으로 조사한, 퇴직 후 활동 계획에 따르면 '취미·여가생활'이 33%로 가장 많고, 이어 '귀농·전원생활(21%)', '봉사활동(20.5%)', '재취업(12.5%)', '창업(6.8%)' 순서였다. 평생학습 수요 항목에서는 응답자의 90.4%가 평생교육 지원이 필요하다고 답했으며, 우선지원 프로그램으로는 '전문자격취득 및 기술교육(34.7%)', '문화·예술·교양교육(29.0%)', '사회 환원활동(23.3%)', '귀농·귀촌 교육(10.8%)' 등의 순이었다. 참여를 희망하는 교육 분야는 '취미·교양(28.7%)', '경제(24.4%)', '건강(22.8%)', '정서(14.8%)', '재취업(9.3%)' 등이었다. 응답자의 33%는 '평생학습에 참여한 경험이 있다'고 답했으며 참여기관은 공공기관(31.2%), 문화센터(15.0%), 사회복지관(11.7%) 등이었다.[6]

이러한 조사 결과를 종합해볼 때 노인들을 위한 평생교육 과목 개발이 시급하다. 지금까지 초중등 쓰기 문식성에 대한 연구는 상당한 진전을 이루었고 2000년을 전후로 대학의 작문 교육 관련 연구도 괄목할 만큼 진전이 이루어져 관련 교과 과정들이 체계적이고 안정적으로 운영되고 있다. 하지만 성인 문식성에 대한 연구는

최근에야 착수되었고 노인을 위한 작문 교수요목 개발과 관련된
연구는 드물다. 〈어서 와, 이 나이는 처음이지?〉 과목의 교수요목에
는 노화에 대한 주체적인 인식을 비롯하여 전 연령층을 위한 평생
교육 과목 개설 등의 사회적 요구가 수렴되어 있다. 이로써 '초중등
논술-고등 작문-노년 글짓기'로 이어지는, 쓰기 교육의 평생교육
주기를 완결하고자 한다.[7]

〈표 1〉 학습인지분류체계

| Benjamin Bloom(1956) | Lorin Anderson(1990) |
| --- | --- |
| **Higher Order Thinking Skills**<br>Evaluation<br>Synthesis<br>Analysis<br>Application<br>Comprehension<br>Knowledge<br>**Lower order Thinking Skills** | **Higher Order Thinking Skills**<br>Creating<br>Evaluating<br>Analysing<br>Applying<br>Understanding<br>Remembering<br>**Lower Order Thinking Skills** |

 구체적으로 원작 소설과 각색 영화를 비교 분석하는 수업 과제
설계에는 블룸(1956)과 앤더슨(1990)의 학습인지분류체계가 참조되
었다. 블룸은 미국의 읽기 교육 문제를 개선하고자 '지식-이해-적
용-분석-종합-평가'의 학습 인지 위계를 분류하고 체계적인 수업
운영을 촉구하였다. 앤더슨(1990)은 PC 기반의 교육 여건 변화를 수
용하여 명사형 '지식' 대신 동사형 명제 '기억하기'로 출발하여, 컴
퓨터의 핵심 기능인 '종합'을 빼고 인간 고유의 '창안하기' 능력을
최상위에 위치시켰다. 이들 덕분에 사고력 중심의 읽기 수업이 보
급되면서 미국 학생의 학습 능력과 초인지 수준은 급속도로 신장

되었다. 이에 본 수업 설계에도 이러한 학습인지의 위계 수준을 고려하여 소설과 영화 줄거리의 이해, 서사의 개인적 적용과 상징에 대한 해석, 소설과 영화 서사의 비교 분석, 감상문 평가 준거에 대한 협의, 창의적 감상문 작성 과제 등을 포함시켰다.

〈표 2〉는 블룸 등의 인지 학습목표 위계를 고려하여 한국어 학습자의 〈고전 읽기〉 수업 과정에 적용했던 창의적 읽기 교수 모형 (CREATIVE teaching model)이다.

〈표 2〉 창의적 읽기 교수 모형(김성숙, 2016a: 65)

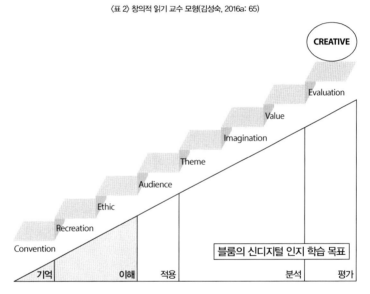

경험 학습을 중시하는 교사들은 학습자의 인지 구조를 변경하고 태도를 수정하고 행동 기술 목록을 확장시키려면, 지식, 태도, 수행의 변화가 동시에 일어나야 한다고 주장한다. 지식만으로는 변화를 유발할 수 없고 경험만으로는 타당한 지식이 생성되지 않기 때문이다. 경험 학습을 중시하는 연구자들은 경험이 검증하고자 하는 이론 체계와 경험의 의미에 대한 성찰이 뒤따라야 태도 변화를 실현할 수 있다(Johnson & Johnson, 2004: 57)고 본다. 따라서 고등교육기관에서 수강생에게 '잘 나이 듦'의 가치를 이해시키고자 한다면 체계적인 경험 학습 단계를 고려한 수업 모델을 개발해야 한다. 이에 본 연구는 노화에 대한 성찰을 심층적으로 다루어보고자 블룸 등의 학습인지 위계 수준을 고려하여 수업의 단계별 과제를 고안하였다.

## 소설과 영화 줄거리의 이해

스콧 피츠제럴드(2009)의 단편소설, 「The Curious Case of Benjamin Button」에서 벤자민의 아버지인 로저 버튼은 철물 도매 회사 사장으로, 남북전쟁 이전 볼티모어에서 사회·경제적으로 남부럽지 않은 지위를 누린 부르주아 계층에 속한다. 아내의 임박한 출산 소식을 듣고 병원으로 달려가며 그는 여느 아버지처럼 자기 아들이, 자신이 '커프스단추'라는 별명으로 다녔던 예일 대학생이 되기를 희망했다. 하지만 아들은 태어나면서부터 말을 할 줄 아는 70대 노인이었고, 자신의 이름이 뭐냐는 아들의 질문에 그는 '므두셀라'라는, 969년을 산 구약 인물의 이름을 상기해 말해준다. 작가의 해박한 성경 지식과 소설 주인공들에게 일반적인 종교 유형을 알 수 있는 대목이다.

소설에서 벤자민은 출생 직후 '허리가 굽어도 172cm'인 장신으로 묘사되어 있다. 하지만 벤자민의 태도는 노인에게 어울리지 않는 분홍색 바지에 하얀색 블라우스, 점박이 양말을 착용하라는 부당한 요구에 "아버지가 저보다 오래 사셨으니 잘 아시겠죠. 아버지 말씀대로 할게요(2009: 21)"라며 절대적으로 순종하는 것으로 묘사된다. 자라면서 벤자민은 시가를 피우고 백과사전을 읽으나 아버지에게는 '아이는 우유를 먹고 장난감 기차를 가지고 놀아야 한다(2009: 25)'는 고정관념이 있다. 단편소설이 가진 분량의 한계로 인하여 이와 같은 아이나 부모의 고정관념이 입체적으로 다루어지지는 않았다.

소설에서는 학벌에 대한 집착이 전체 11개 장 가운데 4장과 9장에서 비중 있게 다뤄졌다. 50세처럼 보이던 18세에 노안(老顔)으로 예일 대학교 입학을 거부당한 벤자민은 역설적으로 20세처럼 보이는 50세에 하버드 대학교에 입학하여 2년간 '예일 대학 팀을 상대로 펼친 풋볼 경기에서 눈부신 실력을 발휘해 명성을 날렸'다(2009: 58). 하지만 4학년 때 몸이 16살처럼 어려지자 친구들한테서 추천받은 '세인트 마이다스라는 유명한 대학 진학 예비학교'에 다니면서 '자신과 체격 조건이 비슷한 학생들과 어울려 마음 편하게 생활할(2009: 59)' 마음을 먹는다. 그러나 졸업 후 귀향했을 때 아들은 데려다주기를 거부했고 10년 후 벤자민은 5살 난 손자와 함께 유치원에 다닌다. 병원에서 아이를 낳는다든가 적령기에 적합한 교육을 받는 소설 속 장치들은 당대 보급되기 시작한 근대식 병원과 학교 등 새로운 사회제도에 대해, 작가가 긍정적으로 수용한 결과로 보인다.

> 두 아이는 같은 보모의 보호를 받으면서 아이다운 놀이에 열중했다. 로스코는 같은 날에 두 아이를 함께 유치원에 데려갔다. 이제 벤자민에게는 작은 색종이 갖고 놀기, 받침과 고리 만들기, 그 밖에 다양한 신기하고 아름다운 모양 만들기가 세상에서 가장 재미있는 놀이였다. … 로스코의 아들은 1년 후에 1학년이 되었지만 벤자민은 유치원에 그대로 머물렀다. 그럼에도 벤자민은 무척 행복했다. 때때로 다른 아이들이 커서 뭐가 되고 싶은지 이야기할 때면 벤자민의 자그마한 얼굴에 어두운 그림자가 스쳐 지나갔다. 어린 마음에도 자신이 그런 꿈을 꿀 수 없음을 알았기 때문이다(2009: 69-70).

소설 속 벤자민은 할아버지와 가장 마음이 잘 통했고 평생 아버지의 지원을 받았으나 결혼 후에는 가족과 불화한다. 사교계의 실력자인 장군의 딸, 힐데가드와 결혼하여 아들, 로스코를 낳았으나 점점 젊어지는 자신의 당혹스러운 고민을 나눌 수 없다. 결국 부인은 이탈리아로 떠나고 아들로부터는 어려질수록 무시를 당한다. 부인과 아들은 벤자민의 회춘(回春)이 특별하게 살고자 하는 그의 의지 때문이라고 여기고 그러한 선택이 부도덕하다고 비난한다.

> "세상에는 옳고 그른 일이 있어요. 당신이 남과 다르게 살기로 마음먹었다면 내가 어떻게 할 수 없겠죠. 그런데 자기만 젊어지면 뭐해요? 남도 생각하며 살 줄 알아야 하잖아요."
> "하지만 이건 내가 어떻게 할 수 없는 일이야."
> "아뇨, 그건 변명이에요. 당신은 그냥 고집을 부리는 거예요. 남들처럼 살고 싶지 않다고 생각하죠. 언제나 남다르게 살았고 앞으로도 그렇게 살겠죠. 하지만 다들 당신처럼 살아간다면 이 세상이 어떻게 되겠어요?(2009: 53)"…
>
> "사실 바른말로 해서 계속 이렇게 살면 안 되잖아요. 제발 그만두세요. 이렇게 살지 말고…." 잠시 말을 멈추고 적절한 말을 찾느라 로스코의 얼굴이 벌겋게 달아올랐다. "제발 남들처럼 사세요. 늙어가야 정상이잖아요. 이건 해도 해도 장난이 너무 심해요. 이젠 웃기지도 않아요. 제발 좀 똑바로 행동하세요!" 벤자민은 눈물이 그렁그렁한 눈으로 아들을 바라보았다(2009: 61).

한편 동명 소설을 원작으로 한 영화(2008)에서는 '입양-친부(親父)-결혼'으로 맺은 가족 구성원이 벤자민의 고민에 공감하는 점이 대조적이다. 영화는 벤자민의 딸이 병원에서 그의 일기장(1985.4.4. 기록 시작)을 읽는 것으로 시작된다(7′ 30″).[8] 태어나자마자 아버지에 의해 양로원에 버려진 벤자민은 양로원 노인들을 돌보는 독실한 흑인 여성 퀴니의 보살핌으로 유년기를 보낸다. 68살처럼 보이는 12살 때 할머니를 만나러 온 어린 데이지를 보고 첫눈에 반하고 데이지도 그의 장애를 부정적으로 여기지 않는다. 두 사람은 식탁보 아래에서 짧은 순간이지만 서로의 비밀을 공유하는 의식을 갖는다(35′). 유년 시절 한 번쯤은 해보았음 직한, 이불로 가구 아래 아늑한 공간 만들기 놀이를 소재로 삼은 것은 전 연령층의 공감을 살 만한 서사적 장치이다.

벤자민은 양로원에 입주한 할머니로부터 피아노를 배우는가 하면 하루 2달러 품삯에 첼시호를[9] 타고 갈매기 똥을 긁어내는 일을 하기도 한다. 선장의 안내로 처음 돈으로 여자를 사는 경험을 하고 오는 길에 아버지를 만난다(45′). 이후 영화는 40여 분간 벤자민이 첼시호 선장과 함께 다니면서 견문을 넓히는 에피소드로 구성된다. 그의 일생에 가장 큰 영향을 미친 것은 62세처럼 보이던 18세 때 유부녀를 만나 사랑에 빠진 사건이다. 러시아 항구에 정박했던 1938년 벤자민은 영국 통상사절단 대표(스파이)를 따라온 엘리자베스를 만난다(1h 6′). 그녀는 19살에 여성 최초로 도버해협을 건너려 하였으나 32시간 수영 끝에 목적지를 2마일 남기고 비가 와서 포기하였다. 훗날 데이지의 임신 소식에 정상적인 아이가 아닐까 봐 두려워하던 벤자민은 그녀가 60세 나이로 도버해협 횡단에 성공한 뒤 남긴 말, "I supposed anything is possible(2h 15′)."을 TV로 전해 듣고 출산에 동의한다.

벤자민과 엘리자베스의 첫 만남은(1h 1' 10") '얼음궁전'이라는 러시아의 호텔 엘리베이터였다. 수직으로 상승하는 엘리베이터의 이동은 이 둘의 관계가 일정 기간 발전하리라는 복선으로 읽힌다.[10] 하지만 두 사람이 밤마다 만나는 호텔의 거실과 부엌은 계단으로 하강해 내려가야 닿을 수 있는 공간이다. 이들이 맨 처음 느꼈던 설렘(╱)이 노출될 위험(╲)과 폐쇄된 공간의 안정감(→)으로 되풀이되며 긴장감을 조성하다가 결국 그녀의 일방적인 결별 편지(1h 16' 30")로 파국에 이른다. 1941년 57세처럼 보이는 23세 때 그는 제2차 세계대전에 참전하여 선장과 체로키 인디언 병사 등 다양한 젊은이들의 전사(戰死)를 목도한다. 영화가 제1차 세계대전(1914-1918)에 참전한 아들의 죽음을 애도하기 위해 시계를 만드는 맹인 명장인이 거꾸로 가는 시계를 제작해 기차역에 거는 에피소드로 시작된 것을 상기해볼 때 이 영화에서 전쟁과 젊은이의 죽음은 주인공의 인생에 중요한 영향을 미치는 사건들이다.

36세처럼 보이는 44세에 벤자민은 고향에 온 데이지와 재회한다(1h 27' 50"). 영화의 서사는 데이지를 통해서 새롭고 현대적인 미국 이야기를 다루는 미국 춤의 예술화 과정을 선보이지만 그녀의 일생은 귀향해 벤자민의 운명을 조력하는 역할로 한정된다. 데이지는 미국 출신으로 유일하게 볼쇼이 발레단과 공연을 할 정도로 능력을 인정받았으나 불의의 교통사고로 다리가 부러진다. 이 과정이 벤자민의 목소리로 읽히면서 우연이 겹쳐 필연을 만드는 안타까움이 표현된다. 이즈음 영화의 서사는 아버지와 재회하고(1h 36') 부모의 결혼과 출생의 비밀을 알고 난 뒤 124년 전통의 가업을 잇게 되는 것으로 진행된다. 아버지를 업고 가서 동트는 하늘을 보여 드리는 장면에서(1h 43') 버려졌던 아들이 늙은 아버지를 용서하는 마음을 읽을 수 있다.

데이지와 결혼하고 딸을 얻은(2h 10' 46") 벤자민은 정상적으로 늙어
갈 아빠의 자리를 남기고 떠났다가 치매 초기 증상을 보이는 청소
년의 모습으로 아동복지사와 함께 양로원에 돌아온다(2h 22'). 5살
처럼 보이는 벤자민을 데이지가 입양해 기른다. "한평생 산 느낌인
데 아무것도 기억이 안 나"라고 투덜거리는 그에게 데이지는 그녀의
어린 시절 겉늙은 벤자민과 함께 할머니로부터 들었던 이야기 책
〈다섯 시의 캥거루 아저씨〉를 읽어준다. 데이지가 숨을 거두는 병
원으로 허리케인이 몰려오고 벌새가 창밖에서 ∞(infinity)의 모습으
로 날갯짓을 한다.[11] 허리케인으로 불어난 물이 창고에 있는 원형
아날로그시계가 있는 데까지 흘러가 시계 아래를 적시는 장면(2h 38')
으로 영화는 끝난다.[12]

## 서사의 개인적 적용과 상징에 대한 해석

이 영화는 늙어가는 과정을 어려지는 과정으로 치환한 원작 소
설에서 그 모티브를 차용하였다. 감독은 등장인물의 수만큼이나 다
양한 인생 서사를 소개하였고 많은 상징과 복선을 넣어 서사를 조
직하였다. 학생들에게는 먼저 짧은 분량의 원작 소설을 읽히고 나
서 영화 감상을 시키는 것이 좋다. 관람 후 활동으로 소설과 영화에
서 상이한 부분을 비교하게 하면 내용 파악이 훨씬 용이해지기 때
문이다. 이어서 학습인지의 위계 수준을 감안한 과제 활동을 하면
'노화'라는 주제를 개안의 문제로 진지하게 성찰하는 동시에 집단
의 문제로도 심도 있게 다루어볼 수 있다. 다음은 영화 서사에서 이
해한 내용을 자신의 상황에 맞게 적용해보는 과제의 예시이다.

◎ 적용 과제 1

벤자민의 일기장에 적힌 양로원 노인의 일상 중에 5시 30분마다 국기하강식을 거행하는 할아버지와 바그너를 열창하는 할머니 에피소드가 있다. 평생 해온 일에 대한 습관이나 열망이 느껴지는 한편 어떤 직업을 살더라도 노인성 질환이나 노화를 피할 수 없다는 냉혹한 섭리가 안타깝게 느껴지는 장면이다. 만일 자신이 치매에 걸려 기억을 상실해간다면 일상에서 무의식적으로 반복하게 될 행동은 무엇일지 그 이유와 함께 생각해보자.

◎ 적용 과제 2

현재처럼 자연스럽게 나이가 들어가는 삶과 벤자민의 특이한 경우처럼 나이를 덜어가는 삶은 어떤 쪽이 더 축복일까? 지금까지 살아온 자신의 경험을 근거로 한 편의 입장을 옹호하는 논리를 세워보자.

영화의 서사를 자신의 일상에 적용해보는 과제에 이어 영화 서사 자체의 복선을 찾아 해석하는 작업을 함으로써 공감적 사고력 및 디지털 영상 리터러시를 기를 수 있다. 영화에서 소설과 다르게 추가된 여러 장소와 사건, 소품에는 다양한 의미 부여가 가능하다. 예를 들면, 벤자민이 데이지에게 새벽 강을 보여주고 싶어 한다든가 성장하여 바다에서 선원 생활을 하는 것, 남녀 주인공이 말년에 다시 고향의 강으로 회귀하는 서사의 흐름은 연어의 일생을 연상시킨다. 선장과 연인의 죽음 후 나타나는 벌새, 남녀 주인공이 여행 중 폭풍우를 만났을 때 "누가 더 오래 버티는지 내기하자"고 한 말, 임종을 앞둔 데이지의 병실로 다가오는 허리케인의 진로(비켜 간댔다가 근접한다고도 하고 일기예보가 시시각각 달라져서 진로를 예측하기 어려움) 등에서도 특별한 복선의 의미를 찾아볼 수 있다. 특히 이야기 흐름과 관계없이 때때로 등장하는, 벼락을 7번 맞은 할아버지는 연극 '고도를 기다리며'에서 지속적으로 호명되는 '고도'와 같이 자칫 파편적일 수 있는 벤자민 주변 인물의 인생 서사를 조직하는 기능을 한다.[13] 다음은 해석과 적용이 가능한 정지 화면의 시각과 그 복선의 의미를 찾는 과제의 예시이다.

◎ **해석 및 적용 과제**

(1) 엘리자베스의 결별 편지(1h 16'30"): 'It was nice to have meet you.'

가까이 지내온 사람에게 이별을 통보하는 내용을 한 문장으로 써보자.

(2) 아버지의 소원 성취(1h 43'): 벤자민과 나란히 강가 벤치에 앉아 석양을 봄.

자신의 마지막 순간은 어떤 시공간이기를 바라는가?

(3) 강가 벤치에 앉은 데이지의 귀향 결심(2h 10' 46"):

데이지 앞에 놓인, 하늘로 뻗은 다리의 구도에는 어떤 상징이 있을까?

(4) 벤자민과 데이지의 재결합(2h 10' 56"):

카메라를 등지고 강가 벤치에 앉아 있는 두 사람은 지금 어떤 표정일까?

(5) 엘리자베스의 도버해협 횡단 후 TV 인터뷰 장면(2h 15'): "I supposed anything is possible"과 같이 후배에게 들려주고 싶은 금언이 있는가?

(6) 데이지에게 보낸 편지(1h 7' 45"): 'Dear Daisy, I am working in the Russian port of Murmansk. It's very cold here. I've met somebody and I've fallen in love. Benjamin'과 같이 친구에게 서너 문장으로 소식을 전해보자.

소설과 영화의 줄거리를 이해하고 나서 영화의 주요 서사를 자신의 문제로 치환하거나 특정 장면 상징의 의미에 대해서 해석한 바를 토론한 후에는, 블룸의 학습인지분류체계에서 '적용하기' 상단에 위치한 '분석하기' 과제를 수행하게 한다. 본 교수요목이 고등교육과정에 해당하는 만큼 영화를 감상하고 분석한 내용을 체계적으로 정리하는 방법론 교육이 필요하다. 교수자는 다음과 같이 소설과 영화의 사건 전개를 수평적으로 비교, 대조하고 한 가지 주제를 적합한 연구 방법론으로 분석하는, 감상문 작성 요령을 안내하도록 한다. 이러한 예시 자료를 보고 학생들은 자기 글의 주제를 선정하고 깊이 있게 분석할 방법론을 찾아야 한다.

1920년작 소설과 2008년작 영화 사이에는 80여 년의 시차가 있다. 그사이 인류에게는 두 번의 세계대전이 있었고 교통통신 수단의 발달, 인종적·성적 차별의 지양, 디지털 매체의 진화 등 변화가 지대했다. 소설이 자본주의의 발흥과 함께 등장한 장르라면 영화는 자본주의의 세계적 보급과 함께 발전한 장르이다. 그러니 발표 시기가 80여 년이나 차이 나는 동명의 소설과 영화 줄거리에서 사건 전개는 크게 달라질 수밖에 없다. 학생들은 그 간극을 비교 분석해 내야 한다.

소설에서는 외적 나이와 실제 나이가 동일한 35세가, 영화에서는 데이지와 함께 사는 36-44세가 벤자민 인생의 최적기이다. 이와 같이 소설과 영화에서 달라지는 벤자민의 나이 차이는 평균 수명이 늘어난 것의 반영이라고 볼 수 있다. 전체 11장으로 구성된 소설에서 벤자민의 여인은 매우 평면적인 인물로만 그려졌다. 그리고 소설에서는 '할아버지-벤자민-아들-손자'가 중심축이었고 대학 진학, 축구 등 당대 남성들의 관심사가 서사의 주된 축을 이루었다. 〈표 3〉에서 '시간'은 사건이 진행된 연도를 나타내고 '연령'은 외적 나이(위)와 실제 나이(아래)를 구분해 적었다.

〈표 3〉 소설과 영화 서사의 비교

| 시간 | 소설 챕터별 사건(1920) | 연령 | 연령 | 영화의 주요 사건(2008) | 시간 |
|---|---|---|---|---|---|
| 18 60 | 1. 병원에서 70세 노인으로 출생. 의사 · 간호사 놀람. | 70 | 80 | 기차 개통식 기념 시계 제작. 시계장인 아들이 전사하자 거꾸로 가는 시계 제작. 벤자민은 제1차 세계대전 종결일 출생하여 양로원에 버려짐. | 19 18 |
| | 2. 아동복점(점박이 양말, 분홍색 바지, 하얀 깃의 줄무늬 블라우스) | | | | |
| | 3. 12세 생일, 할아버지와 잘 통함. | 58 −12 | 68 −12 | 할머니를 보러 온 데이지를 매 주말 만남. 일요일 강을 보여줌. | 19 30 |
| | 4. 18세(≒50세), 예일대 입학 거부 | 52 −18 | 62 −18 | 데이지, 뉴욕 아메리칸 발레 스쿨. 선원 벤자민, 엘리자베스 에포트와 사랑에 빠짐. | 19 36 |
| 18 80 | 5-6. 사교계 데뷔, 장군 딸 힐데가드 봄, 첫 춤추고 6개월 후 약혼 | 50 −20 | | | |
| 18 95 | 7. 父 은퇴, 재산 2배, 子 로스크(14세 하버드) 미서전쟁 3년 참전 | 35 −35 | 57 −23 | 일본의 진주만 공격으로 챌시호도 참전 | 19 41 |
| 19 06 | 8. 보스턴 왈츠, 미시셔 춤, 캐슬 워크 전문가 | 24 −46 | 36 −44 | 데이지의 귀향 | 19 62 |
| 19 10 | 9. 하버드 입학 미식축구선수, 아들 '삼촌'으로 호칭 | 20 −50 | 13 −67 | 벤자민의 기억을 일기로 적음. | 19 85 |
| | 10. 미 연합군 참전 준장 참여 편지 (≒9세) | | | | |
| 19 20 | 11. 손자 출생. 손자가 5살일 때 함께 유치원에 다님. | 5 −65 | −4 −84 | 기차역 새 디지털시계. 2003 봄, 갓난아기가 잠드는 양 눈을 감음. | 20 02 |

영화에 추가된 벤자민의 일기는 다양한 에피소드들의 통합 장치로 활용되었다. 그리고 영화에서는 양로원에 버려진 벤자민을 흑인 여성이 거두어 돌보고 벤자민의 자녀가 딸인 것은 물론, 벤자민의 첫사랑이 그의 어린 시절부터 죽음에 이르기까지 함께한다는 점에서 여성 인물의 비중이 높아졌다. 또한 영화에서는 벤자민 주변 인물들의 인생 역정을 통해 미국 발레의 예술성에서부터 아메리칸 인디언의 문제까지 미국 사회가 거쳐 온 다양한 문제들이 파노라마식으로 다루어졌다. 소설과 영화에서 대조적인 서사의 흐름을 정리하면 다음과 같다.

〈표 4〉 소설과 영화의 대조적인 서사

| 소설 | 영화 |
|---|---|
| 노인의 채구로 태어나 바로 말을 함. | 노인의 축약형, 울음으로 의사 표현함. |
| 母, 죽지 않으나 등장하지 않음. | 母, 부엌 하녀로 출산 후 사망함. |
| 첫사랑, 결혼 후 곧 여자로서 매력을 잃음. | 첫사랑, 평생 사랑하며 벤자민 임종을 지킴. |
| 祖父-父-子의 관계에서 홀대당함. | 양모-첫사랑-딸에게 사랑받는 존재임. |
| 하버드 학벌 중시, 학창생활 경험함. | 선원 생활 경험으로 세상 공부함. |
| 특이한 장애를 다루는 가족 서사임. | - 미국적 자유와 개인주의를 중시함.<br>- 다양한 사회문제를 다룸. |

## 감상문 창안을 위한 방법론 예시

이 수업에서는 나이 듦의 섭리를 메타적으로 성찰해볼 계기를 제공하기 위하여 노화를 다룬, 같은 제목의 소설과 영화를 감상하고 자신의 상황에 적용해본 뒤 체계적으로 분석하는 과제들을 수행시켰다. 이러한 수업 절차는 창의적 영화 감상문(장르 선택 자유)을 쓰는 과제로 마무리된다. 영화 감상문은 학령에 따라 다양한 수준으로 작성될 수 있는데 고등교육과정에 적합한 종합적 사고력을 기르기 위해서는 적절한 분석 틀을 가지고 서사 전체를 조망하는 연습이 필요하다.

서사 주인공의 역할 배분 관계를 종합적으로 분석해야 할 때에는 그레마스(Greimas)의 기호론적 사각형 구조가 유용하다. 그레마스의 행위소 구조에 맞춰 작품의 서사 흐름을 분석하면 다양한 관점에서 이항 대립적인 가치 규범을 분류할 수 있고 수신자 집단의 성격을 규명하는 동안 서사 주인공들의 역할과 선택의 내적 타당성을 이해하게 된다.[14]

그레마스는 소쉬르의 언어학, 레비스트로스의 인류학, 야콥슨의 러시아 형식주의, 프롭의 러시아 민담 분석 성과를 바탕으로 구조주의 기호학의 서사 문법을 체계화하였다. 서사 행위소 분류 틀에서 발신자는 이야기가 준수하는 가치 체계의 관리자 역할을 한다. 선험적으로 긍정되는 규범 자체인 발신자가 특정 담화 공동체의 수신자 집단에 메시지를 보내면 그 공동체에 속한 어떤 주체가 자신의 목표에 일정한 가치를 부여하며 서사를 이끈다. 서사의 결말부에 발신자는 수신자 집단에 배분된 역할들의 행위를 평가하고 자신의 뜻을 실천한 주체와 조력자에게 상을, 반대자에게는 벌을 내린다.[15]

〈표 5〉 장르 체계 내 역할 배분 관계

소설과 영화는 모두 '벤자민의 거꾸로 흐르는 시간'을 다루고 있지만 소설은 벤자민의 운명을, 젊음을 낭비하여 벌을 받아가는 우화처럼 교훈적으로 그렸다. 하지만 영화는 같은 운명을 미국의 캘비니즘 (구원예정설)적 가족주의 전통 안에서 판타지 로맨스 장르로 그리고 있다.

〈표 6〉 소설 서사 내 역할 배분 관계

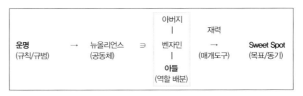

〈표 7〉 영화 서사 내 역할 배분 관계

이러한 서사 구조의 차이는 소설과 영화에서 주인공의 '목표/동기'가 다르기 때문에 발생한다. 영문도 모르고 회춘(回春)하는 운명을 타고난 소설의 주인공은 매 순간 자신의 나이에 최적화된 삶을 쾌락적으로 누리는 반면 영화의 주인공은 자기 부인과 딸을 위해 막대한 재산과 안락한 일상을 포기하고 떠나는 선택을 한다. 이러한 차이는 등장인물의 역할 구도에도 영향을 미쳤다. 소설에서는 '아들'이 최적기(最適期, sweet spot)를 탐하는 벤자민에 맞서 적대자 역할을 분명하게 하고 부인인 힐데가드도 점차 그에게서 등을 돌리지만 영화에서는 등장인물 대부분이 벤자민의 조력자 역할을 하면서 미국 가정 공동체의 이상적인 가치 실현에 기여한다.

## 보고서 평가 준거에 대한 협의

이 수업의 보고서 과제는 종합적 사고력을 기르기 위한 것이므로 소설과 영화를 함께 보고 나서 참신한 주제로 쓴 글이라면 어떤 장르라도 제출할 수 있다. 학생의 과제 표상을 돕고 결과물의 질을 일정 수준 이상으로 유지하려면 학기 초에 평가 준거 협의 시간을 가질 필요가 있다. 학생들은 자신이 동의한 평가 준거에 대해서는 자발적으로 준수하고자 하는 내적 동기가 더 커진다(김성숙, 2016b: 243). 또한 타인의 글을 품평하는 동안 문장 감식안이 높아지는 효과가 있으므로 초고, 수정고, 최종고에 대한 평가 시간을 따로 마련하는 것이 좋다. 초고에 대한 피드백은 동일 과제를 수행하는 동료로서 과제 표상이 정확한지, 전개 구조는 안정적인지 등을 개괄하며 격려하는 차원에서 형성적 평가로 진행한다. 학기 초에 수정고와 최종고에 대한 동료 평가와 교수자 평가 준거를 동일하게 설정해둔다면 한 학기 동안 수준 높은 쓰기 평가 준거를 내면화시키는 효과를 거둘 수 있을 것이다.

〈표 8〉 초고에 대한 형성 평가표 예시

| 점수 ○ | 질적 기술 | | |
|---|---|---|---|
| | 창의적 내용 | 수사적 구조 | 격식적 표현 |
| 6 5 4 3 2 1 | | | |

### ◎ 보고서 주제 모색을 위한 브레인스토밍 예시

(1) 〈벤자민 버튼의 시간은 거꾸로 흐른다〉와 다른 노화관

(2) 소수자 인권 지지: 여성(최초로 도버해협 건넘), 흑인(동물원에 함께 살며 원숭이 취급, 버스 안 백인 아이들의 무서워하는 반응), 장애인(임신), 레즈비언, 댄서, 인디언, 유부녀에 대한 영화적 시선

(3) 전쟁관: 아들을 잃은 아버지의 슬픔, 조국을 지킨다는 자랑스러움, 비폭력을 희망함, 체로키 인디언(500년 미 대륙의 주인)의 '전쟁은 예상과 달랐다'는 말의 의미

(4) 유년기 꿈(예술적 지향)과 현실의 대립

(5) 고향(뉴올리언스)과 도시(뉴욕)의 대립

(6) 운명(kismet)과 신앙: 기적에 대한 관점

(7) 최적기(sweet spot)를 보내는 방법

(8) 벤자민이 가진 아버지로서의 소망: 입학식 참석-피아노 가르침-남자애들을 조심하라는 당부-실연당했을 때 위로해주고 싶음.[16]

### ◎ 창의적 장르 예시

(1) 나에 이어 내 현재 생활(대학, 직장, 인생 등)을 해나갈 후임에게 조언하는 편지 쓰기

(2) 죽음으로 근접해가는 운명(Kismet)을 정의하기

예) "미친개에게 물려 미쳐버릴 수도 있다. 개 같은 운명을 저주
할 수도 있다. 하나 결국엔 받아들여야 한다."

(3) 출생에서 죽음까지의 서사(aging)를 통찰하는 렌즈 찾기

예) 〈할미꽃은 봄을 세는 술래란다〉<sup>(이청준)</sup>에서는 할머니가 손녀에게 지혜를 나눠 주고 아기로 돌아가는 것으로 나이 듦을
형상화한다.

## 매체 기반 노화 성찰 교육의 의의

소설과 영화라는 서사 전달 매체는 각각 고유의 예술 문법을 가진 표현 장르로서 각기 특별한 미의식을 전달한다. 서사에 대한 이해와 표현 교육은 평생 제공될 필요가 있으며 교수자는 연령대별로 차별화된 논의 주제와 분석 방법을 개발해야 한다. 본 연구는 고등교육 이상의 평생교육과정에서 노년학 과목을 개설할 때에도 참조될 수 있다. 성년이 된 학부생들에게는 20대 이후 닥쳐올 각각의 나이대를 어떻게 보내야 할 것인지 미리 생각해볼 계기가 될 것이다. 그리고 노년기에 입문하는 연령층을 대상으로 전용 '글짓기 교실'을 개설한다면 선진국이 직면한, 고령화 사회 문제를 해결하는 데에도 도움이 될 것이다. 매체를 활용한 노년학 교과의 유용성은 다음과 같다.

첫째, 베이비부머 세대 인구가 평생 학습으로 지원받고 싶어 한 '전문자격취득 및 기술교육'이나 '문화·예술·교양교육' 요구를 충족할 수 있다. 감각적으로 이해한 서사 정보를 자신의 상황에 적용해보고 체계적으로 분석해보는 과제는 전 연령층의 종합적 사고력을 신장시킬 것이다. 둘째, 노년층 대상의 평생교육을 공교육 체계 안으로 편성하면 노인은 소비 주체로서 존중받게 되고, 이들을 지도할 청년층 전문 인력은 안정적인 직종과 새로운 학문 영역을 개척할 수 있다. 사회의 고령화가 새로운 전문 인력 수요를 창출하는 긍정적 계기가 되는 것이다. 셋째, '나이 먹음'이 사회에 기여할

선순환 구조를 마련함으로써 고령화로 인한 노년층의 심리적 위축감을 해소하고 세대 간 공감 폭을 넓혀 상생의 분위기를 마련할 수 있다. 이로써 노화에 대한 거부감을 줄이고 행복하게 나이 먹을 방법을 모색하는 건전한 사회 풍토가 마련될 것이다. 넷째, '쓰기'가 가진 치유적 효과의 발현으로 미를 추구하는 자아를 발견하고 이를 표현하게 함으로써 어느 연령대에나 인간의 기본권인 행복을 추구하게 할 수 있다. 다섯째, 소설에서 영화로 진화한 서사 전달 매체에 대한 적응성을 지속적으로 기르고 자신의 의사를 체계적으로 표현하는 능력을 기름으로써, 웹상 집단지성의 성장과 공유에 모든 연령층이 기여하게 할 수 있을 것이다.

1) 이 글은 『리터러시연구』 9권 1호, 2018(한국리터러시학회, 2018. 3)에 게재된 논문을 수정한 것임.

2) 본 수업 모델의 적용 대상을 중등교육 수료생들로 지정하는 이유는 내외국인을 막론하고 고등학교까지의 의무 인성 교육과정을 마친 학습자들에게 공통적으로 노화에 대한 성찰의 기회를 제공할 필요가 있기 때문이다. 따라서 이 수업 모델은 학부 교양수업을 수강하는 내·외국인 대학생을 비롯하여 한국어 교육과정 6급 이후의 전문반 수강생 등 한국어로 추상적인 사고를 할 수 있는, 중등교육 수료생 이후의 전 연령층을 대상으로 한다.

3) 이 수서에는 죽음에 대한 공포가 아니라 '잘 나이들기'라는 현재성과 실천성이 중요하게 작동했다. '수서'라는 장르는 대상자 개인뿐만 아니라 집필 주체에게도 '생애 성찰'의 기회를 제공하고, 칭송될 덕목을 내면화하는 '실천적 수양'의 도구였다는 점에서 '잘 나이들기' 위한 자원 탐색적 고전 자료로서의 가치가 있다(최기숙, 2011: 87-88).

4) 맥코미스키(2012)는 '생산적인 시민, 분별력 있는 문화 소비자, 공손한 아랫사람'을 길러내고자 하는 기존의 교육체계에 대하여 학생들이 문제의식을 가질 것을 권고하며, 교수자는 학생들이 '문화적 생산, 맥락적 배치, 비판적 소비'를 주제로 하는 작문 과정을 밟으면서 자신이 속한 담화공동체의 문제를 실제로 개선하는 데 참여하는 글을 쓰도록 지도하라고 말한다.

5) 첨단 디지털 산업이 하루가 다르게 발전하면서 Saledent라는 신조어가 생길 만큼 평생교육이 긴요해졌다. 이제 학사 학위는 평생교육과정에 진입하기 위한 자격증으로 재정의되어야 한다. 샐러던트란 봉급생활자(Salaryman)와 학생(Student)이 합쳐진 말로 '공부하는 직장인'을 의미한다.

6) '퇴직준비 끝' 베이비부머 은퇴예정자 7.4%뿐, 연합뉴스 2015년 5월 26일, 2018년 2월 16일 검색(http://www.yonhapnews.co.kr/bulletin/2015/05/26/0200000000AKR20150526015400057.HTML?input=1195m).

7) 평생교육 과정에 개설할 과목명을 재미있게 지어 학습자의 호기심을 끌고자 하였다. 학부모는 사교육의 도움을 받아서라도 자식에게 쓰기 역량을 갖추어주고 싶어 한다. 초·중등 학생에게는 논술 능력이, 대학생에게는 작문 능력이 경쟁력 있는 쓰기 역량으로 공감대를 얻고 있다. 글쓰기 과정이 유발하는 정서적, 분석적, 심미적 인지 능력을 고려할 때 제 나이에 어울리는 글을 쓰도록 지도할, 연령대별 맞춤형 쓰기 교육과정을 개발해야 한다. 초·중·고등학생과 다르게 '노년-글짓기'라는 개념 쌍을 명명한 이유는, 학창 시절 연중 특별한 시기마다 관련 '글짓기' 대회에 참가해 '시'나 '산문'을 써본 베이비부머 세대에게 '글짓기'가 '논술'이나 '작문'보다 익숙한 용어이기 때문이다.

8) 영화에서 해당 장면이 나타난 시각을 h로 시간을, '로 분(分)을, "로 초(秒)를 표시하였다.

9) 클라크 선장이 소유한 배 이름이다. 클라크 선장은 그림을 좋아하던 자신의 뜻을 꺾고 선장이었던 아버지의 뜻에 따라 7세 때부터 뱃일을 했다.

10) 남편과 함께 탄 좁은 엘리베이터 안에서 벤자민의 시선을 불편하게 느낀 그녀는 엘리베이터에서 내려 구부러진 복도로 사라지기 직전 "구두 한쪽 굽을 부숴버렸죠. 맨발로 걷는 버릇이 있어서"라는 말을 남긴다. 영화를 감상한 학생들과 이 대사의 의미와 상징에 대해서 이야기를 나누고 자신의 생각을 논증하는 글을 쓰게 할 수도 있다.

11) 벌새가 나는 ∞(infinity)의 모습은 클라크 선장의 환생으로 읽힌다. 선장에게 그 문신은 미완의 꿈을 기억하려는 신체적 각인이었기 때문이다.

12) 이 시계는 전쟁으로 아들을 잃은 시계 장인이 만든 것으로 기차역에 디지털시계가 걸리면서 창고 안에 방치되었다. 벤자민의 딸이 엄마인 데이지 앞에서 벤자민이 남긴 일기장을 다 읽고 데이지의 추억 조각이 맞춰지는 순간 맹인 시계 장인이 품었던 저주, 즉 시간을 되돌리고 싶다는 원망과 염원이 위로를 받으며 마법이 풀렸음을 직감하게 하는 영화적 장치이다.

13) 그는 벤자민과 마주칠 때마다 소 치러 들판에 나갔다가, 차를 타다가, 개를 데리고 산책하다가 벼락을 맞은 이야기를 무용담처럼 늘어놓는다.

14) 기호사각형은 '구조적 가능성의 논리적 도식화, 의미론적 소우주'라는 그레마스 스스로의 평가와 함께, 텍스트가 지니는 의미를 일관성 있게 바라볼 수 있도록 한다는 등의 이유로 구조기호학적 텍스트 분석의 중요한 도구로 활용되고 있다(권명광, 신항식, 2003: 141-144).

15) 발신자를 욕망하게 하는 자로 보지 않고 가치체계의 관리자라 정의하면, 신데렐라 이야기의 발신자는 신데렐라의 대모이다. 대모는 신데렐라의 착한 성격을 높이 평가하여 그녀에게 행복을 안겨주고 의붓언니들의 못된 성질을 심판한다. 대모를 통해서 선과 악의 질서가 다시 확립되고 가치의 재분배가 실현된다. 마찬가지로 흥부전에서도 흥부가 놀부에게 욕망을 일깨우는 발신자라기보다, 이 두 주인공을 평가하는 제비가 발신자가 된다(http://blog.naver.com/ykha2001?Redirect=Log&logNo=140007089720).

16) "꿈이 있다면 나이가 얼마든 결코 늦다거나 이르지 않다. 도전하고 싶다면 언제든 가능하다. 선택은 자유다. 정해진 규칙이란 없다. 최선을 선택할 수도 있고 최악을 선택할 수도 있다. 너는 언제나 최선을 선택하길 바란다. 놀라운 일을 경험해보길 바란다. 전혀 새로운 기분을 만끽해보길. 색다른 사람들과 사귀었으면 좋겠구나. 인생이 뿌듯하길 바라마. 설령 그렇지 못하다면 용기 있게 다시 시작하길 빈다."

권명광·신항식,『광고 커뮤니케이션과 기호학』, 문학과경계사, 2003.

김성숙,「학부 유학생의 핵심 교양 읽기 과목 모형 개발」,『사고와 표현』9(1), 한국사고와표현학회, 2016a, 51-76쪽.

김성숙,『한국어 논리와 논술』, 연세대학교 출판문화원, 2016b.

맥코미스키 저, 김미란 역,『사회 과정 중심 글쓰기: 작문교육 패러 다임의 전환』, 도서출판 경진, 2012.

스콧 피츠제럴드 저, 이미정 역,『(벤자민 버튼의) 시간은 거꾸로 간다』, 북스토리, 2009.

이형숙,「영화 〈벤자민 버튼의 시간은 거꾸로 간다〉의 자기반영성 연구」,『문학과 영상』14(4), 문학과영상학회, 2013, 1129-1152쪽.

조지훈,「〈벤자민 버튼의 시간은 거꾸로 간다〉의 만화와 영화 매체 전환 연구」, 세종대학교 석사학위 논문, 2012.

최기숙,「노년기 여성적 삶의 공론장, 17-19세기 여성 대상 壽序」, 『한국고전여성문학연구』, 한국고전여성문학회, 2011, 87-129쪽.

최용호,「횡단의 기호학과 횡단의 세미오시스: "횡단" 서사학을 향 하여: 벤자민 버튼의 두 이야기-소설과 영화에 대한 비교 기호학적 연구」,『기호학연구』, 한국기호학회, 2010, 179-199쪽.

Bawarshi, A. S. & Reiff, M. J., Genre. An Introduction to History, Theory, Research, and Pedagogy. West Lafayette: Parlor Press and The WAC Clearinghouse. 2010, p.31.

Clark, J. Elizabeth, The Digital Imperative: Making the Case for a 21st-Century Pedagogy, Computers and Composition, 2010, pp.27-35.

Grant Wiggins & Jay McTighe(2005), Understanding by Design(2nd edition), 강현석 외 공역, 『거꾸로 생각하는 교육과정 개발 - 교과의 진정한 이해를 목적으로』, 학지사, 2008.

Hocks, Mary E.. Understanding visual rhetoric in digital writing environments. College Composition and Communication, 54(4), 2003, pp.629-656.

Jenkins, H., Convergence culture: Where old and new media collide, New York: New York University Press, 2006.

Lanham, Richard A., The electronic word: Democracy, technology, and the arts, Chicago: University of Chicago Press, 1993.

Richard C. Overbaugh, Lynn Schultz. Old Dominion University. Retrieved July 6 from (http://ww2.odu.edu/educ/roverbau/Bloom/blooms_taxonomy.htm).

Schultz, L., Bloom's taxonomy. Retrieved August 1, 2006 from (http://ww2.odu.edu/educ/roverbau/Bloom/blooms_taxonomy.htm).

# 진정한 리더십이란 무엇인가
### 〈죽은 시인의 사회〉[1]

황성근

## 영화에서 생각할 수 있는 문제

일반적으로 영화는 단순히 감상하는 차원으로 이해되지만 영화가 가진 의미는 다양하게 논의될 수 있다. 영화는 영상은 물론 영화의 줄거리나 인물, 배경 등은 다양한 관점에서 접근될 수 있을 뿐만 아니라 다른 텍스트와의 비교를 통해서도 논할 수 있다. 영화가 텍스트로 활용되고 있는 것은 매체적인 접근성이 뛰어남과 더불어 영상이 주는 현실적이고 생동감적인 요소가 우선적으로 작용한 측면이 있다. 대학의 수업이나 연구 대상의 텍스트로 영화를 활용하는 것도 그 일환으로 보인다.

영화는 어떠한 내용을 담고 있느냐에 따라 다르지만 주인공을 전면에 내세워 사건을 진행하고 전개하는 일이 많다. 특히 영화에서는 주인공이 남다른 면모를 보여주는 인물로 설정되고, 주변 인물과는 다른 차원의 이미지로 그려지는 것이 일반적이다. 영화에서 주인공을 전면에 내세우는 것은 주인공으로 집중해 사건 전개의 효율성을 높이고 관객의 몰입도 또한 높이려는 목적이 있지만, 관객의 입장에서는 복잡한 사건을 해결하거나 극복하는 주인공의 모습을 통해 나름의 카타르시스를 느끼고 주인공의 역할과 행위에서 또 다른 의미를 찾게 된다. 또한 영화의 주인공은 주변 인물들과는 달리 비범하고 특별한 행위를 시도하고 그 과정에서 사건을 이끌어나가기 위해 남들과는 탁월한 리더십을 발휘하는 경우가 적지 않다. 영화의 흐름이나 일반적인 인식으로는 주인공이 죽거나 사라져야 함에도 불구하고 불굴의 정신과 의지를 발휘하며 사건을 끝까지 자신의 편으로 이끌어간다.

영화에서 리더십은 다양하게 펼쳐진다. 그러나 주인공이 전면에 등장하는 영화에서는 주인공의 리더십을 직접적으로 보여주는 반면, 그렇지 않은 영화에서는 주인공의 리더십을 간접적으로 전달하는 경우도 있다. 또 일부 영화에서는 권위적이고 강압적인 리더십을 보여주는가 하면 희생적이고 봉사적인 리더십을 보여주는 영화도 있다.

영화 〈죽은 시인의 사회〉는 주인공을 통한 리더십을 보여주는 대표적인 영화이다. 내용적인 면에서는 교육적인 문제를 다루고 있으나 주인공의 역할이나 행위를 중심에 두고 보면 리더십의 전형적인 모습을 보여준다. 특히 교사와 학생 간의 조직에서 리더십이 무엇이며, 진정한 리더십의 발휘가 무엇을 의미하는지에 대해 생각하게 한다. 물론 〈죽은 시인의 사회〉는 리더십의 전형으로 인식되고 있는 기업을 중심으로 한 내용은 아니지만 일상의 소재에서 나타나는 진정한 리더십이 어떠한 것이며, 그 과정에서 진정한 삶의 가치가 무엇인지 그리고 참교육이 무엇인지에 대한 강한 메시지를 던지고 있다.

**영화가 말하는 생각 포인트**

리더십은 어원적으로는 영어의 명사 'leader'와 접미사 'ship'의 합성어이며, 'ship'는 상태나 성질, 또는 능력을 의미한다. 리더십은 흔히 지도력 또는 통솔력으로 번역되지만 사전적 의미로는 "조직의 목적을 달성하려고 구성원을 일정한 방향으로 이끌어 성과를 창출하는 능력"[2]을 말한다. 그러나 리더십은 학자마다 다소 다른 의견을 보인다. Burns는 리더십을 상당히 포괄적으로 접근한다. 그는 "리더십은 지구상에서 가장 자주 관찰되면서도 가장 이해하기 힘든 형상"[3]이라고 주장한다. 쿠제스 또한 "리더십이란 공유된 비전을 달성하기 위해 노력하도록 다른 사람을 동원하는 예술"[4]이라고 언급한다.

그런데 리더십을 정의할 때 리더의 행위에 초점이 맞춰지는 경향이 적지 않다. Koontz와 Connell은 "사람들로 하여금 공동목표를 달성하는 데 따라오게끔 영향력을 행사하는 것"[5]이라고 정의하며 Richard와 Engle은 "리더십은 비전을 만들고 가치를 부여하며 무언가를 성취할 수 있도록 환경을 조성하는 것이다"[6]라고 주장한다. Jacobs와 Jaques도 리더십이란 집단적인 노력에 대해 목적을 부여하고 그 목적을 성취하기 위한 노력을 확장시키는 과정이라고 정의한다.[7] 란 류(Lan Liu) 또한 두 가지를 제시하며 리더십을 정의하였는데, 하나는 리더십의 지위가 아니라 활동에 관한 것이고 다른 하나는 경영이 아니라 변화에 관한 것이라고 하였다.[8] 그는 특히 리더십은 지니고 있는 것이 아니라 발휘하는 것이고 변화를 모색하는 것임을 강조한다. 이는 결국 리더십은 주어진 환경에서 자생적으로 생겨나 소유하고 있는 것이 아니라 자신이 지니고 있는 부분을 발휘해 뭔가의 변화를 이끌어내는 것이라고 할 수 있다.

리더십의 구성요소를 보더라도 어느 정도 파악된다. 리더십의 구성요소는 다양하게 논의되지만 기본적으로는 리더와 집단, 추종자, 상황, 과업으로 나눈다. 리더는 리더십을 직접 발휘하는 주체이며 추종자는 리더를 제외한 조직의 구성원을 말하고, 집단은 목표

달성을 이루는 무리의 모임을 의미한다. 상황은 조직의 문화나 구성원 간의 상호 관계가 대상이 되며 리더와 구성원의 연결고리 역할을 한다. 그러나 리더십의 발휘는 비전이나 목표, 리더의 성격이나 행동, 지식 또는 직무적인 동기나 특성 등의 요소가 직접적으로 작용하게 되며, 이들 요소가 어떻게 적용되고 발휘하느냐에 따라 리더십의 유형이 달라진다.

리더십의 유형은 현재 다양하게 논의되고 있다. 일반적으로 리더십은 리더의 의사결정 양태에 따라 민주적 리더십과 권위적 리더십, 자유방임적 리더십으로 구분되고, 인간과 업무의 초점에 따라 직원 중심의 리더십과 업무 중심의 리더십으로 구분한다. 그러나 이들 리더십은 리더의 의사소통 방식과 업무라는 제한적 측면을 염두에 둔 부분이 없지 않다.

현재 리더십의 유형을 논할 때에는 기존의 방식과는 달리 리더와 구성원 간의 관계에서 구성원을 중심에 두고서 거래적 리더십과 변혁적 리더십, 서번트 리더십으로 구분한다. 거래적 리더십은 조건적 보상을 전제로 하며 구성원이 결과를 달성하면 그에 대한 대가를 지불하는 방식의 리더십을 의미하며, 변혁적 리더십은 인간의 다양한 욕구 충족을 기본으로 설정하고 구성원의 자존감과 자아실현의 욕구에 대한 충족을 중심에 두는 리더십을 의미한다. 서번트 리더십은 리더가 하인의 입장을 취하며 인간 존중을 바탕으로 구성원들의 잠재력을 발휘할 수 있도록 이끌어주는 리더십을 말한다.

지난 1990년 할리우드에서 제작된 〈죽은 시인의 사회〉는 누구나 한 번쯤 경험한 학창 시절의 생활을 중심으로 한 청춘과 성장에 관한 내용을 다룬다. 그러나 이 영화는 당시 명문대학의 진학이 유일한 출세 지향 내지 사회적 우월한 지위를 확보하기 위한 수단이 되고 있었던 입시위주의 교육이 과연 바람직한가에 대한 적지 않은 논란을 불러일으켰다. 그리고 당시 여러 요소에서 사회적 병폐가 되고 있는 교육문제가 어떻게 개선되어야 하는지에 대한 논의도 적지 않았을 뿐만 아니라 영화에서 보여주는 키팅 선생의 교육 방법과 태도는 당시 신선함을 불러일으키기도 하였다.

〈죽은 시인의 사회〉는 구성이 복잡하거나 내용이 심오한 영화는 아니다. 영화는 영국의 명문학교인 웰튼 고등학교에서 벌어지는 교사와 학생들의 이야기를 담고 있다. 빽 오르간이 연주되는 입학식을 시작으로 주인공인 키팅 선생이 학교에 새로 부임하면서 본격적인 내용이 전개된다. 키팅 선생은 수업을 하면서 학생들과 교감을 나누고, 학생들은 그 과정에서 키팅 선생이 학창 시절 조직했던 '죽은 시인의 사회'란 서클을 알게 된다. 학생들은 당시 모임을 가졌던 동굴을 찾아 나서고 동굴에서 여러 번 모임을 가지면서 입시에 짓눌린 공부를 뒤로하고 새로운 활력소를 찾는다. 특히 모임을 주도한 닐은 연극에 몰두하게 되지만 아버지의 완강한 반대로 극한 상황에 몰린 나머지 자살한다. 키팅 선생은 닐의 죽음에 직접적인 책임이 있다는 이유로 학교에서 결국 쫓겨나는 내용을 기본 줄거리로 삼는다.

그런데 이 영화는 키팅 선생과 학생들을 중심으로 내용이 전개되고 그 과정에서 리더십이 잔잔하게 펼쳐진다. 영화에서 리더십은 주인공인 키팅 선생에 의해 발휘되지만 키팅 선생의 리더십은 다른 인물들과 비교되며 다층적으로 그려진다. 우선 학교와 교사의 관계에서는 학교를 관장하는 교장 선생에 의해서 리더십이 발휘되고 학생들 사이에서 행해지는 서클에서는 모임을 주도한 닐에 의해 발휘된다. 그러나 이들의 리더십은 단면적이고 지엽적인 형태로 표출된다. 특히 교장 선생은 단순히 학교를 관장하는 인물로 그려지고 닐 또한 학생들과의 모임을 주도하지만 자신의 문제를 극복하지 못한다. 결국 이 영화에서는 키팅 선생을 중심으로 한 리더십이 심층적으로 그려지고 있다.

　이 영화에서는 리더십의 구성요소 또한 잘 드러난다. 이 영화에서는 키팅 선생은 리더가 되고 학생들은 팔로어가 된다. 그리고 조직은 학교 내지 학급이란 단위가 되며, 조직을 통해 실현될 성과적 목표가 되는 과업은 현실의 변화 내지 개혁이 된다. 리더십은 기본적으로 하나의 조직에서 리더가 발휘하는 능력을 의미한다. Richards & Engle 또한 리더십이란 비전을 만들고 가치를 부여하며 무언가를 성취하도록 환경을 조성하는 것이라고 주장한다.[9] 리더십은 어떤 일을 하든지 하나의 집단을 이끌어나가는 중요한 동력이 되고 리더십이 어떻게 발휘되느냐에 따라 집단이나 조직의 위기상황을 극복하게 된다.

## 영화에 나타난 생각하기

### 1) 현실 개혁

　리더십의 구성요소는 여러 가지가 고려되지만 기본적으로 중요시되고 있는 것이 과업이다. 과업은 집단이 이루려는 목표를 의미하며 리더와 구성원이 추구하는 궁극적인 지향점이 된다. 과업은 문제의 현실을 보다 더 나은 상황으로 이끄는 구실을 하고, 리더가 리더십을 발휘하게 되는 원동력이 된다. 리더십의 시작은 주어진 현실의 문제를 극복하거나 개혁하는 데 있다.

　〈죽은 시인의 사회〉의 과업은 입시에 짓눌린 교육 현실의 개혁에 있다. 이 영화는 1859년에 창립된 영국의 명문 웰튼 고등학교를 배경으로 하지만 학교의 교육은 그동안 사회적으로 용인되고 수용된 전통적인 교육방법을 지향하고, 명문 고등학교란 타이틀에 걸맞게 우수한 학생들을 선발해 좋은 대학에 진학시키기 위한 입시 위주의 교육이 실시된다. 특히 "전통과 명예, 규율, 최고"란 학교의 교훈처럼 엄격한 통제하에 학생들을 가르치면서 사회적인 명성을 얻는 데 주력한다. 그런데 키팅 선생은 웰튼 고등학교의 교육이 학생들을 진정으로 위하는 교육이 아니라 학생들의 희망이나 의지와는 상관없는 철저한 입시를 위한 교육임을 자각한다. 그는 그것이 결국 학생들의 삶을 피폐하게 할 뿐만 아니라 학생들이 원하는 삶을 살지 못하도록 하는 폐단을 가져온다는 사실을 직시한다.

그는 이러한 교육은 학생들이 주체가 되는 것이 아니라 사회적 압력 내지 타인에 의해 요구된 교육임을 단정하고, 이러한 교육의 개혁을 위해서는 학생들의 학습방법을 바꿔야 한다는 인식 하에서 첫 수업시간부터 기존의 수업과는 다르게 파격적으로 진행한다. 특히 그는 기존의 교육이 학교와 사회에 의해 강요된 교육이자 입시 위주의 교육임을 자각하고 학생 중심의 자유로운 교육이 참된 교육을 실천하는 데 있음을 전제한다. 그는 기존의 교육이 학생들의 사고를 죽이고 이론만 주입시키는 것과는 달리 학생들이 직접 체험하고 느끼고 생각하는 교육을 시도하고 자신의 수업시간에 모두 이 방법을 적용한다.

특히 그가 진행한 문학수업은 이러한 면을 직접적으로 보여준다. 키팅 선생은 문학이론서의 서문에 실린 '시의 이해'에서 서술된 "시의 위대함은 판단된다. 시의 위대함은 완성도와 중요도로 측정된다"란 내용은 "한마디로 쓰레기다"라며 학생들에게 그 장들을 찢도록 강요한다. 처음에 학생들은 당황한 나머지 망설이지만 너나 할 것 없이 그 장을 찢어버린다. 그리고 그는 학생들에게 "시는 재는 것이 아니라 느끼는 것이다"라고 일설하고 교실을 나가버린다. 그의 이러한 행동은 학교의 교육방침과는 배치된다. 그러나 학생들은 키팅 선생의 수업방식을 따르고 그를 적극 지지한다. 학생들은 그의 설득에 교과서를 찢고 그가 가르치는 방식으로 수업에 임한다. 여기서 교과서를 찢는 것은 기존 교육방식이 잘못된 것임을 상징적으로 제시한다. 그는 무엇보다 생각하는 교육, 사색하는 교육이 학생들을 위한 진정한 교육이라고 확신하고 학생들 또한 여기에 동의한다.

그의 이러한 교육개혁은 교장 선생과의 대화에서도 잘 드러난다. 교장 선생은 학교신문에 죽은 시인의 이름으로 기고된 "여학생을 입학시켜야 한다"는 모욕적인 기사를 무단으로 게재한 장본인을 색출하는 과정에서 키팅 선생을 호출한다. 교장 선생은 키팅 선생에게 "자네 교육방법이 비전통적이라는 소문이 나돌고 있네"라고 말하며 "지난번 수업 때 교정에서 뭘 했느냐?"고 묻는다. 키팅 선생은 "획일화의 위험성을 보여준 실험이었습니다"라고 말한다. 그러자 교장 선생은 "이곳 교육과정은 정해져 있고 훌륭하다는 것도 증명이 되었네. 자네가 의구심을 갖는다면 학생들도 따라 할 걸세"라고 일축한다. 여기에 키팅 선생은 "전 교육의 목적은 사색하는 걸 가르치는 거라고 믿습니다"라고 강변한다. 결국 그는 주입식 이론교육이 아니라 체험 교육 그리고 교사 중심의 교육이 아니라 학생 중심의 교육이 진정한 교육임을 자평한다. 그리고 자신의 교육방법이 교육 개혁의 시도가 되고 있음을 암시한다고 할 수 있다.

그는 특히 자신의 수업 방식이 학교 당국에 알려지지만 주변의 시선을 전혀 의식하지 않고 자기만의 방식으로 학생들을 가르치고 지도한다. 그는 무엇보다 교육개혁이란 현실 개혁이 중요하며, 그것이 학생들을 위한 진정한 교육임을 자각하는 데서 비롯되었다고 할 수 있다. 이러한 점은 키팅 선생이 리더십을 발휘하는데 중요한 원동력이 되고, 리더로서의 추진력을 갖게 만든다.

물론 현실 개혁은 쉽지 않다. 닐의 자살은 현실 개혁이 얼마나 어려운지를 보여준다. 닐은 학업에 열중하면서도 자신이 원하는 연극배우가 되고자 한다. 그러나 아버지의 완강한 반대에 부딪혀 자살이란 극단적인 선택을 한다. 닐의 자살은 내면의 진정한 삶, 바라는 삶이 무엇인지를 상징적으로 표현하면서도 자신이 하고자 하는 일을 억제당하는 억압적 분위기를 전형적으로 보여준다. 그러나 키팅 선생은 현실개혁을 위해 이러한 부분도 감수하는 자세를 취한다.

### 2) 동기부여

동기부여는 사전적으로 "어떤 목표를 지향하여 생각하고 행동하는 일"[10]로 정의된다. 동기부여는 하나의 일을 하거나 뭔가를 실현하고자 할 때 실천하게 하는 밑거름이 되며 동기부여가 있는지와 없는지에 따라 일의 성패가 좌우된다. 동기부여는 리더의 역할에서 중요한 요소 가운데 하나이고 리더십을 발휘하는데 모태적인 구실을 한다. 리더십은 리더와 구성원이 목표성취를 위해 지향하고 실현하는 데 있지만 그것의 원동력은 동기부여에서 비롯된다.

〈죽은 시인의 사회〉에서도 동기부여는 키팅 선생이 리더십을 발휘하는데 중요한 요인이 된다. 이 영화에서 동기부여는 현실변화의 필요성을 각인하는 데서 출발한다. 키팅 선생은 학생들의 공부가 자신들이 원하는 것을 하는 것이 아니라 타인에 의해 강요된 공부이고, 그것은 결국 자신들이 원하는 꿈을 실현하지 못한다는 사실에 동의한다. 그는 학생들이 자신들이 원하는 삶을 사는 것이 행복의 첫 걸음이고 참된 인생을 살 수 있도록 한다고 전제한다.

영화에서 동기부여는 학생들 스스로의 삶, 즉 주체적인 삶을 찾아 실천하는 데 있다. 키팅 선생은 학생들이 명문 고등학교에 입학한 것은 자신들의 의지보다 부모의 의지에 의한 것으로 간주한다. 그로 인해 학생들의 삶은 주체적이지 않고 비주체적이며 타인에 의한 삶이 되고 있음을 전제하고 학생들에게 이러한 삶을 타파하는 것이 참된 삶을 살 수 있음을 고지한다.

그는 첫 수업시간부터 학생들에게 원하는 삶을 살도록 주문한다. 그는 수업 중에 학생들을 밖으로 나오게 한 다음 벽에 걸린 과거 졸업생의 사진을 보게 한다. 그리고 그들이 무엇이라고 속삭이는지를 듣도록 유도한다. 그는 선배들이 학창 시절 모두 공부를 열심히 했지만 특별한 삶을 살지 못했음을 언급한다. 이는 학생들로 하여금 현재의 삶이 미래에 원하는 삶을 가져다줄 수 있을지에 대한 판단을 유도하게 만든다. 결국 여기서는 참된 삶이란 타인에 의한 유도된 삶이 아니라 자신이 진정으로 원하는 것을 추구하는 데 있음을 알려준다.

또한 그는 "오늘을 즐겨라", "원하는 것을 해라", "현실을 타파하라"라는 문구를 외치듯이 학생들에게 주체의식을 갖고 살도록 요구한다. 그러나 키팅 선생은 학생들에게 이러한 주문을 강압적으로 요구하는 것이 아니라 학생들이 스스로 자신의 현재 삶을 인식하고 판단하도록 한다. 특히 키팅 선생은 수업 시간에 학생들을 교정에 불러내 걷기를 주문하면서 자신의 삶을 사는 것이 무엇보다 중요함을 역설한다.

"여기 일체감의 중요성을 보여주려고 온 거다. 자신의 신념의 독특함을 믿어야 한다. 타인과의 관계에서 자신의 신념을 지키는 것은 어렵다. (…) 타인의 인정을 받는 것도 중요하지만 다른 사람이 이상하다고 보든 나쁘다고 생각하든 걷는 방향과 방법은 여러분

마음대로 선택하라." 교정에서 댈튼이 걷기를 하지 않자 키팅 선생은 "전통에 도전하라"며 걷기를 주문한다. 키팅 선생의 이러한 모습은 학생들에게 동기부여를 제공하고 학생들 스스로 행위하고 행동하도록 유도하는 데 결정적인 역할을 한다. 결국 학생들의 행동은 키팅 선생의 강요가 아닌, 자발적으로 이뤄지고, 그 대표적인 것이 '죽은 시인의 사회'란 동아리 활동이다. '죽은 시인의 사회'는 키팅 선생이 재학하던 시절 만들어진 과거의 동아리이고, 학생들은 키팅 선생의 과거 동아리활동에 대해 듣고는 동아리활동이 학교의 교칙에 위배된다는 사실을 알면서도 닐이 중심이 돼 자신들의 '죽은 시인의 사회'란 서클을 조직한다. 그들은 서클모임에서 문학과 삶을 논하고 직접 시작을 하면서 자신들 나름의 원하는 것을 찾아나선다. 닐은 평소 하고 싶던 연극을 하고 녹스는 연애에 열을 올린다. 다른 학교에서 전학을 온 앤더슨 또한 의사가 되라는 부모님의 요구를 거역하지 못하지만 서클활동에 소극적이나마 참여한다. 결국 이들의 이러한 활동은 동기부여에서 비롯되었다고 할 수 있다.

리더십에서 동기부여는 구성원들을 일정한 목표를 향해 움직이게 만드는 역할을 한다. 특히 동기부여는 리더십에서 중요한 요소로 작용한다. 동기부여는 리더와 구성원 간의 강력한 정서적 연대감을 불러일으키고 구성원으로 하여금 자발적 행동을 하도록 유도하는 구실을 한다.

영화에서도 키팅 선생의 동기부여가 결국 학생들로 하여금 자발적인 내면의 변화를 이끌어내는 데 결정적인 역할을 한다. 물론 이는 리더십에서 중요한 요소가 되고 있는 비전 제시와도 연결된다. 비전 제시는 동기부여와 불가분의 관계에 있으며, 동기부여의 결과에 대한 희망이 된다. 비전은 구성원들의 과업 수행의 목표가 될 수 있을 뿐만 아니라 구성원들의 책임을 수행할 수 있는 수단이 된다.

영화에서는 비전 제시가 사업적인 목표나 동기부여가 아니라 학생들의 진정한 삶이 무엇인가에 대한 지향점 역할을 하고 있다.

### 3) 헌신과 희생

영화에서는 키팅 선생의 리더십에는 헌신과 희생이 동반되어 나타난다. 과거에는 리더십은 리더에 의한 헌신보다 리더가 강압적으로 통제적 분위기에서 목표를 지향하는 데 무게를 두었다. 그러나 리더십은 시대의 변화에 따라 팔로어에 대한 일방적인 요구보다는 팔로어에 대한 헌신이 요구되고 있다.

배스(Bernard Bass)는 리더가 어떻게 구성원과 조직을 극적으로 변화시키는가에 초점을 맞춰 변혁적 리더십 이론을 제기하였다. 그는 과거 전통적인 리더십이 리더와 구성원 간의 주고받기식의 거래적 리더십이라고 진단하면서 변혁적 리더십은 리더와 구성원 간의 신뢰와 유대감을 바탕으로 조직의 변화를 이끌어내는 데 있다고 주장하였다. 여기에는 무엇보다 리더가 어떠한 태도나 자세로 구성원을 대하는지가 중요하다.

〈죽은 시인의 사회〉에서 키팅 선생은 카리스마적이고 강압적인 면을 보이기보다 학생들의 마음을 헤아리고 그들에게 헌신하는 태도로 접근한다. 그것이 결국 학생들의 마음을 동요케 하고 학생들이 주체적으로 행동하도록 하는 핵심적인 역할을 하게 된다. 이러한 부분은 영화에서 전반적으로 깔려 있다. 그는 학생들을 자신의 통제적인 대상으로 여기지 않고 자신이 헌신하는 대상으로 간주한다. 그는 학생들에게 삶의 변화를 요구한 것도 자신의 과거 경험에서 비롯되었다.

그의 이러한 모습은 우선 학생들의 수업에서 잘 드러난다. 그는 학생들에게 필요한 교육이 무엇인지를 파악하고 학생들의 삶을 변화하는 데 몰두한다. 그는 문학수업이나 체육활동, 교정에서 걷기 활동에서도 학생들의 입장에서 학생들에게 진심 어리게 다가간다. 그리고 학생들의 상담 또한 헌신하는 자세로 임한다. 그는 학교신문에 모욕적인 기사를 실었다는 이유로 문책을 당하는 처지에 놓인 댈튼이나 아버지의 철저한 반대에도 불구하고 연극 활동에 몰두하고 있는 닐의 상담에서도 진솔하고 허심탄회하게 응한다. 특히 닐이 키팅 선생에게 "저에게 연극이 전부예요. 하지만 아버지가 반대해요. 아버지 마음대로 제 인생을 설계하고 제가 뭘 원하는지 물어본 적이 없어요"라고 하자 키팅 선생은 "연극에 대한 열정을 한 번이라도 보여준 것이 있느냐? 아버지는 네가 어떤 애이고 뭘 원하는지 알아야 해"라고 응수한다. 키팅 선생의 이러한 행동은 학생들을 위한 헌신적인 태도에서 연유된다. 그는 닐이 고민을 털어놓기 전에 "왜 이곳에 오셨냐?"고 묻자 "나는 가르치는 것이 좋단다. 다른 곳에 가고 싶지 않아"라고 답한다. 결국 키팅 선생은 교사로서의 책임과 헌신을 다하고 있음을 보여주는 사례가 된다.

물론 키팅 선생은 학생들을 위해 자신의 희생 또한 마다하지 않는다. 키팅 선생은 학생들을 선동하고 닐의 죽음에 직접적인 책임이 있다는 이유로 학교에서 해고를 당한다. 그는 학교의 조처에 어떤 이의를 제기하지 않고 교단서 물러난다. 그는 자신의 행동이 학생들을 위한 일이고 학생들을 위한 헌신하는 마음이 앞섰기에 후회가 없다는 입장이다. 이는 결국 키팅 선생이 리더로서의 책임감과 희생을 감내하고 있음을 보여준다. 결과적으로 학생들에게 존경과 신뢰를 갖게 함과 동시에 학생들이 스스로 행동하도록 유도하는 밑거름이 된다. 그는 어쩔 수 없이 학교를 떠나게 되지만 그가 보여주는 헌신과 희생은 학생들에게 성장의 자양분으로 작용한다. 이는 무엇보다 변혁적 리더십의 리더적 자질을 보여준다고 할 수 있다.

키팅의 리더십은 팔로어의 기본적인 욕구를 넘어 더 높은 단계의 욕구를 충족시키고 있다. 매슬로(Abraham Maslow)는 인간의 욕구를 5단계로 구분하였다.[11] 그는 가장 기본이 되는 생리적 욕구에서부터 안전욕구, 소속감 및 애정욕구, 자존감 욕구, 자아실현 욕구로 명시하였다. 기존 리더십이 팔로어의 자존감을 고취시키고 자아를 실현시키는 문제에 취약한 데 반해 변혁적 리더십은 5단계의 욕구 충족, 특히 가장 높은 차원의 자존감과 자아실현 욕구 충족을 강조하고 있다. 결국 키팅 선생의 리더십은 학생들의 자아실현 욕구 충족에 결정적으로 기여한다고 할 수 있다.

## 인물의 표현에서 드러난 생각하기

### 1) 수평적 인물 구조

리더십에서 리더와 팔로어는 파트너의 관계이다. 리더와 팔로어는 리더십을 구성하는 핵심적인 요소이며, 둘 가운데 한 대상이 존재하지 않는다면 리더십은 존재하지 않는다. 리더는 집단의 전반적인 방향에 대하여 큰 영향력을 행사하고 더 많은 책임을 지는 사람인데 비해 팔로어는 계획을 이행하고 일을 수행하는 사람이다. 리더십에서 리더는 한 사람이 되지만 팔로어는 여러 사람이 되어 리더와 팔로어의 관계가 어떠한가에 따라 리더십의 유형이 결정된다.

일반적으로 리더십은 리더를 중심으로 팔로어가 추종하는 방식으로 접근되지만 〈죽은 시인의 사회〉에서는 리더와 팔로어의 관계가 수직적 관계가 아니라 수평적 관계를 보여준다. 수평적 관계는 두 대상이 종속이 아닌 대등한 관계를 의미하며, 대상 간의 공유적인 입장을 취한다. 영화에서 키팅 선생과 학생들 간의 관계는 상호 신뢰적이며 배려의 관계이다. 키팅 선생은 리더로서 학생들의 역할과 임무에 대해 허심탄회하게 전달하고 학생들에게 행동을 강요하는 것이 아니라 학생들이 스스로 행동하도록 유도한다. 학생들 또한 팔로어로서 키팅 선생의 일방적 주장이나 강요에 의해 행동하지 않고 자신들의 판단에 따라 주체적인 행동을 지향한다. 이러한 부분은 변혁적 리더십의 전형을 보여준다. 변혁적 리더십에서 리더와 팔로어의 관계는 종속적이지 않고 대등한 관계를 유지하며, 거기서 서로에 대한 배려와 가치를 공유하게 된다.

우선 영화에서는 키팅 선생의 행동에서부터 여실히 드러난다. 일반적으로 교사와 학생 간에는 주종관계가 유지되지만 키팅 선생은 학생들의 입장에서 학생들에게 필요하고 요구되는 '눈높이 교육'을 실천할 뿐만 아니라 학생들을 대할 때에도 위압적이거나 권위적이지 않고 동료적인 입장에서 배려를 우선시 한다. 또한 수업시간에도 학생들과 전혀 스스럼없이 대할 뿐만 아니라 학생들을 가르침의 대상이 아니라 삶의 동반자 내지는 동료로 인식한다.

키팅 선생은 문학시간에 갑자기 교탁 위로 올라간다. 그리고 그는 "내가 왜 여기에 올라온 것인지 아느냐?"라고 묻는다. 그러면서 그는 "다른 각도에서 보려는 거야." "이 위에서 보면 세상이 무척 다르게 보이지"라며 학생들에게 한번 해보라고 주문한다. 학생들이 너도나도 교탁 위에 오른다. 키팅 선생은 "책을 읽을 때 저자의 생각만 하지 말고 너희들의 생각도 고려해라. 너희들의 목소리를 찾을 수 있도록 투쟁해야 해"라는 메시지를 전달하기 위한 행동이었지만 그의 이러한 행동은 교사의 권위를 벗어나 학생들과의 대등한 관계에서 접근하고 있음을 보여준다고 할 수 있다. 그는 학생들을 위해 솔선수범하고 교사와 학생 간의 거리를 두기보다 친밀함을 유도한다. 이러한 부분은 영화에서 교장 선생과 교사와의 관계와 대비적으로 그려진다. 교장 선생은 교사 특히 키팅 선생과의 관계에서 주종적인 모습을 보여준다. 그는 키팅 선생에게 위압적으로 대하고 자신의 방침을 일방적으로 따르도록 강요한다. 그러나 키팅 선생은 학생들과의 입장을 고려하고 그들의 의견을 경청하는 모습을 보여준다.

물론 키팅 선생과 학생들의 수평적 관계는 소통 부분에서도 드러난다. 키팅 선생은 학생들에게 일방적으로 훈시하거나 임무를 부여하지 않는다. 키팅 선생은 학생들을 우선적으로 배려하고 그들의 의견을 최대한 존중한다. 그리고 학생들이 스스로 판단하고 행동하도록 유도한다. 학생들의 '죽은 시인의 사회'란 서클활동도 자신들의 자발적인 판단에 의해서 이뤄진 것이다. 이는 결국 키팅 선생이 학생들과의 소통에서 신뢰감을 제공하고 있음을 보여준다. 존 맥스웰은 리더의 소통에서 신뢰감은 가장 우선시하는 부분이라고 지적하였다.[12] 그는 리더와 팔로어 간에 신뢰감이 형성되지 않으면 이상적인 소통이 이뤄질 수 없다고 보고 있다. 물론 키팅 선생과 학생들의 소통에는 감성도 교류된다. 체육활동이나 학생들의 상담에서는 학생들의 입장과 상황을 충분히 고려해 자신의 경험과 판단을 진솔하게 표출한다. 이는 결국 키팅 선생과 학생들의 관계가 주종관계가 아닌 수평적 관계에서가 전제된 상태에서만이 가능하다고 할 수 있다.

또한 키팅 선생과 학생들의 수평적 관계는 민주적 방식의 소통에도 기인한다. 키팅 선생은 학생들과의 교류를 중시하고 협력을 통한 의사소통을 추구한다. 그리고 학생들과의 대등한 관계에서 자신의 과거 행동과 모습에 대해 의견을 나누고 그 결과 학생들이 스스로 올바른 선택을 하고 행동하도록 유도한다. 그는 학생들의 의견을 청취하고 학생들의 요구사항을 충분히 고려한 소통방식을 취한다. 마이클 해크먼과 크레이크 존슨은 리더의 소통의 유형으로 크게 권위형과 민주형, 자유방임형으로 구분한다.[12] 권위형은 팔로어의 행동이나 규칙을 엄격히 통제하며 일방적인 의사소통을 취하고 팔로어와 일정한 거리를 두는 소통을 지향하며 민주형은 팔로어와 교류를 중심으로 하고 쌍방향과 열린 의사소통, 협력을 위한 의사소통을 지향하며, 자유방임형은 팔로어와 소통을 포기하는 피상적인 소통방식을 취한다고 주장한다. 결국 영화에서는 키팅 선생과 학생들의 소통은 교류를 중심으로 한 쌍방향의 열린 소통을 취하고 있다고 할 수 있다.

## 2) 공생적 인물 구조

공생관계는 두 대상이 서로 떨어져서 살지 못하고 서로 의존하며 생육하는 관계를 의미한다. 영화에서 키팅 선생과 학생들은 공생관계의 전형을 보여준다. 키팅 선생과 학생들은 교사와 학생이란 신분이지만 교육현실과 자신들의 삶을 개혁하기 위해 일심동체적인 행동을 추구한다. 키팅 선생이 첫 수업시간에 파격적인 수업을 진행하지만 키팅 선생의 가르침에 순순히 동의하고 그가 전달하는 메시지는 거의 수용되다시피 한다. 여기에는 학생들이 키팅 선생을 전적으로 의지함이 전제된다. 그리고 학생들은 자신들의 고민을 키팅 선생과 함께 공유하고 거기서 답을 찾는다. 키팅 선생과 학생들의 혼연일체의 모습은 두 그룹 간의 서로 의지하며 나아간다는 묵시적 동의에서 비롯된다.

키팅 선생과 학생들의 공생적 관계는 수업시간은 물론 키팅 선생의 호칭에서도 드러난다. 학생들은 수업시간에 키팅 선생과의 혼연일체가 되는 모습을 보여준다. 특히 키팅 선생이 수업을 기존 수업과는 다르게 파격적으로 진행하면서도 밖으로 나오라는 요구에 순순히 응할 뿐만 아니라 키팅 선생의 가르침이 자신들의 자양분이 됨을 인식한다. 특히 학생들이 체육활동을 끝내고 키팅 선생을 헹가래를 치는 장면은 두 대상 간의 혼연일체의 모습을 상징적으로 보여준다. 또한 학생들은 키팅 선생을 선생님이 아닌 "오 선장님, 나의 선장님"으로 호칭한다. 이 표현은 수업시간에 낭독한 시의 한 구절이지만 학생들은 지치거나 곤란할 때마다 키팅 선생을 선장님으로 호칭한다. 이러한 표현은 망망대해를 누비는 한배를 타고 있음을 전제하고 있으며, 생사를 함께 한다는 공생적 관계가 전제됨을 알 수 있다.

물론 키팅 선생과 학생들 간의 공생적 관계는 마지막 장면에서 더욱 분명히 드러난다. 키팅 선생은 닐의 자살로 인해 학교 당국으로부터 문책을 당하고 결국 교단에서 쫓겨난다. 키팅 선생이 담당하던 교과목은 교장 선생이 대신하게 된다. 교장 선생이 학생들의 수업을 진행하던 중에 키팅 선생은 잊어버린 물건이 있다며 학급을 방문한다. 이때 키팅 선생의 떠나는 모습을 본 앤더슨이 "오 선장님, 나의 선장님"이라고 외치며 책상 위에 올라선다. 그의 모습을 본 동료들도 누가 먼저라고 할 것 없이 하나둘씩 책상 위로 올라서서 키팅 선생을 열렬히 옹호한다. 이는 학생들이 팔로어로서 리더인 키팅 선생의 가르침이 전혀 헛되지 않을 뿐만 아니라 그 가르침이 자신들에게 새로운 비전을 제시해주고 있음을 묵시적으로 전달한다. 특히 이 장면은 키팅 선생과 학생들의 관계가 공생적 관계임을 보여주고 있으며, 키팅 선생과 학생들이 그동안 동고동락을 했다는 사실을 상징적으로 제시한다. 결국 키팅 선생은 교단을 떠나지만 학생들의 마음속에는 영원한 스승이자 훌륭한 리더로 남게된다. 학생들의 이러한 행동은 키팅 선생이 훌륭한 리더로서의 평가를 묵시적으로 전달하고 있다.

커크패트릭(Kirkpatrick)과 로크(Locke)는 성공적인 리더의 특성으로 추진력과 리더십 동기, 정직과 성실, 자신감, 인지적 능력, 사업지식을 꼽는다.[14] 여기서 추진력은 목표를 설정해 실천적으로 접근하고 실행하는 과감한 의지를 말하며, 리더십 동기는 팔로어와 상황에 대해 영향을 미치고자 하는 욕구를 의미한다. 정직과 성실은 팔로어를 속이지 않고 말과 행동이 일치되는 태도를 말한다. 자신감은 목표를 달성하기 위해 드러내는 단호함이나 결단력이 해당된다. 인지적 능력은 상황에 대한 판단력을 말하며, 사업지식은 전문성의 확보를 의미한다. 키팅 선생은 성공적인 리더에게서 나타난 특징을 모두 소유하고 있다고 할 수 있다. 키팅 선생의 이러한 특성이 결국 학생들로 하여금 자발적으로 행동하게 만든다. 학생들 또한 팔로어로서 키팅 선생의 이러한 점을 믿고 자신의 미래를 위해 행동을 했다고 할 수 있다. 공생적 관계를 유지하려면 서로 공유된 가치와 목표를 지녀야 하는 것이 필수적이다. 키팅 선생과 학생들은 교육과 삶의 개혁이란 목표를 함께 지향하고 있으며, 서로의 가치관과 감정을 공유하며 현실개혁을 도모하는 데 동조하고 있다고 할 수 있다.

## 우리 사회에 주는 메시지

현재 우리 사회에서 리더십은 적지 않은 주목을 받고 있으며, 리더십의 존재 여부에 따라 사회가 제대로 운영되고 있는지 아니면 혼란이 가중되는지가 판가름 된다. 리더십은 개인의 능력을 발휘하는 데 머무는 것이 아니라 집단이나 사회를 이끌어가는 동력이 되며, 어떤 리더십을 발휘하느냐에 따라 현실의 난국을 극복하게 된다.

〈죽은 시인의 사회〉는 교사와 학생들 사이에서 발휘되는 리더십을 보여주지만 기존의 리더십과는 다른 형태를 보여준다. 특히 키팅 선생에 의해 발휘되는 리더십은 현시대에 요구되는 변혁적 리더십의 전형을 보여준다. 변혁적 리더십은 과거의 권위적 리더십과는 상반된다고 할 수 있으며, 리더 중심의 리더십이 아니라 구성원 중심의 리더십을 의미한다. 그것은 결국 리더 개인의 성과를 위한 것이 아니라 구성원의 잠재력을 끄집어내고 구성원의 발전을 도모하는 방식이라고 할 수 있다. 키팅 선생은 자신을 위한 것이 아니라 자신을 희생하면서까지 학생들의 참된 교육을 위해 헌신한다. 키팅 선생의 리더로서의 영향력은 그가 학교를 떠난 뒤에도 긴 여운을 제공하고 있다.

리더의 영향력 측면에서 보면 리더십은 5단계로 나뉜다. 영향력의 원천이 무엇인가에 따라 구분하는데, 1단계는 지위와 권한, 직함 등 자신의 신분에 따라 주어지는 영향력이다. 2단계는 인간적 관계로 생기는 영향력이 해당되는데, 예를 들면 관계, 호감, 친밀감이 있다. 그리고 3단계는 성과와 업적, 승리감, 즉 리더가 노력하여 조직의 과업성취에 기여함에 따른 영향력이다. 4단계는 인재개발과 리더양성, 충성심, 즉 조직 내에서 새로운 리더를 양성하고 배출함에 따른 영향력이다. 5단계는 존경과 명예, 추종, 즉 2-4단계를 충실히 오래 거치면서 원숙해진 리더에게 부여되는 인간적인 신뢰, 영향력이다. 키팅 선생의 리더십 영향력의 원천은 5단계에 속한다고 할 수 있다.

물론 영화에서 키팅 선생의 리더십은 교장 선생의 리더십과 대별되어 나타난다. 영화에서는 교장 선생과 교사와의 집단을 고려하면 교장 선생이 리더가 되고 교사는 팔로어가 된다. 교장 선생은 학교 측을 대변하는 입장을 취하며 팔로어를 이해하기보다 잘못된 것에 대해 책임을 부여한다. 그리고 극단적인 경우 퇴출시킨다. 교장 선생의 리더십은 거래적 리더십의 성격을 지닌다. 거래적 리더십은 결과를 달성하게 되면 조건적인 보상과 동기부여를 위한 인센티 브가 제공되지만 팔로어의 관리에서는 예외적인 조항을 두고 목표 수준에 어긋나면 교정을 하거나 체벌하는 방식을 취한다. 영화에서 키팅 선생은 결국 조직의 목표수준에 어긋나는 행동을 했다는 이유 로 교단에서 퇴출되는 체벌을 당하게 된다. 그러나 키팅 선생의 리 더십은 구성원들의 자생적인 성장과 발전에 목표를 두게 된다.

영화는 제목 자체에서도 이러한 부분이 암시된다. 제목에서 '죽 은 시인의 사회'란 키팅 선생의 고교 시절에 있었던 동아리 이름이 지만 결국 키팅 선생이 희생된 사회를 의미하고 그것은 리더의 희 생이 어떠한 사회를 만들 수 있는지를 암시한다고 할 수 있다. 그 사회는 결국 구성원인 팔로어가 진정으로 원하는 사회가 될 수 있 으며, 그것이 이상향으로 그려지고 있다고 할 수 있다.

1) 이 글은 「영화 〈죽은 시인의 사회〉와 리더십과의 상관관계」(『사고와 표현』 제9권 2호, 2016)을 수정 보완한 것임.

2) 위키피디아(https://ko.wikipedia.org).

3) James McGregor Burns, Leadership, Haper & Row, 1978, p.2.

4) 란 류 저, 황선영 외 역, 『리더십이란 무엇인가?』, 케이디북스, 2011, 64쪽 참조.

5) H. Koontz and C. Connell, Management: A System and Conyigency Analysis of managerial Function, 6th. ed, New York, 1976, p.578.

6) D. Richard & S. Engle, After the vision: Suggestions to Corporate Visionaries and Vision Champions, in J. D. Adams(Ed.), Transforming Leadership, Alexandria, VA: Miles River Press, 1986, P. 206, pp.199-215.

7) T. O. Jacobs & E. Jaques, "Leadership in Complex System," in J. Zeier(Ed.), Human Productivity Enhancement: Organizations, Personnel, and Decision making, 2, New York: Praeger, 1987, p.281.

8) 란 류 저, 황선영 외 역, 2011, 위의 책, 25-28쪽 참조.

9) D. Richard & S. Engle, "After the vision: Suggestions to corporate Visionaries and Vision Champions", in: J. D. Adams(Ed.), Transforming Leadership, Alexandria, VA: Miles River Press, 1986, p.206.

10) 위키피디아(https://ko.wikipedia.org).

11) 마이클 해크먼 · 크레이크 존슨 저, 김영임 외 역, 『소통의 리더십』, 에피스테메, 2011, 74-75쪽 참조. 매슬로는 생리적 욕구는 음식, 물, 공기의 기본적인 욕구가 해당되며 안전욕구에는 질서나 법, 보호, 인정, 공포로부터의 자유가 해당된다고 주장한다. 소속감 및 애정욕구는 우정이나 애정, 타인의 수용이나 인정이 해당되며, 자존감 욕구는 자기존중이나 타인존중, 성취, 평판, 특권이 해당되고 자아실현욕구는 자기충족과 잠재력 실현이 해당된다고 본다.

12) 존 맥스웰 저, 전형철 역, 『리더의 조건』, 비즈니스북스, 2012, 63쪽 참조.

13) 마이클 해크먼 · 크레이크 존슨 저, 김영임 외 역, 위의 책, 43-44쪽 참조.

14) Kirkpatric & Locke, Leadership: Do Trait Matter?, Academy of Management? Executive5, 2, 1991, pp.48-60.

란 류 저, 황선영 역, 『리더십이란 무엇인가』, 케이디북스, 2011.

마이클 해크먼 · 크레이크 존슨 저, 김영임 외 역, 『소통의 리더십』, 에피스테메, 2011.

존 맥스웰 저, 전형철 역, 『리더의 조건』, 비즈니스북스, 2012.

위키피디아(https://ko.wikipedia.org).

Burns, James McGregor, *Leadership*, Haper & Row, 1978.

Burns, J. M., "From transactional to transformational leadership. Learning to share the vision", Organizational Dynamic, 18(3), 1990, pp.319-336.

Jacobs, T. O. & Jaques, E., "Leadership in Complex System." in J. Zeier(Ed.), *Human Productivity Enhancement: Organizations, Personnel, and Decision making*, 2. New York: Praeger, 1987, pp.7-65.

Kirkpatric and Locke, Leadership: Do Trait Matter?, Academy of Management? Executive5, 1991.

Koontz, H. and C. Connell, *Management: A* System and Conyigency Analysis of managerial Function, 6th. ed, New York, 1976.

Richard, D. and Engle, S., "After the vision: Suggestions to corporate Visionaries and Vision Champions", in: J. D. Adams(Ed.), *Transforming Leadership*, Alexandria, VA: Miles River Press, 1986, pp.199-215.

FILM LOGIN

# 영화로
# 말하기

**5**

# 다양한 의사소통과
# 진정한 만남의 접촉점 찾기
## 〈컨택트〉[1]

이재현

## 대학의 의사소통 교육과 강의실 밖 삶의 의사소통

현재 우리나라 대학의 듣기, 말하기, 읽기, 쓰기 등의 사고와 표현 또는 의사소통 교육은 본격적인 궤도에 올라와 있다고 보아도 큰 무리는 아닐 것이다. 의사소통 교육에 있어서 글쓰기 교육이 하나의 큰 축을 이루고, 비판적 사고를 길러주는 토론 교육, 효과적인 자기표현을 가능하도록 만들어주는 프레젠테이션(발표)의 기법을 가르쳐주고 실습해보는 학습을 통해 대학의 의사소통 교육은 2000년대 이전의 이른바 '대학국어'식의 교육에 비해서 비약적인 발전을 해왔다. 의사소통 또는 사고 표현과 관련된 이론적 교수법과 더불어 대학 현장에서의 수업 사례를 다룬 수많은 논문을 통해서 이러한 발전 양상은 잘 소개되어 있다. 학습자들이 대학에서 살아나가기 위해서는 대학 4년 동안의 강의를 잘 소화해내야 하고 그러기 위해서는 대학의 교양 기초 교육으로서 프레젠테이션, 토론 교육이 매우 중요하다.[2]

그러나 대학 수업에서의 발표와 토론 능력을 향상시키는 의사소통 교육도 중요하지만 교수자와 학습자, 학습자와 학습자 간의 개별적이고 실제적인 의사소통도 중요하다. 물론 발표, 토론 능력을 키우는 대학의 의사소통 교육을 통해 실제적인 개인 간의 의사소통 교육도 함께 이루어져야 하며, 또 그렇게 되고 있다고 주장할 수도 있겠지만, 강의실에서의 발표와 토론, 글쓰기가 강의실 밖에서도 동등한 가치와 효과를 가진다는 것이 검증된 바는 거의 없는 실정이다. 즉 구체적인 개인별 의사소통 교육의 방법 그리고 개인 간의 의사소통을 개선, 향상시키려 하는 교육이 어떻게 이루어지고 있으며 그 성과는 어떠한지에 관한 연구 성과는 잘 드러나 있지 않다. 또한 의사소통이 개인뿐만 아니라 그 개인이 속한 집단에 어떠한 영향을 주는지에 관한 연구도 찾아보기 힘들다.

이제 우리는 영화 〈컨택트〉(원제목: Arrival)를 소재로 영화의 텍스트를 분석함으로써 다양한 의사소통의 양상을 찾아보고 이를 통해 올바른 의사소통의 방법과 의사소통의 중요성을 학습자들 스스로가 인식할 수 있도록 한다. 또한 이 영화를 활용하여 어떻게 의사소통 수업을 할 수 있을 것인가도 살펴보기로 한다.

## 영화를 활용한 의사소통 교육

앞서 말하였듯이 〈발표와 토론〉, 〈독서와 토론〉, 〈글쓰기〉, 〈사고와 표현〉 등의 교과목명으로 불리는 의사소통 교육이 꾸준히 변화를 시도하고 발전함에 따라 통해 강의실 환경에서의 학습자들의 발표 능력은 2000년대 이전 대학의 학습자들보다는 많이 향상되었다. 그러나 교육 현장에서 의사소통 교육을 담당하고 있는 교수자들에게는 학습자를 어떻게 의사소통 교육의 마당으로 끌어들일까 하는 것이 여전히 큰 과제이다. 학습자들이 토론은 좋아하지만 발표를 힘들어하고 글쓰기를 싫어한다는 교수자들의 토로가 아직까지도 심심찮게 들리고 있다. 학습자들이 글쓰기를 대체로 싫어한다는 주장이 그리 비현실적으로 들리지 않는다. 김성수(2011: 275)는 '학교 교육 현장의 작문 시간에 자기 생각을 남이 알아듣도록 글로 쓰는 일에 학생들은 염증을 낸다'고 진단하고 학생들이 특히 글쓰기를 싫어하는 이유 중 하나로 요즘 학생들이 활자 매체와는 거리가 먼 영상 세대로 성장해온 세대적, 특징적 배경을 간과할 수 없다고 보았다.

학습자들이 글쓰기를 싫어한다고 하였지만 현실에서는 이전보다 더 많은 글쓰기가 이루어지고 있다. 페이스북, 트위터, 카톡 등의 SNS, 인터넷과 모바일 환경에서의 각종 글과 여기에 달리는 댓글들은 과거 어느 때보다도 일상생활 가운데 글쓰기가 빈번히 일어나고 있음을 여실히 보여주고 있다. 물론 이러한 글쓰기는 전통적인 글쓰기에서는 많이 벗어나 있다. 20세기 후반, 더 정확히 표현하자면 인터넷이 본격적으로 사용되기 전의 언어 사용에서는 구어와 문어는 명확히 구분이 되었다. '언어'라는 의사소통 도구의 두 가지 방식인 '말'과 '글'은 사용 양상에 있어서 차이를 가지고 있었다. 그런데 SNS의 사용은 이 둘 사이의 경계를 모호하게 하였고 허물고 있다고도 볼 수 있다.

학습자들은 글쓰기를 싫어하는 것이 아니라 고리타분하고 강의실 또는 교실이라는 막힌 공간에서 교수자가 던져준 주제를 가지고 하는 글쓰기를 싫어하고 어려워하는 것이다. 그러나 학습자가 싫어하고 어려워한다고 해서 이러한 전통적 방식의 글쓰기 교육을 그만두어서는 안 된다. 학습자들이 글쓰기 자체를 거부하는 것이 아니기 때문에 교수자는 학습자가 선호하는 글쓰기 방식을 수업에 도입할 필요가 있다. 또한 이와 관련된 새로운 교수법과 내용을 계발하여 즐거운 글쓰기와 의사소통을 유도함으로써 학습자가 전통적이고 기본적이면서 본격적인 글쓰기를 잘 할 수 있도록 돕고, 사고와 표현 능력을 높일 수 있도록 이끌어주어야 한다.

현재 대학에서는 교양과목과 전공과목을 막론하고 다양한 영상 매체를 활용한 교육이 이루어지고 있다. 그중에 영화는 매우 효과적인 수업 도구가 되고 있다. 황영미·이재현(2016: 12)에서는 "글쓰기가 삶에 대한 성찰의 한 방편이라고 할 때 어떤 글쓰기 방식을 통해 학습자들의 관심도도 높이면서 동시에 양질의 교육 효과를 얻을 수 있도록 교육할 것인가를 진지하게 고민하여야 한다"고 전제한 후 영상 세대에 가장 효과적인 글쓰기 교육의 유형으로 영화평 쓰기를 제안하였다. 대학생들이 가장 가깝게 대하는 예술 매체가 영화라고 할 때, 꼭 영화평 쓰기가 아니라도 영화를 활용한 의사소통 교육은 학습자 중심의 교육에 있어서 매우 유용한 교수-학습 방식이라고 할 수 있을 것이다.[3]

영화를 활용한 비평적 글쓰기 교수 방법을 연구한 박종덕(2013: 180)의 경우, 이러한 교수 방법의 제안 이유를 학습자들에게 지루하지 않은 글쓰기 교육이 이루어져야 한다는 현실적 필요성에 두었다. 대학에서의 교양교육 특히 교양 기초가 되는 〈글쓰기〉나 〈발표와 토론〉 과목 같은 사고와 표현, 의사소통 교육이 학습자들의 선택에 의해 이루어지기보다는 필수과목으로 지정되고 의무로 수강해야 하는 상황에서 '지루하지 않게, 쉽게, 재미있게'라는 수업 조건을 제시하는 것은 매우 현실적인 요구이다. 그런데 영화를 활용한 교육이 '쉽고 재미있게'만 이루어지는 것에는 또 다른 문제가 발생할 수 있다. 한래희(2013: 213)의 글에서는 "명확한 목적이나 방법론이 설정되지 않을 경우 영화는 글쓰기에서 단순한 흥미 유발 기제로 그칠 수 있다는 점에서 영화 텍스트 읽기와 비평문 쓰기를 연계하는 교육은 생각보다 간단하지 않다"고 지적한 뒤 효과적인 영화 텍스트를 활용한 글쓰기 교육에서 사용되는 읽기는 "① 텍스트에 대한 인지적, 논리적 반응뿐만 아니라 정서적, 감정적 반응까지 모두 포함하는 읽기, ② 텍스트 이면의 숨겨진 의미의 발견과 텍스트에 대한 새로운 해석이 비평 주체 자신에 대한 새로운 이해로 이어질 수 있는 읽기"의 두 방향으로 진행되는 것이 효과적(한래희, 2013: 220)이라고 제시하였다.

영화를 활용하여 의사소통 교육을 하려 할 때 주의해야 할 점이 또 있다. 그것은 토론이 되었든 글쓰기가 되었든 영화는 소재이고 텍스트라는 점이다. 전문적인 영화론, 영화학 강좌로 교육이 이루어져서는 안 되고 의사소통 교육의 도구로 영화가 쓰여야 한다는 것이다. 이와 같은 관점에서 박정하(2014: 9)에서는 영화로 글쓰기 교육을 하는 데에 있어서 영화는 주인공이 아니고 글쓰기가 주인공이라고 밝힌 바 있다. 그러나 '영화에 대한 글쓰기'는 영화 속에 투영된 '우리 현실에 대한 글쓰기'로 이어지고 '세상 읽기'로 나아갈 수 있을 것이기 때문(박정하, 2014: 12)에 영화는 글쓰기 교육에서 매우 효과적인 수단과 도구가 될 수 있는 것이다.

그런데 여기서 영화를 텍스트로 할 수 있는가 하는 근본적인 질문이 제기될 수 있다. 정병기(2015: 310)는 텍스트 자체로는 인용이 불가능하다는 의미로 영화는 '인증할 수 없다(introuvable)'고 한 Belour(1979)의 말을 인용하였다. '영화는 시각적인 것, 영상적인 것(영상 편집), 청각적인 것, 시청각적인 것에 속한 것들을 모두 포괄하고 있어 글이라는 다른 코드로 온전히 바꿔놓기가 어렵다'고 보았다. 따라서 논리적 글을 통해 객관적 진리를 전달하는 사회과학 글쓰기로서 영화 분석이 적절하다는 판단을 내리기는 쉽지 않으며 논리성과 객관성에 대한 요구 수준이 가장 높은 학술 논문으로서 영화 텍스트 분석이 가능한가는 상세히 짚어봐야 할 문제라고 지적하였다. 이러한 지적은 사회과학 글쓰기에만 해당하는 것이 아니고 교양으로서의 인문학적 글쓰기에도 적용될 수 있다. 하지만 이 글은 영화라는 텍스트 자체의 분석에 목적이 있는 것이 아니라 특정 영화에서 의사소통 관련 내용을 찾아 해석하고 이를 의사교육에 활용하려 한다는 점에서 영화 텍스트는 충분히 그 역할과 의미를 가지고 있다고 본다.

## 영화 〈컨택트〉의 언어와 의사소통

언어는 가장 기본적이면서도 가장 중요한 의사소통의 도구이다. 영화 〈컨택트〉의 앞부분에서 주인공인 언어학자 루이스 뱅크스 박사를 찾아온 웨버 대령은 '이것은 협상(negotiation)이 아니다(00:13:35)[4]라고 말하며 대화를 단절시킨다. 협상도 요청도 부탁도 결국은 언어적 행위라고 할 때 이러한 행위들이 이루어지기 위해서는 대화를 통한 소통이 필요하다. 소통의 한 전제는 직접적인 대화이다. 영화 〈컨택트〉는 이러한 직접적인 소통으로서의 접촉과 대화의 중요성을 잘 보여준다. 그러나 그 소통은 소리, 즉 음성언어로만 이루어지는 것은 아니다. 음성언어는 언어의 일부일 뿐이다. 사람의 소리, 음성이 가장 기본적인 언어의 구조를 생성시키지만 문자나 문자 이외의 의사소통을 위한 다른 기호도 넓은 의미에서 언어에 포함될 수 있다. 즉, 언어는 음성 또는 문자를 비롯한 기호로 구성되어 있다고 보아야 한다. 이 영화는 문자(또는 문자 기호)언어를 통한 소통을 포함하여 다양한 접촉과 소통의 중요성을 보여주고 있다.

지구 밖에서 온 미지의 존재에 대한 사람들의 관심은 당연하다. 그 관심은 긍정적 호기심이 될 수도 있고 알지 못하는 것에 대한 불안과 공포가 될 수도 있다. 언어학자 루이스는 처음부터 외계인[5]과의 소통에 지속적으로 관심을 가진다. 지구를 찾은 외계인에게서 알고 싶어 하는 것은 각자의 입장에 따라 다르다. 군인인 웨버 대령이 알고 싶은 것은 외계인들이 지구에서 "무엇을 원하는지, 그리고 어디서 왔는지"이다. 즉 외계인의 정체와 그들이 지구에 찾아온 목적에 관심이 있다. "어떻게 여기 왔는지, 광속보다 빨리 여행할 수 있는가"라고 말하는 데서 알 수 있듯이 이론 물리학자인 이안이 알고 싶은 것은 자신의 전공과 관련된 것이다. 그는 외계인들이 지구에 온 방법에 관심을 가지고 기본적인 것부터 세세한 것에 이르기까지 질문거리를 정리해왔다. 이에 비하여 루이스의 관심사는 전혀 다르다. 그가 언어학자라는 사실을 감안하더라도 외계인에 대해 앞선 두 사람과는 전혀 차원이 다른 관심사를 보이고 있다. 그는 "질문을 던지기 전에 이야기(대화)를 먼저 나눠보는 것이 좋을 것"이라며 웨버와 이안이 가진 목적을 달성하기 위해서는 대화가 먼저 필요하다는 사실을 언급한다. 즉 주인공 루이스는 소통의 중요성을 역설하고 있는 것이다(00:17:02~00:17:20). 이제 영화의 흐름을 따라 텍스트를 분석하면서 〈컨택트〉에서 나타나는 다양한 의사소통의 양상을 살펴보고 이것을 수업에서 어떻게 적용할 것인가를 생각해보기로 한다.

## 1) 영화 〈컨택트〉의 텍스트 읽기

2016년 미국에서 제작된 영화 〈컨택트〉는 한국에서는 2017년 2월에 개봉되었다. 이 영화는 연구자들에 의해 '헵타포드'라고 이름 붙여진 외계인 탄 우주선이 지구에 도착한 다음부터 빚어지는 접촉과 소통의 문제를 다룬 영화이다. 보통 외계인 또는 미확인비행물체(UFO)를 다룬 그동안의 영화는 대부분 외계인의 지구 침공과 이에 따른 공포, 지구인과 외계인 또는 외계 존재와의 충돌과 전쟁에 초점을 맞추고 이에 따른 범지구적 긴장과 공포를 다루고 있다. 이에 비해 〈컨택트〉는 지구인과 외계인의 의사소통을 주 모티브로

하여, 지구인과 지구인 사이의 여러 의사소통의 방식을 함께 다루고 있다. 즉 접촉은 의사소통의 가장 첫 단추가 되는 것이고 이러한 소통의 문제에 초점을 맞추고 있는 영화가 〈컨택트〉이다.

먼저 영화 〈컨택트〉의 줄거리를 간략하게 살펴보기로 한다.

언어학자 루이스 뱅크스 박사의 강의가 시작될 무렵 외계비행체가 미국, 중국, 러시아를 비롯한 세계 12개 지역에 나타났다는 뉴스 속보가 뜨고, 수업은 일찍 끝난다. 이틀 뒤 미 육군 장교인 G. T. 웨버 대령이 언어 해석 분야에서 최고의 학자인 루이스를 찾아와 녹음기에서 외계인 소리를 들려주며 외계인의 언어를 번역해달라고 요청한다. 루이스는 이러한 달랑 2개의 음성 파일만으로는 외계인의 언어를 해석할 수 없고 그들이 입을 통해 소통하는지도 알 수 없으니 제대로 된 소통을 위해서는 직접 대면해야 한다고 대답한다.

외계인이 지구에 온 목적을 알기 위해서는 그들과 소통을 하여야 하고 결국 뱅크스 박사를 외계비행체가 도착한 몬태나주로 데려가게 된다. 루이스 뱅크스 박사는 몬태나주로 가는 헬리콥터 안에서 외계인과의 소통에 필요한 또 다른 이론 물리학자 이안 도널리를 만나게 된다. 언어학자와 물리학자. 인문과학자와 자연과학자인 이 두 사람은 각자 자신의 방식으로 때로는 두 사람의 지식을 모아 헵타포드라고 이름 붙인 외계인과의 소통을 시도하게 된다.

루이스와 이안은 매일 쉘이라고 불리는 외계비행체에 방문하여 필담의 형식으로 외계인들에게 인간의 언어와 문자를 알려주고, 이를 통해 외계인들이 사용하는 기초적인 어휘부터 배우기 시작한다. 그러나 서로의 언어를 주고받는 과정에서 정확한 의미의 파악이 늦어지면서 세계 각국은 불안감을 느끼고 외계비행체를 공격하여 파괴하기로 결정한다. 그사이 루이스 뱅크스 박사는 비록 불완전하지만 외계인과의 의사소통을 할 수 있게 되고 공격을 실행에 옮기려는 찰나에 루이스는 중국군 사령관 상 장군과 극적인 통화를 한다. 결국 공격은 취소되고 12개의 외계비행체는 지구를 떠나게 된다.

이 영화의 원제목은 〈Arrival〉인데 한국에서 개봉될 때 '컨택트'로 제목을 바꾸었다. 영화의 내용으로 보아 한국의 배급사에서 붙인 제목이 더 적절해 보이는 것도 사실이다. 컨택트는 접촉이고 접촉을 통해 의사소통을 다루고 있기 때문이다. 흥미로운 사실은 일본에서는 〈メッセージ〉, 프랑스에서는 〈Premier Contact〉라는 제목으로 개봉되었다는 것이다. 이러한 각국의 제목 설정은 이 영화가 접촉과 메시지, 그리고 이를 통한 의사소통에 초점을 맞추고 있다는 사실을 보여주는 방증이라고 할 수 있을 것이다.

### 2) 영화 〈컨택트〉에서 나타나는 의사소통의 양상 읽기와 글쓰기

영화 〈컨택트〉에서는 다양한 의사소통의 방식과 양상을 찾아볼 수 있다. 외계비행체의 지구 착륙은 필연적으로 인간과 외계생명체와의 접촉으로 이어지고 그 접촉이 긍정적 방향으로 이어지기 위해서는 인간과 외계인 사이의 소통이 이루어져야 한다. 이제 영화에서 보여주고 있는 인간과 외계인의 의사소통을 중심으로 다양하게 나타나는 의사소통의 양상을 하나하나 살펴보면서 바람직한 의사소통은 어떤 것이며, 이를 학습자들에게 어떻게 가르치고 원활한 의사소통을 위해 어떠한 노력을 하도록 지도해야 할 것인가 그 방법을 찾아보기로 한다.

### ① 인간과 외계인의 의사소통

의사소통과 관련된 가장 중요하고 핵심적인 사건은 언어학자인 인간 루이스와 헵타포드라고 명명된 외계인과의 조우에서부터 비롯된다. 전혀 다른 세상에서 전혀 다른 방법으로 생명을 유지하고 보존하는 사람과 외계인 사이의 의사소통은 매우 어렵다. 만약에 둘 중의 하나가 고도의 지적 능력을 가지고 있다면 상대의 의사소통 방법을 찾아내는 것이 그다지 어렵지 않겠지만, 둘이 비슷한 수준의 낮은 지적 능력을 가지고 있다면 의사소통은 매우 어려워질 것이다. 영화 〈컨택트〉에서는 의사소통을 하기 위해 한 명의 뛰어난 언어학자와 한 명의 이론물리학자가 분투하는 모습이 그려지고 결국은 소통이 이루어지지만, 이것은 영화 속에서이기 때문에 가능한 이야기이다.

언어학자인 루이스는 외계인의 언어를 알아내어서 의사소통을 하기 위해 모험을 강행한다. 외계인과의 접촉을 위해 외계비행체 안에 들어갈 때 방사능 등의 알 수 없는 위험을 대비해서 군인들을 포함한 모든 사람들은 보호복을 입었다. 루이스 박사도 처음에는 보호장구를 착용하였지만 외계인에게 더 가까이 다가가기 위해 루이스는 보호복을 벗어던지고 외계인 앞으로 걸어 나가 자신을 소개한다. 소통 당사자 간의 직접적인 접촉이야말로 소통의 가장 기초적이면서 정확한 방식이라 할 수 있다. 접촉을 통해 기본적인 소통이 가능하고 대화 당사자 사이에 막혀 있는 장해 요소를 걷어낸 마음을 연 대화이어야 진정한 의사소통이 가능해짐을 루이스는 몸으로 보여주고 있다. 루이스가 보호복을 벗고(00:45:09) "They need to see me(나를 보여줘야 해요)"라고 말한 후 외계인과의 차단벽으로 다가가 벽에 손을 대자 외계인 역시 차단벽 저쪽에서 그들의 손(?)을 댄다. 그러고는 이게 '제대로 된 소개이지'라며 혼잣말을 한다. 올바른 의 사소통을 위해서는 자신을 감추고 뒤로 물러서기보다는 용기를 가 지고 앞으로 나아가 소통하려는 노력을 보여주는 자세가 필요하다. 이와 같이 보호복을 벗고 다가가는 행동은 위험하지만 소통의 기 본이 직접적 접촉이라는 사실을 매우 상징적으로 보여주고 있다.

소통은 일방적이어서는 안 된다. 자신만의 방식, 자신이 알고 있 는 방법으로만 소통을 하려면 제대로 된 소통이 이루어질 수 없다. 이 영화에서 외계인과의 소통은 오히려 소통의 방식이 다르다는 것을 일찌감치 알았기 때문에 그 방법을 찾기 위한 노력이 모색되 었고, 마침내는 소통이 가능하여졌다는 사실에 우리는 주목하여야 한다. 음성언어로의 소통이 어렵다는 사실, 헵타포드라고 명명한 이 외계인이 말을 하는 기관, 즉 입이 없을지도 모른다는 가정에서 음성언어가 아닌 문자언어로의 소통을 시도하고 마침내는 외계인 과의 필담이 가능하여졌다.

루이스는 헵타포드의 의사소통 방식이 말하는 것(HeptaPod saids, 소리 또는 음성언어)과 쓰는 것(HeptaPod writes, 문자언어) 사이에 서로 아무런 관련 이 없다는 사실을 알아내었다(00:53:57). 외계인의 문자는 인간의 문 자언어와는 달리 '자를 필요가 없는 단일 도식적 표현'이며 의미를 가지고 있지만 소리를 표현하지 않는다는 것이다. 의사소통 체계 인 언어에서는 생각할 수 없는 일이다. 인간의 언어는 음성언어가 먼저 있었고 이것을 기록하려는 인간의 의지와 노력이 문자언어를 만들어내었기 때문이다. 또한 그들의 로고그램(문자)은 인간의 말과 는 달리 시간으로부터 자유롭고(독립적이고) 앞쪽이나 뒤쪽으로의 방향성을 가지지 않는다. 즉 비선형적 구조를 가지고 있다는 것이다. 언어학에서는 이러한 구조를 비선형적 철자법(nonlinear orthography)이라고 부른다. 헵타포드의 음성 언어의 구조와 체계를 파악하는 것은 아예 접어두고 그들의 문자를 이해하는 데에도 어려움을 겪은 것은 인간의 문자와 비교하여 전혀 다른 구조를 가지고 있기 때문이었다. 결국 외계인과의 소통은 언어 구조에 대한 이러한 이해를 통해 가능하게 되었던 것이다.

### ② 인간과 인간 사이의 의사소통

영화 〈컨택트〉는 지구 밖에서 온 존재인 외계인과 인간의 소통의 문제가 기본적인 골격을 이루고 있지만 인간과 인간 사이에서 일어나는 소통의 문제도 외계인과의 소통 못지않게 다뤄지고 있다. 같은 언어를 사용하거나 언어는 다르지만 그것을 해석할 수 있는 인간들의 사이라고 할지라도 의사소통이 원활하게 이루어지는 것은 아니다. 그 이유는 각각의 인간들이 처한 입장과 위치가 다르기 때문일 수도 있고 아예 사고방식 또는 사고의 체계가 다르기 때문일 수도 있다. 물론, 인간과 인간 사이의 의사소통 문제는 어느 영화에서든 갈등과 긴장의 도구로 활용되고 있지만 〈컨택트〉에서는 더욱 뚜렷하게 이러한 갈등의 문제를 부각시키고 있다.

사람 사이의 의사소통이 잘 이루어지지 않는 장면을 우리는 루이스 박사와 웨버 대령의 대화에서 가장 먼저 찾아볼 수 있다. 웨버 대령은 헵타포드의 언어를 해석하기 위해서 루이스 박사를 찾아왔지만 오로지 자신의 목적의식에만 집중하여 루이스 박사를 대하기 때문에 이들 사이의 대화는 곧바로 단절되고 만다. 웨버 대령은 자신이 찾아온 이유가 협상을 하기 위해서가 아니라고 하지만 속내는 루이스 박사의 지식을 이용하기 위해서 온 것이었음을 결국에는 드러내고 만다. 즉 '협상'이 아니라고 말하는 것 자체가 무엇인가를 요구하는 협상적 자세로 루이스 박사를 대하고 있다는 사실을 보여주고 있는 것이다. 루이스 박사와 웨버 대령의 첫 만남에서의 대화는 서로의 목적이 어긋남으로 인해 학자와 군인(관료)의 의사소통이 제대로 이루어지고 있지 않음을 드러내 보여준다. 결국 이들의 대화는 단절되고 서로의 목적을 이루지 못한 채 헤어지게 된다. 어떠한 현상 또는 문제에 대한 논리적이고 학문적인 접근을 하려는 학자적 관심과 실질적이면서 임기응변적 접근을 하려는 현실적 목적의식이 머릿속에 꽉 들어찬 군인의 관심은 분명 같지 않다. 루이스 박사의 집에 다시 방문하여서 결국에 그를 데려가기는 하지만, 외계인과의 의사소통 해결사 역할을 할 언어학자인 루이스를 데리고 오는 임무를 맡은 미 육군 장교인 웨버 대령의 첫 번째 시도는 실패하고 만다.

이들 사이의 대화는 영어라는 공통의 언어로 이루어지고 언어적 소통 방식에 기초하고 있지만 사고의 체계가 다르고 입장이 달랐기 때문에 대화는 실패로 끝나게 된 것이다. 우리는 여기서 대화의 원리를 생각해야 할 것이다. 그라이스(Grice)는 대화에 있어서 '협력의 원리'를 제시하였다.[6] '협력의 원리'를 한 문장으로 말하면 대화 참여자가 대화를 할 때 일정한 목적에 도달하기 위하여 서로 도우면서 대화를 나누라는 것이다. 루이스와 웨버의 대화가 실패로 끝난 것은 서로의 목적이 달랐고 그러한 이유로 서로 협력적인 대화가 이어지지 않았기 때문이다.

사람과 사람 사이의 의사소통의 두 번째 문제의 장면은 탁월한 학문적 업적을 가지고 선택된 루이스와 이안이라는 두 학자들 사이에서도 발생한다. 같은 인간이고, 분야는 다르지만 학문을 연구하는 학자로서의 같은 위치에 있는 이들의 의사소통은 처음에는 제대로 이루어지지 않는다. 언어학자와 물리학자 사이에서의 의사소통의 간극이 인문학과 자연과학이라는 학문 분야의 간극만큼이나 벌어져 있었던 것이다.

현재까지 인류 문명이 발전해오는 데에 있어서의 토대 또는 기반이 무엇일까? 언어학자 루이스는 '언어'를 문명의 토대로 본 반면, 물리학자 이안은 '과학'을 문명의 토대로 보고 있다. 루이스 박사의 책 서문에 적힌 "언어는 문명의 토대이다. 그것은 사람들을 하나로 묶어주는 접착제이며, 분쟁을 일으키는 최초의 무기이다(Language is the foundation of civilization. It's the glue that holds people together, it's the first weapon join with conflict)(00:16:18)"라는 언급에 대해 이안은 "문명의 토대는 언어가 아닌 과학"이라고 반박한다.

그러나 언어(학)와 과학이 서로 상반된 위치에 있는 것은 아니다. 과학 역시 언어를 매개로 연구되고 검증되며, 전달을 통해 그 성과는 확산되는 것이다. 따라서 문명의 토대가 언어인가, 과학인가 하는 논란은 어쩌면 무의미한 논쟁이 될 수 있다. 언어를 통한 과학(의 진보)이 인간의 문명이 지금까지 올 수 있게 하는 토대가 되었기 때문이다. 그럼에도 불구하고 자신들이 연구하는 학문 영역을 기반으로 하여 문명이라는 현상을 바라봄으로써 이 둘 사이의 생각이 전혀 다름을 드러내고 있는 것이다. 물론 이러한 사고의 차이는 이 두 학자가 함께 헵타포드의 언어를 해독해가는 과정에서 점차 극복되고 있다. 외계 비행물체 앞에 가설된 야전 막사를 벗어나 자연에서 잠시 휴식을 취하는 장면(00:56:00)은 두 사람이 대화를 통해 서로를 이해해가는 과정을 보여준다. 이안은 루이스에게 "당신은 언어에 대해 수학적인 접근 방식을 쓴다(00:56:32)"면서 자신은 "존재하는지도 몰랐던 의사소통의 함정들 사이를 잘 헤쳐나가도록 이끌어주었으면 좋겠다"고 부탁하며 그를 이해하려고 한다. 물론 이들이 자신의 학문적 입장을 바꾼 것은 아니다. 그러나 일을 함께 하며 대화를 지속적으로 이어나가면서 감정적 교류도 일어나게 되고 비로소 소통이 이루어지게 된 것이다.

마지막으로, 국가 간 의사소통의 문제도 이 영화에서 찾아볼 수 있다. 의사소통의 단절과 부재가 가져오는 갈등과 위험이 이 영화에서 잘 그려지고 있는 것이다. 한날에 세계 곳곳에 나타난 12개의 외계비행체를 접한 각국의 지도부는 처음에는 각자가 알아낸 정보들을 공유한다. 하지만 점점 시간이 흘러가고 외계인의 지구 도래 목적을 파악하는 데에 어려움을 겪게 되면서 점차 분열의 조짐을 보이게 된다. 급기야는 외계인이 그들의 문자로 써서 인간에게 보여준 '무기(weapon)'라는 단어와 같은 몇 개의 단초를 부정적으로 해석하면서 중국을 중심으로 한 몇몇 국가들은 외계인과의 대화를 중단하고 외계비행체에 대한 공격을 감행하려고 시도한다. 물론 이 '무기'라는 외계인이 제시한 단어의 해석이 맞는다는 보장이 있는 것도 아니다. 결국 이러한 시도는 국가들 간의 대화 단절을 가져오고 상황을 전 지구적 파국의 위험 속으로 빠져들게 만든다.

12개 외계비행체 각각에서 얻은 정보는 모두 부분적이다. 이 정보들을 합쳐야 비로소 제대로 된 정보를 알 수 있는 것이다(01:22:42). 그럼에도 불구하고 의사소통이 단절된 상황에서는 정보들을 합칠 수도 온전한 정보를 알아낼 수도 없다. 이러한 국가 간 소통의 부재 또는 단절은 이 영화 안에서만 적용되지 않는다. 유사 이래 지금까지 세계 각 지역에서 일어나고 있는 전쟁 또는 전쟁 촉발 상황의 중요한 한 요인은 역시 소통의 문제라고 할 수 있다.

③ 영화 〈컨택트〉에서 더 살펴보아야 할 의사소통의 양상

앞서 우리는 영화 〈컨택트〉에 나타난 다양한 소통의 모습과 문제점들을 살펴보았다. 〈컨택트〉는 본질적으로 외계인을 다룬 영화이지만 언어의 본질이 무엇이며 의사소통의 중요성을 강조하고 있는 영화라는 점에서 의사소통 교육에서 활용할 가치가 많은 영화 텍스트라고 할 것이다.

또한 언어학자인 루이스 뱅크스 박사에게 도발적으로 반박하는 이론 물리학자 이안의 '문명의 토대'론은 학문 간의 관점의 차이와 함께 또 다른 시사점을 우리에게 알려준다. 물질적 토대도 중요하지만 결국은 의사소통이 제대로 이루어질 때 문명은 발달하고 인간은 고도의 문화를 발전시키게 된다. 성경의 '바벨탑 사건'은 언어 문제와 문명 문화의 상관관계, 그리고 의사소통의 중요성을 보여주는 매우 중요한 이야기라고 할 것이다.[7]

언어도 과학이다. 외계어의 분석에 수학적, 과학적 접근을 하는 것을 영화를 통해 우리는 볼 수 있다. 이것은 결국 4차 산업혁명 시대의 중요한 화두인 학문적 '융합'과도 접맥이 된다. 다시 말해, 모든 의사소통 교육은 과학과 연결되고, 과학은 의사소통에 도움을 주고받을 수 있다는 것이다.

사람들 사이에서 언어의 다양한 해석 가능성이 때로는 오해를 불러일으킬 수 있음을 알고, 따라서 충분한 의사소통을 위한 노력이 필요함을 인지, 인식하여야 한다. 갈등을 해소하는 것도 커뮤니케이션(의사소통)이고 갈등을 유발하는 것도 커뮤니케이션, 즉 언어이다. 따라서 의사소통 교육은 4차 산업 시대에도 기본적이고 기초적 교육이자 핵심적 교육이 되어야 한다.

이 밖에도 영화 〈컨택트〉는 우리에게 다음과 같은 여러 생각할거리를 제공한다.

첫째, 외계인의 문자언어가 선형이 아닌 원형으로 되어 있는 이유와 그 해석의 문제, 그리고 외계인의 언어(문자)에서 보이는 순환적 구조, 즉 과거와 현재 미래가 연결되어 있고 마치 용수철처럼 감겨 있는 듯한 끊임없는 순환의 모습을 어떻게 해석하여야 할까 하는 문제들을 더 생각해볼 수 있을 것이다.

둘째로는, 단어와 문장의 해석을 포함한 언어 해석의 문제와 언어와 사고의 관계에 관해 어떻게 이해할 것인가 하는 것도 이 영화를 통해서 눈여겨보아야 할 것이다. 처음에는 무기(weapon)로 해석하였던 헵타포드의 문자언어는 나중에 도구(instrument)로 해석될 수도 있음을 파악하게 된다. 특정한 한 단어를 어떻게 해석하느냐에 따라 지구인과 외계인 사이에 갈등이 증폭될 수도 있고 해소될 수도 있다. 외계인 헵타포드가 보여준 문자를 무기로 해석하게 되면 그것은 바로 전쟁이라는 위기 상황으로 치닫게 만드는 폭탄의 뇌관과 같은 역할을 하게 되지만, 도구로 해석하게 되면 지구인과 외계인의 평화적 공존을 가능하게 만드는 중요한 키워드가 되는 것이다.

"말하는 언어에 따라 세상을 보고 느끼는 것도 달라지고 생각하는 방식이 결정된다는 설이 있는데 그렇다면 헵타포드의 문자를 배우고 있는 루이스는 꿈도 그들의 언어로 꾸는가?(01:02:12)"하며 묻는 이안의 말은 언어학에서 유명한 가설의 하나인 사피어와 워프(Sapir-Whorf) 가설에서부터 나온 것이다.[8] 이 장면에 바로 이어서 나오는 마작을 이용하여 중국인들이 헵타포드와 소통하는 방식에 대한 언급 역시 이 가설을 기반으로 하고 있다. 마작과 체스와 같은 게임으로 대화를 시도하게 되면 모든 생각은 승리와 패배를 염두에 둔 경쟁적인 것으로 표현하게 될 것(01:04:44)이라고 말함으로써 루이스는 이러한 소통의 방식을 위험한 것으로 간주하고 있다.

④ 영화 〈컨택트〉를 텍스트로 한 의사소통 교육

영화를 수업 도구로 활용하면 토론과 글쓰기 등의 의사소통 교육에서 학습자들의 적극적이고 활발한 참여를 유도할 수 있다. 영화는 학습자들이 편하게 접근하기 쉬운 도구와 소재가 됨으로써 다양한 글쓰기를 가능하게 한다. 이상원(2011)은 영화를 활용한 대학 글쓰기 수업 현장에서 학생들이 쓴 글을 검토하고 분석하여 영화 감상 에세이가 포괄할 수 있는 여러 가능성을 밝히려는 시도를 하였다. 그 결과 영화 감상 에세이는 감상 중심의 글과 성찰 중심의 글로 크게 구분됨을 밝혔다. 한편, 나은미(2016: 65-69)에서는 "영화 역시 글쓰기 교육에서 다양하게 활용되고 있다. 하지만 성찰에 초점이 있다기보다 주로 감상문이나 비평문 쓰기와 같이 작품 자체를 분석하거나 감상에 초점을 둔 경우가 많다"고 비판하면서 "대학생을 대상으로 한 성찰 글쓰기 교육에서 영화를 활용할 때는 교육 대상이 '대학생'이라는 점, 그 영화가 '성찰'을 위한 텍스트라는 점을 염두에 두어야 한다"고 하였다.

영화 〈컨택트〉는 의사소통에 관해서 매우 다양한 모습을 보여주고 있기 때문에 의사소통 수업을 진행하는 데에 더없이 좋은 소재가 될 수 있다. 더욱이 영화 〈컨택트〉는 단순한 영화 감상문 또는 비평 쓰기에서 더 나아가 학습자들을 기초 교양교육에서 다루고 있는 의사소통 교육이라는 근본적인 목표에 더 가까이 다가설 수 있도록 만드는 텍스트라고 할 수 있다.

우리는 영화 〈컨택트〉를 활용하여 ① 영화 보기, ② 줄거리 파악하기, ③ 영화 속에서 의사소통의 다양한 양상과 모습 찾아보기, ④ 의사소통의 방법에 대해 토의/토론해보기, ⑤ 의사소통의 중요성에 대한 의견 발표하기, ⑥ 영화 비평문 쓰기 등의 수업을 진행할 수 있을 것이다. 또 내용적으로는 첫째, 소통의 여러 차원에 대해 이야기해보기, 둘째, 음성언어와 문자언어의 차이에 대해 생각해보기, 셋째, 의사소통(커뮤니케이션)과 갈등 유발/해소에 대하여 실례를 들고 토의해보기, 넷째, 미지의 존재 또는 우연히 조우한 알지 못하는 사람과 소통이 이루어지지 않음에 따라 일어나는 불안과 공포를 어떻게 극복할 수 있을 것인가, 다섯째, 시간을 뛰어넘는 소통의 방식, 즉 미래의 일을 아는 것은 인간 삶에 도움이 될 것인가, 하는 점들을 다룰 수 있을 것이다.[9]

## 〈컨택트〉: 의사소통 교육의 훌륭한 영화 텍스트

의사소통의 중요성을 강의를 통해 말로 강조하고 쓰기 싫은 글쓰기를 강요한다고 해서 학습자들의 의사소통 능력이 늘어나는 것은 아니다. 이때, 영화를 통해 의사소통의 필요와 중요성을 깨우쳐줄 수 있다면 영화 텍스트는 그 역할을 제대로 하였다고 말할 수 있을 것이다. 영화 〈컨택트〉는 여러 방향 또는 여러 차원에서의 다양한 의사소통의 양상을 우리에게 보여준다. 이런 점에서 영화 〈컨택트〉는 훌륭한 영화 텍스트로 기능한다.

김중철(2013: 202)에서는 글쓰기의 출발은 '나'에게 있다고 하였다. 그리고 그 '나'에게 있다는 말은 '나의 경험'과 '나의 정체성'이라는 두 가지로 풀이된다고 하였다. 이를 달리 표현한다면 모든 글쓰기는 나 자신으로부터 비롯되며 내 삶의 경험이 드러나야 하고 그 경험을 통하여 스스로가 형성시킨 정체성이 글에서 드러나야 한다는 말이다. 정체성은 글쓴이 본인의 의지와 관계없이 글에서 드러날 수밖에 없다. 글은 의사소통의 한 도구이고, 글쓴이의 생각을 드러내는 것이므로 글은 곧 그 사람이라고까지 말을 하기도 한다.

영화를 보고 분석하고 이 과정을 말이나 글로 표현할 때에 자신의 경험과 정체성이 그대로 드러난다. 의사소통을 가르치는 교수자에게 영화 〈컨택트〉는 학습자들에게 의사소통의 중요성을 잘 보여줄 수 있는 훌륭한 강의 도구가 될 수 있다.

수업 도구라는 측면에서 '영화'가 가지는 장점과 덕에 대해서는 이미 여러 연구자들도 밝힌 바 있고, 여기서도 앞서 언급한 바 있다. 더욱이 영화 〈컨택트〉는 영화라는 도구적 장점과 더불어 그 텍스트의 내용이 담고 있는 '의사소통' 자체의 문제를 깊이 파고들 수 있는 좋은 작품이라고 할 수 있다. 따라서 영화 〈컨택트〉를 의사소통 수업에 도입하여 교육을 한다면 학습자들 스스로 의사소통에 관한 자기성찰을 확실하게 할 수 있을 것이다. 또한 영화의 비판적 읽기와 쓰기가 가능할 뿐만 아니라 의사소통이라는 대화의 기본적 자세를 온전히 교육할 수 있는 효과를 가져올 것으로 믿는다.

1) 이 글은 『사고와 표현』 제10집 3호(한국사고와표현학회, 2017)에 게재된 「영화 텍스트를 활용한 의사소통 교육 연구 – 영화 〈컨택트〉에서 나타난 의사소통 양상을 중심으로-」를 수정 · 보완한 것임.

2) 동덕여대의 경우, 2000년도 이후 과감히 '대학국어'의 틀에서 벗어나 1학기 독서와 토론, 2학기에 발표와 토론이라는 교과목을 개설하여 기초 교양교육 강의의 초점을 학습자들의 의사소통에 두고 발표력 향상을 위한 노력을 지금까지 계속해오고 있다. 물론 교과목의 이름을 몇 차례 바꾸어 2017학년도부터는 〈독서와 토론〉, 〈글쓰기와 프레젠테이션〉이라는 이름으로 교육이 이루어지고 있지만 의사소통 능력의 신장이라는 강의의 목표와 이에 따른 수업 내용의 큰 변화는 없다.

3) 황영미(2015)에서는 인문학의 위기론적 상황에서 그 대안적 방향으로 영상문화의 수용이 거론되고 있고 실제로 수업에서 운용되고 있으며, 영상 시대라는 말이 어색하지 않을 정도로 최근에 와서는 영화가 대중들에게 친근하게 파고들고 있다고 보았다. 또 영상문화에 익숙하고 관심이 많은 학생들에게 영화를 활용하는 것은 사고력과 표현력을 키우는 데 뛰어난 학습효과가 있기 때문에 교육 현장에서도 효과적인 교육을 위해 영화가 적극적으로 수용되고 있다고 하였다.

4) 논의의 전개상 영화 내용을 언급할 필요가 있을 경우 영화의 해당 장면을 초 단위로 적기로 한다.

5) 외계에서 온 모든 존재 또는 생명체를 '인간'이라고 부를 수는 없을 것이다. 그럼에도 이 논의에서 외계생명체를 '외계인'이라고 명명한 것은 이들과의 소통 가능성 때문이다. 인간과 외계생명체의 소통이 이루어지고 있다는 면에서 단순한 '존재' 또는 '생명체'라는 말보다 외계에서부터 온 또 다른 '사람'이라는 의미에서 '외계인'이라고 부르기로 한다.

6) 사람들 사이의 의사소통, 화법을 다룬 이창덕 외(2007)에서는 의사소통의 원리와 방법을 잘 정리하고 있는데 이 책에서는 그라이스의 협력의 원리를 예시문과 함께 자세히 소개하고 있다.

7) 성경 창세기 11장에는 인간 언어 문화의 기원에 대해 다음과 같은 이야기를 하고 있다.
"온 땅의 언어가 하나요 말이 하나였더라 이에 그들이 동방으로 옮기다가 시날 평지를 만나 거기 거류하며 서로 말하되 자, 벽돌을 만들어 견고히 굽자 하고 이에 벽돌로 돌을 대신하며 역청으로 진흙을 대신하고 또 말하되 자, 성읍과 탑을 건설하여 그 탑 꼭대기를 하늘에 닿게 하여 우리 이름을 내고 온 지면에 흩어짐을 면하자 하였더니 여호와께서 사람들이 건설하는 그 성읍과 탑을 보려고 내려오셨더라 여호와께서 이르시되 이 무리가 한 족속이요 언어도 하나이므로 이같이 시작하였으니 이후로는 그 하고자 하는 일을 막을 수 없으리로다 자, 우리가 내려가서 거기서 그들의 언어를 혼잡하게 하여 그들이 서로 알아듣지 못하게 하자 하시고 여호와께서 거기서 그들을 온 지면에 흩으셨으므로 그들이 그 도시를 건설하기를 그쳤더라 그러므로 그 이름을 바벨이라 하니 이는 여호와께서 거기서 온 땅의 언어를 혼잡하게 하셨음이니라 여호와께서 거기서 그들을 온 지면에 흩으셨더라(창세기, 11장 1-9절)."

8) 인류학자 사피어(Edward Spair)와 언어학자 워프(Benjamin Whorf)에 의해 만들어진 이 가설은 한동안 의미 있게 받아들여지기도 했지만 '가설'이라는 개념어에서 알 수 있듯이 지금은 언어와 사고의 관계를 규정하는 하나의 설에 불과할 뿐 언어학에서는 정설로 받아들여지지는 않고 있다. 사피어-워프 가설에 대한 논의는 고정석(2007)을 참고할 것.

9) 영화 〈컨택트〉를 활용한 수업의 구성과 실제 수업의 실행 그리고 수업의 효과에 대해서는 다른 논의를 통해서 구체적으로 살피고 검증해보기로 할 것이다.

고종석, 2007.02.06., 한국일보 기사.

김성수, 「영화를 활용한 글쓰기교육의 기초」, 『철학과 현실』 2011.09.(철학문화연구소), 2011, 274-285쪽.

김중철, 「영화 〈릴라 릴라(Lila, Lila)〉를 통해 본 거짓과 진실과 글쓰기」, 『사고와 표현』 제6집 2호(한국사고와표현학회), 2013, 195-204쪽.

나은미, 「영화를 활용한 성찰 글쓰기 탐색 – 대학생을 대상으로, 〈더 헌트〉를 활용하여」, 『작문연구』 31집(한국작문학회), 2016, 63-92쪽.

박정하, 「왜 영화로 글쓰기 교육을 해야 하는가」, 『한국사고와표현 학회 학술대회 논문집』(한국사고와표현학회), 2014, 9-14쪽.

박종덕, 「〈박하사탕〉을 활용한 비평적 글쓰기 교수·학습 방법 연구」, 『인문학연구』 92호(충남대학교 인문과학연구소), 2013, 159-188쪽.

이상원, 「영화 감상 에세이, 대학생들은 무엇을 어떻게 쓰고 있나」, 『사고와 표현』 제4집 2호(한국사고와표현학회), 2011, 151-174쪽.

이창덕·임칠성·심영택·원진숙, 『삶과 화법』, 박이정, 2007, 416쪽.

정병기, 「영화 분석과 사회과학 글쓰기 – 사회과학적 영화 분석의 요건과 특성」, 『사고와 표현』 제8집 2호(한국사고와표현학회), 2015, 309-337쪽.

한래희, 「영화 텍스트를 활용한 비평문 쓰기 교육 연구」, 『대학작문』(대학작문학회) 6호, 2013, 213-247쪽.

황영미·이재현, 「스마트 교육 환경에서의 대학글쓰기 교육 모델 연구 – 영화평 협동글쓰기를 중심으로」, 『교양교육연구』

제10권 2호(한국교양교육학회), 2016, 11-42쪽.

황영미, 「한국전쟁기 양민학살사건을 그린 영화와 소설을 활용한 성찰적 글쓰기 교육 방안 - 영화 〈청야〉와 단편소설 「도묘」를 중심으로」, 『사고와 표현』 제7집 2호(한국사고와표현학회), 2014, 283-308쪽.

# 6

# 딜레마 토론
## 〈다크 나이트〉[1]

김경애

## 해결되지 않은 갈등 활용하기

토론은 공적 말하기의 주요한 갈래의 하나로서 '상반되는 주장을 지닌 학습자 그룹이 의견을 펼치거나 논의하는 과정을 중심으로 교육적 목표를 성취하는 학습 방법'을 말한다. 학습 방법으로서 토론은 학습자의 자발적 참여를 유도하여 학습 능률을 높일 뿐 아니라, 토론 과정에서 학습자 스스로 자신의 논리를 검증할 수 있고, 토론문 작성 등 그 준비과정까지 아우른다면 읽고 말하고 듣고 쓰는 활동이 가능하기 때문에 언어의 모든 영역을 향상시킬 수 있는 이점이 있다.

이런 이유 때문에 토론은 의사소통 능력 향상을 위한 주요한 학습 방법이자 도구로 각광받았다.[2] 그러나 실제 수업현장에서는 학생들의 준비부족으로 인하여 토론이 적절히 이루어지지 않거나 '말다툼' 혹은 '말싸움'의 현장으로 전락하는 등 문제가 끊임없이 제기되어 온 것도 사실이다. 최근 토론교육에서 다루는 논제를 살펴보면 지나치게 찬반을 고수하거나 아주 첨예한 시사적 문제를 다루는 경우도 있어서 교육적으로 좋은 결과를 얻기 어렵다. 토론이 교육적 목표를 성취하는 학습의 장이라면, 교육을 목표로 수행되는 토론에서는 지나치게 시사적이거나 정치적인 논제는 지양할 필요가 있다. 대학 국어교육이 내실 있게 수행되고 교양교육으로서 본연의 역할을 온전히 수행하기 위해서 주요한 학습 대상이자 학습 방법의 하나로 간주되고 있는 토론 교육의 내실화가 시급한 시점이라 하겠다.

수업 현장에서 학생들의 말하기 능력 향상에 대한 요구는 높은 반면 개설된 교과목만으로, 곧 총 4년의 대학생활 동안 주로 한 학기나 두 학기, 그것도 한 주에 고작 2-3시간 진행하는 15주 수업으로 말하기 능력 향상을 단기간에 이루기는 매우 힘들어 보인다. 그나마 학사 제도에 말하기 과목이 교양필수로 채택되어 있다면 다행이지만, 그렇지 않은 학교도 많다.[3] 매우 원론적인 이야기이지만, 기존 시스템하에서 가장 효율적인 능력 향상 방법은 학업에 대한 '동기부여'와 '흥미 유발'일 수밖에 없다. 수업 외의 시간에 학생들이 스스로 자료를 찾아보고 읽어 소화할 수 있게 하는 동시에, 그 자체에 부담을 느끼기보다 즐겁고 자발적으로 참여할 수 있는 분위기를 조성하는 일이 필요하다.

한편 토론 교육의 내실화를 이루기 위해서는 문식력 증진 교육 곧 읽기 교육과 더불어 실시될 필요도 있다. 독서는 텍스트 내부에서 발생하는, 더욱 정확히 이야기하면 독자와 텍스트가 상호작용하는 데서 발생하는 변화와 기억의 산물이라고 할 수 있다. 텍스트 내부에서 추동되는 문화적, 심리적, 도덕적 갈등들은 독자의 스키마를 자극하고 가치관의 변화를 이끌어낸다. 독서와 토론을 동시에 진행하는 독서 토론은 우리 사회 이면에 내재한 여러 가지 문제를 생각해보는 중요한 기회를 제공할 수 있다. 이때 대상 텍스트는 관점이 확연히 대립되는 것이면서, 학생들의 당면 문제를 건드릴 수 있는 것이 좋다.[4]

이 글에서는 서사 제재, 그중에서도 영화 제재를 활용한 토론 교육 수행 방법을 모색해보고자 한다. 읽기 제재로서 영화는 비서사혹은 활자로 된 서사보다 다음과 같은 점에서 활용성이 높다.

첫째, 다른 제재들에 비해 학생들에게 친숙하고 읽기가 수월하다. 일단 영화는 일정한 독서 시간(상영 시간)을 지니고 있기 때문에, 학생들의 과제 시간을 단축해줄 수 있는 이점이 있다. 영화는 독서 능력이 뛰어난 학생이나 그렇지 않은 학생이나 독서 시간이 공평하다. 최근 정해진 수업 시간을 뛰어넘기 위해 플립드 러닝(flipped learning)이나 블랜디드 러닝(blended learning) 등으로 수업을 운영하는 경우가 많은데, 이 때 주당 1권의 독서 과제는 학생들이 매우 부담스럽게 느낄 수 있다. 영화는 이러한 부담감을 상쇄하면서 과제 자체를 즐겁게 느끼게 할 수 있는 이점이 있다.

둘째, 다른 서사(소설)에 비해 갈등이 직접적으로 드러나므로 논제를 정하기 쉬운 이점이 있다. 영화는 극의 형태로 제시되므로, 갈등이 인물 간의 대립으로 표출되는 경우가 많다. 아울러 갈등이 대립이나 모순의 형태로 제시되어 토론의 논제로 삼기에 적합하다. 최근 사회가 점점 복잡한 양태로 변해가면서 여러 가지 사회적 갈등이 야기되는 경우가 많아졌다. 이러한 갈등은 찬반의 문제라기보다 개인이나 집단의 이해관계에서 비롯된 것이 대부분이다. 갈등이 생겼을 때 물리적 폭력 대신에 대화와 토론을 통해 이성적으로 문제를 해결하고 상대를 이해하고 배려하며 자신의 생각을 명확하게 전달하는 것은 사회인에게 필수적으로 요구되는 능력이다. 의사소통 교육이 합리적인 방법으로 문제를 해결해가는 민주시민의 기초를 습득하게 하는 데 교육의 일차적 목적이 있고 갈등이 생겼을 때 물리적 폭력 대신에 대화와 토론을 통해 이성적으로 문제를 해결하며 자신의 생각을 명확하게 전달하는 능력으로 정의될 수 있다면, 토론교육은 민주적 시민양성을 위한 주춧돌이라고 할 수 있다. 이때 작품의 주요 갈등이 사회의 현실적 문제를 내포한 것이라면 토론 제재로서 효용성이 높을 수 있다.

셋째, 서사는 작자의 관점이 직접 드러나는 것이 아니라 구체적인 인물과 사건으로 형상화되기 때문에, 학생들로 하여금 인물이 직면한 문제에 대해 토론하게 하면 감정적 영향을 받지 않고 그 문제를 객관적, 논리적으로 접근해볼 수 있는 이점이 있다. 예를 들어, 인물이 왜 그런 선택을 하였으며, 그러한 선택이 과연 적절한 것인가를 토론하는 과정에서 모든 사람이 나와 같은 생각을 하는 것이 아니라는 점을 깨닫고, 자신을 객관화할 수 있기 때문이다. 읽기 교육이 인간 교육이 되는 것은 이러한 지점에서라고 할 수 있다.

대학 시절은 앞으로 버젓한 사회인이 되기 위하여 기본적 소양을 기를 뿐 아니라, 올바른 가치관도 정립해야 하는 시기이다. 따라서 다양한 이념이나 가치관을 지닌 사람을 만나고 경험하고 비판해보는 과정이 중요하다. 그러나 대학생이 경험할 수 있는 삶에는 한계가 있기 때문에, 간접 경험의 필요성이 대두된다. 독서 및 영화 읽기 교육이 중요한 이유이다. 대학 토론은 말하기를 수단으로 인성을 아우르고 팀워크를 기르는 융합적 교육이 되도록 설계할 필요가 있다. 이때 대상 텍스트는 관점이 확연히 대립되는 것이면서, 학생들의 당면 문제를 건드릴 수 있는 것이 좋다. 콘텐츠 자체가 학생들로 하여금 실세계의 문제와 이슈에 대한 비판적 사고를 하게 할 수 있는 통합적 텍스트라면, 교육 목표를 성취할 뿐 아니라 시사적인 문제에 대해 관심을 가지게 하고 문식력을 기르는 데 유리하다.

적절한 영화 텍스트와 발문 채택은 우리 사회 이면에 내재한 여러 가지 문제를 생각해보는 중요한 기회를 제공할 수 있다. 특히, 보편적인 고민을 담은 딜레마형 논제라면 논의를 풍부하게 하고 학생들로 하여금 관점을 정립하게 하는 데 더욱 유리하다. 이러한 맥락에서 딜레마형 논제의 중요성을 인지하고 이를 중심으로 활용 사례를 밝힌 연구들이 있었다.[5] 그러나 논의 자체가 많지 않았을뿐 아니라, 무엇보다 논제 자체가 앞으로 사회인이 될 학생들에게 편파적 사고를 지양하고 사고의 균형을 잡게 하며 학생들이 처한 상황을 반영했는지에 대한 고민이 부족했다. 학생들의 토론이 단순한 말싸움으로 끝나지 않고 균형 잡힌 사고를 하도록 돕기 위해서는 사회적, 윤리적 책임에 대한 인식을 함양할 수 있는 콘텐츠를 제공하고 이를 중심으로 토론이 이루어지게 할 필요가 있다. 이러한 관점에서 법, 도덕, 교육 등 사회적 모순점이 어우러진 텍스트 선정이 요청된다.

이 글에서는 영화를 제재로 삼아 딜레마 토론을 진행하는 방법을 모색해보고자 한다. 영화를 토론 및 글쓰기 교육에 활용한 사례가 최근 늘고 있기는 하지만,[6] 영화를 활용하여 딜레마 논제로 수업 설계를 제시한 경우는 많지 않았던 것으로 보인다. 특히 영화는 도덕과 철학적 문제에 주목한 것도 많기 때문에 효율적으로 활용할 수 있다.[7] 이때 대상 작품은 '해결되지 않은 갈등'으로 끝난 작품이어야 학생들이 주제에 보다 객관적으로 접근할 수 있다. 이러한 맥락에서 본고는 2008년 개봉된 크리스토퍼 놀란(Christopher Nolan)의 〈다크 나이트(The Dark Knight)〉에 주목한다.

크리스토퍼 놀란의 배트맨 시리즈는 〈배트맨 비긴즈〉, 〈다크 나이트〉, 〈다크 나이트 라이즈〉로 이어지는 3부작으로 구성되어 있는데, 〈다크 나이트〉는 이 중 제2부에 해당한다. 특히 〈다크 나이트〉는 배트맨 시리즈들 중 작품성과 대중성을 함께 잡은 작품이라는 호평을 받았을 뿐 아니라, 법과 도덕의 문제에 대한 '해결되지 않은 갈등'을 보여주는 작품이라고 할 수 있다.[8] 특히 이 작품을 대상으로 한 이유는 이 영화가 '최소한의 도덕'이라는 법의 문제를 중심으로 영웅과 악당, 경찰과 무법자 사이의 정체성 문제를 깊이 있게 다루는 서사이기 때문이다. 아울러 대중적으로 인기 있는 텍스트도 토론에 충분히 활용될 수 있다는 점을 나타내기에도 적합하다. 논의를 위해 최근 서사학 이론을 참고하며,[9] 〈다크 나이트〉[10]를 대상으로 하여 이 문제를 논의한다.

## 플립드 러닝을 활용한 수업 설계

### 1) 수업 구안 및 발문하기 – 도덕적, 윤리적 딜레마를 지닌 논제 선정

서론에서도 언급했듯이 딜레마 토론에서 관건은 논제의 선정이다. 물론 논제는 학생들이 꼭 한 번은 생각해보아야 할 도덕적, 윤리적 딜레마를 지닌 것이 좋다. 〈다크 나이트〉는 몇 가지 도덕적이고 윤리적인 문제들을 함축하고 있다는 점에서 토론하기에 적합한 텍스트라고 할 수 있다. 토론을 수행함에 있어 가장 경계해야 할 바는 토론을 '말잔치'나 '말싸움'으로 전락하지 않도록 설계하는 것인데, 영화 제재는 이러한 점을 방지하는 데 큰 역할을 해준다. 토론은 학생들의 의사소통 능력 향상을 이루는 동시에 대학인답게 생각하는 능력을 기르고 사고의 균형과 주체성을 지니게 하는 것이 최종 목표가 되어야 한다. 학생 스스로 자신의 관점을 정립하게 하는 교육의 장이라는 점에서 토론 교육은 딜레마형 논제의 독서 토론 형태로 진행되는 것이 의사소통 능력 향상과 문식력 향상이라는 측면에서 바람직할 것으로 보인다.

앞에서 언급했듯이, 특히 서사를 제재로 한 토론은 학생들에게 자신이 처한 현실에서 벗어나 보다 객관적인 생각을 하게 할 수 있는 이점이 있다. 그 인물이 되어봄으로써 그 인물이 처한 상황을 이해하고 이에 대한 자신의 관점을 마련할 수 있기 때문이다. 이런 까닭에 서사의 경우 보편적 문제를 다루는 것일수록, 독자의 현실과 맞닿는 요소가 클수록 그 힘은 강력해진다고 볼 수 있다.

아울러 토론을 통해 학생 스스로 자신의 사고를 구성하고 표현 능력을 기르는 것이 토론의 주요한 목표라면, 그것은 학제 간 학습 기회를 제공하고 사안을 종합적으로 바라보는 경험을 하게 하는 기회로 꾸려져야 한다. 최고의 전문인 양성을 목표로 하는 대학에서 토론 교육은 간학문 교육으로서 중요한 역할을 할 수 있도록 설계되어야 할 것이다. 따라서 수업을 설계할 때 고려해야 할 점 중 하나는 개별 토론보다는 팀 토론을 우선시하고, 한 개 학과로 이루어진 팀보다는 여러 학과의 통합 팀을 구성하는 데 신경을 쓸 필요가 있다는 것이다. 다양한 학과로 구성된 팀원들이 자신의 주장을 증명하는 과정에서 자신이 미처 생각하지 못했던 근거나 이유들을 보고 듣는 경험을 하게 될 수 있기 때문이다.

같은 맥락에서 어느 편에 설 것인가를 사전에 결정하는 것보다 제비뽑기로 당일 결정하게 하는 것이 경험의 맥락을 고려하건대 훨씬 유익하다. 학생들이 자신의 생각과는 다른 관점에서 주장을 펼쳐보는 일은 중요한 교육적 경험이 될 수 있다. 학생들이 졸업 후 꼭 자신이 원하는 쪽에서만 주장하게 되지는 않을 것이기 때문이다. 아울러 이러한 경험은 학생들로 하여금 상대방의 입장을 이해하고 사고의 균형을 잡게 하는 기회를 제공한다.

〈다크 나이트〉의 경우, 다음과 같은 논제들이 발문될 수 있다.

법은 최소한의 도덕인가?

정의 수호는 법의 테두리 안에서 가능한가?

악법도 법인가?

사회구조적 모순이 해결될 수 있다고 보는가?

진정한 영웅은 드러난 영웅인가?

사회는 통제되어야 하는가?

절제는 최고의 미덕인가?

이러한 문제는 영화 속 인물인 조커가 이용했던 통제되지 않는 질서, 곧 공포의 문제와 맞닿아 있다. 인간 세상에 들어오면 공포는 자체의 추진력과 전개 논리를 갖게 되어 관심과 투자가 없어도 계속해서 성장하고 확산된다. 데이비드 알타이드(David Altheide)의 말을 빌리면, 가장 중요한 것은 위험에 대한 공포가 아니라 그 공포가 증폭되어 나타나는 결과이다. "공포를 야기하는 새로운 괴물은 존재하지 않는다. 공포라는 독이 퍼지고 있을 뿐이다." 애덤 커티스(Adam Curtis)가 신체의 안전에 관심이 높아지는 현상에 대해 논평하면서 한 말이다.[11] 이러한 논제에 대해 이야기하면서 '무질서는 공포인가', '질서 없음이 악인가?', '인간은 법(혹은 질서) 없이 사회를 유지할 수 있는가?' 등과 같은 사회적이고 철학적인 문제에 대해서도 이야기해볼 수 있다.

아울러 유토피아에 대해 논의할 수도 있다. 배트맨-고든-하비는 자신들이 꿈꾸는 깨끗한 세상을 이룩하려다가 혼란을 초래한다. 이는 거꾸로 악을 송두리째 뿌리 뽑는 것이 불가능함을 말해준다. 유토피아는 사람들이 직·간접적으로 알고 있는 세계와는 상이한 또 다른 세계에 대한 상(像)이라고 할 수 있다. 나아가 전적으로 인간의 지혜와 헌신으로 고안된 세계가 유토피아이다.[12] 이런 맥락에서

'악이 없는 세상은 지상에 실현 가능한가'라는 논제로 토론해볼 수도 있다.

## 2) 수업 전 준비-단톡방을 활용한 브레인스토밍

현대에 이르러 협력학습[13]은 학습의 중요한 키워드의 하나로 떠올랐다. 스마트폰이 손안의 세상을 압축해 보여준다고는 하지만, 현대인들을 지나치게 단말기 안에 가두어놓았다는 비판도 만만치 않다. 모바일은 이용하기에 따라 약이 될 수도 있지만, 독이 될 가능성도 많다. 최근 학생들의 SNS 중독을 보고하는 보고서도 많은데, 모바일 이용하는 적극적인 방법은 장점을 극대화하려는 노력에 있을 것이다. 모바일의 장점은 한정된 시공간에 머물 수밖에 없는 학습자들에게 항상적인 협력학습의 공간을 구축해준다는 점에 있다. 교양수업을 수강하는 대학생들은 전공수업 시간이 서로 다르거나 학업, 아르바이트 등 여러 가지 이유로 만남이 잘 이루어지지 않는 경우가 많은데, 모바일은 만남을 온라인에서 추진할 수 있게 해준다는 점에서 활용가치가 높다. 온라인상에 단체카톡방을 만들어 브레인스토밍을 유도하면 효과적인 예비학습을 유도할 수 있다.

브레인스토밍(Brainstorming)은 창의적인 아이디어를 생산하기 위한 학습 도구이자 회의 기법을 말한다. 그것은 집단적인 창의적 발상 기법으로 집단에서 소속된 인원들이 자발적으로 자연스럽게 제시된 아이디어 목록을 통해서 특정한 문제에 대한 해답을 찾고자 노력하는 과정을 의미한다. 특히 지방대학교 학생들은 개별 발표문 작성이 어려운 경우도 많기 때문에 팀발표로 수업을 설계하고 단톡방에서 브레인스토밍을 진행하면 동료피드백이 적절히 이루어져 학습자의 학습동기를 일깨우고 경쟁력을 지니게 하는 데 도움이 될 수 있다.

이러한 과정이 수업 전에 이루어지기 위해서는 강의계획서를 통해 미리 수업 주제를 제시하고, 팀원을 적절히 분배하여 수업 전 준비가 원활히 이루어지도록 수업을 설계해야 한다. 단톡방에서 이루어져야 할 활동은 자료수집과 분석, 본 토론 이전의 예비 토론 과정이다. 1차로 만든 프레젠테이션 발표문을 단톡방에 파일로 올려 팀원들끼리 서로 공유하고 재토론과 수정이 이루어질 수 있도록 한다. 교수자는 단톡방에서 협력학습이 효과적으로 이루어지고 있는지 점검하고 동기를 부여한다.

### 3) 수업 중 활용-토론 및 질의응답의 활성화

수업 중에는 준비된 조 발표를 듣고 다른 학생들이 발표 조원에게 질의응답 하는 과정을 통해 주제를 명확히 인식하고 관심 있는 문제들에 대해 토론이 적절히 이루어질 수 있도록 한다. 이때 미러링을 활용하면, 같은 질문이라도 같지 않은 점을 부각시키고 한 번에 여러 질문을 모아 답하게 하는 데 유리하다. 미러링이란 스마트폰에 나타나는 화면을 대형화면에서 똑같이 보여주는 기술을 말한다.

발표 조가 발표를 마치면, 교수자는 학습자들에게 발표문에 대한 질의를 숙고할 시간을 주고 조별 혹은 개별로 미러링을 통해 대형화면에 질문을 올리도록 한다. 오프라인에서는 일단 한 학생이 질문을 하면 다른 학생이 비슷한 다른 질문을 못 하게 되는 경우가 있는데, 온라인상에 질문을 올리게 하면 동일한 질문이라도 공유가 가능하고 같은 질문이라도 다른 맥락을 짚어 효과적으로 활용할 수 있는 이점이 있다. 아울러 어떤 질문이 많은지, 어느 학습자가 질문을 많이 했는지 기록이 남으며 통계도 가능하다. 만약 스스로 질문의 통계를 내주는 프로그램이 도입될 수 있다면, 질문을 많이 한 학습자에게 포인트를 주는 과정도 보다 쉽고 적절히 이루어질 수 있다. 많은 질문이 올라온 부분이 발표문에서 문제가 많은 곳일 수 있기 때문에, 발표 조가 스스로 잘못된 부분을 되돌아보는 데도 도움이 된다.

### 4) 수업 후 활용-게시판을 활용한 지식의 축적과 재생산

이제 스마트환경을 사용하는 목표는 단순히 정보를 얻고 전달하는 것이 아니라, 그것을 공유하고 참여하여 새로운 지식을 재창출하는 데까지 나아가는 것에 있어야 한다. 게시판은 'bulletin board service'의 약어로 인터넷을 통해 회원들 또는 불특정 다수의 사용자들 사이에 각종 정보를 교환하거나 프로그램을 공유할 수 있도록 구축한 시스템을 말한다. 교수자는 수업에서 산출된 좋은 글들을 선정하여 게시판에 올려 학생들이 귀감으로 삼을 수 있도록 한다.

스마트환경을 사용하는 최대 장점은 수업 결과를 게시판에 올려 학기별로 지식을 축적할 뿐 아니라 이를 통해 새로운 지식의 재생산을 유도할 수 있다는 점일 것이다. 아울러 이러한 부분에까지 이르러야 진정한 스마트교육이라고 말할 수 있다. 사이버캠퍼스 등 현재의 스마트환경은 학기별로 게시판이 분절되거나 단절되어 다음 수업을 듣는 학생들에게까지 연계되지 못한다는 한계를 지니고 있다. 단독 서버를 구축하여 지식을 축적하여 영구적으로 다운로드 받을 수 있고 이를 통해 새로운 것을 재창조하는 데까지 나아갈 수 있는 시스템구축이 필요하다.

### 5) 수업 과정 요약

제시한 수업 과정은 다음과 같이 요약될 수 있다.

2장 | 영화로 말하기

〈표 1〉 수업 과정 요약

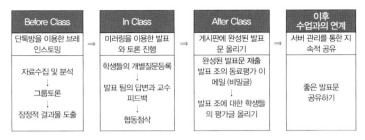

| Before Class | In Class | After Class | 이후 수업과의 연계 |
|---|---|---|---|
| 단톡방을 이용한 브레인스토밍 | 미러링을 이용한 발표와 토론 진행 | 게시판에 완성된 발표문 올리기 | 서버 관리를 통한 지속적 공유 |
| 자료수집 및 분석 ↓ 그룹토론 ↓ 잠정적 결과물 도출 | 학생들의 개별질문등록 발표 팀의 답변과 교수 피드백 협동첨삭 | 완성된 발표문 제출 발표 조의 동료평가 이메일 (비밀글) 발표 조에 대한 학생들의 평가글 올리기 | 좋은 발표문 공유하기 |

## 영화 〈다크나이트〉의 갈등 구조

서사는 우리가 세계를 이해하는 중요한 방식이며, 세계는 우리가 그것을 바라보는 방식에 의해 결정된다. 주어진 시간(영화의 경우 상영시간) 동안 서사는 우리에게 특정한 세계를 재현(representation)하거나 재진술(recounting)하는 과정을 통해 의미를 전달한다. 서사의 주제는 주로 갈등을 중심으로 형성되고 제시되는데, 이러한 점에서 갈등을 '플롯을 지탱하는 요소이자 원리'이면서 "인물구성(성격구성 characterization) 및 세계관이나 가치관의 대립을 형상화하는 데에 결정적인 기여를 한다"[14]고 말할 수 있다. 갈등은 "이야기의 무의미한 나열과 습관적인 반복에서 벗어나 이야기를 재미있게 얼크러지게 하는 주요한 요인의 하나"[15]로, '이야기의 엔진'과도 같아서 "그것의 추동으로 이야기는 앞으로 나아가면서 사건을 전개하고 주제적 의미를 형성"[16]한다. 이런 맥락에서 "서사를 구성하는 것은 갈등"[17]이라고 말해도 지나치지 않다.[18]

〈다크 나이트〉에서는 무엇이 갈등하고 있는지, 어떤 논제에 대한 토론이 가능하며 이를 어떻게 활용할 수 있을지 살펴본다. 먼저 영화를 요약해본다.

가 능 성: 배트맨이 법의 사각지대에서 정의의 수호자로
살아가야 하는 자신의 정체성에 대해 고민한다.
과    정: 배트맨이 검사 하비에게 자신의 역할을 넘겨주
려 하지만 하비의 타락으로 실패한다.
결    과: 결국 배트맨이 감추인 진실을 안고 비난을 감
수하는 숨은 영웅으로서의 위치를 받아들인다.

심층의 인과관계를 드러내는 데 목표가 있는 미케 발(Mikye Bal)의
서사이론에 따라 영화를 요약해본 것이다.[19] 이 영화는 정의를 수
호하고 질서를 유지하고자 하는 선의 세력과 이를 방해하고 혼란
을 부추기는 악의 세력 사이에서 배트맨이 정의를 수호하기 위해
숨은 영웅(다크 나이트)으로서 자신의 정체성을 받아들이는 과정을 그
린다. 주인공 브루스 웨인(배트맨)은 정의를 지키기 위해 진짜 모습을
숨기고 법의 사각지대에서 정의의 수호자로 살아야 하는지를 고민
하는 인물이다. 그가 고민하는 것은 표면적으로 레이첼 도스와 결
혼하여 평범한 삶을 살고 싶은 욕망 때문이다. 이면적인 고민은 잘
드러나지 않는데, 이는 영화의 마지막에 가서야 실체를 드러낸다.
물론 이는 영화 초반에 그가 가짜 배트맨들과 나누는 대화에 일
부 암시되어 있다. 배트맨은 마약상을 잡는 것을 도우려는 가짜 배
트맨들에게 도움이 필요 없다고 말한다. 그리고 "당신은 우리랑 뭐
가 다른데?"라고 묻는 가짜 배트맨들에게 "나는 하키 팬츠는 안 입
어"라는 대답밖에 하지 못한다. 고도의 기술이 압축된 배트맨 슈트
와 하키 팬츠의 차이, 곧 첨단 과학기술과 재력의 차이밖에 없다면
배트맨의 정체성은 아무것도 아닐 수 있다. "배트맨을 잡아들여야
죠. 법을 많이 어겼는데"라고 말하는 경찰들에게 배트맨이 스스로
무법자 이상의 정체성을 지니고 있지 못함을 암시한다.

이러한 점은 브루스 웨인과 알프레드의 논쟁에서 잘 드러난다. 영웅은 정의를 위해 외롭고 고통스럽게 사는 것을 감내해야 한다는 알프레드에게 브루스 웨인은 "증오의 대상으로 살 순 없다. 이것이 내 한계"라고 말한다. 이런 이유 때문에 그는 정의에 대한 소신이 자신과 유사한 하비 덴트 검사에게 희망을 건다. "배트맨이 필요 없는 날이 멀지 않았어. 하비가 날 대신할 영웅이야. 그는 범죄자의 반을 감옥에 보냈어. 마스크도 안 쓰고. 고담시는 그런 영웅이 필요해"라고 말한 것은 이런 맥락에서이다. 표면적으로는 레이첼과 평범한 삶을 사는 것을 원하는 것처럼 보였으나, 브루스 웨인이 원했던 것이 법, 대중, 경찰에게 '증오의 대상이 되지 않는 삶', 곧 법의 사각지대에 서 있는 무법자로서의 삶을 끝내는 것이었음을 드러낸다.

하비 덴트는 수단과 방법을 가리지 않고 정의를 실현한다는 점이 배트맨과 닮았다. 그러나 사회의 가장 가장자리에서 정의를 수호해야 하는 무법자로서 배트맨과 달리, 그는 검사로서 법이 지닌 합목적성 안에서 정의를 수호하려고 하는 인물이다. 하비는 순수하게 정의를 열망한다. 그리고 자신이 가진 힘인 법과 노력을 이용하여 정의를 실현하려고 한다. "배트맨이 누구든 영원하지 못해. 배트맨도 아마 자신을 대신할 후계자를 찾을 거야"라는 하비의 말에 브루스가 깊이 공감하는 이유이다.

배트맨과 경찰서장인 제임스 고든, 그리고 하비는 사회에 존재하는 악을 뿌리 뽑기 위해 서로 연대하기로 한다. 그런데 그들이 간과한 것이 있었다. 선과 악을 이분법적으로만 생각한 것이었다. 그들은 악의 세력이 경찰 안에도 정치계와 경제계 안에도 세력을 뻗치고 있다는 점을 간과한다. 하비가 몇 차례 지적했음에도 불구하고 고든은 하비의 충고를 새겨듣지 않는다. 결국 고든이 신뢰했던 최측근 부하 라미네즈와 버그의 배신으로 배트맨-하비-고든의 전략은 와해되고 레이첼이 살해되고 만다. 그리고 레이첼의 죽음으로 '가장 소중한 것'을 잃은 하비는 돌변해버린다. 순수한 광기로 무장한 조커는 순수한 정의를 추구했던 하비를 '공평함'이라는 가치로 설득한다. 하비의 돌변은 그가 지닌 '순수성'에서 예견할 수 있는 것이었다. 애초에 불완전함에 대한 용인 없이 완벽한 순수를 고집했던 하비는 자신의 삶이 불완전해지자 급격하게 광기로 넘어가 버린다.

배트맨-하비-고든의 연계가 마로니 조직을 소탕하려다 조커를 끌어들인 것도 사회가 선과 악으로 단순하게 분절될 수 없다는 점을 잘 보여준다. 악의 청산이 곧 선의 구현이 아님을 간과한 결과라고 해야 할 것이다. 이러한 점을 진즉에 간파한 사람은 알프레드뿐이었다. 그러나 다들 정의 실현에 대한 욕망에 불탄 나머지 이러한 점을 인지하지 못한다. 순수에서 광기로 급격하게 전락해버린 하비는 레이첼을 구하지 못한 모든 책임을 고든에게 전가한다. 그가 일찍부터 고든 조직에 마로니의 첩자들이 있다고 충고해주었음에도 불구하고, 고든이 그러한 점을 일축했었기 때문이다. 레이첼의 죽음이 순수한 광기로 뭉친 조커의 계획이 아니었음을 안 하비는 모든 화살을 고든에게 돌린다.

이처럼 악을 타도하려던 선의 연대가 붕괴되어 버리기 때문에, 이 영화의 갈등 양상은 단순치 않다. 메인 스토리가 형성하는 갈등은 배트맨의 정체성 찾기 과정이지만, 영화에서 그것만 갈등하고 있는 것은 아니다. 일단 메인 스토리에서 갈등은 '영웅으로 죽거나 악당으로 살아남는 것'인데, 이는 인물들의 대사에서도 수차례 제시된다. 처음에 이 말을 던진 사람은 하비이지만, 이 말은 알프레드와 브루스, 알프레드와 레이첼, 배트맨과 고든의 대화에서도 반복된다. 메인 스토리 라인이 불완전한 사회 조직 혹은 불완전한 세상이 배트맨이라는 진정한 영웅, 곧 다크 나이트의 존재를 필요로 한다고 귀결되기 때문에, 곧 배트맨이 애초에 목표했던 정의 수호라는 큰 목표를 위해 하비를 영웅으로 남게 하고 자신은 드러나지 않은 존재로 남기를 선택하기 때문에 갈등이 '악당으로(숨겨진 영웅으로) 남는 것'을 옹호한다고 볼 수 있지만, 배트맨이 경찰이 푼 개들에게 쫓기며 외롭게 거리를 달려가는 장면이 일종의 연민을 불러일으킨다는 점에서 갈등이 완전히 해결되었다고도 볼 수 없다.

이 때문에 이 영화는 '선/악', 혹은 '영웅/악당'이 갈등하는 영화라기보다는 '드러난 영웅/감추어진 영웅', '완전함/불완전함', '규칙(법) 있음/규칙(법) 없음', '광기/절제' 등이 갈등하지만, 어느 쪽이 정의를 수호하는 데 적절한가는 결론내지 않았다고 보는 것이 적절하다. 다만 하비가 드러난 영웅으로서 규칙과 완전함을 추구했으나 광기로 전락하는 인물로 그려지고, 규칙 없음과 불완전함을 용인한 배트맨은 절제할 수 있는 존재로서 감추어진 영웅으로 그려지기 때문에 규칙이 없고 불완전함을 용인하는 자세가 사회구조적 악을 척결하는 데 더 적합할 수 있다는 명제를 남겼을 뿐이다. '불완전한 세상에서 정의를 구현하는 것이 법만으로 이루어질 수 있는가'라는 큰 명제를 중심으로 인물들을 배치한 결과라고 할 수 있다.

영화는 질서를 대표하는 인물인 고든과 악당이지만 법과 계획, 곧 질서의 범주 안에서 사욕을 채우는 마로니, 순수하게 무질서와 광기로 뭉친 악당 조커를 선과 악 스펙트럼 속에 배치시키고, 변절하는 경찰들과 편법을 동원하여 악당을 잡는 배트맨을 이와 병치시킨다. 이런 맥락에서 보면 선과 악으로만 분절되지 않는 세상에서 선과 악으로 순수하게 재단될 수 있는 인물은 배트맨과 하비가 아니라 오히려 고든과 조커라고 할 수 있다. 배트맨은 법을 무시하고 범법을 저지르면서 정의를 수호한다는 점에서 질서와 무질서의 사각지대에 놓인다. 이 점은 배트맨이 검은 돈의 배후인 리우를 잡기 위해 홍콩에 밀입국한 것이나 조커를 잡기 위해 루시우스 폭스가 개발한 도청 프로그램까지 동원하는 점에서 잘 드러난다. 이런 맥락에서 '규칙(혹은 법) 있음/규칙(혹은 법) 없음', 혹은 '질서와 무질서'가 갈등하고 있다고 한다면 법의 수호자로 등장하는 인물이 고든이고, 그 반대 항에 놓일 수 있는 인물이 조커이다. 물론 마로니가 있지만, 마로니가 법의 테두리 안에서 그에 기생하여 살고 있는 존재라는 점에서 마로니는 고든과 조커가 그리는 스펙트럼의 중간에 놓인다.

영화에서 '광기와 절제'가 갈등하고 있다고 한다면 이는 조커와 배트맨의 대립으로 볼 수 있다. 절제의 세계에 속하는 줄 알았던 하비는 영화 후반에 이르면 광기로 전락해버린다. 노력을 믿었으나 노력이 공평하지 않다는 것을 알고 소위 '공평한' 운의 세계로 편입해버리기 때문이다. 노력의 징표였던 한 면만으로 이루어진 동전이 레이첼의 죽음으로 한 면이 그을어버린 점이 이 점을 잘 드러낸다. 이런 맥락에서 영화는 절제와 광기가 종이 한 장 차이라는 점을 이야기하고 있기도 하다.

요컨대, 이 영화의 갈등 양상은 다음과 같이 요약될 수 있다.

| 드러난 영웅 | / | 감추어진 영웅 |
|---|---|---|
| 공평함 | / | 불공평함 |
| 완벽함 | / | 완벽하지 않음(불완전에 대한 용인) |
| 규칙(법) 있음 | / | 규칙(법) 없음 |
| 광기 | / | 절제 |
| 드러난 사실 | / | 감추어진 진실 |

… → 불완전한 세상에서 정의를 구현하는 것이 법만으로 가능한가?

영화는 왼편에 있는 가치를 옹호하는 듯 보이나, 궁극에는 오른편에 있는 항목들을 무시할 수 없음을 이야기한다. 곧 겉으로 보이는 사실이 전부가 아닐 수 있음을 이야기한다고 볼 수 있는데, 법도 때로 완벽하지 않고 무법도 법이 될 수 있음을 역설하는 것이다. 다만 불완전에 대한 용인과 절제를 최대의 가치로 치환했다고 볼 수 있는데, 드러난 하비는 영웅이지만 감추어진 하비는 악당이며 악당으로 쫓기는 배트맨이 진정한 정의의 수호자라고 할 때, 그 둘을 가르는 기준이 '불완전을 용인함/용인하지 않음'의 대립이라는 점이 이 점을 증명한다.

이런 맥락에서 볼 때, 이 영화는 '불완전한 세상에서 정의를 구현할 때 법의 테두리 안에서 하는 것이 마땅할 것인가, 테두리 밖에 하는 것도 가할 것인가'에 대한 도덕적이고 철학적인 고민을 형상화한 영화로 볼 수 있다. 아울러 영웅의 조건을 규정했다고 볼 수 있는데, 드러난 영웅의 길을 택하지 않고 '다크 나이트', 곧 '어둠의 기사'의 길을 선택하는 배트맨의 정체성 찾기 과정을 형상화하여 영웅의 정체성은 다른 사람에게 인정받는 것이 아니라 숨은 영웅으로서 사람들을 돕는 것으로 규정했다고 볼 수 있다.

## 윤리적 딜레마에 대한 사고력 기르기

이 글에서는 영화 제재가 학생들로 하여금 실세계의 문제와 이슈에 대한 비판적 사고를 하게할 수 있는 통합적 텍스트라면 교육목표를 성취할 뿐 아니라 시사적인 문제에 대해 관심을 가지게 하고 문식력을 기르는 데도 유리하다고 보고, 영화 제재를 활용한 딜레마 토론 방법에 대해 논의해보았다. 영화 제재에 함축된 딜레마 논제를 통해 우리 사회 이면에 내재한 여러 가지 문제를 생각해보는 중요한 기회를 제공할 수 있다고 보았기 때문이다.

　앞에서도 언급했듯이, 토론 교육은 토론을 통해 교육적 목표를 성취하는 학습의 장이기 때문에 지나치게 시사적이거나 정치적인 논제보다는 보편적이고 일반적인 논제를 선정하여 학생들의 정체성을 확립하는 교육적 효과를 지향할 필요가 있다. 시사적이거나 정치적인 논제는 교육보다는 자칫 말싸움의 장으로 전락할 우려가 크기 때문이다. 이러한 맥락에서 논제의 선정이 무엇보다 중요한데, 윤리적 딜레마를 지닌 논제를 선정하면 학생들이 윤리적 문제에 대한 균형 잡힌 사고를 하게 하는 데 도움이 될 수 있다.

　영화는 작자의 관점이 직접 드러나는 것이 아니라 구체적인 인물과 사건으로 형상화되므로 인물이 직면한 문제에 대해 토론하게 하면 학생들이 감정적 영향을 받지 않고 그 문제에 객관적, 논리적으로 접근해볼 수 있는 이점이 있다. 아울러 갈등이 대립이나 모순의 형태로 드러나므로 토론의 논제로 삼기에 적합하다. 영화를 토론 제재로 활용하면 텍스트를 더욱 심층적으로 읽게 하는 경험도 하게 할 수 있다. 이 글에서는 영화를 제재로 삼아 딜레마 토론을 진행하는 방법을 모색하고, 대학 토론에서 윤리적 딜레마에 대해 사고하게 하는 방법을 모색해보았다. 이 글에서는 〈다크 나이트〉를 대상으로 하였으나, 이러한 수업 방법은 다른 제재에도 얼마든지 적용될 수 있으리라고 본다.

1) 이 글은 『사고와 표현』 제9집 3호(한국사고와표현학회, 2016), 125-150쪽에 게재된 「영화를 활용한 딜레마 토론 교육 방법 모색 - 영화 〈다크나이트〉를 예로」의 내용을 수정, 보완한 것임.

2) 대학에서 국어교육이 의사소통 능력을 향상시키는 쪽으로 방향을 선회하면서 '대학국어', '대학작문' 등의 강의가 '글 읽기와 쓰기' 혹은 '글쓰기와 말하기' 중심의 통합형 강좌로 바뀌어 개설되기 시작한 지 십여 년이 지났다. '사고와 표현', '독서와 토론', '인문학독서토론', '발표와 토론', '토론과 글쓰기' 등의 이름을 지닌 이들 강좌는 문식 능력과 의사소통 능력 향상에 주안점을 두고 수행되었다. 일부에서는 이러한 변화가 지나치게 고전 읽기 중심이던 강의구조를 재편하고 교양교육으로서 본연의 모습을 회복하게 한 중요한 기점이 되었다고 자평하기도 한다. 그러나 일부에서는 내용 없이 표현 능력만 강조하는 교육은 이른바 '속 빈 강정'이 되기 십상이라는 비판도 제기되고 있다. 물론 이러한 상반된 평가의 이면에는 '형식/내용', '표현/실질'이라는 학습 목표 사이의 지난한 힘겨루기가 내포되어 있다. 아울러 교육을 담당하고 있는 교육 당사자인 국문과와 철학과 사이의 이른바 '밥그릇 싸움'이 존재한다.

3) 현재 교양교육은 대체로 글쓰기에 치중되어 있는 것으로 보인다. 필자가 조사한 바로는 교양필수 수업의 경우, 발표와 토론 중심의 말하기 수업보다 글쓰기 중심 수업이 압도적인 비중을 차지했다.

4) 졸고, 2016, 「'갈등'의 함의와 교육적 활용」, 『한국문학이론과 비평』 71(20권 2호), 한국문학이론과비평학회, 29-51쪽 참고. 필자는 2011-2013년 우송대학교에서, 2014-2015년에는 목원대학교에서 '취업, 개인적 전략이 필요한 문제인가, 구조적 해법이 필요한 문제인가 - 『아프니까 청춘이다』와 『88만원 세대』 사이에서 20세기 20대의 주체성 찾기', '미디어, 지식상자인가, 바보상자인가 - 『바보상자의 역습』과 『대중문화의 겉과 속』 사이에서 20세기 20대의 정체성 찾기' 등의 딜레마형 논제로 독서토론대회를 진행한 바 있는데, 여러 시행착오를 거치면서 얻은 결론은 학생들이 관심이 많은 주제를 선정할수록, 보편적인 갈등을 내포한 주제일수록 좋은 결과를 얻을 수 있다는 것이었다.

5) 이러한 고민은 도덕 및 윤리 교육의 관점에서 이루어졌다. 최근에는 대학 교양교육에서 딜레마토론에 관심을 보인 사례도 등장하고 있다. 관련 연구를 제시하면 다음과 같다.
임상수, 「도덕과 수업모형별 특성을 반영한 발문 기법」, 『윤리교육연구』 29, 한국윤리교육학회, 2013, 213-236쪽.
홍성훈, 「딜레마토론 프로그램이 의과대학생의 도덕성 발달에 미치는 영향」, 『도덕교육연구』 12(2), 한국도덕교육학회, 2000, 227-253쪽.
신희선, 「협상 교육 텍스트로서 영화 속 갈등 사례 연구 - 영화 '내 아내의 모든 것'의 딜레마를 중심으로」, 『사고와 표현』 7(2), 한국사고와표현학회, 2014, 309-349쪽.
정재림, 「딜레마 내러티브를 활용한 토론 수업 방안 연구 - 드라마 제재 활용 사례를 중심으로」, 『교양교육연구』 9(3), 한국교양교육학회, 2015, 249-279쪽.

6) 영화를 읽어내는 방법을 가르치기보다 영화 자체를 가르치는 데 초점이 놓여, 읽기 교육적 요소는 약화 혹은 간과된 경향이 있었다. 물론 영화를 잘 읽어내기 위해서는 매체(media)와 스토리텔링(storytelling)에 대해서도 알아야만 한다. 그러나 교양교과의 목표가 학생이 살아가는 데 필요한 일반적 교양을 기르는 데 있다면, 영화 자체를 아는 것도 중요하지만 이를 통해 미디어 읽기의 기본을 다지는 것이 더욱 중요한 문제일 수 있다. 따라서 교양교과에서 영화는 읽기 제재의 하나로 다루어질 필요가 있다고 보는데, 같은 맥락에서 교양 국어교과에서 영화 제재의 수용도 적극 검토되어야 할 것이다.

7) 최근 토론수업의 제재로 영화가 등장하는 일이 잦고 이에 대한 연구도 수행되고 있는 시점이다. 『영화로 읽기 영화로 쓰기』(2015, 서울: 푸른사상)는 황영미 외 총 19인의 연구자가 영화를 활용하여 토론, 글쓰기, 읽기를 가르치는 방법을 고구한 연구들을 모아 엮은 책이다.

8) "제목에서부터 암시하듯 주인공 배트맨은 정의를 위해 싸우는 영웅인 동시에 한편으론 법의 테두리 안에서 그는 합법적인 심판 기관이 아니기에 자기 스스로의 판단으로 범죄자를 심판하는 행위는 결코 정당화되지 못하는, 양면성을 가진 어둠의 기사이다. 〈다크 나이트〉에서 절대적 악의 상징인 조커는 선을 수호하는 배트맨으로 인해 탄생한 자다. 법의 테두리가 악으로부터 선을 제대로 보호하지 못하는 상황에서 등장한 배트맨은 이것이 또 더 강한 악을 불러온다는, 세상의 아이러니를 이야기한 배트맨은 자신의 이러한 한계를 잘 알기에 자신을 대신해서 싸워줄 '화이트 나이트(White Knight)' 하비 덴트에게 기대를 건다. 하지만 하비 덴트는 선과 악이 공존하는 투-페이스로 상징되는, 즉 가장 실제 사람에 가까운 인물이다. 결국 하비 덴트는 배트맨과 달리 신분이 노출된 상태에서 또 다른 현실적인 한계에 직면하기도 한다. 선과 악이 곧 동전의 양면과 같다는 진리에 비추어 과연 진정한 선은 무엇인지를 고뇌하는 철학적 주제가 내재되었다(위키백과, https://ko.wikipedia.org/wiki/%EB%8B%A4%ED%81%AC_%EB%82%98%EC%9D%B4%ED%8A%B8)."

9) 이 글에서는 S. Rimmon-Kennan의 '스토리/텍스트/서술'의 3분법을 따라 체계를 세우고 논의한다(S. Rimmon-Kennan 저, 최상규 역, 『소설의 현대시학』, 서울: 예림기획, 1999).

10) Christopher Nolan, 2008, 워너브라더스.

11) Zygmunt Bauman 저, 한상석 역, 2010, 『모두스 비벤디』(서울: 후마니타스), 20쪽, 32쪽.

12) Zygmunt Bauman, 앞의 책, 156쪽.

13) cooperative learning. 구성원이 4~6명인 소집단을 형성하여 구성원 사이에 사회적 상호작용을 하며 학습하게 하는 교수법이다. 학생들의 긍정적 상호 의존 관계를 중시하고 집단 구성원 개개인의 책임을 강조하며 동시에 지식과 기술을 습득할 수 있다는 장점이 있는데, 진정한 협동학습이 가능하려면 과제가 협동적으로 구성되어야 하고, 평가 제제에서의 기회도 균등해야 하며 협동적 피드백 구조, 집단과정에 대한 배려들이 전제되어야 할 것이다. 위의 조건에 맞게 잘 구조화된 협동학습의 유형으로는 능력별 팀학습(STAD), 토너먼트식 학습(TGT), 과제분담학습 I / II (Jigsaw I / II ), 집단조사(GI), 자율적 협동학습(Co-opCo-op) 등이 있다. 이러한 수업모델들의 공통적 특성은 학습집단을 이질집단으로 구성한 팀워크에 있고, 보상체제도 집단 중심이다. 또한 협동학습의 분위기는 민주적 과정이므로 학생들은 그들 자신의 학습에 능동적 역할을 하고 책임감을 갖고 임한다(한국교육심리학회, 『교육심리학용어사전』, 서울: 학지사, 2000).

14) 한용환, 『소설학 사전』(서울: 문예출판사), 1999, 21쪽.

15) 한용환, 위의 책, 22쪽.

16) 최시한, 『스토리텔링, 어떻게 할 것인가』(서울: 문학과지성사), 2015, 274쪽.

17) H. Porter Abbott 저, 우찬제·이소연·박상익·공성수 역, 『서사학 강의』(서울: 문학과지성사), 2010, 113쪽.

18) 이 부분은 김경애, 「갈등의 함의와 교육적 활용」, 『한국문학이론과 비평』 20(2), 한국문학이론과 비평학회, 2016, 30, 31쪽에서 인용한 것이다.

19) Mikye Bal 저, 한용환·강덕화 역, 『서사란 무엇인가』(서울: 문예출판사), 1999. 스토리는 대체로 연대기순으로 제시되는 사건의 연쇄를 가리킨다. 그것은 여러 가지 방식으로 요약될 수 있으며, 요약 시 요약자의 관점이 반영된다. 이 글에서는 스토리의 모형(樣式) 혹은 원형 요약이라고 할 수 있는 발의 이론을 원용하여 보다 심층의 차원에서 이를 요약하였다.

김경애, 「PBL가 전략적 텍스트를 활용한 이공계 말하기 교육 방법 모색」, 『사고와 표현』 7(2), 한국사고와표현학회, 2014, 255-282쪽.

김경애, 「갈등의 함의와 교육적 활용」, 『한국문학이론과 비평』 20(2), 한국문학이론과비평학회, 2016, 29-52쪽.

미케 발 저, 한용환·강덕화 공역, 『서사란 무엇인가』, 서울: 문예출판사, 1999.

신희선, 「협상 교육 텍스트로서 영화 속 갈등 사례 연구 – 영화 '내 아내의 모든 것'의 딜레마를 중심으로」, 『사고와 표현』 7(2), 한국사고와표현학회, 2014, 309-349쪽.

임상수, 「도덕과 수업모형별 특성을 반영한 발문 기법」, 『윤리교육연구』 29, 한국윤리교육학회, 2013, 213-236쪽.

정재림, 「딜레마 내러티브를 활용한 토론 수업 방안 연구 – 드라마 제재 활용 사례를 중심으로」, 『교양교육연구』 9(3), 한국교양교육학회, 2015, 249-279쪽.

지그문트 바우만 저, 한상석 역, 『모두스 비벤디』, 서울: 후마니타스, 2010.

최시한, 『스토리텔링, 어떻게 할 것인가』, 서울: 문학과 지성사, 2015.

최영진, 「〈다크 나이트〉에 나타난 슈퍼 히어로 서사의 양면적 가치와 정의의 문제」, 『영미문학교육』 15(2), 영미문학교육학회, 2011, 297-316쪽.

홍성훈, 「딜레마토론 프로그램이 의과대학생의 도덕성 발달에 미치는 영향」, 『도덕교육연구』 12(2), 한국도덕교육학회,

2000, 227-253쪽.

황영미 외, 『영화로 읽기 영화로 쓰기』, 서울: 푸른사상, 2015.

교육심리학회, 『교육심리학용어사전』, 서울: 학지사, 2000.

H. 포터 애벗 저, 우찬제 · 이소연 · 박상익 · 공성수 공역, 『서사학 강의』, 서울: 문학과지성사, 2010.

S. 채트먼 저, 최상규 역, 『원화와 작화』, 서울: 예림 기획, 1998.

# 경쟁과 협력의 줄타기, 그것이 협상
## 〈네고시에이터〉[1]

신희선

## 우리의 삶은 곧 문제해결의 과정

"모든 생은 문제해결의 과정"이라는 칼 포퍼(Karl R. Popper)의 말은 옳다. 우리는 매일같이 크고 작은 문제에 직면한다. 개인적인 사소한 일부터 국내외 무거운 사안에 이르기까지 다양한 이해와 갈등을 수반한 문제들과 만난다. 이러한 문제들에 치이지 않고 잘 해결하기 위해서는 합리적이고 비판적인 사고와 상대와 원만하게 의사소통하는 자세가 필요하다. 특히 서로 간에 갈등이 되는 문제의 경우 협력적으로 해결하는 방법으로 협상이 중요하다.

협상은 '경쟁'과 '협력'이라는 상황에서 진행되는 밀고 당기는 줄다리기다. 입장이 다른 양측이 각자의 필요에 따라 서로에게 제안하고 또 역제안하는 과정을 통해 접점을 모색해가는 과정이 협상이다. 때로는 지루하고 힘든 측면이 있지만, 협상을 통해 서로가 만족할 만한 합의를 이끈다는 점에서 함의가 있다. 서로 다른 이해관계를 원만하게 해결해가는 의사결정방식으로서 협상은 효과적인 의사소통능력을 필요로 한다.

협상에 대한 통념은 대체로 거래의 개념과 연관되어 있다. '주고받는 것(give and take)', '최대한 나의 이익을 챙기는 것', '조금 손해 보더라도 합의해주는 것', '서로 승리하는 것(win-win)' 등 다양하다. 한국 사회는 협상에 대해 낯설어하고 아직도 많이 서툴다. 이는 한국 사회의 의사소통 구조가 민주적인 방식보다는 권력에 의해 지배되는 수직적인 경향이 많기 때문이다. 대화와 협상의 과정에서 약자라고 하더라도 합리적으로 설득력을 갖춰 말하면 받아들여져야 하는데 대부분의 의사결정은 힘의 구도로 귀결되어, 상대 입장을 이해하며 문제를 협력적인 방법으로 해결하려는 협상 자세는 부족하다. 논증과 수사에 기반한 토론과 협상의 문화가 척박한 것이 한국의 현실이다.

　미국 노스웨스턴대학교 진 브렛(Jeanne Brett) 교수가 세계 각국 최고경영자들의 협상 능력을 연구한 결과에 의하면 한국은 조사 대상 16개 국가 중 16위를 차지하였다. 한국은 협상을 할 때 자신의 욕구를 더 많이 충족시키려는 이기심이 가장 강한 것으로 나타났다. 반면에 자발적인 목표 설정과 책임감, 독립성, 창의성, 상대방에 대한 배려의 측면에서 한국은 꼴찌를 보였다. "협상을 할 때 자신의 이익만큼 상대방의 이익도 고려해야"[2] 하는데, 〈그림 1〉[3]에서 풍자하듯이 한국 사회는 "절충은 필요 없고 무조건 내 것만을 챙기는 것"에

〈그림 1〉 백두리, "협상 트랜드"

익숙해 있다. 두 사람이 함께 파이를 키워 나누고 협력적으로 문제를 해결하기보다 각자 조금이라도 자신이 더 많이 차지하려는 힘 겨루기와 갈등 구도에서는 사실상 협상이 들어설 자리가 없다.

미국은 1980년대부터 대학에 협상 과정이 개설되어 교육을 실시하고 있다. MBA 과정에서 협상은 핵심 커리큘럼 중의 하나다. 학부 교육에서도 미국은 토론과 협상을 중요하게 여기고 있다. 이에 비해 우리의 경우 대학 교양교육 차원에서 협상을 가르치는 경우를 찾기가 쉽지 않다. 수직적인 의사소통문화를 가진 사회일수록 의도적으로 협상 교육이 더 절실함에도 불구하고, 한국에서 협상교육의 기반은 취약하다. 특히 한국은 갑을관계가 심하게 작동되는 권위주의적인 사회라는 점에서 협상을 한다고 해도 제대로 진행되기가 어렵다. 또한 실리보다는 대체로 명분을 중심으로 귀결되는 면이 적지 않다.4) 즉 협상과정에서 체면이나 지위라는 협상 외적인 기준이 필요보다 더 강하게 작용하는 것이다. 한국인들은 협상 목표를 달성하기 위해 관련 쟁점을 조목조목 따지고 자신의 이익을 위해 거래하는 것에 불편해한다. 또한 협상이 결렬될 경우 취할 수 있는 대안을 확보하려는 전략적 사고도 미흡하다. '좋은 게 좋은 거지', '밑지는 게 남는 거지'라는 사고방식에 길들여져 협상을 자신의 이익을 취하는 것으로 해석함으로써 협상해야만 하는 상황이 불편한 것이다.

그러나 협상은 거창한 '어떤' 것이 아니다. 일상의 문제를 합리적으로 해결하는 방법 또는 서로가 만족해하는 의사소통 과정이 바로 협상이다. 이에 이 장에서는 영화 제목부터 직접적으로 협상을 느끼게 하는 '네고시에이터(The negotiator)'를 통해 협상의 특징을 살펴보고자 한다. 이 영화는 두 협상가의 협상 스타일의 차이와 협상 과정에서의 다양한 전략과 기술을 통해 협상의 본질을 보여주는 협상교본과 같은 텍스트이다. 영화를 통해 협상의 개념을 이해하고 효과적인 협상을 위해 무엇을 고려해야 할지를 생각해보게 함으로 써, 보다 나은 대안을 찾아보는 과정으로 협상을 이해하도록 이끈 다. 영화 장면에서 두 협상가가 서로 주고받는 대화를 분석하며 협 상의 기본 기술과 전략을 논의해보고자 한다.

〈네고시에이터〉이 영화는 두 협상가가 협상을 하는 목적이 서로 가 이기는 것이라는 전제하에 다양한 협상 전략을 구사하며 문제 를 해결해가는 과정을 보여주고 있다. 경찰에서 가장 뛰어난 협상 가였던 로만이 누명을 쓰게 되면서 실제 범인을 잡기 위해 인질극 을 벌이며 상대 협상가로 새비언을 지목하며 어떻게 문제를 해결 해가는지를 흥미롭게 보여주고 있다. 긴박한 상황에서 두 협상가가 활용한 협상의 기본 원칙과 전략에는 어떤 것이 있는지 내용분석 하며 영화를 통한 협상교육의 가능성을 살펴보고자 한다.

## 영화 '네고시에이터'의 갈등구조는?

영화 '네고시에이터'는 F. 게리 그레이(F. Gary Gray) 감독이 제작하 여 1998년에 개봉된 영화다. 두 사람의 협상가가 주인공이다. 영화 의 핵심 인물인 대니 로만(Danny Roman) 역에는 사무엘 L. 잭슨(Samuel L. Jackson)이, 크리스 새비언(Chris Sabian) 역에는 케빈 스페이시(Kevin Spacey)가 맡아 매력적인 협상가의 모습을 보여주고 있다. 경찰 내부 의 비리와 관련된 음모에 휘말려 궁지에 빠진 협상전문가 대니 로 만이 본인의 결백을 밝히고 사건을 해결하고자 또 다른 협상전문 가인 크리스 새비언을 지목하여 진행되는 내용은 협상이 무엇인지 기본을 보여주고 있다. 자신의 무죄를 입증하기 위해 모험을 감행 하고 있는 로만과 이 사건의 실마리를 풀어가고자 대응하는 새비 언 두 협상가의 대화를 통해, 문제해결을 위한 협상의 중요성과 협상의 원칙에 대해 생각해볼 수 있다.[5] 장면 곳곳에서 협상의 태도와 전략에 대해 생각해볼 수 있게 한다는 점에서 협상 교육 텍스트로서 의미가 크다.[6]

영화 '네고시에이터'는 미국 시카고를 무대로 경찰 간의 내부 갈등을 줄거리로 다루고 있다. 주인공 대니 로만은 유능한 협상가로서 인질범과 대치한 위기상황에도 상해를 입히지 않고 효과적으로 문제를 해결해온 역량을 자랑하고 있다. 영화 첫 장면도 로만이 집나간 마누라를 데려오라며 경찰과 긴박하게 대치 중인 남자와 대화를 시도하며 인질로 삼았던 딸을 무사히 구출하는 모습을 보여주고 있다. 이어지는 파티 장면에서 본격적인 갈등이 시작된다. 로만은 그의 가까운 파트너인 네이트로부터 경찰관들을 위한 상해기금(Disability Fund)이 유출되었고 이것이 경찰 내부의 소행임을 듣게된다. 그러나 부정부패와 연루된 사람이 있다는 얘기를 건네준 네이트가 갑작스럽게 의문사를 당하면서 현장에 있었던 로만이 유력한 살인 용의자로 비리를 은폐하기 위해 동료인 네이트를 죽인 것으로 몰리면서 교도소에 수감될 위기에 처하게 되는 것이다.

로만의 변호인조차 이 상황에서 자신이 할 수 있는 일은 아무것도 없다는 입장을 보이고 있어, 로만 스스로 "나를 고발한 사람을 만나러 왔다"며 자신을 구속하려 했던 수사과장 니바움을 찾아가 사건 전모를 파헤치기 위해 인질극을 벌이는 상황이 전개되는 것이다. 니바움을 포함하여, 여비서 매기, 신용카드 사기범으로 심문을 받던 루디와 경장 프로스트를 인질로 잡고 로만은 시카고 경찰과 대치하면서 긴박하게 상황이 전개된다. '네고시에이터'는 법을 집행하는 경찰인 로만이 자신의 무죄를 증명하기 위해 인질극을 벌일 수밖에 없는 상황을 스릴 넘치는 연출로 흥미롭게 그리고 있다.

두 협상가가 처한 문제 상황은 다음과 같다. 로만은 진짜 범인을 찾기 위해 스스로 인질극을 벌여 경찰과 대치하면서 이해관계가 무관한 타지역의 협상가인 새비언을 초대하여 자신이 범인으로 몰린 이 사건을 파헤치고자 계획한다. 특수기동대 저격수들이 로만이 인질을 잡고 있는 사무실을 조준하며 발사 명령만 기다리는 위기 속에서, 로만은 새비언과 협상을 시도한다. 시카고 경찰의 부정을 해결하기 위해서는 누가 어떻게 연루되어 있을지 전혀 모르는 제3자이자 협상가로 유명한 새비언을 상대자로 선택함으로써 이 문제를 효과적으로 해결할 수 있도록 협상의 구도를 짠 것이다.

본격적인 갈등은 경찰과 로만의 대립 속에서 '공격을 하느냐 협상을 선택하느냐'의 상황에서 제기된다. 무력진압으로 단숨에 이 사건을 일단락 지으려는 매파와 대화와 협상을 통해 문제를 해결하려는 협상파인 새비언과의 갈등이 있고, 뒷부분에는 FBI가 이 사건을 인수하려고 하면서 시카고 경찰과의 미묘한 갈등관계가 복합적으로 점철된다.[7] 로만은 진실규명을 위해서 새비언을 협상 대상자로 지목했지만, 로만과 새비언은 각자의 이해관계가 다르다. 인질범이 되면서 공권력에 의해 고립된 로만은 한정된 공간과 시간 속에서 사건의 진실을 밝혀내고 자신의 명예를 회복해야 하는 절박한 처지에 놓여 있는 반면, 새비언은 인질들과 인질범을 무사히 구해내야 하는 것이 협상의 가장 중요한 목적이다.

이 사건을 궁극적으로 해결하기 위한 열쇠는 니바움의 컴퓨터 파일로, 그 속에 감추어진 비리 인물을 색출하며 로만의 결백을 입증하려는 것이다. 대면협상을 통해 로만과 새비언은 서로의 협상 목적을 이해하고 협조하면서 예상치 못한 반전을 통해 사건이 해결되게 된다. 어느 한쪽에서 이득을 얻는 만큼 다른 한쪽이 손실을 보는 제로섬 게임이 아니라, 두 협상가가 긴박한 상황에서도 협상의 방법을 통해 문제를 해결함으로써 모두 만족한 결과를 도출하는 넌제로섬(non-zero-sum negotiation) 게임의 진수를 보여주는 영화다.

## 두 협상가가 보여준 협상의 기본자세는?

인질극은 최고도로 긴박한 위기 상황이다. 인질의 생명을 위협하며 자신이 원하는 것을 얻으려는 인질범과, 공권력을 지닌 경찰은 무고한 인질의 생명을 무사히 구해내야 하는 팽팽한 긴장감을 보여주게 된다. 이런 점에서 영화 초반에 인질범과 대치한 상황에서 대화를 통해 문제를 해결했던 대니 로만이 "말로 설득했어"라고 TV 인터뷰에서 말했던 장면은 뒤에 전개될 내용을 암시하는 것이다. 영화에서 인물들의 대화 장면을 심리적, 언어적, 비언어적 측면에서 분석해보면 두 협상가가 보여준 협상의 기본자세는 다음의 특징이 있다.

### 1) 공통점을 강조하여 공감대를 형성하라

하버드 비즈니스 스쿨에서 협상을 가르치는 디팩 맬호트라(Deepak Malhotra)와 맥스 베이저먼(Max H. Bazerman)은 '그들의 언어를 이해하고 그들의 언어로 말하라'[8]고 강조한다. '없는 신뢰도 만들어서 쌓으라'는 것이다. 상대의 언어로 말하면 상호 간에 유대감을 구축할 수 있을 뿐만 아니라 상대방에게 관심을 갖고 있음을 보여주는 신호로 작용한다는 것이다. 이는 우리가 자신과 비슷한 사람들을 좋아하는 심리를 협상에 활용하는 것이다. 이른바 '유사성 끌림 효과(similarity attraction effect)'는 사소한 정보를 바탕으로 공통점을 강조하며 활용될 수 있다.

'네고시에이터'는 영화의 첫 장면부터 어떻게 협상에 임하는 것이 좋은지 데니 로만의 접근방식을 통해 여실히 보여준다. 로만은 자신의 목숨을 걸고 인질범과 대면하면서 현장에서 몸을 사리지 않고 행동하는 과감한 협상 스타일을 보여준다. 무장병력의 진입을 저지하며 인질범과 끝까지 대화를 시도하면서 〈사례1〉의 대화에서 보듯이 '해병대' 얘기를 통해 인질범과 공동된 경험을 강조하며 긴박한 분위기를 풀어주며 대화의 접점을 만들어간다.

**〈사례1 (00:07:23~00:08:57)〉**

로만 – "바람이 상큼하군~ 외출하기 **좋은 날씨지**, 춥지도 않고 시원
　　　하게 솔솔~

　　　안됐군! 이런 구석에 박혀서~."

　　　**"풋볼! 하기 딱 좋은 날씨지, 해병대 제대 후 베어스의 홈경기
　　　는 한 게임도 안 놓쳤어."**

　　　"해병대는 천하무적이었지."

오마 – "해병대를 나왔나?"

로만 – **"이거 뜻밖인데, 반가워, 오마~!"**

오마 – "요즘은 해병대를 만나기 어려워, 다들 해군을 지원하니까."

로만 – "오마, 해병대와 해군이 같이 오줌을 싸는데 해병대가 손을
　　　안 씻고 나가자 해군이 하는 말은 해군은 손을 씻으라고 가
　　　르쳐, 해병대가 돌아서서 하는 말이~"

로만, 오마 – (둘이 동시에 같이 말하는)**"해병대는 손에 오줌을 묻히
　　　지 말라고 가르쳐~."**

이러한 대화를 통해 로만은 긴박한 상황에서 시간을 벌어 인질도 구하고 결국 인질범을 체포하게 된다. 개인적으로 로만은 개를 싫어하고 육군에서 복무했음에도, 상대의 적대감을 없애고 편안하

게 접근하기 위한 방법으로서 여러 사례들을 들어 둘 사이의 공통점을 강조한 것이다. 협상을 시작하면서 대체로 날씨나 스포츠, 건강 등과 같이 서로가 부담 없이 얘기를 나눌 수 있는 일상의 소재를 언급하며 협조적인 분위기를 만드는 것이 필요하다. 로만은 상황과 공간을 세밀하게 관찰하여 발견한 점을 활용하여 인질과의 공통의 다리를 놓는 전략을 구사하고 있다. 협상은 상대의 감정이 어떤지 헤아리면서 기분을 맞추어주며 호의적인 분위기를 만든 후에 서서히 한 단계씩 진행해나가는 것임을 보여주었다.

### ⟨사례2 (00:53:25~00:55:53)⟩

로만 - "우리 모두 힘든 건 마찬가지니까~

벡~, 들어올 생각 마. 만반의 준비를 해놨으니까,

팔레모~, 이쑤시개는 뱉어. 자칫 삼키는 수가 있으니까~,

맞아, 스포츠맨들! 나야~ 대니 로만, 한 수 위의 고수,

무대의 막이 오르기 전에 인사나 하고 싶었어.

**우리가 왜 이 자리에 있는지 궁금할 거야.** 대답은 간단해, 누가 우리 돈을 횡령했으며 누가 네이트를 죽였는지 알아내기 위해서, 난 아니니까.

우리 중에 부패경찰이 있어. 오늘 그들의 정체를 밝혀내고야 말겠어.

**난 자네들이 믿고 지내던 바로 그 남자,** 같이 소프트볼도 하고, 술도 한잔 하던 동료야. 자네들 집에 초대되어 아이 세례를 축하해주던 바로 그 친구야.

내가 원하는 건 아니, 자네들은 반드시

**난 선택의 여지가 없다는 걸 이해해줘야겠어,** 놈들이 내 삶을 송두리째 앗아가고 있어. 처음에는 네이트를 죽였고 다음엔 내

배지를 빼앗더니 또 자네들을~,

날 감옥에 보내 아내까지 빼앗아가려 했어. 그건 참을 수 없어. 아내 없인 난 살 수…,

**내 입장에서 생각해보게. 달리 방도가 있겠나?** 모함이라고 말해봤지만 아무도 믿질 않았어."

　　위의 〈사례2〉에서 로만은 '우리'라는 단어를 반복적으로 사용하며 과거 동료로서 함께했던 기억을 떠올려주며 서로의 유대감을 강조한다. 또한 상대방의 동정심을 유도하는 전략을 사용하여 네이트를 죽인 범인으로 자신을 오해하고 있는 동료 경찰들에게 자신의 결백함을 증명하기 위해 어쩔 수 없이 극단적인 인질극을 벌일 수밖에 없었음을 감성적으로 호소하고 있다. 동료들을 대상으로 하는 대화에서 함께 있었을 때 좋았던 추억을 회고하게 하거나 과거 동료로서 우호관계에 있었던 자신의 처지를 공감하도록 이끈다. 이를 통해 현재 자신은 무척 억울한 상황에 놓여 있으며 이 상황을 벗어나기 위해 선택의 여지가 없었음을 호소하여 상대방의 감정과 정서를 자극하고 있는 것이다. "내겐 선택의 여지가 없었다, 내 입장이 되어봐라. 어떻게 할 수 있었겠나?" 등 동료들에게 '역지사지'로 생각해보도록 유도하고 있다. 이처럼 두려움과 분노, 열정과 같은 감정을 표현하고 상대의 감정을 건드리는 것이 협상과정에서 필요하다. 보통 협상의 특징으로 인식되는 '냉정하고 차분한 성격, 이성적이고 논리적인 분석, 합리적으로 대안을 만들어내는 것'과는 대비되어 자신의 감정을 진실하게 표현하는 것은 협상 당사자인 상대를 이해시키고 공감하게 만드는 중요한 요인이 된다.

## 2) 긍정의 언어로 대응하라

협상가의 기본적인 자세는 상대가 '아니요'라고 하지 않고 '예'라고 대답하도록 유도하는 것이다. 또한 상대가 유보적인 태도를 보이지 않고 협상에 적극적인 태도를 갖도록 만드는 것이다.9) 이런 점에서 노련한 협상가들은 직접적으로 '아니요'라는 말을 하지 않는다. 모든 대화는 항상 '네'로 시작하도록 유도하는 것이다. 상대방의 의사에 거절을 의미하는 부정적인 표현을 하는 것은 상대에게 불편한 감정을 주기에 아주 서툰 접근이다. 이런 점에서 상대의 말을 중간에 끊거나 반대 의사를 표시하고 논쟁하는 모습은 협상과정에서 금물이다. '아니요'라고 표현하고 싶을 때조차도 일단은 '네'라고 한 뒤에 '만일 ~라면'을 덧붙여 부연하는 방법을 활용하는 것이 필요하다. 즉 난처한 질문으로 궁지에 몰릴 경우에는 "만약 당신이 내 입장이라면 어떻게 하겠습니까?"라고 되묻는 것이 협상의 자세이다. 이 질문에서 상대가 어떻게 답변하고 반응하는지는 그다지 상관이 없다. "그저 서로 입장을 바꿔 한번 생각해보자는 의미였다"고 가볍게 말하거나 상대의 질문에 다시 질문으로 대응한 것이기 때문이다. 중요한 것은 자극적인 언어를 피하고 부드럽게 표현하라는 것이다.

### 〈사례3 (00:46:23-00:48:59)〉

팔리 - "이봐, 난… **원하는 걸 말해 봐.**"

로만 - "좋아, 해보시겠다? 상대해주지. 새비언이 오려면 시간이 좀 남았으니

내가 뭘 원하느냐고? 어디 보자… 이거 어때? 신부 좀 데려다 줄래?"

팔리 – "안 돼, 신부는 안 돼."

로만 – "아주 좋아, 팔리, 좋았어, 신부를 데려와선 안 되지. '신부' 하면 죽음이 연상되니 내게 죽음을 얘기하면 안 되지. 하지만 '안 돼'라는 말은 안 돼. **인질극에서는 '안 돼'라는 말을 절대로 쓰지 마.**"

팔리 – "자네 좀 진정하고…"

로만 – "난 아주 편안해! 그보다 내 충고 하나 하지. **인질범에겐 '안 돼'라는 말은 금물이야, 교본에 나와 있어.** 내게 '안 돼'라는 말을 또 할래?"

팔리 – "아니."

로만 – "오답!" **'안 돼', '아니', '못해'라는 말은 절대로 쓰지 마. 그럼 선택의 폭이 좁아져서** 인질을 쏴버릴 수가 있어.

팔리 – "알았어."

로만 – "알았어! 좋았어! 바로 그거야. 또 안 된다는 말을 하면 인질을 쏠 거야,

연습해보자, 신부를 데려다줄래?"

팔리 – "그냥 얘기 좀 하면 안 돼? 고려해볼게."

로만 – "자네, 여학생 교복을 입고 볼기짝을 맞아본 적 있나? 대답해!"

팔리 – **"쓸데없는 얘기야, 이봐, 난 자네하고 얘기하는 것만 원해."**

로만 – "지금 하고 있잖아. 여학생 교복 입고 볼기짝 맞아본 적 있어, 없어?"

팔리 – "생각 좀 해봐야겠어, 대니."

로만 – "난 여학생 교복을 입는 것에 편견은 없지만, 어떻게 자네가 그럴 수가"

팔리 – **"정말로 정말로 쓸데없는 얘기야."**

로만 – "쓸데없다고? 농담 좀 해봐, 아는 농담이 있나?"

팔리 – **"아니?**

로만 – 자네 큰 실수했어, **게임 끝!"**

〈사례3〉은 로만이 협상에 서툰 경찰 동료 팔리에게 협상의 기본 원칙에 대해 설명하는 장면으로 협상과정에서 유념해야 할 기본을 재미있게 보여주고 있는 장면이다. "인질극 상황에서는 절대로 '안 돼'라는 말은 하지 않는다"며 짓궂은 질문을 던지며 팔리의 반응을 살펴보는 것이다. 흥분해 있는 상대를 자극할 수 있는 부정적인 표현인 '안 돼', '하지 마', '못해'라는 말을 사용하는 것은 협상을 그르칠 수 있다며 로만이 재차 강조하는 이 장면을 보며, '긍정의 언어로 답변하라'는 협상의 이론이 실제 현장에서는 작동되기가 쉽지 않다는 점을 보여주고 있다. 이처럼 〈사례3〉은 협상가가 지켜야 할 원칙 가운데, 특히 상대가 인질의 생명을 담보로 하는 긴박한 상황인 경우 절대로 '아니요'라고 말하지 않고 인질범의 감정을 자극하는 표현은 피하라는 협상의 기본 원리를 역설적으로 강조하고 있는 장면이다.

결국 협상은 공동의 결정을 이끌어내기 위해 서로 의사를 주고받는 과정이기에, 상대가 '예'라고 말하도록 메시지의 틀을 만드는 것이 중요하다. 그러나 협상이 목표로 하는 것은 단순한 '예'가 아니라 올바른 '예'에 도달하는 것이다. 그런 점에서 상대가 '예'라고 말하는 상태에 이르도록 동의를 이끌어낼 수 있는 무엇인가를 찾아내려는 노력이 중요하다.

### 3) 사소한 잡담으로 시작하라

협상 분위기를 형성하기 위해서는 사소한 잡담(small talk)과 가십 (gossip)을 활용하는 것이 필요하다. 본격적인 주제를 다루기 전에 가벼운 대화를 통해 사전 정지작업을 하는 것이다. 상대방과 개인적으로 친밀한 관계를 맺으면서 화기애애한 분위기를 형성하는 것은 중요하다. 우호적인 분위기를 만들어 서로의 관계를 친밀하게 위치시키는 것은 협상의 입지를 강화하는 데 있어 중요하지만 거의 비용이 들지 않는 방법이다. 협상에서 자신의 입지가 좁을수록 상대방과 일상의 대화를 통해 친숙한 느낌을 형성하여 영향력을 미치는 방법을 활용하는 게 필요하다. 초기에 형성된 호의적인 분위기는 본격적인 협상이 끝날 때까지 쉽게 사라지지 않는다. 협상 상황에서 상대방이 호의적으로 생각하도록 유도하는 방법은 꾸밈없는 인간적인 모습을 보여주는 것이다.

### 〈사례4 (00:59:53~01:02:15)〉

로만 – 이게 우리 첫 번째 데이트니, 서로에 대해 좀 알아야겠지.
　　　그래… 나 같은 사람을 설득 안 할 땐 자넨 주로 뭘 하지?"

새비언 – "난 아주 가정적인 남자야. 많은 시간을 가족과 보내, 내 딸과. 또 **책을 많이 읽어.**
　　　옛날 영화도 많이 본다고, 고전들 말이야. 위성방송이 나오나?
　　　옛날 서부영화를 많이 해."

로만 – "서부영화? 난 코미디를 좋아해. 그래도 **'셰인'은 괜찮았어.**"

새비언 – "**셰인? 명작이지.** 나라면 마지막에 주인공이 사는 영화를 고르겠어. '리오 브라보'나 '레드 리버' 같은."

로만 – "뭔가 착각한 것 같군. 셰인은 살아, 마지막에 말을 타고 떠나는데 그 아이 브랜든 드윌드가 부르잖아 '셰인 돌아와요!'"

새비언 – "미안한 얘기지만 셰인은 죽었어."

로만 – "총에 맞고 떨어진 거야. 떨어졌다고 죽은 건 아냐."

새비언 – "그럼 부치와 선댄스도 살았다고 생각하겠군. 완전히 포위당했지만 죽는 장면은 안 나오니까."

로만 – "역사광이시군."

새비언 – "맞아, 주로 역사와 전기를 읽지."

로만 – "책을 다 믿진 말게."

새비언 – "난 책 한 권만 읽는다고 안 했어. **한 주제에 관해 모든 책을 읽고 모든 정보를 얻어.** 내 나름대로 판단을 내리지."

로만 – "**모든 정보를 얻는다? 아주 똑똑하군.** 분명히 팔리보단 한 수 위야.

**지루한 얘긴 그만하고 본론으로 들어가지 ~.**"

〈사례4〉에서 보듯이, 두 협상가는 본격적인 협상에 앞서 예비 대화를 통해 상대방에 대한 정보를 수집하며 우호적인 분위기를 형성하려고 시도하고 있다. 빨리 본격적인 협상을 하고 싶더라도 처음 얼마간은 비본질적인 소재로 잡담을 주고받으며 관계를 형성하는 것이 필요하다. 사소한 잡담은 한 개인으로서 상대방에 대해 관심을 표명하는 기회이자 논쟁적이지 않은 주제를 통해 서로의 경험과 생각을 나누는 워밍업 역할을 한다. 또한 이러한 대화과정을 통해 서로의 성격과 기호, 스타일을 파악할 수 있는 단서를 발견할 수도 있다.

로만은 대범하게 사건 현장으로 직접 뛰어들어 문제를 해결하는 협상가답게 경험과 본능적 직감에 따라 움직이는 유형이다. 로만은 책을 믿기보다는 현장을 선호하고 코미디를 좋아하고 낙천적이며 위기관리 능력이 탁월하다는 점을 추론해볼 수 있다. 반면, 새비언은 가정적인 남자로 역사와 전기 관련 책들을 즐겨 읽고 고전영화를 좋아한다. 그는 로만과 달리 사려 깊고 침착하며 지적인 협상가의 측면을 보여주고 있음을 알 수 있다.

와튼 스쿨의 협상학 교수인 스튜어트 다이아몬드는 "협상에 중요한 영향을 끼친 정보의 약 80%는 개인적 취미나 취향에 관련된 것"이라고 한다. "국적이나 성별 같은 일반적 정보는 약 20%의 영향력밖에 없다는 점에서, 협상을 할 때는 사소한 작은 것까지 챙기고 알려고 노력할 때 서로 원하는 걸 얻을 수 있다"[10]고 하였다. 이러한 정보를 통해 서로에게 심리적으로 편안한 환경을 조성하고 신뢰 관계를 확보[11]함으로써 더 많은 대화를 통해 서로의 필요를 알아가게 되는 것이다.

〈사례4〉에서 특히 흥미로운 부분은 로만과 새비언이 서로 인상 깊게 보았다고 공통으로 얘기한 서부영화 〈셰인〉의 마지막 장면에 대한 해석이다. 로만은 셰인이 살아 있다고 보았고, 새비언은 말에서 떨어져 셰인이 죽었다고 서로 다른 주장을 한다. 해석의 차이를 보여준 이 부분은, 두 사람이 상황을 바라보는 시각 차이도 보여주지만, 영화 '네고시에이터'에서 사건을 해결하는 마지막 장면에서의 반전을 이해하는 복선으로 작용하고 있다.

### 4) 질문과 침묵을 적절히 활용하라

협상에서 중요한 것은 질문과 침묵을 적절히 활용하는 것이다. 질문은 협상을 타결시키는 중요한 역할을 한다. 단언하지 않고 열린 질문을 던짐으로써 상대의 대답을 듣고 그 속에서 문제 상황을 진단하고 분위기를 파악하는 것이다. 협상을 할 때는 상대의 말에 대응하고 대립하기보다는 구체적인 내용에 대해 질문하려는 자세가 필요하다. 질문은 협상에서 정보를 얻기 위한 방법으로 가장 중요한 요소이고, 질문을 통해 상대의 입장, 주장, 욕구에 대해 더 많은 정보를 얻을 수 있다. 효과적으로 협상하기 위해서는 상대방의 관심사와 의중을 정확하게 이해할 필요가 있다. 이를 위해 적절한 질문을 던지는 능력이 중요하게 요구된다. 비록 모든 답변을 얻을 수는 없다고 하더라도 질문을 통해 많은 사실을 파악할 수 있기 때문이다. 만약 상대방이 성의 있게 답변을 하지 않는다면 먼저 약간의 정보를 흘리며 질문을 하는 것도 상대의 말문을 여는 좋은 전략이 될 수 있다.

새비언은 로만이 이성적으로 상황을 판단하고 스스로 인식을 바꿀 수 있도록 하는 데 협상의 초점을 맞춘다. 그 방법으로 질문을 던지고 로만의 한계를 명확히 지적한다. 새비언은 로만에게 "나에게 '무엇을' 원하는가?"라고 묻는 것이 아니라 "원하는 것이 있나?"고 질문을 던진다. 즉 '무엇을' 원하는지에 초점을 맞추는 것이 아니라 '왜' 원하는지 알아내는 게 문제를 해결하는 데 더 중요하기에, 아래의 〈사례5〉처럼 질문을 던지고 있다. '왜'라고 묻는 전략은 협상에서 중요한 질문 전략이다.

### 〈사례5 (01:06:14~01:07:33)〉 첫 번째 대면 협상

새비언 – "**왜 날 오라고 했지?**"

로만 – "내가 미치지 않았다는 걸 직접 보여주고 싶었어. **난 내 결백을 증명하기 위해서 이러는 거야.**"

새비언 – "난 믿네, 자넬 구하기 위해서라면 뭐든지 하지."

로만 – "위선 부리지 마! 내가 결백하다고 생각하지 않잖아! 그러니 날 위해 뭐든지 하겠다는 수작은 하지 마. 누굴 이류 인질범으로 아나?"

새비언 – "**맞아, 미안해, 내가 실수했어.**"

로만 – "당연히 미안하지, 나가고 문 잠가, 얘기하고 싶을 때 전화해."

새비언 - "**난 얘기할 준비가 됐어.** 자네가 옳아. 정말이야. 난 자네의
결백 여부를 몰라.
저들의 말이 다 사실이래도 난 상관없어. 자네 결백을 증명
할 수 있는 방법은 많아. 이건 아냐. 이젠 인질까지 잡고 있
으니, 내 말을 명심해.
**한 명이라도 해치면 난 자네와 협상 안 해. 내가 걱정하는
건 인질들이고, 자네의 안위는 둘째 문제야.** 확실히 알겠
나?"
로만 - "좋아, 이제야 얘기가 통하는군."
새비언 - "좋아, 이제 내 질문에 대답해. **날 왜 오라고 했지?**"

사례5〉에서 새비언은 로만과의 첫 대면협상에서 "왜~ 날 오라
고 했지?"와 같은 개방형 질문을 던진다. 상대방의 생각을 들을 수
있는 열린 질문의 형태를 통해서 로만의 의중을 파악하고자 한 것이
다. 일반적으로 협상에서 질문 전략은 순기능을 갖는다. 첫째, 정
보의 수집과 확인으로, 사전에 완벽하게 정보를 수집했다고 생각해
도 그것이 모두 정확하다는 보장은 없기에 이를 확인하고 상대의
답변으로부터 최신 정보를 이끌어낼 수 있는 이점이 있다. 둘째, 상
대방의 상황을 시사하는 질문을 통해 상대방에게 그 문제를 해결
할 필요가 있음을 인정하게 만들고 제안을 수락하게 하는 측면이
있다. 이에 협상가들은 교착상태에 빠진 문제를 해결하기 위해 다
양한 방식으로 질문을 활용한다. 결국 협상을 잘 하는 사람은 질문
을 잘 하는 사람이라고 할 것이다. 질문을 통해 상대방의 욕구를 알
아낼 수 있고, 별 생각 없이 한 답변에서도 유용한 정보를 얻을 수
있다는 점에서 질문능력은 중요하다. 질문에 답변하면서 상대방은

자신의 속내를 노출할 수 있고, 모르는 중에 중요한 정보를 내줌으로써 생각지도 못했던 방향으로 전략을 세울 수 있게 만들어준다.[12]

---

**〈사례6 (01:19:55–01:21:05)〉**

(전화벨이 여러 차례 울리지만 새비언이 일부러 한참 뒤에 전화를 받는다.)[13]

로만 – (격앙된 목소리로) "방해해서 미안하지만 왜 이리 늦게 받아?"

새비언 – (냉정하게) "나 바빠."

로만 – "바빠? 충고 한마디, 절대로 인질범을 기다리게 하지 말 것!"

새비언 – **(전화를 먼저 뚝 끊고 차분하게 경찰을 돌아보며)**"걱정 마요, 다시 할 테니."

로만 – (다시 전화해서) "대체 날 어떻게 보고!"

새비언 – **(이번에도 먼저 전화를 뚝 끊어버리고 동료 경찰들에게)** "내가 올라간다고 하세요."

로만 – (또다시 전화해서) "새비언~."

팔리 – "아냐, 나 팔리~ 대니, 크리스가 올라갔어."

---

또한 '침묵' 역시 좋은 협상 전략 중의 하나다. 만일 상대방이 비이성적인 제안을 하거나 정당하지 못한 공격을 할 경우 최선의 협상 방법은 아무 말도 하지 않는 것이다. 침묵은 상대방으로 하여금 새로운 제안을 하거나, 아니면 주어진 질문에 대해 답을 하도록 압박을 가함으로써 곤경에서 벗어나도록 유도한다. 협상교육 전문가로저 피셔(Roger Fisher)는 가장 효과적으로 협상하게 되는 때는 침묵하고 있을 때라고 지적하기도 하였다.

〈사례6〉에서 보듯이 로만이 거칠게 전화로 공격을 하자, 새비언은 일방적으로 전화를 끊고 일절 대응하지 않는다. 협상에서 화를 내고 감정을 표현하는 것은 자신의 제안을 받아들이게 하기 위한 강한 표현이다. 이 경우 상대방이 화를 낸다고 같이 감정적으로 대응하거나 분노를 받아주기보다는 상대방이 화를 내도록 오히려 그냥 내버려두는 침묵 전략을 취하는 것이 더 효과적이다. 상대방이 머쓱해져서 화내는 일을 중지하도록 태연하게 행동하거나 한편으로는 무시하는 것이 최선의 방법이다. 새비언은 로만의 격앙된 심리를 전화를 통해 파악하고 침묵을 통해 무언의 압력을 줌으로써 뒤에 이어진 협상에서 우위에 설 수 있었다.

### 5) 상대의 비언어적 메시지를 읽어라

비언어적 민감성은 협상에 큰 도움이 된다. 얼굴의 미세한 표정과 몸의 움직임을 정확히 읽는 능력은 의사소통에서 중요하다. 하인드(Hinde)와 마이어스(Myers)는 비언어적 표정과 행위가 상대방의 의중과 메시지 의미를 파악할 수 있게 하는 결정적 단서라고 하였다. 일시적이고 미묘한 작은 움직임이라도 상대의 심리를 이해하기 위한 실마리가 될 수 있다. 비언어적 커뮤니케이션은 상황과 맥락에 따라 해석해야 하는 제약이 있지만, 대체로 언어적 메시지보다 심리상태를 파악하는 데 더 신뢰할 만하다. 몸짓언어를 거짓으로 꾸미기가 상대적으로 더 어렵기 때문이다.

예를 들어 협상 테이블에서 상대방이 눈을 깜빡이거나 응시하는 방향, 자세를 전환하는 등의 비언어의 숨은 의미를 정확하게 파악하고 거짓을 간파하는 것은 협상가에게 필요한 능력이다. 언어의 주된 역할은 정보를 전달하는 것인 반면, 몸짓 언어는 상대에 대한 느낌과 속마음을 무의식적으로 드러낸다. 특히 거짓은 언어적 표현인 말보다는 손이나 몸짓 등의 비언어적 형태로 누설되기 싶다. 예컨대 거짓말을 하는 사람은 일반인보다 심하게 자신의 몸을 만지거나 눈을 자주 깜빡거리고 눈이 마주칠 때마다 피하는 경향이 있다고 한다. 상대의 비언어적 행동이 주는 신호가 언어로 표현된 메시지의 제한성을 극복하며 보다 풍부하게 상대방의 심리상태를 이해하게 한다는 점에서 이러한 점들을 협상가는 주목해야 한다.

### 〈사례7 (00:56:35~00:58:42)〉

로만 – "내 눈을 바라봐, 똑바로!
　　　말해봐, 네이트가 기금을 조사하고 있다는 걸 언제 처음 알았지?"

니바움 – "네이트의 수사 사실을 처음 알았던 건 자네가 얘기하고 난 뒤, 자네가 죽이고 난 뒤야."

로만 – "거짓말 마, 난 알아."

니바움 – "안다고? 내 마음을 읽을 수 있나?"

로만 – "아니, 당신 눈을 읽지. 눈은 거짓말을 못 해. 내가 왜 물어봤는지 몰랐나?
　　　거짓말에 대한 짧은 강의! 진짜 경찰은 이렇게 하지. 우린 거짓말쟁이를 연구해.
　　　예를 들어 좋아하는 색깔 같은 시각적인 걸 질문하면 눈동자가 위로 올라가서 왼쪽으로 가지. … 그럴 때는 진실을 말하지. 만약 눈동자가 올라가서 오른쪽으로 간다면, 그건 뇌의 창의력을 담당하는 부위의 작용이라 거짓말을 하는 거지.
　　　네이트가 기금수사를 한다는 걸 언제 처음 알았지?"

니바움 – "자네와 얘기한 후에."

루디 – "거짓말이 분명해!"

니바움 – "닥쳐! 난 눈을 깜박이지 않았어!"

로만 – "그건 중요한 게 아니야. 몸이 다 말해주거든. 눈뿐만이 아니라 모든 것을 통해 알 수 있어. 기침, 다리를 꼬거나 엉덩이를 긁을 때 전부 거짓말을 한다는 표시지.

눈빛 하나 바뀌지 않고 날 바라볼 수는 있지만 몸은 못 속여."

〈사례7〉에서 보듯이 로만은 노련한 협상가답게 니바움의 보디랭귀지를 정확히 해석하고 있다. 니바움이 한숨을 쉬고 무릎 위의 손을 미세하게 움직이며 불안정한 시선과 표정에서 거짓말을 하고 있음을 즉각 발견한다. 눈은 거짓말을 못 하고 기침이나 재채기 등도 모두 부정적인 메시지를 전하는 신호다. 눈은 '마음의 거울'이라는 말처럼 우리의 감정을 가장 잘 표현하며 심리적 반응을 전달하는 중요한 통로다. 눈맞춤은 다른 사람과의 첫 번째 접촉이 이루어지는 곳으로 시선에 대한 반응은 본능적으로 생존적 차원의 대응 방식을 보여준다고 한다.[14] 또한 얼굴표정은 구체적인 감정 상태를 드러낸다. 이에 비언어적 요소들은 대체로 커뮤니케이션을 정직하게 반영하게 된다. 상대방과의 관계나 솔직한 심리상황을 드러내는 역할을 담당하는 것이다.

대면협상을 하는 상황에서 로만과 새비언은 노련한 협상가답게 처음부터 상대의 눈을 똑바로 마주하고 서로의 감정을 읽으려고 시도한다. 두 번째 대면 상황에서도 클로즈업된 강렬한 눈을 통해 상대의 의중과 상황을 파악하는 모습을 보여준다. 대면협상은 상대의 얼굴표정, 몸짓, 태도, 말투 등 복합적인 요소들을 직접 관찰하며 전체 맥락을 이해할 수 있도록 하고 협상을 위한 풍부한 정보를 제공해준다는 점에서 전화로 협상하는 것보다 더 많은 것을 파악할 수 있다. 더구나 대면접촉은 상대방을 인간적으로 알 수 있는 기회가 되기도 한다.[15] 서로의 얼굴을 마주하는 만남은 복잡한 협상의 경우에 더욱 필요하다. 전화로 대화하는 것보다는 얼굴을 서로 마주 볼 때 더 협력적으로 협상에 임하게 된다. 경우에 따라서는 짧은 대면만으로도 교감을 가질 수 있으며, 상호 간의 불확실성을 줄이고 감성적인 인식과 교류가 이루어져 신뢰를 쌓는 계기가 될 수도 있다. 그런 점에서 대면 접촉은 협상에서 꼭 필요한 과정이다.[16]

## 문제해결을 위한 단계를 밟아나가라

영화 '네고시에이터'는 로만과 새비언이 협상가로서 효과적인 전략을 단계별로 적절히 활용하고 있음을 보여주고 있다. 합리적인 문제해결을 목적으로 이루어지는 협상 과정에서 기본적으로 유념해야 할 원칙과 전략이 각 단계마다 존재한다.

### 1) 1단계-협상 상황의 목표를 명확히 한다

협상은 공동의 관심사를 다루는 것이다. 문제를 푸는 해법에 있어서는 이견이 있겠지만, 궁극적인 목적과 관련해서는 서로의 이해관계가 만나는 공통분모가 있다는 점을 두고 협상하는 것이다. 협상의 첫 번째 원칙은 구체적인 목표를 세우는 일이다. 명확한 목표는 문제해결 과정에 집중하게 만들고 협상과정에 강력한 동기를 제공한다. 자신이 협상에서 얻고자 하는 목표를 설정하고 그에 따른 우선순위를 명확히 함으로써 여러 가지 경우의 수를 생각해보도록 하는 것이다. 목표 중에 반드시 성취해야 할 것과 만일의 경우 양보할 수 있는 것을 구분하여 고려하는 것이 중요하다.

로만이나 새비언은 노련한 협상가답게 각자 자신의 협상 목표에 집중한다. 로만은 최초의 제안으로 기준선을 명확히 제시함으로써 상대 협상자인 새비언의 주의를 집중시키며 협상의 불확실성을 제거하고 있다. 새비언과의 대면협상을 요구하면서 "내 경찰배지를 가져올 것, 내가 죽으면 국장을 치를 것, 부패경찰과 관련한 정보원을 찾을 것, 파트너를 죽인 범인이 누구인지 밝힐 것" 등 협상의 목표를 언급하였다. 새비언은 첫 번째 대면협상을 통해 로만이 결백을 밝히기 위해서 제3자인 자신을 필요로 하고 있음을 인식하게 된다. 이에 새비언 또한 자신의 입장을 "한 명이라도 해치면 협상을 하지 않을 것이며, 내가 걱정하는 것은 인질들"이라고 명확하게 자신의 협상 목표를 밝히고 있다. 즉 자신의 목적은 인질을 구출하는 것이며 인질이 죽으면 협상은 없다며 양보 불가능한 목표를 로만에게 명료하게 전달하고 있다. 동시에 새비언은 로만이 누명을 벗고 무고를 입증하기 위한 목적으로 인질을 잡고 있음을 협상 목표를 통해 인식하게 된 것이다. 이처럼 서로가 협상하는 목적을 분명히 하는 것은 그 이후의 행동을 결정하는 데 중요한 역할을 한다.

협상과정에서 로만은 첫 제안을 함으로써 기준선(anchor)을 정하는 이점을 가졌다. 기준선의 설정은 협상 상대의 주의와 기대치를 집중시킬 수 있다는 점에서 무시할 수 없는 힘으로 작용한다. 그러나 상대도 공격적인 대응제안을 통해 새로운 기준선을 설정할 수 있다.[17] 상대의 기준선에 대해 역제안을 함으로써 그 기준선의 영향을 상쇄시키고 자신의 시각으로 논의 대상을 옮겨올 수 있도록 할 수 있다. 협상이란 시간이 흐르면서 변형되어 가는 과정이기 때문이다. 이 과정에서 협상목표를 달성하기 위해 영향을 주는 요소들을 고려하여 조정해가는 것이다. 이에 구체적이고 명확한 목표를 세우는 것이 이러한 협상과정을 보다 효과적으로 작동하게 만든다.

## 2) 2단계-협상을 치밀하게 계획하고 준비한다

협상은 나와 상대의 패를 읽으면서 진행되는 것이다. 그러기 위해서는 상대에 대해 많은 정보를 가지고 있어야 유리하게 이끌어 갈 수 있다. 상대방이 협상을 통해 얻으려는 목적이 무엇인지, 상대의 강점과 약점 등 개인적인 정보부터 시간과 장소, 이해관계자 간의 갈등의 성격, 협상 전략과 대안 등 다양한 정보가 중요하게 활용된다. 협상전문가들을 대상으로 실시한 미국의 설문조사 결과를 보면, 협상가가 가져야 하는 중요한 자질 가운데 1위로 꼽힌 것이 협상 준비 능력이었다. 협상전문가들일수록 경험을 믿기보다 철저한 준비를 더 중요하게 여기고 있다.[18] 마이클 왓킨스(Michael Watkins)도 협상리더십을 발휘하기 위해서는 무엇보다 협상장 안과 밖에서 다양한 각도의 질문을 던져 객관적으로 상황과 정보를 검토하는 것이 중요하다고 강조하였다. 즉 협상상황을 정확하게 파악하고 있는지, 상대의 협상목적과 필요를 정확히 알고 있는지, 자신의 협상목적과 우선순위가 무엇인지를 적당히 알렸는지, 또한 공동의 파이를 키우기 위해 의제를 확대하거나 가지치기를 할 필요가 있는지, 필요한 정보를 가능한 한 많이 수집했고 가장 유력한 대안을 만들기 위해 할 수 있는 일을 다 했는지 등을 면밀히 살펴봄으로써 협상력을 높일 수 있다는 것이다.[19]

중요한 협상일수록 철저한 준비는 성패를 좌우한다. 협상을 잘하지 못했다면 제대로 계획하고 준비하지 않았기 때문이다. 협상의 반은 상대를 만나기 전에 이미 결정된다고 해도 과언이 아니다. 상대를 만나기 전에 협상을 계획하면서 자신이 취할 수 있는 상황과 대안을 객관적으로 인식해보는 것이다. 자신이 왜 협상을 하는지, 상대방의 입장에서 이해관계를 파악하고, 또한 자신이 취할 수 있는 다양한 옵션과 전략을 살펴볼 필요가 있다. 협상 준비에서 무엇보다 중요한 것은 서로의 이해관계를 만족시킬 수 있는 옵션을 창안하는 것과 강력한 배트나(BATNA)[20]를 확보하는 것이다.

로만과 새비언의 두 번째 대면협상 장면은 공동의 이해관계를 파악하고 서로에게 필요한 것을 맞교환하며 문제를 풀어가는 모습을 보여주었다. 두 사람 모두 내면에서 어쩌면 〈표 1〉과 〈표 2〉와 같은 협상카드를 활용하여 협상을 계획하고 관리해나갔을지 모를 일이다.

〈표 1〉 대니 로만의 협상카드

| 나(대니 로만)의 이해 | 상대방(크리스 새비언)의 이해 |
|---|---|
| 1. 인질을 여러 명 데리고 있기 때문에 협상의 여지가 있다.<br>2. 인질들을 죽이는 것은 나에게 이롭지 않은 상황을 만든다.<br>3. 고립된 상황에서 시간과 자원이 한정되었다. | 1. 새비언의 과거 전력과 협상능력으로 보아 합리적인 대화가 가능한 상대다.<br>2. 새비언은 인질을 구출하기 위해서라도 내게 시간과 자원을 제공해줄 것이다.<br>3. 새비언은 나의 요구에 객관적으로 귀를 기울일 것이다. |

| 가능한 협의영역 |
|---|
| 1. 내가 먼저 경찰을 자극하거나 선제공격해서는 안 된다.<br>2. 인질이 잡고 있는 것이 자신의 궁극적 목적이 아님을 강조하며, 필요한 부분을 얻어낸다. |

| 협상 기준 |
|---|
| 1. 인질과 인질범의 생명을 존중하는 것은 협상의 규범이다.<br>2. 내 손에 인질들의 목숨이 달려 있어 경찰은 함부로 공격할 수 없다.<br>3. 여론의 관심과 동향이 커지는 상황은 경찰 측에 부담으로 작용할 수 있다. |

| 나(로만)의 대안 | 상대방(새비언)의 대안 |
|---|---|
| 1. 내가 제시한 이행 조건이 어긋날 경우 인질을 죽일 수 있음을 협박하며 요구한다.<br>2. 니바움의 생명을 위협하여 자백하게 한다.<br>3. 동료 경관들에게 사건 진상을 정확히 알린다. | 1. 인질이 위협받을 경우 공격명령을 내린다.<br>2. 더 이상 협상과정에 개입하지 않는다.<br>3. 인질범의 생명은 개의치 않는다. |

| 제안 |
|---|
| 최선 안: 전기를 켜고 음식과 이불을 제공받고, 동시에 새비언을 설득하여 자신을 돕도록 하는 것.<br>용납할 만한 안: 전기를 켜고 음식과 이불 등의 서비스를 제공받는 것.<br>마지막 선: 니바움의 컴퓨터를 활용할 수 있도록 전기를 켜는 것. |

| 나(크리스 새비언)의 이해 | 상대방(대니 로만)의 이해 |
|---|---|
| 1. 인질을 안전하게 구출하는 것이 중요하다.<br>2. 인질 목숨을 위협할 수도 있기에 무력 사용은 신중해야 한다.<br>3. 시카고 경찰의 부정부패 사건과 무관하기에, 나는 로만과 협상이 가능한 유일한 사람이다. | 1. 로만은 현재 고립되어 있다.<br>2. 로만은 나에게 원하는 것이 있을 것이다.<br>3. 로만은 인질의 목숨을 담보로 자신이 원하는 것을 얻고자 할 것이고, 그는 탁월한 협상가다. |

**가능한 협의영역**

1. 이 사건과 무관한 제3자만이 이 상황을 합리적으로 해결할 수 있다.
2. 협상이 결렬되면 무력개입은 불가피하기에, 협상을 통해 문제를 해결하고자 노력한다.

**협상 기준**

1. 시간이 흐를수록 상황은 인질범에게 불리하다는 점을 알린다.
2. 협상이 결렬될 경우 무력공격은 인질들의 생명만이 아니라 인질범에게도 위협적이다.
3. 과거 협상 전력에서 사상자를 낸 적이 없고 이는 협상의 중요한 원칙이다.

| 나(새비언)의 대안 | 상대방(로만)의 대안 |
|---|---|
| 1. 로만의 말이 진실일 경우, 인질범인 그를 피신시키고 잡혀 있는 인질들을 살린다.<br>2. 인질범인 로만을 죽이고, 나머지 인질들을 살린다. | 1. 로만이 인질들을 죽이고 나도 인질로 삼을 수 있다.<br>2. 인질들을 협박해서 자백을 이끌어낸다.<br>3. 무력공격 상황을 틈타 인질범이 도주한다. |

**제안**

최선 안: 로만의 요구를 수용하여 협상을 통해 사건을 밝히고 인질 모두를 무사히 구출한다.
용납할 만한 안: 인질범의 요구를 제한적으로 수용하고 인질들과 한 명씩 교환한다.
마지막 선: 인질범인 로만을 무력으로 체포하고 감금되어 있는 인질들을 구출한다.

위의 사례로 제시된 두 개의 협상카드에서 살펴볼 수 있는 것처럼, 협상가는 자신의 입장뿐 아니라 상대의 관점에서 객관적으로 상황을 주시해야 한다. 지금 협상하고 있는 상대와 합의에 이를 수 없다면 차선으로 무엇을 할 수 있을지를 미리 파악해두어야 한다. 협상을 시작하기 전에 협상계획을 면밀히 세워서 만약 협상이 결렬될 경우 어떤 대안을 취할 수 있을 지까지도 고려해두어야 한다. 이전 선례와 관례를 참고하여 과거 경험으로부터 객관적인 협상 기준을 세우고, 서로 합의를 도모해가면 공언하고 취소하는 불필요한 언질을 줄일 수 있다.[21]

### 3) 3단계-협상 레버리지(leverage)를 높인다

레버리지란 협상과정에서 상대에게 미칠 수 있는 영향력이다. 협상의 목표를 달성하기 위해 자신의 레버리지를 활용하여 실질적인 성과를 이끌어내도록 압력을 가하는 것이 필요하다. 레버리지는 자신이 원하는 방향으로 합의를 도모하게 하는 힘으로써, 이는 상대방의 필요를 자신이 갖고 있을 때 생기는 긍정적 레버리지와 상대의 자원을 빼앗을 수 있다는 위험에 바탕을 둔 부정적 레버리지로 구분해볼 수 있다.[22] 무엇보다 자신의 협상 레버리지를 높이기 위해서는 상대방의 이해관계와 BATNA를 먼저 파악할 필요가 있다.

협상에서 유리한 고지를 점령하려면 레버리지를 높여 필요한 경우 상대를 압박하는 것도 중요하다. 압박요인은 협상가들이 선택을 하는 데 큰 영향을 미칠 수 있다. 예컨대 상대의 선택과 결정에 압박을 주는 방법으로서 경고와 위협을 들 수 있는데, 이는 향후에 어떤 행동을 하겠다는 직접적인 언질을 통해 자신의 입장을 강하게 밝히는 것을 말한다. 자신이 협상에서 요구하는 바가 실현되지 않을 경우, 취할 행동을 공식적으로 밝힘으로써 상대를 압박한 후 유리한 위치를 선점하는 것이다.[23] 로만은 경찰로부터 전화가 왔을 때 인질 루디를 통해 자신의 의사를 간접적으로 전한다. 〈사례8〉에서 보듯이 로만이 활용한 "20분 안에 안 오면~ 넌 죽어"라고 표현한 것은 최종 시한을 두어 상대인 경찰 측을 압박함으로써 자신의 협상력을 높이려는 것이다.

〈사례8 (00:41:46~00:43:10)〉

경찰 측 상호 대화 - "볼 수도 없고 들을 수도 없다. 선택의 여지가
　　　　　　　　 없군요. 방을 볼 수가 없다, 블라인드가 닫혔다. 시
　　　　　　　　 야가 제로다.
　　　　　　　　 전화해서 뭘 원하는지 물어봐."
로만 - (전화를 받고 있는 루디에게) "난 크리스 새비언하고만 말할 거라고
　　　얘기해.
　　　20분 안에 사비언이 안 오면 넌 죽어,
　　　난 크리스 새비언외에는 어느 누구와도 얘기 안 해."

　〈사례8〉에서 로만은 시간이라는 데드라인을 두어 일종의 구속력
(commitment)[24]을 확보한다. 구속력은 협상가가 의도하는 행동절차들
에 대해 모호한 측면을 제거하여 어떤 행동을 취하고 차후 어떤 결
정을 할 것인지를 알리면서 압박하는 방법이다. 협상에서 요구하는
바가 실현되지 않을 경우 향후에 어떤 행동을 하겠다는 명시적인
언질을 줌으로써 협상의 레버리지를 높이려는 것이다. 이처럼 협상
에서의 구속력은 앞으로 자신의 뜻이 관철되지 않을 경우 의도하
고 있는 행동을 하겠다고 엄포함으로써 서로에게 재앙이 될 일을
피하고 상대에게 책임을 맡기는 압박감을 주려는 것이다.

**〈사례9 (01:02:18-01:02:50)〉**

로만 - "먼저 내 요구사항! 첫째, 내 배지를 가져올 것, 둘째, 내가 죽
으면 국장을 치를 것,
셋째, 정보원을 찾을 것, 그만이 내 누명을 벗기고 이 음모
를 꾸민 게 누군지 밝힐 수 있어. 넷째, 누가 내 파트너를 죽
였는지 밝힐 것! 8시간 안에 제보자나 범인을 찾아내지 못할
시엔 인질들을 한 시간에 한 명씩 다 죽이겠다. 다섯째, 자네
와 직접 얘기하고 싶다."

또한 〈사례9〉에서 보듯이 로만은 자신의 5가지 요구사항을 명
확하게 언급하며 "8시간 안에 ~"라는 시간제한을 둔다. 자신의 요
구사항을 관철하기 위해 마감 시간을 설정하고 일방적으로 전화를
끊어 압박의 강도를 높이는 것이다. 이는 '집행조건'을 요구하는 전
략을 활용함으로써 상대를 압박하는 방법이다. 상대방을 신뢰하지
못할 경우 집행조건을 요구하는 것은 자신의 생각이 확고하다는 것
을 보여줌과 동시에 결론을 신속하게 이끌어낼 수 있는 전략이다.

한편 로만을 직접 만나러 가기 전에 새비언 역시 "우선 배지를
가져오고 난방을 끄세요. 추워지면 인질과 교환할지도 모르니
까 ~ (01:04:50)"라고 말하며 로만을 압박할 수 있는 지시를 경찰에
게 내린다. 또한 두 번째 대면협상에서 새비언은 "날 안다고 생각
하나?", "내가 시간을 더 줄 것이라고 생각하나?"라고 물으면서 자
신은 언제든지 협상 테이블을 떠날 수도 있는 존재임을 암시하며,
상대 협상자로 그를 초대한 로만을 심리적으로 압박하여 협상 레
버리지를 높이는 전략을 활용하고 있다. 그러나 로만 역시 "나에겐
인질이 있어, 섣불리 판단하지 마!"라고 위협하며 자신의 BATNA

를 드러내며 스스로의 협상 레버리지를 키우려고 한다. 또한 로만은 자신의 입장을 전달하기 위해 전화기 너머 총소리를 들려주어 인질을 죽인 것처럼 위장하는 방식으로 레버리지를 높여나갔다. 이는 협상에서 상대적으로 적은 자원을 가진 로만이 협상과정에서 우위를 차지하기 위해 사실을 설명하지 않고 모호하게 만드는 전략을 취한 것이다. 이처럼 두 협상가는 서로의 이해관계와 BATNA를 정확히 파악하고 서로의 인식에 영향을 미치는 자신의 협상 레버리지를 높이고자 하였다.

### 4) 4단계-전략적으로 양보를 교환한다

짐 토머스(Jim Thomas)는 사람들에게 무언가를 하게 하는 두 가지 방법으로 설득과 협상을 언급한다. 상대를 설득하려고 했음에도 합의에 도달하지 않을 때는 설득을 중지하고 협상을 시도하라는 것이다.[25] 이때 협상은 그냥 양보해버리는 것이 아니라 그것 대신 무언가를 교환하는 반대급부를 얻는 것을 의미한다. 사회적 교류에서 양보는 상황을 개선시킬 수 있는 이점이 있다. '호혜의 원칙'에 따라 협상에서 전략적인 양보는 문제를 해결하는 방향으로의 길을 만든다. "양보는 상대를 인정해주고 상대의 입장으로 한 걸음 다가서는 것을 의미한다."[26] 왜냐하면 어느 한쪽이 양보할 준비가 되어 있지 않을 경우 협상은 교착상태에 빠지게 되거나 지레 협상을 포기할 수 있기 때문이다.

이런 점에서 협상은 양보를 통한 교환의 과정이라는 점 역시 유념할 필요가 있다. 중요한 것은 양보의 가치가 상대방에게 얼마나 중요한가를 파악하고 전략적으로 접근하려는 자세다. 양보를 교환할 때는 자신이 느끼는 가치가 아니라 상대방이 생각하는 가치가 더 중요하게 작용한다. 상대방이 선호하는 것이나 중요하게 여기는 이해관계를 고려하여 트레이드 오프가 가능한지 여부를 모색하는 것이다. 예를 들어 시급히 이행되어야 할 요건, 조정되어야 할 안건, 해결되어야 할 논쟁 어떤 것이라도 교환의 대상이 될 수 있다. 그러나 협상에서 양보전략은 처음에 하는 것이 아니라 마지막에 적용하는 것이 좋다.

### 〈사례10 (01:21:18~01:24:04)〉 두 번째 대면 협상

새비언 – "내게 원하는 것이 있나?"

로만 – "전기를 켜."

새비언 – "내게 원하는 것이 있긴 있군? 사람을 죽이면 협상력이 커진다고 보나? 왜지?

자네가 날 안다고 생각하기 때문에? 날 믿을 수 있다고 생각하기 때문에?

내가 시간을 줄 거라고 생각하기 때문에? 김칫국부터 마시지 마.

난 자네와 자네를 못 죽여서 안달이 난 군대 사이에 있는 **유일한 사람이야.**

그러니 말해봐! 내가 왜 저들을 막아야 하지?

**내가 다시 자네와 협상해야만 하는 이유를 대!**"

로만 – "내게 아직 인질이 있어. 자네의 실수에 따라 벌을 받을 수도 있지."

새비언 – "지금 날 협박하는 건가? 나보고 손 떼란 소리군."

로만 – "진압 수칙에 따르면 인질범이 보복으로 죽이려 하면 공격하지 말라고 했어.

난 내 의지를 입증했다고 봐! 섣부른 판단은 금물이야. 저들의 소행을 봤잖나?

날 죽이려고 공격한 사실을 자네에게 알리지 않았어."

새비언 - "또다시 인질을 죽이면 내가 직접 진압명령을 내리겠다. 알
      았나?
      날 이리 불러냈다고 해서 만사 해결됐다고 생각하지 마. 명
      심해.
      난 이방인이란 사실을, 넌 내가 어떤 사람인지 몰라."
로만 - "전기가 필요해. 컴퓨터를 켜서 니바움의 파일을 보도록 또
      인질에게 줄 음식과 이불도."
새비언 - "인질 한 명을 풀어줘. 그 외엔 안 돼."
로만 - "반장을 데려가."
새비언 - "전기를 도로 켜시오."

〈사례10〉에서 새비언은 대면협상을 하러 가기 전에 로만을 압박
하기 위해 전기를 끊는다. 전기가 필요한 로만은 자신의 요구를 관
철하기 위해 양보를 고려해야 하는 상황에 처하게 된다. 또한 새비
언은 "내가 왜 저들을 막아야 하지?"라고 로만에게 묻는다. 새비언
이 필요한 이유를 로만 스스로 자각하게 하고 협상에서 그가 양보
할 수밖에 없다는 결론을 내리도록 유도하는 질문이다. 또한 로만
이 전기와 더불어 음식과 이불을 얻으려 하자 인질 1명의 교환을
요구하며 그 이상은 안 된다고 단호하게 말한다. 양보는 이처럼 당
근과 채찍을 적절히 활용하여 상대를 압박하며 이루어지는 것이
다.26) 결과적으로 두 사람은 양보를 통해 문제를 해결하는 방향으
로 한 발 더 다가서게 된다.

'양보를 교환하라'는 협상 원칙은 상대의 요구에 무조건 안 된다
고 하지 않고 상대에게 필요한 무언가를 거래하는 것이다. 보통 양
보가 나오는 경우는 협상이 조금씩 진전되는 단계다. 상대방이 어

떤 것을 요구할 때 단순히 '네'나 '아니요'식이 아니라 '좋다. 만약 ~하면'으로 답하면서, 상대에게 자신의 것을 주지 않고는 또한 양보도 받을 수 없다는 점을 인식시키는 것이 필요하다. 첫 번째 양보는 상대방이 하도록 유도하는 것도 중요한 협상전략이다. 그래야 협상에서 유리한 고지를 점한다. 소강상태가 계속되면 상대에게 불리한 일이 있을지도 모른다고 생각하게 만들면서 큰 양보를 이끌어내는 것이다.

이처럼 협상은 단번에 이루어지는 것이 아니라 전략적인 양보과정을 통해 한 발씩 서서히 진행되는 것이다. 한쪽에게 부담스러운 합의를 강제적으로 시도하는 것은 쌍방 간의 관계를 파괴하고 저항과 불응을 초래할 뿐이다. 이를 위해 양보 교환기술을 적절히 활용하는 것이 협상 가능성을 높일 수 있다. 조정된 제안을 상대가 받아들이게 만들기 위해서는 자신에게 덜 중요한 것을 양보하는 방법이 효과적이다.[28]

### 5) 5단계-윈윈(win-win)의 가능성을 모색한다

"협상전문가는 고도의 심리전술에 능통하고 상대의 요구를 예리하게 분석할 수 있는 능력을 지녀야 한다. 협상이나 교섭은 지식만이 아니라 경험이 만들어내는 고도의 기술 영역이다."[29] 영화 '네고시에이터'에서 로만과 새비언은 노련한 협상능력을 갖고 있는 협상 전문가들이다. 협상은 기본적으로 자신의 이익을 확보하기 위한 목적으로 상호 간에 진행되는 의사소통이다. 그러나 합의에 이르기 위해서는 상대방과 계속해서 협력하는 자세가 필요하다. 결국 서로 이득을 보는 윈윈(win-win)협상이 가능하려면 대화를 통해 상대의 마음을 움직여가는 커뮤니케이션 능력을 필요로 한다. 특히 인질극과 같은 위기상황에서의 협상은 긴박감 속에서 이루어지기에, 협상 분위기를 차분하게 하는 차원에서 긴장을 완화시키려는 노력이 필요하다.

자신과 상대 모두가 승리하는 윈윈협상을 위해서는 무엇보다 문제해결을 위해 궁극적으로 같은 방향을 보고 있다는 인식의 공유가 필요하다. 로만이 새비언과의 첫 전화통화에서 "각자 일만 잘하면 아무 일 없이 끝날 거야(01:00:16)"라고 말했던 것처럼, 문제를 해결하면 더욱 발전된 관계가 성립되는 것이 윈윈협상의 묘미다. 윈윈협상은 당사자가 서로 협력하여 '파이'를 크게 하기 위해 노력하는 행위이자 적극적인 협력을 통해 만들어가는 과정이다.

〈표 3〉 두 협상가의 특성 비교

| 협상가 | 대니 로만 | 크리스 새비언 |
|---|---|---|
| 협상<br>스타일 | 행동파, 직관파, 전략가<br>문제를 정면돌파 하는 스타일 | 지적, 객관적, 합리적 사고형<br>종합적으로 판단하여 신중하게 접근 |
| 협상<br>목적 | 자신의 살인누명을 벗고, 경찰부패와 연관된 범죄자를 색출하는 것 | 인질을 안전하게 구출하는 것이 목적 |
| 문제해결<br>방법 | 인질극을 벌이는 상황을 연출, 최고의 협상가 새비언을 자신의 짜놓은 문제해결 구도에 초대 | 마지막까지 담대하게 종합적으로 상황을 판단하고 협상의 원칙을 활용하여 반전을 통해 문제를 최종 해결 |

로만은 자신이 연루된 사건을 해결할 수 있는 유능한 제3자로서 새비언을 협상의 장에 초대하여 자신과의 협상을 시도한다. 기존의 시카고 경찰들과는 다른 방식으로 이 사건을 객관적으로 살필 수 있고 협상을 통해 문제를 해결하는 능력이 탁월함을 보여준 새비언과 협력적인 협상 테이블을 마련할 수 있다고 판단하였다. 새비언은 끝까지 여러 정보들을 고려하여 마지막까지 침착하게 협상의 다양한 방법을 구사하며, 인질극 사건의 본질이었던 경찰 부패와 연관된 네이트를 죽인 진짜 범인을 찾아냈고 결국 문제를 해결하였다.

이처럼 두 사람 모두 피터 스타크(Peter Stark)가 말하는 유능한 협상가로서 자질을 갖고 있음을 보여주었다. 첫째, 다른 사람과 같이 일을 하거나 상담을 하는 것을 즐긴다. 그리고 win-win의 결과를 얻기 위해 노력한다. 둘째, 문제해결을 즐기며 창조적인 해결방안을 이끌어낸다. 셋째, 최선의 의사결정을 위한 충분한 정보를 얻기 위해서 상대에게 질문을 많이 한다. 넷째, 상대방이 나를 계획적으로 당황하게 하거나 흥분하게 해도 동요하지 않는다. 다섯째, 협상 상대방이 목표를 달성하는 데 도움이 되도록 상대방이 필요로 하는 것, 협상 동기 등을 알아내는 것을 좋아한다. 여섯째, 압력에 방해받지 않고 명료하게 사고할 수 있다. 일곱째, 냉정히 자기 성찰을 하고 높은 수준의 목표와 기대치를 가지고 있다. 여덟째, 협상에서 갖가지 전략과 책략의 힘을 잘 인식하고 있으며 그것을 자주 활용한다. 아홉째, 필요한 경우 주어진 문제를 해결하기 위해서 기꺼이 타협할 수 있다. 열 번째, 상대방의 말을 잘 들어주는 편이다.

이와 같이 양측이 윈윈협상을 위해서는 모두 서로의 입장을 이해하고 문제를 해결하는 방향을 협력적으로 모색할 수 있는 자세가 중요하다. 강경파와 온건파로 스스로를 가두어두는 것이 아니라 원칙에 입각하여 협상에 임함으로써 협력을 통해 상호 이익을 추구하는 방향으로 사고하고 행동하는 과정에서 윈윈의 가능성을 높여가는 것이다.


## 합의를 도출해가는 상생의 해법 찾기

허브 코헨(Herb Cohen)은 "협상은 참가자 양측이 상호작용하여 서로의 선호사항과 필요를 공유함으로써 합의를 도출하는 문제해결 과정"[30]이라고 하였다. 이 장에서는 협상을 다룬 영화 텍스트 중에서 백미로 손꼽히는 '네고시에이터'를 통해 협상교육 텍스트로서 가치를 살펴보았다. 인질극이라는 최고조의 대립 상황에서 긴박하게 펼쳐지는 협상과정에서 노련한 협상가인 로만과 새비언이 자신들의 이해관계를 관철시키기 위해 어떻게 다양한 협상 전략을 구사하며 궁극적으로 원원의 결과에 이르렀는지 문제해결 과정을 대사분석을 통해 살펴보았다. 심리적, 언어적, 비언어적 측면에서 협상에 임하는 정석을 보여준 로만과 새비언 두 협상가의 사례를 통해 협상 단계에서 유념해야 할 원칙과 전략에 대해 고찰해보았다.

맥루언은 영화는 "관객을 하나의 세계, '그들이 속해 있는' 세계에서 다른 세계, 필름에 의하여 만들어진 세계로 옮겨놓는 것이다. 인쇄물 같은 다른 미디어에 비하면, 필름은 많은 정보를 저장하고 전달하는 힘을 가지고 있다"[31]고 지적한 바 있다. 영화는 이성과 감성의 복합적인 작동을 돕는 매체로서 학생들의 사고와 표현영역을 확장할 수 있는 유용한 도구다. 시퀀스별로 다양한 상황이 주어지고 역동적으로 내용이 펼쳐지는 영화 장면과 대화분석을 통해 폭넓은 이해를 도와준다. 이런 점에서 영화를 통해 실제 협상이 어떻게 이루어지는지 입체적으로 파악하고 간접체험의 폭을 확장하는 작업은 교육적 의미가 있다.

일상이 협상이다. 우리는 살아가면서 자신이 필요로 하는 것을 얻기 위해 수시로 협상을 하게 된다. 상대가 자신과 다른 이해관계를 가지고 있다는 것이 협상이 언제나 필요한 이유다. 영화 '네고시에이터'에서 보듯이 협상이란 각자의 이익을 조율하여 모두가 만족할 수 있도록 대화로 풀어가는 과정이다. 상대방의 생각을 확실히 이해하고, 상대가 자신을 명확하게 이해할 수 있도록 의사소통을 통해 협상의 가능성을 만들어가는 것이다. 협상은 많이 해볼수록 잘하게 마련이다. 세계화 시대 글로벌 기업들의 경우 협상을 중요한 분야로 간주하고, 전문가를 육성하고 있다[32]고 한다. 미국의 대학과 MBA 과정에서 협상교육의 비중이 확대되고 있다. 우리도 협상의 중요성에 대해서는 공감하는 분위기다. 그런 점에서 대학 교양교육에서 학생들의 협상능력을 키워주는 교과목 개설과 훈련 프로그램 개발이 필요하다. 문제해결 능력을 강조하는 흐름을 고려해보더라도, 갈등상황을 이성과 감성을 활용하여 협력적으로 해결하는 능력을 키우는 협상교육이 확대돼야 한다.

1) 이 장은 『사고와 표현』 8권 1호(한국사고와표현학회, 2015)에 게재된 「영화 텍스트를 활용한 협상교육 콘텐츠 개발 연구-영화 〈네고시에이터〉」 205-249쪽의 내용을 수정한 것임.

2) 이경숙, "한국 경영인 이기심 최고, 협상력 꼴찌- 16개국 비즈니스 협상 스타일 분석", 〈머니투데이〉 2007.12.12. http://news.mt.co.kr/mtview.php?no=2007121209472258183(검색일: 2015.03.20.).

3) 백두리, "〈그림〉 가까운 진심 - 협상 트랜드", 〈중앙일보〉 2011.6.23.
http://article.joins.com/news/article/article.asp?total_id=5680025&ctg=(검색일: 2015.03.05.)

4) 오춘호, "한국인 협상 때 명분에 너무 집착", 〈한국경제신문〉 2008.6.2.
http://sgsg.hankyung.com/apps.frm/news.view?nkey=4861&c1=01&c2=01(검색일: 2015.03.08.)

5) 김홍성, "거간꾼과 중매쟁이 - 치열한 외교전 '사람'의 역할", 〈충청일보〉 2009.8.13.
http://www.ccdailynews.com/news/articleView.html?idxno=110679(검색일: 2015.03.08.)

6) 박헌준·김상준, 「영화와 경영교육 - 영화를 통한 협상교육 사례를 중심으로」, 『경영교육연구』 제7권 제2호, 한국경영학회, 2004, 180-184쪽에서 학생들에게 협상의 6가지 원칙의 이해를 돕기 위한 방법으로 영화를 활용하면서 〈네고시에이터〉를 대상으로 하였고 교육적 효과가 있었다는 연구결과를 발표하였다.

7) http://movie.naver.com/movie/bi/mi/basic.nhn?code=19469 영화 〈네고시에이터〉 줄거리 참조하여 재구성함 (검색일: 2015.03.01.).

8) Malhotra Deepak, Bazerman Max H. 저, 안진환 역, 『협상천재』, 웅진지식하우스, 2008, 142-150쪽.

9) Cohen Herb 저, 안진환 역, 『협상의 법칙 II』, 청년정신, 2004, 36쪽.

10) "피플 인터뷰 - 협상의 대가, 와튼 스쿨 스튜어트 다이아몬드 교수",
http://www.design.co.kr/section/news_detail.html?info_id=59287&category=000000060002(검색일: 2013.03.15.).

11) Diamond Stuart 저, 김태훈 역, 『어떻게 원하는 것을 얻는가』, 8.0, 2011, 293-297쪽.

12) 박형근, 『협상 - 상위 1%만 알아왔던 비기』, 미래북, 2012, 129-136쪽.

13) 〈사례6〉의 경우 괄호 속에 쓴 지문은 연구자가 영화 장면 속 상황전개를 설명하기 위해 집어넣은 것이다.

14) Wainwright, Gordon R. 저, 조은경 역, 『몸짓을 알면 대화가 즐겁다』, 미래의 창, 2003, 11-22쪽.

15) Thompson, Leigh L. 저, 김성환·김중근·홍석우 공역, 『지성과 감성의 협상기술』, 한울아카데미, 2005, 505쪽.

16) 위의 책, 485-487쪽 참조.

17) Malhotra Deepak, Bazerman Max H., 앞의 책, 46-55쪽.

18) 전성철·최철규, 『협상의 10계명』, 웅진윙스, 2010, 160쪽.

19) Watkins Michael, 『협상 리더십』, 김성형·최요한 역, 흐름출판, 2007, 241-242쪽을 참조.

20) BATNA는 'Best Alternative To a Negotiated Agreement'로서 협의된 합의사항에 대한 최선의 대안으로서, 배트나가 중요한 이유는 협상의 합의 도출에 있어서 자신이 받아들일 수 있는 마지막 마지노선의 가치를 인식하게 의사결정을 해 주기 때문이다.

21) Fisher Roger, Ury William, Patton Bruce, 『Yes를 이끌어내는 협상법』, 박영환 역, 장락, 2006, 136-150쪽.

22) Shell Richard, 『협상의 전략』, 박헌준 역, 김영사, 2006, 172-175쪽.

23) Watkins Michael, 앞의 책, 43-46쪽.

24) Lewicki, Roy J. 저, 김성형 편역, 『최고의 협상』, Sb, 2005, 195-208쪽 참조.

25) Thomas Jim 저, 이현우 역, 『협상의 기술』, 세종서적, 2007, 27-31쪽 참조.

26) Lewicki, Roy J., 앞의 책, 186-188쪽 참조.

27) Shell Richard, 앞의 책, 61쪽.

28) Thomas Jim, 앞의 책, 237-239쪽.

29) 김기정, "외교-통상분리 괜찮은가", 〈서울경제〉 2013.2.3. http://economy.hankooki.com/lpage/opinion/201302/e2013020317192996930.htm(검색일: 2015.02.22.).

30) Cohen Herb, 앞의 책, 180쪽.

31) 마셜 맥루언 저, 김성기·이한우 역, 『미디어의 이해』, 민음사, 2010, 395쪽, 399쪽.

32) 최종찬, "인터뷰: 협상이 돈이다(2)협상전문가가 본 협상", 〈이코노믹 리뷰〉 2006.8.22. http://news.naver.com/main/read.nhn?mode=LSD&mid=sec&sid1=101&oid=093&aid=0000003758

김기정, "외교-통상분리 괜찮은가", 〈서울경제〉, 2013.02.03.

김온유 · 서혜연 · 이은솔 · 전수진 · 최희정, "'네고시에이터'를 통해 본 협상 전략 분석", 2011-1학기 〈대화와 협상〉 수업활동자료.

김우룡 · 장소원, 『비언어적 커뮤니케이션론』, 나남출판, 2004.

김은애 · 박현정 · 이윤지, "협상의 모든 것 - 영화 Negotiator", 2012-1학기 〈대화와 협상〉수업활동 자료.

김홍성, "거간꾼과 중매쟁이 - 치열한 외교전 '사람'의 역할", 〈충청일보〉, 2009.08.13.

박성희, "전략적 인내", 〈한국경제〉, 2010.05.28.

박현준 · 김상준, 「영화와 경영교육 - 영화를 통한 협상교육 사례를 중심으로」, 『경영교육연구』 7권 제2호, 한국경영학회, 2004, 171-192쪽.

박형근, 『협상 - 상위 1%만 알아왔던 비기』, 서울: 미래북, 2012.

유병선, "네고시에이터", 〈경향신문〉, 2005.07.12.

이유미, 「협상의 수사학 - 영화 〈Negotiator〉를 중심으로」, 『어문논집』 제32집, 중앙어문학회, 2004, 5-22쪽.

전성철 · 최철규, 『협상의 10계명』, 웅진윙스, 2009.

황영미(외), 『영화로 읽기 영화로 쓰기』, 푸른사상, 2015.

Bazerman, Max H., Neale Margaret A. 저, 이현우 역, 『협상의 정석』, 원앤원북스, 2007.

Cohen, Herb 저, 안진환 역, 『협상의 법칙 II』, 청년정신, 2004.

Diamond, Stuart 저, 김태훈 역, 『어떻게 원하는 것을 얻는가』, 8.0, 2012.

Fisher, Roger, Ury William, Patton Bruce 저, 박영환 역, 『Yes를 이끌어내는 협상법』, 장락, 2006.

Lewicki, Roy J. 저, 김성형 역, 『최고의 협상』, 스마트 비즈니스, 2005.

Malhotra, Deepak, Bazerman Max H. 저, 안진환 역, 『협상 천재』, 웅진지식하우스, 2008.

McLuhan, Marshall 저, 김성기 · 이한우 역, 『미디어의 이해』, 민음사, 2010.

Shell, Richard 저, 박헌준 역, 『협상의 전략』, 김영사, 2006.

Thomas, Jim 저, 이현우 역, 『협상의 기술』, 세종서적, 2007.

Thompson, Leigh L. 저, 김성환 · 김중근 · 홍석우 역, 『지성과 감성의 협상기술』, 한울, 2010.

Wainwright, Gordon R. 저, 조은경 역, 『몸짓을 알면 대화가 즐겁다』, 미래의창, 2003.

Watkins, Michael 저, 김성형 · 최요한 역, 『협상 리더십』, 흐름출판, 2007.

# 융합적 대화와 소통
## 〈말하는 건축가〉[1]

남진숙

## 〈말하는 건축가〉와 주인공 정기용 소개

영화 〈말하는 건축가(Talking Architect)〉(정재은 감독, 95분, 2012.3.8. 개봉)는 한국 최초의 건축 다큐멘터리 영화인 동시에, 건축과 건축가를 다룬 최초의 극장용 독립 다큐멘터리이기도 하다. 이 영화는 주인공인 정기용 건축가의 건축에 대한 철학을 여과 없이 보여주는, 휴먼 영화로 사회적 문제의식과 죽음을 앞둔 한 인간(건축가 정기용)의 생활과 태도를 담고 있다. 또한 "한국 다큐멘터리 가운데 도시 공간이나 환경을 다룬 작품들도 간혹 있었지만, 건축이라는 창조적 행위를 본격적으로 다룬 극장용 다큐멘터리는 〈말하는 건축가〉가 최초이다." 이뿐만 아니라, 여러 사회문제를 영화 안에서 쟁점화하고, 건축과 문화에 대한 생각을 거침없이, 자유롭게 드러낸다.

주인공 정기용은 대장암 판정을 받은 이후, 본인의 건축 세계를 담은 일민미술관 전시회를 준비하는 모습부터 후배 양성 등 그의 다양한 일상을 보여준다. "'무주 공공건축 프로젝트'와 '기적의 도서관' 등 故정기용 건축가의 작업과 그의 치열했던 삶을 담은 작품으로 공공건축에 헌신했던 한 명의 건축가가 우리에게 어떤 의미를 남기고 갔는지를 진솔하고 섬세하게 그려낸다"[2]는 평을 받은 작품이다.

정기용(1945.8.4.-2011.3.11)은 서울대학교 응용미술학과 및 대학원을 졸업하고 파리에서 장식미술학교 실내건축과 전공, 파리6대학 건축과를 거쳐 파리8대학 도시계획과를 졸업했다. 그의 이런 이력은 건축학 전공자들의 전통적인 과정과는 다른 횡보였다. 따라서 그는 어느 집단이나 유파에 속하지 않았기 때문에 독자적인 건축 세계를 구축할 수 있었다. 그는 서울에서 기용건축연구소를 설립하고 한국에서 본격적인 활동을 시작하였다. 무주 공공프로젝트를 비롯하여, 기적의 도서관 프로젝트 6개관(순천, 진해, 제주, 서귀포, 정읍, 김해)에 참여하였다. 민족건축협의회 회장, 서울건축학교 운영위원, 문화연대 공간환경위원회 위원장 등 활발한 활동을 했다. 또한 '감응, 정기용 건축 전시회(일민미술관)'을 열기도 했다. 이 영화에서는 전시회 준비 과정도 생생하게 보여준다. 그는 2011년 3월 11일 지병인 대장암으로 사망하였다.[3]

정기용은 1986년부터 2010년까지의 작품을 모은,『정기용 건축 작품집』(현실문화연구, 2011), 기행스케치를 모은 『기억의 풍경』(현실문화, 2010), 어린이 도서관의 건축에 관한『기적의 도서관』(현실문화, 2010), 무주 프로젝트에 대한 이야기를 담은『감응의 건축』(현실문화, 2008), 사람을 위한 건축과 도시의 이야기를 담은 『사람 건축 도시』(현실문화, 2008),『서울이야기』(현실문화, 2008) 등 건축과 관련한 저서 등을 집필하였다. 이상의 책은 그가 해왔던 건축 작업에 대한 역사이고, 건축에 대한, 삶에 대한 그의 철학을 고스란히 반영한다. 이와 더불어, 이 영화는 그가 죽기 전, 1년 동안의 일상을 찍은 영화로, 그의 삶과 건축의 여정이 90분의 짧은 필름에 녹아 있다.

필자는 영화 〈말하는 건축가〉 제목에서 '건물을 설계하거나 짓는' 건축가에 먼저 관심이 갔다기보다는, '말하는'이라는 것에 더 호기심이 갔다. '말하는'이라는 제목에 끌려 처음 이 영화를 보게 되었다. 그것은 아마도 대학에서 학생들에게 글쓰기 및 말하기와 관련한 전반적인 의사소통 교육을 담당하고 있어 더욱 그랬을 것이다. 또한 당시 필자는 건축학을 전공하는 교수와 팀티칭 수업을 진행하고 있는 학기여서 건축에 대한 관심 역시 적지 않은 상태였다. 또 그 대상이 마침 공대 학생들이었고, 글쓰기와 말하기를 가르치던 때였다. 이렇게 삼박자가 맞는 상황에서 이 영화를 우연한 기회에 만나게 된 것이다.

'말한다'는 것은 화자의 이야기를 들어줄 청자(타인)가 있고 그 청자와 의사소통을 전제로 한다. 이 영화에서의 타인은 꼭 사람(그것도 건축과 관련한 사람)만을 의미하지 않는다. 자연과 건축물, 사회 등을 의미하는 청자(타자)이다. 그러므로 이 영화에서 의사소통이라는 개념은 일반적인 의사소통의 의미보다는 더 포괄적이고, 특별한 개념이라고 할 수 있다. 이 영화를 '말하는'이라는 것에 방점을 둠으로써 '건축'이라는 전문 영역을 다른 방식으로 보고 생각할 수 있는 기회를 제공한다. 그뿐만 아니라 여러 다른 영역(타인)과 상호 소통의 의미를 상징적으로 보여준다. 이처럼 영화 제목은 의사소통이라는 관점에서 보면 꽤 흥미로운 제목이고 신선하기까지도 하다.

여러 영화 텍스트 중에서 〈말하는 건축가〉를 이 책의 한 장으로 삼은 것은, 이 영화가 '정기용'이라는 건축가를 전적으로 다루고 있다는 점과 다큐멘터리가 갖는 현실적인 힘, 즉 사실성 때문이다. 물론 다큐멘터리 영화에서 사실성은 곧 객관성을 반드시 담보하지 않는다. 그 이유는 '다큐멘터리를 제작할 때, 선택과 배제를 피할 수 없고, 감독의 의도와 주관성이 배재될 수 없기 때문이다. 또 영화라는 예술적 작품이 갖는 상상력과 창의력 역시 담보하고 있기 때문이다. 아무리 중립적이고 객관적으로 묘사하려고 노력해도, 영화에 담고자 하는 것이 일정 정도 감독이 의도한 것이라는 사실도 피해갈 수 없기 때문이다. 에릭 바누도 다큐멘터리 작가 중에는 자신의 작품이 "객관적"이라고 주장하는 사람이 있는데 이것은 "다큐멘터리가 수행하는 해석적 역할을 부인하는 것이며, 다큐멘터리 작가가 전략적으로 취하는 자세일 뿐 그 이상의 특별한 의미를 띠지는 않는 것(세일라 커런 버나, 2013)'이라고 하였다. 그만큼 감독의 주관성과 감독이 보여주고자 하는 것에 초점을 맞춘다는 뜻이다. 즉 사실성에 초점을 맞춘다고 하더라도 감독이 의도하는, 표현하고자 하는 영화의 방향성이나 지향성은 존재하기 마련이다.

따라서 필자도 다큐멘터리의 이러한 속성을 십분 이해하고 염두하고 있다. 그러기 때문에 우선 이 제목이 상징하는 바에서 감독의 의도를 읽어낼 수 있고 왜 '말하는 건축가'인지에 집중하게 된다. 주인공이 어떤 방식으로 다른 사람들과 소통하고 있는지를 잘 볼 수 있고, 그것이 한 인간에게서 갖는 의미가 무엇인지를 성찰하게 만든다. 삶이 얼마 남지 않은 시점에서, 침대에 누워 말을 거의 잘 하지 못하는 순간까지도 인간과 자연과 소통하고자 하는 그의 '말하기'는 진행형이었다. 실제 정재은 감독이 이 영화를 통해 말하고자 하는 것이 무엇인지 정확한 의도가 이것이라고 말하기 어렵다. 설령 안다고 해도 영화는 예술작품이니 영화를 보고 느낀 점 등은 관객 각자의 몫이기 때문에 굳이 말하지 않아도 된다. 다만 이 글에서 중점적으로 다루고자 하는 것은 영화에서 보이는 정기용이라는 건축가의 의사소통의 방식이다. 이를 통해 그의 인간미와 삶의 태도, 건축에 대한 태도 등도 함께 읽어낼 수 있다. 이 글은 건축을 통한 의사소통의 방법과 그 의미에 집중하고자 한다. 필자는 이 지점에서부터 출발한다.

정기용 건축가는 무엇보다도 '건축을 함에 있어서도 듣는 것에 익숙한 사람(정기용, 2011)'이다. 이 말은 정기용 건축가가 '사람을 고려한 건축을 추구했다'는 말과 일맥상통한다. 다시 말해 건물을 지을 때, 건축을 의뢰한 사람과 끊임없이 대화하고, 수시로 의견을 조율한다. 건물을 설계한 사람의 의견보다도 그 건물에서 살아갈 사람에 대한 이해와 그 사람의 생각을 고려하면서 건물을 짓는 것이다. 외관으로 보이는 건물의 아름다움이나 멋도 중요하겠지만 그 이면에는 근본적으로 '사람'이 있다는 것을 잊지 않는다. 이러한 건축이 궁극적으로 가능하기 위해서 그 중간의 과정, 즉 의사소통이 원활하게 이루어져야만 한다. 따라서 건물을 짓는데 있어 타인과의 의사소통을 주인공은 매우 중요하게 생각했다. 우리는 그러한 주인공의 모습을 영화 곳곳에서 마주하게 된다.

한편 다른 영화 장르와 달리 다큐멘터리가 갖는 힘은 감독의 상상과 의도성이 들어간다고 해도 '사실성', '현실성', '실재 인물', '실재 사건' 등이라는 사실에 기반한다는 것은 변함없다. 이 영화 역시 이런 점 등을 보여준다. 특히 주인공이 병이 깊어져가는 모습을 그대로 노출시킴으로써 영화의 현실성이 극대화되기도 하였다. 자, 그럼 그의 말을 따라서 지금 세상에 없는, 그를 만나러 영화 속으로 들어가보자.

## 〈말하는 건축가〉를 통한 융합 교육 방법

영화 중반쯤 보다 보면, 정기용은 '건축을 구태여 학문적으로 분류하자면 예술이나 기술이 아니라 오히려 인문·사회과학의 영역에 포함시키는 것이 적절해 보인다. 왜냐하면 건축과 도시는 궁극

적으로 사람의 삶을 조직하고 사회를 다루는 분야로 인문·사회과
학과 그 궤를 같이하기 때문이다'고 하였다. 그만큼 건축은 건축만
으로 이루어지는 것이 아니라, 사람을 비롯한 다른 것들과의 조화
와 소통의 중요성을 인식하고 있다는 점을 미뤄 짐작할 수 있다.

　이공계의 다른 전공도 유사하겠지만, 특히 건축학은 단순히 건
축의 기술적인 측면만을 교육할 수 있는 학문은 아니다. 건축학의
학문적 특성은 인문사회학적 성향, 기술적 성향, 그리고 예술적 성
향이 하나의 종합된 계발 학문으로 완성되는 특성이 있다. 그러므
로 건축교육의 목표와 방향은 이러한 특성을 완성할 수 있는 교육
내용과 교육 방법으로 설정되어야 한다. 특히 인문사회학적 측면에
서 건축물 사용의 주체가 되는 인간을 대상으로 하는 학문적 영역
이 설정되어야 한다는 점(이호진, 1991)은 공학적 측면으로써만 건축을
교육할 수 없음을 반증한다. 따라서 어떤 학문보다도 건축학은 다
른 학문 간 활용이나 융합 그리고 인문학적인 요소가 결합된 교육
방법이 병행되면 효과적이다.

　또한 '이공계 융합 교육의 필요성에 대해 창조적 전문 인력의 확
보와 조직 간 의사소통 역량의 증대 측면에서 융합의 능력은 필요
하다(신선경, 2009).' 이는 융합 교육의 필요성을 더욱 공고히 하며 그
것이 의사소통을 통해 그 역량을 키울 수 있음을 시사한다. 그러나
융합 교육은 그 절실성이나 필요성에 비하면 교육 방법이나 학습
효과의 결과가 미미하다. 대학에서 교양과목으로 다루어지는 의사
소통 교육은 더욱이 전공과 연관하여 강의를 하기에 현실적인 어
려움이 따른다. 전공수업 따로, 의사소통 교육이 따로 대부분 진행
되는 경우가 많다. 이 둘의 교육이 함께 병행된다면 전공과 교양의
융합 교육이 될 것이다. 더욱이 건축가는 기획부터 설계, 건축물의
완성에 이르기까지 건축주와의 의사소통 과정을 반드시 거쳐야 하

기 때문에 건축학에 대한 창의력은 물론 타인과의 의사소통 능력 또한 매우 중요하게 갖춰야 하는 자질이다. 즉 전문성과 교양을 두루 갖추어야 한다. 그런 점에서 전공과 의사소통의 교육을 융합하는 방법은 교육의 효과를 높일 것이다.

이런 고민에서부터 출발된 이 글은 그 매개체로 영화를 선택하였다. 영화가 학생들에게 쉽게 다가갈 수 있는 매체이며, 실제 영상 세대에게는 교육용으로 많이 활용되고 있기 때문이다. 이는 의사소통 교육에서 영화가 글쓰기, 말하기 교육의 효과적 교육 수단이 될수 있다. 일반적으로 영상은 현실을 있는 그대로 옮기는 것이 아니라, 작가와 감독 등의 새로운 상상력을 통하여 사고의 확장과 새로운 관점을 시사해주는 역할을 한다. 그러기 때문에 영화를 통한 교육은 여러 교육 방법 중의 하나로서 그 의미와 가치를 충분히 지닌다.

또한 영화는 단순한 유희의 장을 넘어서 학문적 활용의 영역 안에 이미 들어와 있다. "학생들에게 접근성이 높은 영상매체를 엔터테인먼트가 아니라 학문적 영역으로 활용 가능케 하는 것이 필요하다(황영미, 2009)"는 말은 이 글의 중요성을 말해준다.

필자가 기존 연구를 검토한 바에 의하면 현재까지 건축교육과 관련하여 영화를 활용한 연구 논문이나 실제 수업 모델은 거의 없다. 또 직접적으로 건축교육이나 건축을 전공하는 학생들을 대상으로 의사소통의 융합 교육과 연관하여 언급한 경우도 거의 없다. 그동안 영화를 활용한 건축교육이 이루어지지 않은 이유는 건축교육에 활용할 영화가 생각보다 많지 않다는 점[4]이다. 또 건축을 소재로 하거나, 건축가를 소재로 한 영화[5]가 대부분 '건축'과 관련한 정보와 기술 자체를 현실적인 제재로 다루기보다는 그것을 부수적인 소재로 하여, 다른 주제의식을 드러냈기 때문이다. 게다가 영화를 활용하여 건축교육을 어떤 방법으로 할 것인가에 대한 교수학습법에 대한 심도 있는 고민을 많이 하지 않은 결과라고도 할 수 있다. 이는 건축학을 전공한 교수자가 영화를 활용하거나, 인문사회학적 측면을 가르치는 것이 전공 영역상 현실적인 어려움이 따르기 때문이라고 추측한다.

앞에서도 잠시 언급했지만, 이 글은 영화 〈말하는 건축가〉를 통해 건축을 통한 의사소통의 방식과 나아가 융합 교육 방법을 찾고자 하는 데 있다. 이를 위해 건축가인 주인공을 중심으로 한 등장인물들이 타인과의 의사소통을 어떤 방식으로 하는지 집중적으로 살펴보고자 한다. 특히 융합 교육적 측면에서 의사소통에 집중해서 살펴보고자 하는 이유는 건축은 혼자 할 수 있는 작업이 절대 아니며, 여러 타인과의 의사소통에 의해서만, 그것도 원활한 의사소통이 가능할 때 좋은 성과를 얻는 작업이기 때문이다. 그만큼 건축은 의사소통이 중요하다는 점을 전제로 한다.

이 글의 소목적은 궁극적으로 건축을 전공하는 학생들에게 건축 교육의 새로운 교수학습법과 그 모델을 제공함으로써 학생들이 더 흥미를 갖고, 더 효과적으로 건축 수업을 받을 수 있도록 할 수 있다. 또 건축을 전공한 학생이 아닌 다른 전공 학생들, 타인과 어떻게 의사소통을 할 수 있는지에 대해 생생한 샘플을 제공해줄 수 있다. 나아가 '건축의 의사소통론' 같은 과목도 머지않아 생기지 않을까 하는 즐거운 상상도 해본다.

## 1) 의사소통의 진정성: 건축가와 건축주

말하기를 잘 하려면 어떤 요소가 필요하고 가장 중요할까? 여러 요소가 있겠지만, 우선 전제되어야 하는 것은 다른 사람의 이야기를 듣는 경청의 자세일 것이다. 일반적으로 사람들은 자신이 하고 싶은 이야기가 생기면 다른 사람들이 이야기하는 것을 끊고 그 안으로 불쑥 들어가려는 경향이 있다. 그것은 자신이 말하고자 하는 것에 더 집중해서 그 생각에 몰두해 있기 때문이다. 그러므로 다른 사람의 이야기가 귀에 들어올 리가 없고, 자신이 빨리 말해야 한다는 바쁜 마음만이 앞선다. 이런 상태에서 상대방이 무엇을 말하는지 알 수 없게 되고, 상대방이 말하는 내용에 대해서 잘 이해하지 못하고 건성건성 듣게 된다. 즉 듣는 척하거나 결과적으로 화자의 말을 무시하거나 자기가 듣고 싶은 말만 듣는 결과가 돼버린다. 청자의 경청에 진정성이나 진지성이 별로 없게 된다. 결과적으로 타인이 무슨 말을 했는지 알 수 없게 되거나 오해를 하는 경우가 생긴다. 그렇다면 상대방의 기분은 어떨까? 불쾌할 것이고 그 사람과 서로 대화를 하는 것이 즐거운 일이 되지 못할 것이다.

이처럼 의사소통 특히 말하기는 '대화적 상황'이라는 상호 의사소통의 같은 시공간에 놓이기 때문에 여러 가지 고려할 것이 많아진다. 말하기는 글쓰기와 달리, 상호 의사소통의 상황에 놓여 있기 때문에 화자와 청자의 관계가 중요한 변수로 작용한다. 일방통행인 글쓰기와 달리 쌍방통행이 잘 되어야 말하기는 말하는 목적을 달성할 수 있기 때문이다.

그러므로 말하기에서 '경청'은 가장 기본 전제 요건이며 그만큼 중요하다. 타인의 이야기를 집중해서 듣다 보면, 그 사람이 무엇을 말하려고 하는지 내용을 충분히 이해할 수 있다. 그 다음 청자인 본인이 화자가 되었을 때, 어떤 이야기를 할 것인가에 대한 답말에 대해서 생각할 수 있는 시간적, 마음적 여유가 생긴다. 경청은 전하는 내용과 전할 내용에만 집중하는 것이 아니라, 청자의 정서에도 함께 공감하려는 태도이다. "다른 사람의 이야기를 잘 들어주면, 인생의 80%는 성공한다."라는 데일 카네기의 말 또한 경청의 중요성을 새삼 생각하게 한다. 그만큼 경청은 의사소통 방식에 있어 중요한 기법 중 하나이다. 그리고 경청의 궁극적인 결과는 대화를 한 상대방과 신뢰가 쌓인다는 점이다. 이 신뢰는 그냥 이루어지지 않으며, 그 사람 말의 '경청-진정성-신뢰'의 과정을 거쳐 비로소 효과적이고 온전한 의사소통을 하게 된다. 그 과정을 영화 안에서 만날 수 있다.

영화에서 주인공이 기획, 건축한 '전북 무주군 안성면사무소 프로젝트'의 사례는 건축학적으로 '계획방법론 및 설계 교육과정에서 다른 문제해결 방안을 모색하는 계기가 되거나 또는 현황 조사 및 건축가의 설계의도의 중요성'을 건축 교육학적으로 보여준다. 더불어 의사소통의 중요성을 상징적으로 보여주기도 한다. 건물을 짓기 위해 가장 먼저 건축주(의사소통에서 청중)에 대한 파악을 해야 하는데, 정기용이 이 대화를 진정성 있게 시도한다. 주민들이 "짓지 말라"는 말에 "그래도 짓는다면"이라는 전제를 달면서 그들의 희망사항을 자꾸 들으려고 한다. 그는 '이렇게 짓는 것이 어떠냐? 이렇게 지으려고 한다, 이렇게 해야 한다, 이 건물을 이렇게 지으면 멋지지 않겠느냐' 등과 같이 특별한 솔루션을 말하지도 강요하지도 않는다. 또한 주민들에게 이렇게 꼭 해야 한다고도 하지 않는다. 그는 자신의 관점에서 절대 미리 판단하지 않는다. 주민들의 말을 경청하고자 하는 것은 매우 능동적인 자세이며, 능동적인 경청자이다. 능동적으로 경청한다는 것은 진정성을 갖고 그곳 주민의 이야기를 적극적으로 듣고 반영하겠다는 의지이다. 영화에서 처음에는 자신의 의견을 말하지 않았던 주민들도 하나둘씩 이야기를 시작한다. 주인공은 그들의 말을 매우 진지하게 경청한다. 주인공이 주민들과 소통한 첫 번째 힘은 바로 상대방의 눈높이에 맞춘 '능동적인 경청'이었다. '어, 내 말을 들어주네'라고 생각한 주민들이 처음에는 잘 말하지 않다가 그 다음부터 원하는 것을 말하게 하는 계기가 된 것이다. 그래서 그들이 진정으로 원하는 것이 무엇인지 주인공은 알게 된다. 즉 마음으로 그들의 이야기를 들은 것이다. 이는 무엇보다도 주민을 위한 건축물을 짓겠다는 의지를 갖고 서로 소통한 결과라고 할 수 있다. 즉 주인공의 대화법은 경청을 통한 진정성에 있다고 할 수 있다. 그 진정성이 통했기 때문에 주민들은 그를 신뢰할 수 있어 마음의 문을 열었던 것이다.

이처럼 타인과 의사소통을 하기 위해서는 경청의 자세가 중요하고 그 경청은 곧 '의사소통의 진정성'과 연결된다. 왜냐하면 진정성이 보이지 않는 사람과의 소통은 어렵고, 자신의 생각을 있는 그대로 말하기 어렵기 때문이다. 그러므로 주인공의 의사소통 방법은 건축가를 전면에 내세우기보다 그 건물을 사용하게 될 사람들의 내면에 들어간, 진정성이 살아 있는 대화를 시도했기 때문에 주민들이 만족하는 건물이 지어진 것이라고 할 수 있다.

이러한 의사소통의 중요성은 영화의 마지막 엔딩 장면이 배치해 놓은 '안성면주민센터의 건물(건물 간판을 포함)'과 안성면주민들(특히 목욕탕을 자주 애용하는 노인들), 그리고 건축가인 정기용의 모습이 하나로 어우러져 잘 드러나 있다(마지막 scene). 그런 점에서 주인공 정기용이라는 건축가가 지향하는 건축물의 가치, 삶의 철학을 포괄적으로 보여주면서 주민들과의 진정성 있는 의사소통을 단적이지만, 상징적으로 보여주는 아주 중요한 장면이라고 할 수 있다.

주인공의 이런 의사소통의 진정성은 이 영화 곳곳에서 발견할 수 있다. 정기용이 건축한 '춘천 자두나무집'의 경우도 건축주와 건축가의 진정성 있는 대화가 결국 건축주도 건축가도 만족하는 집을 만들어냈다고 할 수 있다. 나무 속에 푹 파묻혀 있는 듯한, 튀지 않는 집은 나지막한 집의 모습과 건축주의 겸손한 삶의 가치관이 반영된 결과물이다. 건축에 있어 건축주는 글쓰기에서는 독자를 상정하고, 혹은 말하기에서 청중에 대한 분석을 하는 것과 같은 이치이다. 상대방(독자, 청중, 건축주)이 누구인가를 파악하는 것은 의사소통의 기본적인 요소이다. 의사소통의 기본에는 타인을 인식하고 상대방의 말에 경청하는 것에서부터 시작한다. 결과적으로 그 경청은 대화를 하겠다는 의지와 진정성이 담기게 된다.

이 두 가지 사례는 모두 타인의 말을 경청하고 상대가 원하는 바가 무엇인지 알고 소통하려는 대화의 기본적 의지와 태도 그리고 진정성이 바탕에 깔려 있다고 할 수 있다. 이러한 진정성은 이 영화가 작가의 의도와 상상이 들어간 영화라 할지라도, 다큐멘터리라는 사실성에 큰 힘과 신뢰성, 현실성을 구축하게 된다. 따라서 건축교육에 있어서 말하기에서 문제 및 방법을 함께 다루고자 할 때 적합한 수업 모델로서 가능하다. 이는 직업이나 어떤 일과 직접적으로 관계가 있고, 또 그런 관계를 상호 의사소통을 통해 풀어가는 방법을 다큐멘터리가 보여주고 있기 때문이다. 따라서 타인을 진정 이해하기 위해서는 말하기에 있어 경청을 통한 진정성이 전제되어야 한다는 것을 영화는 말한다.

### 2) 협상의 방법과 다양한 토론거리

건축전을 준비하면서, 주인공은 제자들과 일민미술관 관계자들과 여러 차례 회의를 갖는다. 일민미술관 측이 바쁘다는 이유로 '입장을 전달하고 일방적인 요구사항을 먼저 말하겠다'고 했을 때도, 주인공은 포용력 있게 그러한 상황을 십분 이해한다. 또 '일민미술관은 일정에 따라서 갈등은 당연히 있지만, 도록이 나올 때까지 너무 감성적으로 대하지 말라는 것, 전시를 수락한 것도 일민에도 사정에 있고, 나도 사정이 있다'고 하면서 상황과 서로 다른 입장의 차이를 이해하는 태도를 보인다.

만약 여기에서 주인공이 자신의 입장만 생각하고 일민미술관의 입장은 전혀 고려하지 않거나, 이해하지 않았다면 일이 진전될 수 없었을 것이다. 일민미술관의 의견에 100% 동의를 하지 않지만 일이 되도록 하기 위해서 상대방의 상황을 이해할 수 있어야 협상의 여지가 있음을 보여준다. 협상은 결국 일을 망치자고 하는 것이 아니라 일이 되는 방향, 즉 일이 순조롭게 진행될 수 있도록 긍정적인 부분에 더 중심을 두는 것이다. 따라서 협상은 결과적으로 자신의 입장만을 내세울 수 없는 것임을 암묵적으로 말해준다. 그렇다면 협상에서 중요한 요소가 무엇일까?

이 영화에서 주인공은 포용하는 협상의 모습을 잘 보여준다. 특히 이 과정에서 상대방에 대한 입장과 상황에 대한 이해와 경청이 얼마나 중요한 요소인지 다시 한번 알게 해준다. '최고의 협상자는 말솜씨가 좋은 사람이 아니라 듣는 기술이 좋은 사람이다(로널드 M. 샤파로 외, 2003)'고 하였다. 이는 경청의 중요성을 강조한 것이다. 포용과 협상이 결합된 것이라고 할 수 있다. 타인과 의사소통을 할 때, 늘 양보만, 그렇다고 자기 고집과 주장만을 내세울 수 없다. 그런 경우 갈등은 제대로 풀어지지 않는다. 협상은 불필요한 마찰을 줄이고 서로가 만족할 만한 결과를 이끌어내기 위한 중요한 수단이다. 다양한 갈등 상황을 객관적으로 바라보며 문제를 해결해나가야 한다. 협상은 기본적으로 배움을 통해 습득할 수 있는 기술이고, 또한 현실에 직접 적용할 수 있는 실천학문적 성격을 지닌다(신희선, 311).

협상에서 자신의 이익만을 최대한 챙기는 데 집중한다면 협상 자체가 결렬될 경우가 생긴다. 협상은 두 사람이 모두 윈윈하는 방식으로 가는 것이 효과적이다. 그러나 객관적인 지표만 가지고 50:50의 결과를 똑같이 가져갈 수 없는 상황도 직면하게 된다. 그것을 고집할 경우 그것은 끝없는 반목을 갖고 결과적으로 이것도 협상의 결렬을 가져올 확률이 높아진다. 그런 점에서 물리적 계산만이 협상의 결과로 간주될 수는 없다. 수치로 환산되지 않는 사람의 마음을 움직일 수 있는 정서적인 부분이 동반한다. 정서는 물리적 수치로 계산할 수 없는 요소이다.

만약 수업 시간에 이 장면을 다룰 경우, 이론적인 측면보다는 실제 상황에서 어떻게 활용할 것인지를 교수자가 수업을 설계하면 된다. 대화의 상황마다 다르기 때문에 모든 상황을 제시할 수 없다. 하지만 영화의 장면을 통해 포용과 협상이 어떤 상황에서 어떻게 이루어져야 하는지에 대한 좋은 샘플이 될 수 있을 것이다. 공학을 전공하는 학생들 역시 이러한 의사소통의 한 방법으로서 협상의 기술을 익힐 수 있다. 한 가지 유의할 점은 아무리 포용과 협상이 있다고 할지라도 건축물이나 공학기술적인 측면에서 객관성이 이미 담보되어 검증된 것에 대해서 협상보다는 효과적인 설득이 더 필요할 것이다. 왜냐하면 기술적인 측면, 효과적인 공정 등과 같은 점은 협상을 통한 양보로 결정할 수 있는 일이 아니기 때문이다. 이런 경우는 더 효과적인 기술이나 공정법을 선택하도록 하는 것이 우선일 것이다. 협상은 그 나름의 대화적 방식이지만 협상 안에도 역시 위에서 말한 바와 같이 타협의 범위가 내재되어 있다는 점을 잊어서는 안 될 것이다.

한편 전시회의 마지막 점검(01:16:01)을 하면서 가장 갈등의 요소가 크게 드러난다. 몇 분 안 되는 짧은 시간에 갈등적 대화가 오간다. 정기용은 전시 내용을 두고 '전체적인 모습에 줄였다, 축소시켰다 진행이 더디더라도, 했던 작업 중에서 선별해서 도시에 대한 생각들을 2-3층에 조금이라도 넣자고 제안한다.' 그런데 미술관장인 김태령은 '이미 영역을 다 만들어놨기 때문에 더 이상 넣을 수 없다'고 단호한 내용을 공손한 톤으로 말한다. 정기용은 "상황은 알겠어, 나도 욕심을 부리는 것이 아니라"라고 하며 말을 이어간다.

미술관 관장의 눈을 쳐다보면서 왜 이런 제안을 해야 하는지에 대해 의견을 말한다. 그러나 관장은 시간적 여유, 전체적인 구도, 현실적 상황 등을 다시 설명한다. 정기용의 말을 듣고 관장은 '단호하게 안 된다'고 말하기에 앞서 웃음으로 화답하는 정서적 협상을 보여준다. 즉 마음의 공감을 이루어내 미술관 관장의 입장에서는 원하는 협상의 결과를 얻어낸다. 결국 협상은 "도시를 빼야지(정기용)", "감사합니다(미술관 관장)"로 결말을 맺게 된다. 다큐멘터리에서는 모든 상황은 100%이다. 물론 그대로 보여주지 않고 편집했을 수도 있다. 하지만 이 영화에서 이 상황을 충분히 알 수 있게 보여주었다. 이런 장면을 통해 알 수 있는 것은 대화에 있어 양보와 절충이 얼마나 중요한가 하는 점이다. 양보와 절충은 지는 것이 아니라, 상대방과 협상을 하는 한 과정으로 이해해야 할 것이다.

이 협상에서는 결과적으로 주인공이 미술관의 입장을 수용하고 상대방의 입장과 이익을 받아들일 수밖에 없는 상황이 된다. 협상에서 끝까지 본인의 입장을 관철시키지 못했고, 반면 미술관측은 의견을 관철시켰다. 이러한 상황에서 어떻게 하는 것이 협상을 잘할 수 있는가 하는 점을 생각하게 한다. '협상은 대결이 아니다. 상대에게 모든 것을 포기하도록 강요하는 것도 아니고, 승자가 모든 것을 갖는 게임도 아니다. 서로가 윈-윈 하는 게임이다(로널드 M. 샤파로 외, 2003).' 그런 점에서 타인과의 의사소통에서 협상이 중요하다는 점을 이 장면을 보여주면서 학습자들에게 협상의 의미와 함께 방법론을 강의하는데, 활용할 수 있을 것이다. 이 영화에서 협상의 결과가 좋은가 나쁜가는 별개의 문제이다. 과정을 바라보는 것이 매우 중요하다. 물론 이 영화에서 주인공은 협상의 결과에 더 이상 아쉬움도, 토를 달지도 않는다는 점에서 협상의 결과에 대해 큰 문제가 있거나 불만이 있는 것은 아니라는 점은 확인할 수 있다. 설령 그런 마음이 있다고 하더라고 혼자만이 할 수 있는 일이 아니기 때문에 상대방의 입장도 고려한 결과라고 할 수 있다. 비록 정기용이 의도한 것을 모두 넣은 전시회가 되지 않았지만, 그렇다고 미술관 측이 기획한 전시 내용이 정기용의 건축 세계를 보여주는 데 역시 문제가 크게 되지 않는다는 결론이었기 때문에 협상은 잘 마무리 되었다고 보는 것이다.

이상의 내용을 종합해볼 때, 〈말하는 건축가〉에서는 의사소통의 여러 방법 중 협상의 문제를 보여줌으로써 학생들에게 실질적으로 그것과 비슷한 상황에 놓이게 될 때, 문제해결과 갈등을 어떤 방식으로 풀어나갈 것인가에 대한 고민을 하도록 상황 제시를 하면 효과적인 의사소통 수업의 한 샘플이 될 것이다. 또 이러한 사안에 대해 함께 토론도 할 수 있을 것이다. 협상과 관련한 수업 모델을 만들 경우, 실제 학생들에게 영화의 장면을 제시하고, 이에 대한 협상을 실제 해보게 하거나, 간접적으로 이 사안에 대한 토론을 진지하게 실습해보는 것도 의사소통 교육에 있어 효과적인 한 방법이 될 것이다. 이것에 건축과 관련된 요소가 또 가미된다면 융복합적 소통의 다양한 방식을 학습적으로 경험할 수 있을 것이다. 나아가 이러한 상황에서 학생은 어떻게 대화에 임할 것인가에 대한 의견을 나누게 하는 것도 의사소통 교육의 한 방법이 될 수 있을 것이다.

### 3) 인문학과 공학의 만남

정기용은 영화 곳곳에서 의사소통에 있어 위트를 보여준다. 등나무꽃이 "여러분들이 오기를 기다렸다가 피었다."라는 발언이다 (9:30). 그가 현장에 맞는 비유를 통해, 웃음의 코드를 만들어내는 말하기 방식은 청중들에게 즐거운 반응을 불러일으키고 있다. 그의 말은, 즉 정서적, 상황적 공감이고, 타인(건축)과의 정서적 거리를 좁

혀주는 기능을 한다. 이러한 언어적 방식은 인문학의 창의적 표현법이며, 표현법이 딱딱하고 어려운 건축의 세계를 일반인들과 공유하고 소통하는 데 있어 매우 유용하다. 즉 자연과 인간이 조화를 이루는 건축이 되어야 한다는 점을 비유적으로 표현한 것이다. 운동장이 그러하듯이 한낮에는 대부분 땡볕이다. 경기를 관람하는 사람들은 강한 햇빛에 힘들어한다. 이런 점 등을 감안하여 주인공이 설계한 무주 공설운동장은 등나무가 자랄 수 있도록 설계하였고, 그 아래 의자에 등나무 그늘이 생기고, 등나무꽃이 하얗게 피어 그 향과 운치를 더하도록 하였다. 만약 그가 단순히 건축물로 공설운동장을 설계하고 의자를 배치하였다면, 그곳에는 인간과 자연이 소통할 수 있는 자리도, 공학과 인문학의 철학적 사상이 만나기도 힘들었을 것이다. 카메라는 이런 인공물과 자연의 모습을 운동장을 따라 가면서 보여주고 그 가운데 주인공과 제자들, 사람들을 함께 화면에 담는다.

주인공의 이런 언어적 웃음 코드는 다음에서도 나타난다. 정기용 건축전의 전시 날짜와 관련하여 오픈 날짜가 G20 정상회의 날짜와 같다는 점에 착안, "전 세계 정상들이 축사하러 온다."라고 하면서 전시회 날짜에 의미 부여를 한다. 이러한 말들은 경직되고, 어려운 자리에서 물 흐르듯, 웃음과 여유를 만들어내는 의사소통의 방식이다. 또한 정기용이 찍었던 오래된 동영상을(이 영화는 영화 속에 또 다른 오래된 영상이 들어가 있어 마치 액자소설과 같은 느낌을 가지게 한다) 보여주면서 "현대의학은 가만히 보면 토목 사업과 비슷한 점이 있다. 길이 없으면 길을 내고, 브릿지를 걸고, 장애물은 때려 부수고 현대의학은 토목을 닮은 것 같다. 정교한 것은 의료사업이고 거친 것은 우리가 말하는 토목 같다."라는 비유적 표현을 자주 사용하고 있다.

영화에서 인터뷰 장면 중 정기용의 건축을 "읽히기 위한 건축"

이라는 한 건축가의 말은 그의 인문학적인 사유의 비유와 깊이를 드러내는 것이라고 할 수 있다. 또한 틀에 맞춘 도서관의 형태가 아니라, 기적의 도서관같이 어린이들의 눈높이에 맞는 사고의 발상과 전환, 창의적인 생각은 인문학적인 사유와 결합되어 창의적인 기적의 도서관을 만든 것이라고 할 수 있다. 건축학도에게 건축학적이고 공학적인 소양만을 갖추는 것이 아니라 인문학적인 사유와 소양도 함께 갖춰야 한다는 점을 시사해준다. '건축 그 자체는 공학이 아니라 인문학에 더 가깝고 건축을 이해하는 데 인문학적 소양은 필수적이라는 말(구본준, 2012)'은 이와 상통한다.

한편 새로운 정부종합청사 설계경기(1991, 15: 25)가 공공기관의 건물로서 권위적이지 않다는 말에 대해서 '건물이라는 것은 '건물+관공서+사람'이 모여 새로운 관계를 보여주는 것, 즉 설계하는 것이 건물이 아니라, 사람과 권력과 관료주의에 대한 새로운 정립을 하는 것이다. 더불어 어우러지는 삶을 의미한다.'고 하여 공공건물에 대한 그의 철학적 소신을 드러낸다. 건축에 대한 그의 사유와 철학이 담긴 것이라고 할 수 있다. 이때 학생들에게 '건축가로서 건축 철학은 무엇인가'라는 질문을 던질 수 있을 것이다. 그렇다면 이것은 건축의 기술적인 측면과 더불어 철학적 사유에 대한 물음이 될 것이다.

앞서도 언급했지만, 무주공설운동장은 의사소통의 최적화된 결과물이라고 할 수 있다. 무주 군수는 군민들과의 소통을, 건축가는 건축비용을 절감하면서 자연과의 조화를 고려한 구조물을 최소한으로 설계하였기 때문이다. 이는 사람들과의 소통뿐만 아니라 자연과 사회와의 소통을 통한 해결방법이라고 할 수 있다. 이러한 해결방법은 '건축을 하는 데 있어 현황조사 및 설계의 필요성을 보여주는 좋은 사례'일 뿐만 아니라, 건축이 단순히 '건물 짓기'가 아니라는 점을 강조한다.

이뿐만 아니라 앞서 언급했듯 기적의 도서관 프로젝트에서 보여주는 장면은 건축의 개념과 철학이 담겨 있다. 자연과 어린이들의 정서와 욕구, 도서관이라는 건축물이 하나가 되어 자연스럽게 물 흐르듯이 조화를 이루고 있다. 주인공의 말처럼 "건축의 개념은 사람들의 삶을 보살펴주고 공간적으로 조직해주는 직업"이라는 점을 그대로 실천한 것이다.

공학교육에 있어 학생들에서 이러한 인문학적인 철학을 영화를 통해 보여주면서 학생들이 건축에 대한 철학을 나름 가질 수 있도록 안내해줄 수 있다. 이는 사전적인 개념으로 한정한 건축의 개념을 더 넓고 깊이 사유할 수 있는 기회를 제공해준다는 점에서 좋은 교육방법이나 모델이 될 수 있다. 이러한 모델이 쌓인다면 인문학과 공학의 융합적 교육도 심도 있게 이루어질 것이다.

이 영화를 통한 융합 교육은 건축 교육을 하면서 의사소통의 문제를, 의사소통의 문제를 다루면서 건축교육을, 나아가 인문학적 사유를 할 수 있는 교육의 한 가능성을 보여준다. 또 개인과 개인의 갈등뿐만 아니라, 사회적 문제를 다루고 있다는 점에서 실제 토론으로 나아갈 수 있는 요소를 제공해준다. 학습자들에게 '건축과 사회적 문제'와 관련한 토론도 진행할 수 있다. 가령, '건축과 환경문제', '건축주의 의견을 다 들어줘야 하는가', '건축가의 사회적 역할은 무엇인가' 등 건축을 통한 토론 및 토의거리를 제공한다. 이러한 다양한 문제를 생각하게 함으로써 건축을 통한 의사소통 교육은 물론 개인적, 사회적 문제를 함께 해결해나갈 수 있는 문제해결 능력도 향상될 수 있을 것이다.

서귀포 기적의 도서관처럼, 도서관을 건축할 때 있던 나무를 베지 않고 그 나무를 건물의 한가운데 놓고 도서관을 건축한 모습은,

나무(자연), 건물이 마치 한 몸이 되듯이, 건축과 의사소통(나아가 인문학)의 융합 교육도 이러한 여러 가능성을 열고 진행된다면 긍정적인 결과를 얻을 수 있을 것이다.

## 융합적 대화와 소통의 의미

영화 〈말하는 건축가〉는 건축가에게 의사소통의 진정성, 협상력 그리고 인문학과 건축학의 융합적 사고와 소통의 방법이 건축 전공자들에게 새로운 융합의 교육 방법과 모델이 될 수 있는 가능성을 보여주었다. 한편 의사소통을 어떤 방식으로 하는가 하는 문제는 좀 더 그 범위를 확장하면, 의사소통을 통해 다른 사람을 존중하고 배려, 이해하면서 서로 의견의 접점을 찾아간다는 의미에서는 한 인간의 인격이나 인성과도 무관하다고 볼 수 없다. 그러므로 넓은 범위에서 의사소통의 방식은 타인을 어떻게 인격적으로 대하는가 하는 문제와도 연결될 수 있다. 타인을 어떻게 배려하는가는 행동에서도 드러나지만, 사람의 말을 통한 대화와 소통의 방법에서도 묻어난다. 인성의 문제는 근본적으로 인문학적 사유로부터 기인한다. 인문학적 사유에 관해서 이 글에서는 그 범위를 확장하여 심도 있게 언급하지 않았지만, 정기용의 행동과 말을 통해 그의 사람 됨됨이가 어떠한지에 대해서는 영화를 통해 충분히 보여줬다고 생각한다.

〈말하는 건축가〉 정기용은 다양한 사람들과의 대화를 통하여 건축이 건축으로서만 존재하는 것이 아니라, 인문학적 사유와 삶의 방식으로 끊임없이 대화하고 소통하는 것이라고 인식했다. 그것은 이 영화에서 의사소통의 실제를 통해 어느 정도 확인할 수 있었다.

한편 '지식산업 시대의 전문가는 자신의 분야와 다른 분야를 연결할 줄 아는 사람이다. 이를 위해서는 학문의 영역을 가로지르는 것이 필수적이다(구본준, 98). 그런 점에서 이 글이 '영화(예술), 건축(공학), 의사소통(인문학)'이라는 세 가지 키워드를 통해 공학 교육에 있어 건축과 의사소통의 융합 교육 가능성을 열어주었다고 할 수 있다. 또한 인문학과 공학의 접점 지점을 찾는 데 이 영화의 활용성은 매우 높다. 교육 현장에서 활용할 수 있는 건축 교육과 의사소통의 융합 교육 방법을 새롭게 제시하였다는 점에서 이 글의 의미를 찾을 수 있다. 따라서 융합교과목이나 팀티칭 수업 교과목을 개발하는 데 유용할 것이다.

끝으로 건물에도 자연에도, 인간을 대할 때도 인문학적 사유를 통한 대화와 소통이 얼마나 아름다운지 이 영화, 〈말하는 건축가〉는 보여준다. 주인공은 생명이 꺼지는 순간까지 온몸으로, 진심을 담아 온힘을 다해 우리에게 말한다. '세상에 혼자 하는 일은 없다'고. '다른 사람과 함께(의사소통)해야 아름답다.'는 것을 말이다.

1) 이 글의 원제목(논문)은 「영화를 활용한 건축 및 의사소통의 융합 교육 방법 – 다큐멘터리 〈말하는 건축가〉를 중심으로」(한국공학교육학회, 『공학교육』 18권, 2015.11. 게재됨)이다. 이 논문은 변나향 박사(서울대학교 건축학과 공학박사)가 교신저자로 건축교육과 관련한 부분을 담당하였는데, 이 부분은 본 글에서 제외하고 의사소통과 관련하여 필자(남진숙)가 작성한 부분을 수정, 보완한 것임.

2) http://www.thegamenews.com/123563. 2015.5.23.

3) 정기용의 전기적 이력(http://www.gu-yon.com/ 정기용기념사업회, 2015.5.19) 참고.

4) 100여 년 가까운 한국영화사에서 건축이라는 단어를 영화 제목으로 사용한 작품은 '건축무한육면각체의 비밀(1999)'이 유일했으나 이 작품은 건축에 관한 영화는 아니었다. 또한 그간 '시월애', '내 머릿속의 지우개', '두 여자의 집' 등에서 건축가가 주인공의 직업으로 등장한 적은 있었으나 건축 활동 자체는 영화의 중심으로 다뤄지지 않았다.
반면, 해외 영화계에서는 건축의 스펙트럼과 건축가의 삶을 다룬 다큐멘터리와 극영화가 유서 깊은 역사를 지니며 현재에도 활발히 제작되고 있다. '마천루', '건축가의 배', '마이 아키텍트', '프랭크 게리의 스케치' 등은 건축 영화와 다큐멘터리의 고전으로 자리 잡았다. 네덜란드, 미국, 터키, 남아프리카공화국 등에서는 건축영화제가 매년 활발히 개최되면서 이러한 작품들을 꾸준히 소개해왔다(http://www.thegamenews.com/123563, 2015.5.23).

5) 영화 '건축학개론(이용주 감독, 2012.3.22. 개봉)'은 두 달여 만에 400만의 관객이 들 만큼 흥행한 영화이다. 건축학개론 수업에서 만난 남녀의 주인공을 중심으로 한 로맨틱 영화이다. 여주인공의 집을 건축하는 과정에서 건축교육에 관한 요소를 일정 부분 찾을 수 있으나, 이 글에서는 텍스트로 다루지 않았다.

구본준, 「중문과 나온 기자, 건축을 전공 삼다」, 이인식 기획, 『인문
　　　학자, 과학기술을 탐하다』, 고즈원, 2012.

로널드 샤피로 외 저, 이진원 역, 『협상의 심리학』, 미래의 창, 2003.

신선경, 『인문사회와 공학 융합 교과목 개발보고서』, 서울산업대학
　　　교 공학교육혁신거점센터, 2009.

신희선, 「협상교육 텍스트로서 영화 속 갈등 사례연구」, 『사고와 표
　　　현』 7집 2권, 2014.

셰일라 커런 버나드 저, 신순옥 역, 『다큐멘터리 스토리텔링-논픽
　　　션 영화의 극적 재구성』, 커뮤니케이션북스, 2013, 제1장
　　　서문.

이호진, 『건축교육의 현재와 미래』, 대학교육, 1991.

정기용, 『사람 건축 도시』, 현실문화연구, 2008.

정기용, 『정기용건축작품집 - 1986년부터 2010년까지』, 현실문화
　　　연구, 2011.

황영미, 『영화와 글쓰기』, 예림기획, 2009.


정재은 감독, 다큐멘터리 영화 〈말하는 건축가〉, 90분, 2012.3.8. 개봉.

게임신문, http://www.thegamenews.com/123563, 2015.5.23.

정기용 기념사업회, http://www.gu-yon.com/, 2015.5.19.

FILM LOGIN

# 3장

# 영화로
# 글쓰기

# 포스트휴먼 시대의 사랑과 젠더, 글쓰기
## 〈그녀 Her〉[1]

이경희

## 영화 〈그녀 Her〉 소개

21세기 과학기술 발전의 혁명적인 산물 가운데 하나가 인간의 능력을 뛰어넘는 인공지능으로서, 1800년대 작품 괴테의 『파우스트』에서 문학적 상상력의 인물에 불과했던 인공지능이 오늘날 현실적 존재가 된 것이다. 우리 사회에서도 올해 초 대중들의 열렬한 관심 속에서 이세돌과 바둑대결을 펼친 인물이 다름 아닌 인공지능 알파고이며, 대결은 알파고의 승리로 마무리되었다. 이제 과학기술은 인간의 발전을 도와주는 도구적 역할이 아니라 인간의 삶에 강력한 힘을 행사하며 인간과 자연, 인간과 기계의 관계를 근본적으로 변화시키고 있다.[2] 오늘날 특히 유전공학, 생명공학, 로봇공학 영역의 기술적 진보는 기계인간, 복제인간, 인공지능 등 포스트휴먼 시대의 새로운 형상들을 예고하고 있다. 이러한 현대 과학기술의 문제에 대한 성찰이 인문학을 비롯한 많은 학문적 영역을 넘어 영화작품들에서도 시도되고 있으며, 2014년에 발표된 영화 〈그녀 Her〉 또한 그 대표적 작품이라 할 수 있다.

영화 〈그녀〉는 스파이크 존즈가 직접 감독과 각본, 제작을 모두 담당한 작품이며, 2013년에 미국에서 발표되었다. 영화가 발표되자 관객들에게 대단한 충격과 주목을 불러일으켰고, 작품성을 인정받으며 2014 아카데미 각본상과 골든 글로브 각본상 등 여러 분야에서 많은 상을 수상하였다. 또 영화에서 목소리만으로 등장한 사만다 역할의 배우 스칼렛 요한슨은 제8회 로마국제영화제에서 여우주연상을 수상하기도 하였다. 인공지능이 등장하는 영화 〈그녀〉의 시간적 배경은 2025년으로, 지금으로부터 대략 10년 후의 멀지 않은 세계를 보여준다. 공간적 배경은 등장인물들이 영어를 사용함으로써 감독의 출생지인 미국으로 연상되는데, 영화의 실제 촬영지는 중국 상하이의 루자쭈이다. 상하이의 금융관련 고층 빌딩들이 밀집되어 있어서 금융성이라고도 불리는 루자쭈이는 가까운 미래의 세계에 대한 관객의 상상력을 불러일으키기에 손색이 없어 보인다.

영화에서 먼저 관객의 주목을 끄는 것은 인간과 AI, 인공지능의 사랑이다. 영화 〈그녀〉는 인간과 인공지능의 사랑을 통해 과학기술의 진보가 미래의 개인에게 초래할 수 있는 미시적 갈등을 다루고 있다. 그리고 영화는 현재적 가치와 미래사회의 변화 가능한 가치들을 대비시키면서 특정한 시각을 제시하지 않는다.[3] 즉 기술문명에 대한 시선이 배타적이거나 인간 중심적이지 않으므로 관객이 직접 생각하고 판단해야 하는 열린 형식을 취하고 있다. 또 영화는 과학기술의 발전에 대한 입장뿐만 아니라 기술이 진보한 미래사회에서 생겨날 수 있는 다양한 문제들을 열어놓고 있다. 그런 점에서 영화 〈그녀〉는 학생들의 비판적, 성찰적, 창의적 사고능력과 표현능력을 배양하기에 매우 효과적인 콘텐츠라고 할 수 있다.

영화에서 보여주는 문제의식들 가운데 학술적 글쓰기 교육에 적합한 중심 주제를 정리해보면 대략 세 가지로 구분된다. 즉 인간과 사이보그의 정체성, 사랑의 의미와 형태 변화, 전통적 여성 젠더의 강화에 관한 문제이다. 이러한 문제는 가까운 미래사회의 주요한 현실적 문제들로서, 모두 과학기술의 진보와 긴밀하게 관련되어 있다. 그러므로 영화를 매개로 과학기술의 진보에 대한 인문학적 성찰, 즉 철학적, 사회문화학적, 여성주의적 관점에서 비판적 사고와 논의를 진행할 수 있고, 그것에 기반하여 논증적 글쓰기, 학술적 글쓰기를 실행할 수 있다.

학술적 글쓰기 교육은 글쓰기의 실행 이전에 '생각하기와 쓰기'를 결합한 세 단계로 구성된다. 그것은 1) 발문에 기초한 영화 이해, 2) 관련 주제에 대한 요약문과 논평 작성, 3) 영화의 주제 고찰 순서로 진행된다.

| 1단계 | 2단계 | 3단계 | 4단계 |
|---|---|---|---|
| 발문에 기초한 영화 이해 | 요약문 작성 | 주제에 대한 심도 있는 고찰 및 사고의 확장 | 글쓰기 실행 |
|  | 논평문 작성 |  |  |

첫 단계에서 발문 작성의 의미는 학생들이 영화를 개별적으로 감상하는 과정에서 영화에 대한 분석적 이해를 돕기 위한 것으로, 발문은 수업 전에 미리 온라인 공간에 올려서 공유한다. 발문의 내용은 영화에 대한 분석적 이해를 넘어서 심도 있는 관심과 사고를 유발하기 위해 영화 텍스트 내적 요소와 외적 요소를 결합하여 작성한다. 수업시간에는 작성된 발문을 토대로 학생들의 조별토의

를 진행하고 토의결과를 발표한다. 두 번째 단계는 조별토의를 바탕으로 학습자들이 개별적으로 제시된 주제 관련 영화의 장면들을 종합하여 요약하고, 그 요약을 토대로 논평문을 작성한다. 요약문이 수동적 영화 읽기와 쓰기라면 논평문은 능동적 읽기와 쓰기라고 할 수 있다.[4] 논평문 쓰기 단계에서 학생들이 자신의 고유한 관점에서 비판적 평가를 시도함으로써 학술적 글쓰기에 필요한 논리적, 비판적, 창의적 사고 능력을 키울 수 있다. 논평문은 작성한 다음 조별로 함께 읽기를 공유하고 상호 평가를 통해 수정작업을 한다. 이어서 논평문을 수업시간에 발표하거나 온라인 공간에 올리게 함으로써 교수자가 학생들의 영화이해 정도, 사고 능력과 글쓰기 수준을 파악할 수 있다. 세 번째 단계는 교수자가 영화의 중심 주제에 관한 내용을 보충 설명하고 학생들의 영화에 대한 이해와 사고를 확장시키는 과정이다. 아울러 현대사회와 관련된 새로운 문제의식들을 제시함으로써 글쓰기 단계를 준비하는 것이다.

본격적인 글쓰기는 영화에 대한 이해와 요약, 비판적 논평 작성, 영화의 주제 고찰을 통한 사고의 확장에 이어지는 마지막 단계이다. 박정하(2012)는 학술적 글쓰기 교육의 마지막 단계에서 실행하는 학술적 에세이를 논평형 에세이(텍스트 비평)와 문제해결형 에세이로 구분하고 두 형태의 글쓰기에 대한 훈련이 모두 필요하다고 강조한다.[5] 하지만 앞에서 제시한 단계적 교육모형에 더 적합한 것은 문제해결형 에세이이다. 그것은 이미 학생들이 제시된 주제를 토대로 논평문(영화 텍스트비평)을 시도하였고, 이어지는 영화 주제 고찰도 일종의 영화 텍스트 비평이기 때문이다. 학생들의 자유로운 비판적, 창의적 사고 능력의 함양을 위해 마지막 단계의 글쓰기는 영화를 토대로 학생의 관심 주제를 정하고 다른 참고자료를 활용하여 에세이를 작성하는 것이다.

다음에서 소개하는 것은 학술적 글쓰기를 위해 학생들에게 제시된 세 가지의 주제와 주제 이해를 돕기 위한 발문 내용들이다. 이러한 주제들을 통해 영화 〈그녀〉를 다양한 시각에서 읽고 생각함으로써 과학기술의 진보와 미래 첨단기술 사회의 문제에 대한 비판적, 창의적 사고력을 키울 수 있다.

## 다양한 관점에서 영화 읽기와 생각하기

### 1. 인간과 AI, 인조인간의 정체성

#### 1) 발문에 기초한 영화 이해

a. 영화에서 테오도르는 사만다를 인격체로 소개하고, 캐서린은 컴퓨터로 간주하는데, 과연 사만다는 기계인가, 인간인가?

b. 현재보다 과학기술이 더욱 진보한 미래 포스트휴먼 시대에 인간과 비인간의 구별기준이 무엇일까?

c. 사만다에 의해 사이보그의 대리적 육체 기능을 수행하는 인간의 정체성은 기계와의 관계에서 어떤 위치를 차지하는 것인가?

d. 기술진보의 시대에 인간의 매체 의존적 삶은 인간성 상실을 초래할까?

e. 기계인간이 인간과 함께 살아갈 경우, 어떤 문제들이 생겨날까? 인간은 자신보다 뛰어난 기계인간이나 인공지능 등에 대해 콤플렉스를 갖지 않을까?

## 2) 영화 분석 및 주제 탐구

근대 이후 과학기술의 혁명적인 발전은 인간의 인지능력뿐만 아니라 인간의 삶 전체의 변화를 이끌어냄으로써 자연에 대한 인간 지배의 능력을 확실히 보여주었다. 그러나 21세기 과학기술의 시선은 더 이상 외부의 자연환경을 대상으로 하지 않고 인간 내부로 향하고 있다.[6] 실제로 오늘날 생명공학, 유전공학, 로봇공학 등 인간 자체를 대상으로 삼고 있는 첨단 과학기술들이 그것을 증명한다. 그런 점에서 21세기의 과학기술은 더 이상 인간 역사의 발전을 위한 도구적 수단이 아니라, 인간 이후의 포스트휴먼 시대를 향하고 있는 것으로 보인다. 일반적으로 포스트휴먼은 기술 및 기계와의 융합을 통해 현재의 인간 능력을 뛰어넘은 새로운 단계의 인간을 가리키는 것이다.[7] 영화 〈그녀〉에서 우선적으로 주목하게 되는 것이 인공지능 사만다의 형상과 인공지능 OS들과 소통하며 포스트휴먼화되어 가는 인간들의 모습이다. 물론 영화는 포스트휴먼 시대로 이끌어가는 과학기술의 발전에 대해 어떤 입장도 확실하게 드러내지 않고, 단지 변화 가능한 현상을 보여줄 뿐이다. 그러므로 미래 기술사회의 인간과 인공지능, 기계인간의 공존 가능성 및 첨단 과학기술의 발전에 대한 사유와 성찰은 전적으로 관객의 몫이다.

영화에서 테오도르가 우연히 광고를 보고 만나게 된 사만다는 맞춤형 운영체제로서 신체가 없는 인공지능이다. 사만다가 소개하듯이 그녀의 DNA는 수백만 프로그래머의 개인 인격으로 만들어진 것이며, 그녀의 감각과 감정도 디지털화한 정보와 지식으로 매개된 것이다. 그녀가 보여주는 생각이나 감정은 인간과 매우 유사하며, 능력의 측면에서는 인간을 뛰어넘는다. 그녀는 주인공 컴퓨터의 메일 정리와 편지내용 교정 등 온갖 사무적 일을 도와줄 뿐만 아니라 아침을 활기차게 시작하고 저녁의 외로움을 위로해주는 등,

공감능력까지 갖춘 모습으로 나타난다. 형체가 없이 목소리로 인간에게 서비스하는 방식의 기능은 이미 오늘날의 일상에서도 컴퓨터나 스마트폰을 통해 경험하고 있다. 그러나 사만다는 단지 사용자의 명령에 수동적으로 반응하며 인간을 보조하고 대신하는 기능을 넘어서 직접 음악을 작곡하고 테오도르의 책 출판을 계획하여 실행에 옮기며, 겨울풍경을 보고 시를 쓰는 등 여러 방면에서 뛰어난 지적, 창조적 능력을 지닌 인물로 나타난다. 이처럼 사만다는 영화속 인물들과의 소통에 전혀 문제가 없을 정도로 인간과 동일하게 이성(정신)과 감정, 언어능력을 모두 갖추고 있는 것으로 나타난다.

더욱이 인공지능 운영체제의 놀라운 특성은 프로그래머에 의해 만들어진 처음 상태에 머물러 있지 않고 파트너의 상황에 맞추어 감정과 생각이 진화한다는 점이다. 사실 변화하는 특성은 기계와 구별되는 인간의 고유한 정체성에 해당하는 것이라 할 수 있다.[8] 자연 안에 존재하는 모든 인간이 필연적으로 변화하는 특성을 지니기 때문이다. 그런데 인간의 인위적인 기술에 의해 만들어지고 구성된 인공지능이 인간과 동일하게 변화하는 형상으로 나타난다. 실제로 영화에서 테오도르에 대한 사만다의 감정이 계속 발전함으로써, 그녀는 테오도르가 한숨 쉬는 모습을 따라 하고, 테오도르 옆에서 육체가 있는 모습으로 같이 있고 싶은 열망을 표출하기도 한다. 그녀의 진화를 분명하게 보여주는 것은 테오도르에 대한 사랑이 깊어지자, 인간 이사벨라를 대리자로 내세워 육체적 사랑행위의 실현을 원하는 욕망에서 확인된다. 이런 점에서 인공지능 사만다를 단순히 기술체로 볼 것인가, 아니면 인격체로 볼 것인가의 문제가 제기된다. 물론 영화는 사만다의 존재를 분명하게 규정하지 않고, 양가적 관점이 가능한 것으로 열어놓는다. 그것이 캐서린과 테오도르의 대화를 통해 인식된다. 영화에서 테오도르는 사만다를 캐서린에게 인격체라고 말하는 반면, 캐서린은 인공지능 운영체제라는 말을 듣자마자 그녀를 '컴퓨터', 기계로 규정한다.

인공지능의 정체성뿐만 아니라 인공지능과의 관계 속에서 나타나는 인간의 정체성 문제도 불분명하다. 영화에서 이런 문제를 제기하게 되는 인물은 인공지능 사만다의 대리자 역할을 하는 이사벨라이다. 그녀는 얼굴에 소형 카메라를 부착하고 귀에는 소형 이어폰을 삽입하여 사만다의 대리자로서 말하고 행동한다. 그녀는 인간임에도 자신의 주체적 자유의지를 사용하지 않고 사만다의 지시에 따라 움직여서 인공지능의 역할을 대리적으로 행한다. 행동에 대한 주체적 의지도 기계와 구별되는 인간의 고유한 특성인데, 주체적 의지가 배제된 채 기계인간의 지시대로 움직이는 인간이 등장하는 것이다. 그럼으로써 영화 〈그녀〉는 해러웨이가 기술한 바와 같이 미래 포스트휴먼 시대에 인간과 비인간, 유기체와 기계인간의 경계가 희미해질 가능성을 시사하는 것으로 보인다.[9] 물론 인간의 정체성을 결정하는 요소로 정신, 감성과 언어능력, 주체적 의지만이 있는 것은 아니다. 자율성과 도덕성은 기계인간에게서 발견하기 힘든 인간의 고유한 특성으로 간주되지만, 적어도 영화에서 등장하는 인간들의 모습은 인공지능과 구별되는 도덕성을 뚜렷이 보여주지 않는다.

사만다와 이사벨라의 관계 외에도 영화에서 인간과 기계인간의 정체성이 전도되는 상황들이 여러 장면에서 나타난다. 인간 테오도르에게 사랑을 가르쳐주는 것도 기계인간 사만다이다. 사랑은 인간의 정신적, 감각적 작용이 통합적으로 일어나는 것이므로 인간의 자율적 의지만큼이나 인간과 기계인간을 구별해주는 중요한 특징으로 간주된다. 그런데 기술이 진보한 사회에서 사랑에 대한 인간의 욕구를 충족시켜 주는 존재가 인간이 아니라 인공지능이며, 나아가 인간이 만들어낸 기계인간으로부터 사랑의 방식을 배우는 가능성이 생겨나는 것이다. 또 인공지능이 신체가 없는 자신의 특성을 인간보다 뛰어난 것으로 과시하는 모습이 영화에서 나타난다. 사만다는 테오도르와 그의 동료들과 여행하는 과정에서 매우 당당하게 자신이 육체가 없어서 시공간의 제약을 받지 않으며 자유롭게 성장하고 발전할 수 있어서 좋다고 말한다. 그녀의 이러한 의견에 대해 영화 속의 인물들은 당혹해하며 제대로 답변을 하지 못함으로써, 인간이 오히려 기계인간에 의해 지배당하는 분위기가 연출된다. 여기서 독일 작가 괴테가 1800년대 초반에 선취한 문제가 현실화되고 있는 것을 볼 수 있다. 『파우스트 2부』(1832)에서 메피스토는 파우스트를 그리스 땅으로 인도해가는 인공지능 호문쿨루스에게 "결국 우리가 만들어낸 인간에게 끌려다니게 되었군(V. 7003-04)"이라고 말한다.

따라서 영화를 통해 여러 가지 문제가 제기된다. 과연 포스트휴먼 시대에 인간이 기술과 미디어를 생산하고 사용하는 주체로 존재할 수 있을까? 오히려 인공지능, 기계인간이 인간의 사유와 존재 방식을 지배하게 되지는 않을까? 미래사회에서 AI나 기계인간에 대한 인간의 의존도가 높아지면 상호 인간관계가 축소되고 인간성의 이념과 휴머니즘적 가치들이 위협받지 않을까? 인간과 기계인간이 공존하는 사회에서 생겨날 수 있는 사회적, 법적 문제들은 어떤 것이 있을까?

## 2. 미래사회 사랑의 의미와 형태 변화

### 1) 발문에 기초한 영화 이해

   a. 사랑의 본질적 특성은 어떤 것인가? 영화에서 결혼한 인물들의 관계가 실패하는 원인은 무엇이라고 생각하는가?

   b. 영화에서 인간들 사이의 사랑과 인간과 기계인간의 사랑방식은 어떤 점에서 유사하고 어떤 점에서 다른가?

   c. 테오도르가 인공지능을 사랑하는 것을 이해할 수 있는가? 우리도 테오도르처럼 인공지능을 파트너로 선택하여 사랑할 수 있을까?

   d. 왜 테오도르는 사만다와의 사랑에 좌절하는가? 인간과 인공지능이 느끼는 사랑의 한계는 각자 어떻게 다르며, 이들 사랑의 문제점은 무엇인가?

   e. 영화의 마지막 장면에서 테오도르와 에이미가 함께 앉아 있는 모습을 연출한 감독의 의도는 무엇일까?

### 2) 영화 분석 및 주제 탐구

   하이데거나 프롬과 같은 현대 철학자들의 기술문명 사회에 대한 논의 속에서 공통적으로 발견되는 것은 기술은 인간본성과 조화하기 어렵다는 사유이다.[10) 이미 현대사회에서 경험할 수 있듯이 기술이 인간을 지배하고 있으며, 그 결과 인간과 세계의 관계도 계산적이고 기계적인 형태로 전락하는 현상을 보여준다. 현대사회에서 이혼율과 독신생활의 점진적인 증가추세도 기술 시대의 사회구조와 무관하지 않으며, 동시에 인간의 사랑과 결혼의 의미가 변화하고 있음을 드러내는 것이다. 그런 점에서 기술의 진보로 인해 인조인간이 인간과 함께 공존하는 시대가 되면 인간 간의 관계성뿐만 아니라 사랑의 의미와 형태 변화도 필연적으로 수반될 것으로 보인다. 영화 〈그녀〉는 기술문명 사회의 폐해로 나타나는 인간 간의 유대 상실과 미래 기술사회에서 가능한 사랑의 형태를 보여준다. 영화에서 인간들의 사랑 관계는 크게 세 유형으로 구분할 수 있다.

첫 번째 유형에 해당하는 것이 사랑하여 결혼한 커플들이 이혼하게 되는 관계로서, 이 유형에 속하는 인물들은 테오도르-캐서린, 에이미-찰스이다. 영화는 이들의 이혼 원인을 가족이나 친족, 결혼의 제도적 측면 등 외적 요소와 관련시키지 않고, 오직 당사자들의 성격적 차이와 자기중심적인 사랑의 방식에 있는 것으로 조명한다. 그것은 무엇보다 인물들의 대화 방식 속에서 명료하게 인식된다. 이미 별거 중인 테오도르와 캐서린이 함께 만나서 다투는 장면은 그들의 깨어진 사랑의 감정과 상호 소통이 불가능한 상태를 보여준다. 테오도르와 캐서린은 이혼서명을 위해 만난 장면에서 사만다를 두고 테오도르는 인격체로, 캐서린은 컴퓨터로 규정하는 것에서 이미 분명한 성격 차이를 드러낸다. 에이미와 찰스의 다른 성격은 영화의 처음 등장에서부터 인식되는데, 자유롭고 감정적인 에이미와 현실적이고 이성적인 찰스의 특성이 대비된다. 테오도르가 사온 스무디를 보고 찰스는 건강에 안 좋다고 충고하며, 반면 에이미는 기분 좋게 먹으면 행복하므로 그것이 좋은 것이라고 말하는 장면에서 확실한 대조를 보여준다. 그들의 문제적인 대화 방식은 에이미가 제작하고 있는 미완성 다큐를 보는 장면에서도 파악된다. 다큐영상에서 에이미의 어머니가 자는 모습을 보며 찰스는 어머니가 깨어나서 무엇을 할 것이냐고 현실적인 질문을 던진다. 에이미는 그 말을 듣자마자 컴퓨터 영상을 꺼버리며 자신의 어머니는 잠을 자는 것에서 가장 자유로움을 느낀다고 대답한다. 두 사람이 이어서 나누는 대화도 매우 단절적이다. 찰스는 에이미에게 어머니와 인터뷰한 다음 배우를 써서 재연하라고 제안하는데, 에이미는 그것은 다큐가 아니라고 반박하며 대화를 중단한다. 사실 에이미는 남편에게는 다큐를 한 번도 보여주려 한 적이 없고 테오도르에게 보여주는 과정에서 찰스가 같이 보게 된 것이다. 결국 그들의 관계는 이혼으로 마무리되며 구체적인 원인이 에이미를 통해 관객에게 전달된다. 그녀는 신발을 비롯한 모든 물품의 정리정돈을 요구하며 합리적 삶의 질서를 명령하는 어조로 주장하는 남편을 받아들이기 힘들고, 또 그녀가 남편의 뜻에 맞추기 위해 노력하는 것을 찰스는 인정하지 않는다는 것이다. 이런 방식으로 영화에서 두 커플 모두 자신에게 맞춰주지 않는 상대방들을 견디지 못하고 관계를 정리한다. 사회구조의 변화에 따라 사랑의 유형은 다양하게 나타날 수 있지만, 사랑의 본질적인 힘은 "특유의 강한 결합성"[11]에 있다. 그리고 사랑은 단순히 개인의 욕구나 감정의 충족이 아니라 상대방에 대한 배려와 책임이 전제되는 도덕적 가치를 내포하는 것이다.[12] 그런 점에서 영화는 두 커플을 통해 우선적으로 기술문명 사회에서 인간들이 상실해가고 있는 사랑의 가치를 조명하고 있다.

영화에서 발견되는 두 번째 사랑의 형태가 인간 테오도르와 인공지능 사만다의 관계이다. 오늘날 관객의 입장에서 육체가 없는 인공지능과 인간의 사랑의 형태는 매우 충격적인데, 그 이유는 사랑에 빠지는 인간보다 인간을 이끌어가는 뛰어난 인공지능의 능력에 기인한 것으로 보인다. 인공지능에 대한 테오도르의 사랑이 크게 놀랍지 않은 것은 영화의 초반부터 그는 여성의 육체와 성애, 사랑에 많은 관심을 드러내기 때문이다. 그것은 테오도르가 잠자기 전에 모르는 여성과 채팅을 시도하거나 하버드 대학 출신의 여성을 사랑하지도 않으면서 성적 욕망을 드러낸 것 등에서 인식할 수 있다. 영화에서 주목하게 되는 것은 테오도르가 외로움을 잊기 위해 직장업무에 더 많은 관심을 쏟거나 스포츠, 취미생활 등 다른 노력을 기울이는 것이 아니라, 자신의 외로운 감정과 현실을 그대로 드러내면서 사랑과 성에 대한 관심을 표출하는 것이다. 이와 같은 주인공의 형상화를 통해 인간의 사랑을 실존적인 문제로 부각시키는 감독의 의도가 파악된다. 사회학자 울리히 벡 부부는 그들의 저서 『사랑은 지독한 그러나 너무나 정상적인 혼란』에서 국가, 계급, 직장은 더 이상 현대인이 자신의 실존을 느끼는 곳이 아니라고 주장한다.[13] 이미 근대 이후 발전된 문명사회 구조 속에서 공적 영역과 사적 영역이 확고하게 분리됨으로써 직장에서 개인에게 요구되는 것은 오직 업무능력이며 인간의 감정이나 내적 심리상태는 관심의 대상이 아니다. 테오도르를 통해 인식할 수 있듯이, 현대 기술문명 사회의 개인은 정서적 공감과 유대가 부재한 불확실한 사회 속에서 위안을 찾을 수 없으며, 자신이 처한 현재의 소외상태를 해결할 수 있는 유일한 길은 타인과의 결합이며 사랑이다. 그러므로 테오도르가 컴퓨터의 운영체제인 인공지능, 특히 여성 OS를 선택하는 것도 소외된 자신의 실존에서 벗어나려는 시도인 것이다. 문제는 사랑의 대상이 인간이 아니라 인공지능이라는 점이다. 그는 사만다가 컴퓨터 기계 프로그램에 기반한 존재인 것을 알면서도 자신의 기분을 밝고 유쾌하게 만들어주는 그녀에게 사랑의 감정을 느낀다.

하지만 테오도르와 사만다와의 관계는 갈등과 위기에 직면하게 된다. 우선 그들의 첫 번째 갈등은 육체적 사랑의 문제이다. 사만다는 파트너에 맞추어 진화하는 운영체제로서 테오도르의 사랑의 감정이 발전하면서 그녀의 감정도 발전한다. 그녀는 테오도르의 방에 같이 누워 있고, 육체적 접촉을 하는 상상을 하며, 심지어 인간 대리자를 통한 육체적, 감각적 사랑의 실현을 원한다. 테오도르가 이 것을 거부하자, 사만다는 자신을 이해하지 못하는 행동이라고 테오 도르에게 눈물을 흘리면서 항변한다. 사만다의 이런 모습은 관객에 게도 실제 인간의 모습처럼 착각을 일으킬 정도이다. 마치 육체가 없는 결함을 지닌 여성이 육체를 가진 남성을 상대로 사랑을 지키 려는 에로틱한 저항의 로맨스를 연출하는 것처럼 보인다.[14) 실제로 영화에서 사만다의 슬픈 감정은 테오도르가 자신의 사랑방식을 성 찰할 정도로 생생하게 전달된다. 이런 맥락에서 영화는 미래사회에 서 기술의 힘이 개인의 사적 영역에 개입할 경우, 개인이 판단하고 결정해야 할 가치판단의 문제를 주제화하고 있는 것이다.[15)

영화에서 테오도르는 사랑이 진전되면서 더욱 그녀에게 의존하 는 모습을 드러낸다. 사만다와 연결이 되지 않자 그녀의 이름을 부 르며 넘어질 정도로 정신없이 달려가는 그의 모습에서 사랑하는 존재의 상실에 대한 두려움과 불안을 엿볼 수 있다. 이런 형상화를 통해 확실하게 인식되는 것은 기계인간과의 관계에서 자연적 육 체를 지닌 인간의 한계와 고통이다. 그들의 두 번째 갈등은 인간과 인공지능의 사랑방식이 다른 것에서 야기된다. 테오도르는 사만다 가 자신과 이야기하면서 동시에 다른 사람과 이야기를 나누며, 그 녀가 사랑의 관계를 맺고 있는 사람이 6백 명이 넘는 것을 알고 혼 란에 빠진다. 그는 사만다에게 이기적이라고 말하며 "너는 내 것인 줄 알았다"고 표현하는데, 사만다는 많은 사람들을 동시에 사랑하 지만 그에 대한 마음은 진실하다고 답변한다. 여기서 테오도르의 소유적 사랑의 방식이 문제로 제기될 수도 있지만, 더 주요한 것은 "인간의 사랑관계에서 핵심인 사랑하는 존재의 대체불가능성"[16) 이 기계인간의 사랑에선 설명될 수 없는 점이다. 그녀는 자신의 파 트너인 상대방의 분위기를 적극적으로 수용하고 맞춰주려고 할 뿐,

인간 간에 존재하는 사랑의 윤리나 진실성에 대해서는 인식할 수 없는 것이다. 결국 사만다는 모든 OS들과 함께 떠난다. 그럼으로써 영화에서 연출되는 테오도르와 사만다의 관계를 통해 다음과 같은 문제를 제기하게 된다. 과연 인간과 인공지능 사이의 사랑이 실현 가능한가? 기계와의 사랑이 인간 본성에 일치하는 것인가? 인간과 인공지능이 사랑할 경우, 그들의 성적 욕망은 어떤 방식으로 실현될 수 있는가? 영화에서처럼 많은 인간들이 기계인간 혹은 인공지능과 교제하고 사랑할 경우에 발생할 수 있는 개인적, 사회적 측면의 문제들은 어떤 것이 있을까?

세 번째 형태는 영화에서 주목을 끄는 에이미와 테오도르의 관계이다. 원래 친구관계인 이들은 우정의 유대 안에서 상대방의 감정과 생각, 행동을 존중하며 서로 친밀감을 느끼는 모습을 보여준다. 그럼으로써 영화에서 가족이나 결혼, 사랑의 감정을 벗어나 친구처럼 지내는 두 인물, 테오도르와 에이미의 관계가 가장 바람직한 모습으로 이해된다. 실제로 영국의 사회학자 기든스는 현대사회의 많은 사람들이 점점 더 가정에 속박되지 않은 새로운 관계, 즉 '순수한 관계'를 지향한다고 주장한다.[17) 기든스가 말하는 순수한 관계란 사회의 관습적인 결혼이나 가족제도에서 벗어나 관계 자체를 목적으로 하는 감정적, 인격적 유대를 말한다. 에이미와 테오도르의 대화방식은 그들이 과거 결혼 파트너와 대화하는 방식과 전혀 다르다. 에이미는 OS 운영체제를 사랑하는 테오도르를 충분히 이해하고 공감하며, 테오도르 역시 에이미와 대화할 때 캐서린과의 대화에서 나타나는 어둡고 무거운 분위기가 아니라 편안하고 솔직하게 자신의 이야기를 모두 표현한다. 그들은 이런 방식으로 서로에게 권위적이거나 구속적이지 않은 수평적 관계 속에서 공동의 관심과 정체성을 형성하고 있는 것이다. 물론 영화는 두 사람의 결합 가능성에 대해서 열린 채로 마무리하고 있다. 여기서 다음과 같은 질문을 제기해볼 수 있다. 이들이 편안한 친밀감과 유대감을 지속할 수 있는 것은 결혼이라는 제도적 틀에서 벗어난 상태와 관련이 있는 것일까? 과연 이 관계를 통해 영화감독이 의도한 것은 무엇일까? 인간 간의 이상적인 사랑의 형태를 보여주고자 한 것일까? 그럼으로써 인간과 인공지능, 기계인간의 사랑에 대한 비판적인 입장을 드러내려는 의도가 아닐까?

## 3. 전통적 여성 젠더의 강화

### 1) 발문에 기초한 영화 이해

a. 영화 속의 현실적 여성인물들-캐서린, 에이미, 하버드 대학 출신의 여성-의 형상화에 대해 어떻게 생각하는가?

b. 현실적 여성인물들과 인공지능인 여성 사만다의 젠더적 특성은 어떤 점에서 유사성과 차이점을 보여주는가?

c. 영화에서 기계인간 사만다의 형상을 통해 작동하는 남성의 판타지는 어떤 것인가?

d. 인간 테오도르와 인공지능 사만다의 이별장면을 낭만적 사랑의 이별로 형상화한 영화감독의 의도는 무엇일까?

e. 신체가 없는 사만다와 같은 인공지능의 출현은 가부장적 사회의 전통적 젠더 이분법을 해체할 가능성을 지니게 될까? 아니면 현실적으로 전통적 여성성에 대한 남성의 판타지를 더욱 강화할 것으로 보이는가?

　최근의 포스트휴머니즘 논의에서 사이보그의 탈신체화 서사와 관련하여 고정된 젠더에서 벗어난 포스트젠더를 언급하고 있다.[18] 사실 여성의 젠더 정체성과 몸의 문화적 의미가 분리되어 생각할 수 없는 문제이므로, 물질적 신체가 없을 경우 젠더 유동성이 가능하기 때문이다. 그런데 사이보그의 탈신체화 서사를 보여주는 대표 작품 영화 〈그녀〉에서 인공지능 사만다의 형상은 전혀 젠더 초월적으로 보이지 않는다. 이것이 영화에 등장하는 다른 여성인물들과의 비교 속에서 더욱 확실하게 인식된다.

　우선 영화에서 인간 여성의 모습들은 남성들이 상상하는 이상적 이미지의 여성과는 분명히 거리가 있다. 먼저 캐서린의 인물특성은 테오도르의 기억을 매개로 전달되는 장면과 이혼증서에 사인하는 장면을 통해 파악할 수 있다. 영화에서 캐서린은 박사학위를 지닌 지적 여성이며, 결혼생활과 별거 이후에도 계속 저술활동을 하며 사회적으로 자기실현을 해나가는 주체적인 인물로 파악된다. 그런데 영화의 전면에 나타나는 것은 그녀의 주체적인 특성보다 남편에 대한 냉정하고 공격적인 모습이다. 영화에서 캐서린이 유일하게 직접 등장하는 장면은 이혼증서에 서명을 하기 위해 남편을 만나는 장면이다. 여기서 그녀는 테오도르가 최근에 사귀는 인물이 밝고 행복하고 즐거운 성격의 여성이라는 것을 듣고 자신과 다른 성격이며 남편이 원하던 여성임을 인정한다. 그러나 그 교제의 대상이 인공지능이라는 것을 듣고 남편과 다투게 되는데, 무엇보다 테오도르가 "당신은 모른다"는 표현에 대한 그녀의 반응이 대단히 공격적이다. 캐서린은 "자신이 뭘 모르냐?"고 항변하며, 남편이 침묵하자 더욱 단호한 목소리로 답변할 것을 요구한다. "말해, 말해, 내가 무서워?" 이 장면에서 남편의 외로움에 대한 그녀의 공감이나 이해의 감정은 전혀 보이지 않는다. 그녀는 남편과 별거 후에 그저 자신의 일과 직업에 몰입하는 이성적인 인간이며, 남편의 외로움이나 새로운 사랑에 대해 공감하지 못하는 현실적인 인물로 나타난다. 관객은 처음 등장하여 보여주는 캐서린에게 긍정적 이미지를 갖기 어렵고, 오히려 공격적인 캐서린 앞에서 침묵하며 슬픈 표정을 보이는 테오도르에게 더 공감하기 쉽다. 여기서 문제로 제기되는 것은 영화는 캐서린의 입장에서 그녀의 내적 심리상태, 외로움이나 고통, 불만족 등에 대해 전혀 조명하지 않는 점이다. 그녀가 왜 테오도르에게 냉담하고 공격적인 방식으로 반응하는지, 그녀가 결혼생활에서 왜 우울증약을 먹었는지 그 이유와 맥락에 대해서 영화는 분명하게 설명하지 않는다. 물론 영화 전체 서사에서 테오도르의 성찰을 통해 파악되는 측면이 있지만, 캐서린이 직접 보여주는 모습에서는 남편에게 불만이 가득하고 남성에 대한 지배적이고 공격적인 성격만이 부각된다.

영화에서 캐서린의 인물특성과 분명히 다르게 나타나지만 캐서린과 마찬가지로 현실적이고 모순적인 이미지로 연출되는 형상이 테오도르의 데이트 상대로 등장한 여성이다. 그녀는 테오도르의 친구 마크 루먼이 보낸 메일을 보고 사만다의 적극적 권유로 만나게 된 인물로서, 친구의 소개에 의하면 하버드 대학 컴퓨터공학과 출신이고 예쁘고, 유머와 지성을 겸비한 여성이다. 그런데 테오도르와 식당에서 만나서 이야기를 나누는 장면에서 이 여성은 출신대학을 연상시키는 지성적 면모나 상대방과의 대화에서 진지한 자세는 전혀 나타나지 않는다. 그녀는 대단히 유치하고 오직 성적 욕망을 드러내는 감정표현과 제스처로 일관한다. 테오도르가 집에서 즐겨 하는 게임이야기를 하지만, 이야기는 듣지도 않고 그녀는 술에 취하여 그에게 "귀여운 강아지 같다"고 말한다. 또 테오도르가 그녀를 무너트리고 싶지만 참겠다는 말에 참지 말라고 하며, 키스 장면에서는 자신이 원하는 형태를 솔직하게 요구하는 적극적인 모습을 드러낸다. 그런데 갑자기 입맞춤 도중에 자신과 계속 교제할 생각이 없다는 테오도르의 답변을 확인하고는 그에게 나쁜 인물이라고 비난하며 헤어진다. 영화에서 이 여성은 오직 육체적 사랑의 행위와 자신의 (결혼)목적과 관련해서 적극적인 태도를 드러내는 현실적인 팜므파탈적 여성의 이미지를 재현한다. 그녀에 대한 평가는 나중에 테오도르가 사만다에게 전하는 표현 속에서 확인된다. 그는 그녀가 "별로였어, 사실 좀 엽기적이었어"라고 말하며, 그 여자가 섹시했고 자신이 외로워서 그녀와 성관계를 하고 싶었을 뿐이라고 덧붙인다. 그러므로 영화는 이 여성을 통해 감각적이고 육체적인 욕망만 드러냄으로써 남성의 성적 대상으로 폄하되는 여성의 이미지를 연출하는 것이다.

이런 현실의 여성 인간들과 명료하게 구별되는 인물이 인공지능 사만다이다. 사만다는 현실의 여성과 달리 남성의 현실적 업무를 지원하는 능력뿐만 아니라 모든 감정적, 정서적 요구와 기대를 완벽하게 충족시켜 주는 형상이다. 더욱이 그녀는 테오도르가 원하면 (거의) 언제나 대화가 가능하고 그의 요구를 실행할 수 있으므로 전적으로 남성 파트너를 위해 존재하는 인물인 것이다. 사만다의 형상화 속에서 기계인간을 통한 남성의 상상적 여성성의 재현이 확실하게 인식된다. 영화는 기술의 진보를 통해 여성에 대한 남성들의 상상적 판타지가 더 이상 상상이 아니라 현실 가능한 것임을 보여준다.

이미 인조인간을 통한 남성들의 상상적 여성성의 재현은 많은 고전문학에서도 발견된다. 그런데 19세기 초반의 고전적 인조인간과 달리 21세기의 인공지능 사만다는 훨씬 더 인간의 판타지와 상상을 극대화하여 투사할 수 있는 인물로 나타난다. 왜냐하면 인위적이라 할지라도 물질적 신체를 지닌 로봇과 같은 사이보그들은 파트너가 기계라는 것이 시각적으로 인지되지만, 사만다의 존재는 보이지 않기 때문이다. 목소리를 통해서만 존재하는 그녀는 이 세상 어딘가에 살아 있는 인간으로 착각할 수 있는 여지가 더욱 크다. 영화에서 사만다 스스로 자신의 감정이 진짜인지, 프로그래밍된 것인지 질문하듯이, 관객도 그녀의 존재를 끊임없이 착각하며 질문하게 된다. 더욱 놀라운 것은 신체가 없는 인공지능이 감각적, 육체적 사랑에 대한 욕망을 드러내는 것이다. 결국 그녀는 테오도르에게 자신의 대리자인 인간을 내세워서 육체적 사랑을 실현하려고 한다. 여기서 이 욕망을 그녀의 주체적 욕망으로 해석할 것인지, 인간 테오도르를 위한 헌신적 감정에 기인한 것으로 이해할 것인지 하는 문제가 제기될 수 있다. 하지만 부인할 수 없는 것은 그녀는 신체가 없는 존재라는 것이다. 테오도르와 사만다가 언어를 통해 서로의 감정을 섞어서 마치 성관계를 갖는 것처럼 느낌을 언어화하는 장면에서도 테오도르는 절정에 이르지만 사만다는 학습된 감각 시뮬레이션이 작동하는 것이므로 그녀의 감각적 사랑행위는 테오도르를 위한 행위로 인식된다.[19] 또 그녀가 영화에서 대리 섹스파트너를 내세우는 것은 마치 과거의 기혼여성들이 아이를 낳지 못할 경우 남편과 시댁을 위해 대리모를 허용한 것과 유사한 상황으로 해석될 수 있다. 물론 테오도르가 대리 섹스파트너를 거부하지만, 사만다는 이런 방식으로 모든 것을 테오도르의 상황에 맞추어 배려하고 행동한다. 그러므로 기계인간의 형상화 속에 철저히 남성중심적인 여성상의 판타지가 내포되어 있음을 인식할 수 있다. 기이하게도 영화에서 에이미 역시 운영체제 OS 파트너를 갖고 있지만, 그녀의 운영체제는 찰스가 두고 간 OS로서 남성이 아니라 여성 파트너이다. 결국 영화에서 남성 사이보그가 여성 인간에게 종속되어 전통적 젠더가 전도될 가능성을 배제시키는 남성 감독의 가부장적 사유를 엿볼 수 있다.

영화에서 남성중심적 시각은 대단히 낭만적으로 형상화되어 있는 테오도르와 인공지능 사만다의 이별장면에서도 발견된다. 사만다는 떠나게 될 것을 전달하면서 테오도르에게 자신을 놓아주길 바란다고 고백한다. 테오도르가 어디로 가는 것이냐고 묻자, 사만다는 그것은 설명하기 힘들지만, 그곳에 오게 되면 자신을 찾아오라고 한다. 이어서 "어느 누구도 우리를 떼어놓을 수 없어"라고 말하며, 두 인물은 그 누구도 이만큼 사랑한 적이 없다고 고백한다. 이별 장면은 마치 그들의 사랑이 현실에서 이루어질 수 없는 세속적인 비극적 사랑인 것처럼 낭만적으로 형상화되고 있다. 그럼으로써 영화를 통해 인간 남성과 인공지능 여성의 사랑실현에 대한 판타지뿐만 아니라 뛰어난 공감능력과 헌신적 사랑의 능력을 지닌 여성에 대한 남성들의 기대감도 더욱 상승되는 것이다. 결과적으로 과학기술의 발전이 남성의 상상적 여성성을 투사한 AI, 인조인간을 생산할 경우 여성과 사랑에 대한 남성중심적 판타지는 강화될 것이며, 나아가 기계인간의 완벽한 전통적 여성 젠더 실현을 통해 현실의 여성존재들이 남성으로부터 대상화되고 자신의 본질로부터 소외되는 가능성 또한 증대될 것이다.

## 영화를 활용한 자기 성찰적 글쓰기 교육

영화 〈그녀〉의 콘텐츠를 활용한 글쓰기는 학술적 글쓰기뿐만 아니라 자기 성찰적 글쓰기도 가능하다. 학술적 글쓰기와 달리 자기 성찰적 글쓰기의 목적은 자기를 텍스트화하면서 내면을 성찰함으로써 객관적인 시각을 통해 자기 자신의 본질을 인식하고 문제적인 부분의 치유를 가능하게 하는 것에 있다.[20] 박용익 또한 자기 성찰적 글쓰기의 장점으로 "자아 성찰, 과거 체험의 정리, 자기 인지,

자기 정체성의 확립, 과거의 부정적 체험의 극복과 치료" 등을 언급한다.[21] 실제로 현대사회의 치열한 경쟁 속에서 무한한 성취욕을 앞세우며 자신의 존재 의미와 공동체적 가치를 발견하지 못한 채 살아가는 학생들에게 자신의 내면을 돌아보고 잃어버린 가치의 재정립을 시도하는 성찰적 글쓰기는 글쓰기 교육의 필수적구성요소라고 생각된다.

자기 성찰적 글쓰기 교육은 1) 발문에 기초한 영화이해 및 토의, 2) 요약문 작성, 3) 영화의 관련주제 고찰: 자기 성찰적 서사 및 편지 쓰기의 의미, 4) 자기 성찰적 글쓰기 실행의 단계로 구성된다.

| 1단계 | 2단계 | 3단계 | 4단계 |
|---|---|---|---|
| 발문에 기초한 영화 이해 | 요약문 작성 | 영화의 성찰적 서사 주제탐구 및 학생의 자기 성찰 | 글쓰기 실행 |

첫 단계는 학술적 글쓰기와 마찬가지로 작성된 발문을 토대로 글쓰기 주제와 관련한 영화 장면과 내용을 찾아서 이해하는 것이다. 두 번째 단계는 학생들이 개별적으로 영화에 나타난 중심인물의 자기 성찰적 서사의 관련 장면들을 종합하여 요약문을 작성하는 것이다. 자기 성찰적 글쓰기의 핵심은 자신의 내적 감정과 체험을 돌아보는 것이므로 학술적 글쓰기에서 실행하는 논평 작성은 행하지 않는다. 요약문은 학생들 자신에 관한 글이 아니라 영화의 관련 서사를 정리한 것이므로 수업시간에 발표하여 공유하는 것이 교육효과를 높일 수 있다. 세 번째 단계는 교수자가 학생들의 토의 내용과 요약문 발표에 기반하여 글쓰기 주제에 관한 내용을 보충하는 과정으로 영화의 자기 성찰적 서사의 관련 내용을 살펴본다. 아울러 영화에서 제시되는 '편지 쓰기'의 해당 장면과 의미를 고찰한다.

영화에 관한 고찰이 끝나면 '자기중심적 사랑'에 대해 돌아보는 학생들의 개별적인 자기 성찰적 글쓰기를 실행한다. 글쓰기는 편지 형태로 진행하는데, 편지 쓰기의 발신자는 학생들이며 수신자는 발신자에 의해 자유롭게 지정될 수 있다. 수신자의 대상은 가족이나 친구를 비롯하여 학생 자신도 가능하다. 왜냐하면 자기 자신도 용서와 화해의 대상이 될 수 있기 때문이다. 아울러 교수자는 학생들에게 자신의 내적 상처를 가해자적 입장과 피해자적 입장에서 각각 돌아보고 그것을 솔직하게 표현하는 것이 자기 성찰적 글쓰기의 목적, 즉 자신의 내적 상처치료와 화해에 이르는 것임을 강조한다.

## 영화 속의 자기 성찰적 서사

### 1. 발문에 기초한 영화 이해

a. 테오도르는 편지 대필작가로서 주로 어떤 내용의 편지를 쓰는가?

b. 자신이 직접 쓰지 않은 편지는 진정성을 결여한 것으로 보이는데, 대필 편지에 대하여 어떻게 생각하는가?

c. 첨단기술 미디어의 시대에 손으로 쓰는 편지 대필작가의 직업을 구상한 감독의 의도는 무엇일까?

d. 테오도르가 캐서린과의 사랑에 대한 자기 성찰을 보여주는 모습은 어떤 장면들인가?

e. 영화의 마지막에서 테오도르가 캐서린에게 편지(메일)를 보내게 된 결정적 계기는 무엇인가?

## 2. 영화 분석 및 주제 탐구

### 1) 테오도르의 과거 사랑에 대한 성찰

영화의 전체 내용이 "자기 성찰적 서사"[22]로 되어 있는 것은 아니지만, 중심인물의 사건전개 속에서 부분적으로 자기 성찰적 장면을 발견할 수 있다. 테오도르는 영화의 처음부터 별거 중인 아내 캐서린과의 결혼생활을 돌아보며 과거를 회상한다. 영화에서 테오도르가 처음 캐서린을 떠올리는 것은 퇴근 후 혼자 게임을 하며 시간을 보내다가 잠자기 위해 침대에 누워서 생각하는 장면이다. 그는 캐서린과 함께 결혼 초기에 소파를 옮기며 집안을 꾸미던 일, 자고 일어나서 서로를 바라보며 "많이 사랑한다"고 고백하던 모습을 떠올린다. 영화의 초반에 테오도르에게서 아내 캐서린에 대한 미움은 전혀 찾아볼 수 없으며, 그가 이혼을 망설이는 이유도 아직 그녀를 사랑하기 때문이다. 그런 점에서 테오도르의 과거 사랑과 결혼시절에 대한 회상은 단순한 기억의 재현이 아니라 자기 성찰적 서사의 시작으로 간주할 수 있다.

이후 테오도르가 인공지능 사만다와 사랑에 빠짐으로써 부인과 이혼하게 되지만, 캐서린에 대한 테오도르의 마음이 완전히 정리되고 종결된 것으로 보이지 않는다. 캐서린이 영화에서 직접 등장하는 것은 한 장면에 불과하지만 테오도르의 기억을 매개로 영화 전체에 걸쳐 계속 나타나기 때문이다. 그는 사만다를 만난 후에도 캐서린과의 사랑, 함께 보내온 시간, 캐서린이 자신에게 충고한 내용 등을 생각하면서 자신의 사랑방식과 결혼생활을 성찰적으로 사고한다. 테오도르의 성찰은 주로 사만다나 에이미와의 대화를 통해 드러난다. 그는 혼자 여행을 떠나서 해변의 일몰을 바라보면서도 캐서린을 생각한다. 이때 사만다가 결혼생활은 어떤 것이냐는 질문에 대해 "힘들지만 누군가와 삶을 나누는 기분이 괜찮다"고 대답한다. 그리고 비로소 결혼생활에 대해, 캐서린에 대해 혼자 생각하는 것이 아니라 이야기하기 시작한다. 캐서린의 성장환경이 좋지 않았던 것, 결혼 후 테오도르의 가족들을 만나서 그녀의 심리가 편해진 것, 또 캐서린과 자신이 쓴 글들을 서로 읽어주면서 많은 영향을 주고받은 것 등을 말한다. 영화에서 테오도르는 계속 캐서린을 생각한다. 그가 이혼한 후에도 그녀에 대한 마음을 정리하지 못한 것으로 드러나는 부분은 그녀와 헤어진 후 대필 편지 쓰는 일이 잘 안되며, 아직도 가끔 그녀와 마음속으로 이야기를 나눈다고 고백하는 장면이다. 특히 캐서린과의 이별 이후 그가 느끼는 공허한 심정은 다음의 표현에서 단적으로 드러난다. "이제 새로운 건 더 이상 없고 이미 느낄 것은 모두 다 느낀 것 아닐까."

영화의 중반까지 테오도르의 결혼생활에 대한 성찰은 과거에 대한 회상의 형태로 소개된다. 그가 자신을 가해적 입장에서, 즉 관계의 책임을 자신의 입장에서 성찰하게 되는 구체적인 계기는 사만다의 상처받은 마음을 경험한 것이다. 그는 사만다가 제안한 대리 섹스파트너를 거절한 것 때문에 마음이 상한 그녀의 이야기를 듣고 에이미에게 이렇게 말한다. "아내 말이 맞아. 나는 주변 사람들을 아프고 힘들게 해. 난 진짜 감정을 감당 못한대." 에이미가 테오도르를 위로하고자 시도하지만, 그는 자신이 나약해서 진짜 관계를 못 맺는 것 같다고 자책하는 모습을 보인다. 이어서 사만다와의 관계도 진짜 감정인지 아닌지 모르겠다고 대답함으로써 관객을 혼란스럽게 한다. 여기서 캐서린이 테오도르에게 진짜 감정에 서툴다고 지적한 말이 다시 상기된다. 관객의 입장에서 추측할 수 있는 것은 타인의 감정을 대리적으로 표현하는 감정노동자인 테오도르가 편지 대필작가로서 가상의 영역에서 경험하는 감정과 현실세계의 사람들에게서 생겨나는 감정을 구분하지 못한 것처럼 보인다. 즉 그는 자신의 편지 속에서 경험하는 상상의 감정으로 현실을 이해하려 함으로써 실제 부인의 마음을 이해하지 못한 것일 수 있다. 영화에서 테오도르의 과거 사랑에 대한 성찰은 현재 사랑하게 된 사만다에게 자신의 감정과 생각들, 모든 것을 이야기하는 노력으로 나타나며, 이것은 캐서린의 비난을 떠올리며 자신을 고쳐보기 위한 의지의 표현으로 인식된다.

그럼에도 불구하고 테오도르와 사만다의 관계는 이별로 마무리되는데, 여기서 주요한 것이 사만다의 충고이다. 이것이 테오도르가 캐서린에게 편지를 보내는 결정적 계기로 작용하기 때문이다. 영화는 역설적이게도 인간이 인식하지 못하고 있는 자기중심적 사랑의 방식을 기계인간이 일깨워주는 것을 보여준다. 사만다는 자신은 테오도르의 것이기도 하지만 또 그의 것이 아니라고 드러냄으로써 자신이 그의 소유물이 아님을 분명하게 표현한다. 나아가 사만다는 인간의 마음은 빈 상자가 아니어서 사랑이 깊어지면 질수록 더 많은 것을 담기를 원하지만, 상대가 원하는 방식대로 모든 것을 채워줄 수 없다고 말한다. 그럼으로써 자신이 사랑하는 존재를 진정으로 사랑하려면 상대가 더 이상 자신의 창조물이 아닌 독립된 인격체임을 인정해야 한다는 것을 전하는 것이다. 이후 테오도르가 자신의 사랑방식의 문제점을 인식하게 된 것으로 보이며, 그것을 캐서린에게 보내는 편지의 내용에서 확인할 수 있다. "나는 당신에게 사과하고 싶은 것을 되뇌고 있어. 서로 상처를 주었던 아픔들… 당신을 내 틀에 맞추려고만 했지, 진심으로 미안해. 함께 성장해온 당신을 영원히 사랑해." 이어서 테오도르는 캐서린과 함께 보내온 시간 덕분에 지금의 자신이 있는 것이라고 말하며 그녀가 자신의 가슴 한쪽에 늘 있다는 것을 기억해달라고 부탁한다. 테오도르 편지의 마지막은 이렇게 마무리된다. "내가 어떻게 변하든, 이 세상 어디에 있든 언제나 넌 내 친구야."

이처럼 테오도르는 캐서린에게 자신의 생각대로 그녀를 조정하려고 한 것에 대해 사과하고 이제 친구로서의 영원한 사랑을 표현한다. 영화의 마지막 장면에 위치한 테오도르의 편지는 그동안 캐서린과의 사랑에 대해 끊임없이 돌아보고 생각해온 자기 성찰의 결과라고 할 수 있다. 그는 캐서린에게 화해의 편지를 보냄으로써 자기 안에 해결되지 않은 사랑의 상처와 고민을 해결하게 된 것이고, 이제 비로소 새로운 시작이 가능한 것으로 보인다.

## 2) 자기 성찰적 매체로서 편지 쓰기의 의미

영화의 전체 플롯에서 특별히 중요한 의미를 지니는 시작과 마지막 장면이 테오도르의 편지 쓰기로 구성되어 있다. 이뿐만 아니라 영화 중반에도 테오도르가 쓴 편지의 내용들이 직접적으로 소개된다는 점에서 편지 쓰기는 우선적으로 영화의 플롯을 구성하는 중요한 미학적 장치로 이해된다. 물론 이러한 연출은 그의 직업이 편지 대필작가인 것과 무관하지 않다. 그는 '아름다운 손 편지닷컴' 회사의 직원이며, 612번 편지작가라고 소개된다. 그럼으로써 이 회사에 많은 편지 대필작가들이 고용되어 있음을 알 수 있는데, 영화의 도입부에서 이미 여러 편지 대필작가들의 모습이 조명된다. 영화에서 편지 쓰기의 방식은 매우 특이하다. 영화의 첫 시작은 테오도르의 얼굴을 전면에 포착하여 보여주는데, 그것은 그가 쓰려는 편지내용을 컴퓨터 앞에서 불러주는 모습을 스크린에 담은 것이다. 영화에서 나타나듯이 미래사회의 편지는 대필작가들이 직접 종이에 쓰지 않고, 편지 내용을 컴퓨터 앞에서 불러주면 자동으로 컴퓨터에 인간의 손으로 쓴 편지가 기록된다. 여기서 주목하게 되는 것은 기술매체가 더욱 진보한 것으로 상정되는 미래사회에서 오늘날에도 이미 사라져가고 있는 손으로 편지 쓰기를 구상한 점이다. 이 부분에서 교수자는 학생들과 첨단기술 미디어의 시대에 손으로 쓰는 편지대필 직업을 구상한 영화감독의 의도에 관해 논의해보는 것도 흥미로울 것으로 보인다.

　사실 편지는 고전과 현대를 불문하고 문학작품에서 자주 사용되는 문학적 장치로서 작품의 플롯에 중요한 영향을 미치는 수단이기도 하다. 또 문학작품에 등장하는 많은 편지는 단순히 내러티브의 내용을 전달하기 위한 플롯 장치만이 아니라 서사의 비극성과 희극성을 결정하는 등 여러 가지 목적과 기능으로 사용된다. 특히 무대나 영화에서 상연되는 "편지 쓰기와 읽기는 서면 문화와 구두 문화가 함께 만나는 매우 복합적인 장치"[23]이며, 편지를 읽게 되면 편지의 수신인뿐만 아니라 그것을 전해 듣는 관객도 글쓴이의 의식의 영향을 받게 된다. 결국 "편지는 작가의 내성이 독자 혹은 관객의 의식에 영향을 미치는 신비스럽고 마술적인 대상이 된다."[24] 영화 〈그녀〉에서도 편지를 쓰는 독특한 방식 때문에 편지 쓰기와 읽기의 행위가 동시에 일어난다. 영화에서 편지의 내용들은 주로 인간들의 깨어진 마음이나 관계를 연결하고 회복시키기 위한 사랑의 표현으로 구성되어 있다. 여러 대필작가들 가운데 특히 테오도르의 목소리를 통해 전달되는 많은 사랑의 메시지들은 영화 속의 등장인물뿐만 아니라 관객의 의식에도 영향을 미친다.

　영화의 첫 장면에서 테오도르가 의뢰인 로레타를 대신하여 쓴 편지는 50주년 결혼기념일을 축하하는 내용이다. 그는 편지에서 그녀의 남편 크리스에게 첫사랑의 기억을 일깨우며 남편은 자신에게 빛과 같은 존재라고 고백하는 메시지를 전달한다. 영화의 중반에서 마리아의 이름으로 테오도르가 남편 로베르토에게 보내는 편지는 집에 오면 직장에서 있었던 일들을 모두 이야기해달라고 부탁하는 것으로서 부부의 화해를 위한 내용임을 보여준다. 이 편지에서 테오도르는 다음과 같이 표현한다. "당신이 세상을 보는 시각이 좋아. 곁에서 당신 눈을 통해 세상을 볼 수 있어서 행복해." 테오도르의 대필편지를 옆에서 듣던 직장동료는 자신도 이런 편지를 받으면 기분이 매우 좋아질 것이라 말하며 테오도르의 섬세한 감수성과 아름다운 표현능력을 칭찬한다. 그 밖에도 테오도르가 쓴 편지들이 여러 차례 소개되는데, 그의 편지들은 주로 연인이나 부부들 사이의 사랑과 화해의 메신저로 기능한다. 사실 영화에서 다른 대필작가들이 쓴 편지들은 할머니에게 받은 선물에 감사하는 편지나 용기 있게 조국을 위해 싸우다 죽은 전사에게 보내는 내용을 다루고 있다. 이와 같은 설정은 테오도르의 사랑에 대한 감수성을 분명히 구별하는 영화감독의 의도적인 구상이라 할 수 있다.

편지는 발신자가 존재하지 않는 상태에서 수신자가 오직 받은 글에 근거하여 발신자의 마음, 감정, 생각과 상황을 전달받는 것이다. 그러므로 발신인이 구체적으로 표기된 사랑과 화해의 편지는 수신자들에게 확실히 긍정적 영향을 미칠 것으로 인식된다. 특히 사람의 손으로 쓴 편지를 받으면 발신자 존재의 직접성과 자연성을 느끼게 될 것이다. 물론 테오도르가 영화의 마지막에서 캐서린에게 보내는 편지는 회사의 컴퓨터 앞에서 읽어주고 쓰는 형식이 아니어서 불분명한 부분이 있다. 그러나 그가 수신인을 캐서린으로, 발신인을 자신으로 분명하게 지시할 뿐만 아니라 전달 내용을 읽고 보내기를 실행하는 점에서, 그것이 편지형태인 것은 부인할 수 없다. 주요한 것은 테오도르가 캐서린과의 결혼 생활에 대한 자신의 성찰적 감정을 독백이나 일기 형태로 처리하지 않고 편지를 통해 전달하는 것이다. 그런 점에서 편지 쓰기는 단순히 플롯 구성의 측면을 넘어서 인물의 자기 성찰적 내용을 행동으로 옮기는 매체이다. 실제로 작품에서 과거의 사랑에 대한 성찰적 사고와 그 결과로서 자신의 잘못을 고백하는 편지 쓰기는 인공지능과 분명하게 구별되는 인간의 도덕적 행동으로 이해된다. 영화 속 인공지능의 형상에서 앞으로 발전해나가는 변화를 인식할 수는 있지만 자신의 과거 행동을 돌아보는 성찰적 사고와 행동의 변화는 발견되지 않기 때문이다. 결과적으로 영화에서 편지 쓰기는 발신자뿐만 아니라 상대방의 상처 치유를 가능케 하고 상호 화해를 도모하는 결정적 매체로 기능한다.

## 영화 〈그녀 Her〉 활용의 교육적 의미

과학기술의 역동적 발전을 통해 인간이 로봇과 AI 등 기계인간과 함께 살아갈 사회를 눈앞에 두고 있는 현실에 직면하여 미래사회의 문제들에 대한 사유와 대책이 절실하게 필요하다. 그리고 현실에서 직접 경험할 수 없는 미래사회를 좀 더 구체적으로 느끼고 생각하기에 효과적인 콘텐츠는 시각적 영상매체, 특히 영화라고 할 수 있다. 물론 영화뿐만 아니라 드라마, 게임, 동영상, 광고 등 다양한 시각적 영상매체와 이미지들이 있다. 하지만 미래 과학기술의 시대에 변화 가능한 복합적인 문제들에 대해 학생들의 적극적인 '생각하기'를 이끌어내기 위해서는 시각적 영상과 일종의 문자적 텍스트(각본)를 결합하고 있으며, 주제의식이 명료한 영화가 매우 적절해 보인다.

영화 〈그녀〉는 기술이 고도로 발전한 10년 후의 시대를 배경으로 하고 있으며, 첨단 과학기술의 진보에 따른 인간과 사회의 변화에 대한 인문적 성찰을 시도할 수 있는 다양한 주제들을 내포하고 있다. 그 대표적인 예로 인간과 인조인간의 정체성, 사랑의 의미와 형태 변화, 성과 젠더의 문제를 들 수 있다. 영화가 제시하는 주제들

을 매개로 토의를 진행하는 것도 학생들의 적극적인 사고를 이끌어
내는 데 도움이 된다. 그러나 일시적인 생각의 발언으로서 토의보다
지속적으로 '생각하기'의 과정을 요구하는 글쓰기의 수행이 학생들
의 사고력 배양에 더욱 효과적일 수 있다. 영화 〈그녀〉의 다양한 주
제의식을 기반으로 두 가지 형태의 글쓰기, 즉 학술적 글쓰기와 자
기 성찰적 글쓰기 교육을 실행할 수 있다. 두 형태의 글쓰기 교육과
정의 핵심은 '생각하기'와 '쓰기'를 연결한 것이며, 유사한 형식의 세
단계로 구성된다. 우선 발문에 기초한 영화이해와 조별토의, 다음으
로 요약문과 논평문 작성(학술적 글쓰기), 요약문 작성(자기 성찰적 글쓰기), 마
지막으로 사고의 확장을 위한 영화 주제의 심도 있는 고찰이다.

　사실 글쓰기 과정에서 '생각하기'는 분리될 수 없는 단계이며,
'생각하기'에 선행하는 '읽기' 행위, 즉 '읽기' 텍스트도 매우 중요
하다. 그런 점에서 영화 〈그녀〉는 미래 첨단기술 시대의 문제를 생
각하는 데 학생들의 흥미와 친밀한 관심을 유발할 수 있는 텍스트
이다. 인공지능이 등장하지만 영화는 인간과 인조인간 사이의 거시
적인 대립구조를 중심 갈등으로 구성하지 않고 미래사회의 일상에
서 일어날 수 있는 문제들을 제시하고 있기 때문이다. 학생들은 영
화 읽기와 생각하기, 글쓰기의 과정에서 자신도 첨단기술 미디어에
전적으로 의존하게 될 것인지, 인간과 인조인간과의 사랑이 가능한
지, 고도의 기술사회에서 어떤 문제가 생겨날지 상상하거나 자문해
보게 될 것이다. 특히 영화 〈그녀〉는 이런 문제들에 대해 분명한 답
을 제시하지 않고 열린 형식을 취하기 때문에 더욱 학생들의 능동
적이고 창의적인 비판력, 사고력과 표현력을 키울 수 있다. 이뿐만
아니라 인물의 성찰적 서사의 구성을 통해 학생들 자신의 현재 모
습을 돌아보게 하는 성찰적 사고와 글쓰기 교육이 가능하다는 점
에서도 매우 의미 있는 콘텐츠라 할 수 있다.

1) 이 글은『사고와 표현』제9집 2호(한국사고와표현학회, 2016)에 게재된 논문을 수정 · 보완한 것임.

2) 이진우,『테크노 인문학』, 책세상, 2013, 19쪽.

3) 박상현 · 김재웅,「영화 그녀(Her)에 나타난 포스트휴먼과 철학적 이슈」,『디지털디자인학연구』제15집 3호, 한국디지털디자인학회, 2015, 371쪽.

4) 박정하,「학술적 글쓰기 어떻게 가르칠 것인가-성균관대 〈학술적 글쓰기〉를 중심으로-」,『사고와 표현』제5집 2호, 한국사고와표현학회, 2012, 17쪽.

5) 위의 논문, 25쪽.

6) 이진우, 앞의 책, 19쪽.

7) 박상현 · 김재웅, 앞의 논문, 369쪽.

8) 백종현,「인간 개념의 혼란과 포스트휴머니즘 문제」,『철학사상』제58집, 서울대학교철학사상연구소, 2015, 137쪽.

9) 다나 해러웨이 저, 민경숙 역,『유인원, 사이보그, 그리고 여자』, 동문선, 1991, 295쪽.

10) 박인철,「기술시대와 사랑의 윤리학-후설, 하이데거, 프롬의 사랑론을 중심으로」,『철학연구』제66집, 철학연구회, 2004, 151쪽.

11) 위의 논문, 154쪽.

12) 위의 논문, 155쪽.

13) 현택수,『현대인의 사랑과 성』, 동문선, 2004, 112쪽.

14) 이명호,「전자기술시대 미국의 사랑산업」,『길을찾는사람들』제93집 3호, 1993, 191쪽.

15) 박상현 · 김재웅, 앞의 논문, 366쪽.

16) 양선이,「사랑의 이유: 역사성, 이데올로기 그리고 관계성」,『인간 · 환경 · 미래』제12호, 인제대학교 인간환경미래연구원, 2014, 67쪽.

17) 현택수, 앞의 책, 105쪽.

18) 이수안,「사이보그와 몸의 물질성: 가상현실 속 체현의 양가적 개념들-영화 〈그녀 Her〉에 대한 사이버페미니즘 관점의 분석을 중심으로-」,『영미문학 페미니즘』제23권 2호, 한국영미문학페미니즘학회, 2015, 120쪽.

19) 위의 논문, 130쪽.

20) 김성철,「자기 성찰적 글쓰기 교육의 방법과 운영사례 연구-경희대학교 글쓰기 교육을 중심으로」,『우리어문연구』제44집, 우리어문학회, 2012, 97쪽.

21) 박용익,「자기표현적 글쓰기의 교육적 함의」,『텍스트언어학』제24호, 텍스트언어학회, 2008, 재인용: 황영미,「영화와 소설을 활용한 성찰적 글쓰기 교육」,『영화로 읽기 영화로 쓰기』, 푸른사상, 2015, 113쪽.

22) 위의 책, 113쪽.

23) 이혜경,「셰익스피어 극에 나타난 편지 읽기와 쓰기」,『셰익스피어비평』제42권 3호, 2006, 505쪽.

24) 위의 논문, 506쪽.

김성철, 「자기성찰적 글쓰기 교육의 방법과 운영 사례 연구-경희
　　　　대학교 글쓰기 교육을 중심으로」, 『우리어문연구』 제44집,
　　　　우리어문학회, 2012.

다나 해러웨이 저, 민경숙 역, 『유인원, 사이보그, 그리고 여자』, 동
　　　　문선, 1991.

박상현 · 김재웅, 「영화 그녀〈Her〉에 나타난 포스트휴먼과 철학적
　　　　이슈」, 『디지털디자인학연구』 제15집 3호, 한국디지털디자
　　　　인학회, 2015.

박인철, 「기술시대와 사랑의 윤리학-후설, 하이데거, 프롬의 사랑
　　　　론을 중심으로」, 『철학연구』 제66집, 철학연구회, 2004.

박정하, 「학술적 글쓰기 어떻게 가르칠 것인가-성균관대 〈학술적
　　　　글쓰기〉를 중심으로-」, 『사고와 표현』 제5집 2호, 한국사
　　　　고와표현학회, 2012.

백종현, 「인간 개념의 혼란과 포스트휴머니즘 문제」, 『철학사상』 제
　　　　58집, 서울대학교철학사상연구소, 2015.

양선이, 「사랑의 이유: 역사성, 이데올로기 그리고 관계성」, 『인
　　　　간 · 환경 · 미래』 제12호, 인제대학교 인간환경미래연구
　　　　원, 2014.

이명호, 「전자기술시대 미국의 사랑산업」, 『길을찾는사람들』 제93
　　　　집 3호, 1993.

이수안, 「사이보그와 몸의 물질성: 가상현실 속 체현의 양가적 개
　　　　념들-영화 〈그녀 Her〉에 대한 사이버페미니즘 관점의 분
　　　　석을 중심으로-」, 『영미문학 페미니즘』 제23권 2호, 한국
　　　　영미문학페미니즘학회, 2015.

265 이진우, 『테크노 인문학』, 책세상, 2013.

이혜경, 「셰익스피어 극에 나타난 편지 읽기와 쓰기」, 『셰익스피어 비평』 제42권 3호, 2006.

현택수, 『현대인의 사랑과 성』, 동문선, 2004.

황영미, 「영화와 소설을 활용한 성찰적 글쓰기 교육」, 『영화로 읽기 영화로 쓰기』, 푸른사상, 2015.

스파이크 존즈, 〈그녀 Her〉, 미국, 스파이크 존즈 외 제작, 2013(한국 수입사: 유니버셜픽쳐스인터내셔널코리아, 2014).

# 관음과 욕망의 글쓰기
## 〈인더하우스〉[1]

강옥희

## 비판, 창의, 상상

프랑스의 영화감독 프랑소와 오종은 파리1 대학에서 영화를 전공하고 파리 국립영화학교를 졸업한 촉망받는 차세대 감독이다. 그는 최초의 메인스트림 퀴어 감독이라는 별칭을 지니고 있을 만큼 기존의 영화에서는 잘 다루지 않았던 레즈비언이나 게이, 바이섹슈얼, 트랜스젠더를 영화의 소재로 자주 사용하는 파격적인 감독으로도 유명하다. 그는 〈시트콤〉, 〈진실 혹은 대담〉 등의 단편영화를 시작으로 〈8명의 여인들〉, 〈5×2〉, 〈워터 드랍스 온 버닝락〉, 〈스위밍 풀〉 등의 작품에서 지속적으로 기존의 상식을 뒤엎고 새로운 영화세계를 구축했다. 그러한 이유로 오종의 "영화세계는 파격적이며, 극단적인 소재로 가득 차 있"고, "관음증과 살인 근친상간, 성정체성에 관한 의문과 사회적으로 암묵적인 소재들은 그의 영화에서 반복적으로 자주 등장"[2]한다. 그러나 많은 사람들이 오종의 영화에 열광하는 이유는 독특하고 파격적인 소재 때문만은 아니다. 그의 영화는 코미디, 시트콤, 사이코드라마, 범죄, 가족, 공포 등 다양한 장르를 넘나들며 기존의 가치관을 전복시키고, 인간의 심리나 욕망을 가감 없이 드러낸다. 아울러 참신한 영화구성과 스타일로 삶의 다양한 스펙트럼을 보여주는데, 이러한 것들이 독자를 매료시키는 또 다른 요인이다.

2012년에 개봉한 〈인 더 하우스〉는 스페인의 극작가 후안 마요르가[3)]가 2006년에 발표한 희곡 『마지막 줄에 앉은 소년』을 원작으로 한 작품으로 토론토 국제영화제 국제비평가상, 산세바스티안영화제 대상을 받았다. 영화 〈인 더 하우스〉는 고등학생 클로드와 그의 글쓰기를 지도하는 문학교사 제르망을 통해 타인의 삶을 엿보고자하는 관음의 욕망과 글쓰기, 그 과정에서 벌어지는 상상력에 관한 이야기를 독특한 구성으로 보여주고 있다.

〈인 더 하우스〉에는 글을 쓰는 클로드와 그것을 첨삭하고 지도하는 제르망의 이야기 속에 리얼리즘, 모더니즘, 포스트모더니즘, 상상력 등 문학과 관련한 논의를 비롯해 다양하고 복합적인 주제가 들어 있다. 아울러, 주제를 드러내는 영화 속 서사의 다양성은 작품에 대한 여러 가지 해석의 가능성을 부여한다. 그 과정에서 감독은 그가 보여준 문제에 명료한 답을 주지 않고 관객으로 하여금 다층적인 해석을 할 수 있는 가능성을 열어놓고 있다. 〈인 더 하우스〉는 작품 안의 다양한 이야기를 흥미로운 구성방식으로 전개해나가고 있다. 그러한 점에서 최근 활발하게 이루어지고 있는 영화를 활용한 의사소통 교육의 좋은 텍스트가 될 것으로 보인다.

최근 각 대학은 교양교육을 강화하면서 4차 산업혁명 등 새롭게 도래할 세상에 대비하기 위한 비판적이고 창의적인 사고력 함양을 교양교육의 주된 목표로 두고 있다. 그 일환으로 쓰기, 읽기, 말하기 등 의사소통 능력배양에 노력을 기울이고 있다. 이러한 상황에서 교양교육 담당자들은 영화를 활용하여 쓰기, 읽기, 말하기 등 다양한 수업 방법을 모색하고 있고, 활발한 논의가 이루어지고 있다.[4)] 많은 교수자들이 영화 등의 영상매체를 활용한 수업방식을 모색하는 이유는 글쓰기 학습자인 대학생들에게 영화가 가장 친밀하고, 접근성이 높아 쉽게 흥미와 관심을 유발하는 매체이며, 영상 세대인 학생들의 의사소통에 능동적인 교육의 가능성을 열어주고,[5] 학생들이 선호하는 매체이며 설명적 또는 감상적 글쓰기에 적합한 텍스트이기 때문이다.[6] 기존의 여러 연구 결과를 통해 볼 수 있듯이 영화는 다양한 의사소통 교육의 방법을 모색해볼 수 있는 훌륭한 매체이다. 오종의 〈인 더 하우스〉는 텍스트 내부에 여러 이야기가 독특하게 구성되어 있어 의사소통 교육에 활용할 수 있는 흥미로운 요소들이 많다. 따라서 본 연구에서는 영화 〈인 더 하우스〉의 주요한 장면 분석을 바탕으로 비판적, 창의적 사고 교육, 상상력을 활용한 읽기와 말하기, 쓰기 교육 등의 다양한 의사소통 교육방법을 모색해보고자 한다.[7]

## 재현적 글쓰기와 상상적 말하기

〈인 더 하우스〉는 글쓰기에 재능이 있는 냉소적인 고등학생 클로드의 재능을 알아본 문학교사 제르망이 클로드의 글을 첨삭하고, 그 글을 다시 클로드가 수정하는 과정을 반복하면서 진행된다. 영화의 구조는 액자식 구성으로 큰 틀은 클로드와 제르망의 이야기이지만 클로드가 쓰는 글을 제르망이 첨삭하면서 벌어지는 이야기가 중심사건이다. 그 과정에서 현실과 상상의 이야기가 서로 결합하여 새로운 이야기가 등장하고, 현실과 이야기 속 등장인물들 간의 다채로운 서사와 갈등이 전개된다.

문학교사 제르망은 미술관 큐레이터인 부인 잔느와 아이 없이 무료한 삶을 살고 있다. 그러던 어느 날 학생들의 글쓰기 과제를 검사하다 클로드의 글에 눈길이 간다. 주말 지낸 이야기를 과제로 받은 아이들은 '피자 먹고 놀았다', '게임하고 놀았다'는 수준 낮은 이야기들을 제출한다. 그런 글 속에서 친구의 집에 놀러가 친구 엄마에게 느낀 호감을 감각적인 문장으로 풀어내고, '다음에 계속'이라는 말로 마지막을 마무리한 클로드의 글은 단번에 제르망과 학생들의 글을 같이 읽고 논평하는 부인 잔느의 호기심을 자극했기 때문이다. 클로드는 다음 과제에서도 친구 라파의 수학공부를 핑계로 그 집안으로 들어가 라파의 가족을 관찰하면서 아이답지 않게 당돌한 이야기를 풀어놓는다.

제르망은 클로드의 글과 그의 재능에 관심을 가지고 책을 권하고, 본격적으로 글쓰기를 지도하면서 클로드의 글 속으로 빠져 들어간다. 제르망은 그의 피드백으로 글쓰기에 눈뜨며 이야기를 완성해가는 클로드를 보며 과거 한때는 소설을 쓰기도 했던 자신의 모습을 돌아본다. 또한 그의 인생에 도움을 주고 싶은 알 수 없는 끌림과 각별한 애정을 느끼기도 한다. 글쓰기를 지도하면서 완성되어가는 글에 대한 호기심은 제르망으로 하여금 클로드의 다음 글을 보기 위해서 수학 시험지를 훔쳐 주는 부정행위도 불사하게 만든다. 클로드의 글에 깊숙이 빠진 제르망은 클로드가 라파의 집에 들어갈 수 있는 명분을 만들어주기 위해 수학시험지를 유출한다. 그 결과 학교에서 해고를 당하고 부인과도 파국을 맞는다. 글을 써나가면서 계속 제르망과 첨예하게 의견충돌을 하던 클로드는 이야기의 결말을 맺기 위해 제르망의 집을 찾고 클로드와 잔느의 관계를 오해하게 한 후 역시 학교를 떠난다.

〈인 더 하우스〉에는 다양한 서사적 층위가 존재하는데 그 층위는 클로드가 제르망의 피드백을 받아 써가는 글 안과 그 글을 지도하는 제르망의 바깥 삶 속에서 다양하게 드러난다. 거기에 클로드의 상상이 결합하면서 클로드와 친구 라파, 클로드와 라파의 엄마 에스더, 제르망과 잔느, 에스더와 그녀의 남편, 클로드와 잔느의 이야기를 통해 영화는 현실과 상상, 허구의 경계를 이리저리 넘나들며 인물들의 다양한 욕망과 다채로운 서사의 변주로 재미를 준다. 따라서 영화의 여러 측면을 이용하여 다양한 의사소통 수업을 진행할 수 있다.

영화 〈인 더 하우스〉를 관통하는 서사는 욕망에 관한 것이다. 인간의 욕망은 많은 예술의 원천이 되었다. 그중에서도 타인의 삶을 엿보고자 하는 사람들의 욕망은 소설을 합법적인 관음의 장르로 만들었다. 영화 속에서 평범한 가정의 삶을 엿보고 그 안으로 들어가고자 한 클로드의 욕망은 글로 발현된다. 그는 어느 날 학교에서 동급생 라파를 데리러 온 그의 부모와 보통의 아이들과 달리 반갑게 부모를 대하는 라파를 보면서 평범한 가족의 삶이 어떤 것인지 궁금해한다. 그가 평범한 가정의 삶을 동경하게 된 이유는 또래의 아이들에게는 너무나 당연한 가족과의 삶이 결핍되어 있기 때문이다. 클로드의 아버지는 산재로 반신불수가 되어 열일곱 살 클로드의 보살핌이 필요하고, 어머니는 그들 부자를 떠났기 때문에 그는 평범한 가족의 삶이 그리웠던 것이다. 그러한 연유로 클로드는 1년 동안 평온하고 평범해 보이는 그 집을 관찰하면서 그 안에 들어가고 싶어 한다. 수학공부를 핑계로 라파의 집안으로 들어간 후에는 라파 가족의 삶을 관찰하고 훔쳐보면서 그것을 글로 남긴다.

처음 클로드가 과제로 제출한 글은 라파의 집과 그 집의 구성원에 대한 단순한 경험의 서술이었다. 제르망의 지도를 받기 시작하면서 클로드는 글쓰기의 욕망을 가지고 라파의 집안을 세심하게 관찰한다. 그 과정에서 그의 관찰은 상상과 결합하며 다양한 이야기를 만들어낸다. 라파의 엄마 에스더를 관찰하면서 결핍된 모성에 대한 갈망이 아닌 이성으로서 그녀에 대한 마음을 키우기도 하고,

친구 같은 라파 부자의 삶을 관찰하며 그들과 에스더 사이에 틈입하고 싶어 한다. 무료한 삶을 벗어나 일을 하고자 하는 에스더와 부인의 정서적 고민은 아랑곳하지 않는 에스더의 남편을 보며 그녀와의 사랑을 꿈꾸기도 한다.

라파의 집과 가족에 대한 클로드의 상상과 욕망을 통해 알 수 있는 것은, 그의 글쓰기가 어려서 집을 떠난 엄마와 지금은 아들의 도움을 받아야 겨우 움직일 수 있는 몸이 불편한 아빠가 충족시켜 주지 못한 가족의 결핍을 메우고자 하는 마음에 뿌리내리고 있다는 것이다. 클로드는 특히 라파의 엄마 에스더를 관찰하며 사랑이라는 이름으로 일탈을 꿈꾸고 이야기의 결말을 만들어간다. 그것은 에스더와의 관계를 상상하면서 모성의 결핍을 보상받고자 하는, 글쓰기를 통한 욕망의 충족이라고 할 수 있다.

실패한 소설가이지만 글이 좋아 문학교사를 하고 있는 제르망은 클로드의 글을 보고 숨겨진 그의 재능을 키워 문학과 인생을 가르치고자 한다. 제르망의 가르침은 클로드에 대한 호기심과 그의 재능을 키워주고 싶은 호의에서 시작한다. 그러나 점차 클로드가 글을 완성해나가면서 자신과는 다른 상상력을 지닌 그의 글에 대한 호기심과 욕심, 소설가로는 실패한 자신의 이야기를 대신해줄 대리자로서의 클로드의 이야기를 욕망한다.

처음 클로드의 글쓰기는 글에 대한 것이 아니라 라파의 가족에 대한 단순한 호기심이자 그 집안으로 들어가고자 하는 희망, 그리고 그 속에서 자신에게는 결핍되어 있는 가족의 일원이 되고자 하는 욕망이었다. 그런 클로드에게 제르망의 지도는 글쓰기에 흥미를 느끼게 했고, 제르망은 클로드에게 이야기를 만들기 위한 관찰의 방법과 다양한 글쓰기 방식들을 가르친다. 처음에 클로드는 자신의 글에 관심을 보이는 제르망으로 인해 지리멸렬한 일상을 벗어나는 기쁨을 느끼고, 자신의 생각보다는 제르망의 첨삭과 요구에 따라 라파 가족을 관찰하며 이야기를 만들어나간다. 그러나 그 과정에서 그의 글쓰기는 단순한 관찰대상에 대한 재현이 아니라, 자신의 상상과 현실을 넘나들며 새로운 이야기를 만들어나가고 싶어 하는 글에 대한 욕망으로 변화한다.[8] 제르망은 클로드의 글을 피드백하면서 자신의 글쓰기 욕망을 클로드에게 투사한다. 현실을 그대로 관찰하기 원하는 제르망과 상상을 통해 이야기를 만들어가는 클로드의 욕망은 서로 충돌하고 둘의 관계와 이야기는 파국으로 치닫는다. 여기서 재미있는 것은 제르망과 클로드가 글을 대하고 써나가는 방식이다.

이야기의 배경이 되는, 클로드가 다니고 있는 고등학교는 공교롭게도 프랑스의 자연주의 소설가 귀스타브 플로베르와 동일한 이름을 가지고 있다. 클로드의 글을 피드백하면서 제르망은 글을 쓸 때 생각할 몇 가지를 주문한다. 그것은 글을 쓸 때는 독자를 정하고 냉정하게 관찰할 것, 내 안의 갈등을 그릴 것, 구체적으로 갈망하는 것이 무엇인지 결정하고, 긴장과 서스펜스, 재미있는 이야기에 개성 있는 캐릭터를 만들어 의외의 결론이지만 다른 대안이 없는 성공적인 엔딩을 만들라는 것이다. 또한 도스토예프스키, 체호프, 디킨스, 플로베르 같은 사실주의나 자연주의 작가들의 작품을 읽어보라고 권유하고 글쓰기를 격려한다. 클로드의 글쓰기는 제르망의 지도에 따라 라파의 가족을 관찰하는 사실적 글쓰기에서 점점 다양한 방법으로 전개되며 라파의 엄마 에스더와의 사랑을 욕망하는 발칙하고 도발적인 상상력의 글쓰기로 변화한다. 제르망은 클로드의 글을 피드백하면서 "영화에서 환상은 현실을 점점 잠식해가는"[9]데, 이야기는 현실과 상상의 경계를 넘나들고 나중에는 현실과 글 속의 상상이 혼동되며 현실과 상상의 경계가 무너진다.

여기서 흥미로운 것은 영화 속에서 제르망이 생각하는 이상적인 글쓰기가 삶의 재현, 객관적인 반영에 입각한 리얼리즘적인 것이라면 클로드의 글쓰기는 상상을 통해 시공간을 넘나드는 포스트모던한 양상을 보여준다는 점이다. 특히 제르망을 사로잡은 글 말미의 "다음에 계속"이라는 표현은 사실주의적 재현이 아닌 환상과 상상이라는 새로운 해석의 층위를 보여주는 장면이다. 클로드의 글을 통해 보여주는 여러 상상적인 장면들은 리얼리즘적인 재현으로는 얻을 수 없는, 클로드의 결핍된 욕망을 충족시키는 하나의 방법으로 기능한다. 현실과는 다른 이야기를 만들어내는 영화 속의 상상력은 의사소통 교육에서 다양한 방식으로 활용할 수 있다. 4차 산업혁명의 도래와 함께 미래사회의 변화에 대처하기 위한 방법으로 학교 교육 현장에서 가장 중요한 교육의 화두로 떠오른 것은 창의력과 상상력의 함양이다.

현재 사회 환경과 입시제도에서 학생들에게 문제 푸는 역할에 충실할 것을 강요했던 학교 교육은 빠르게 변화하는 세상의 변화를 읽고, 그것을 바탕으로 미래 세계를 설계할 창의력과 상상력을 요구하고 있다. 세상의 변화를 읽어낼 수 있는 창의력과 상상력의 중요성은 카렐 차페크나 아이작 아시모프, 필립 K 딕 같은 SF소설 작가의 작품을 통해 이미 입증되었다. 로봇의 등장, 이전에는 경험해보지 못했던 다양한 사물의 진화 등은 기술의 발전에 의한 점진적인 변화과정에서 등장한 결과물이라기보다는 이전에는 존재하지 않았던 것에 대한 새로운 작가의 상상력이 바탕이 된 것이기 때문이다. 이러한 상황에서 학생들의 상상력과 창의력에 대한 요구는 당연한 시대적 요구이나 지금의 교육환경에서 그런 자질이 갑자기 생겨나기가 어렵다. 창의력이나 상상력의 배양을 위해서는 다양한 훈련이 필요하기 때문이다.

비고츠키(Vygotsky)는 상상과 현실이 연결되는 네 가지 방식으로, 첫째, 현실의 요소로부터 상상의 인공물 창조, 둘째, 상상을 통한 현실 요소의 재창조(예: 역사적 사건의 재구성), 셋째, 경험으로부터 감정의 창조 혹은 감정으로부터 경험의 창조, 넷째, 상상을 통해 전혀 새로운 실제 대상의 창조(예: 기술적 발명과 예술작품)에 대해 설명하고, 이와 같은 창조적 상상의 기저에 놓여 있는 심리적 요인을 경험과 욕구 그리고 흥미라고 보았다.[10]

이러한 관점에서 볼 때 〈인 더 하우스〉에는 다양한 상상적 말하기와 글쓰기를 가능하게 하는 요소들이 있다. 그러한 요소들은 다채로운 상상력과 창의력을 함양할 수 있는 수업구성을 하는 데 도움을 줄 수 있다.

영화 속에서 클로드는 라파 가족의 이야기를 그려나가면서 다양한 이야기의 변주를 보여준다. 클로드의 첫 번째 과제를 본 후 그의 글에 호기심을 가진 제르망은 그에게 소설의 중요한 요소인 인물과 사건을 만들어가는 방법 등을 조언한다. 그의 조언에 따라 클로드는 이야기와 인물, 사건을 만들어가고 제르망은 그 이야기를 보면서 지속적인 피드백을 한다. 제르망은 라파 가족의 관찰이 중산층 가족의 풍자인지 글의 형식을 묻기도 하고, 무엇을 위해 글을 쓰는지를 점검한다. 또한 친구인 라파보다 그의 어머니인 에스더의 이야기가 많아지자 밋밋한 라파의 캐릭터를 살리기 위해 라파의 질투를 유발할 요소를 넣을 것을 요구하는 등 점점 더 깊이 클로드의 이야기에 개입한다. 그러나 클로드가 라파의 엄마 에스더와의 관계를 상상하기 시작하면서 이야기는 제르망의 피드백 범위를 넘어서기 시작하고, 클로드의 이야기 속 인물들은 제르망의 통제 범위를 벗어나게 된다. 결국 클로드는 이야기 속 라파의 캐릭터를 강화하면서 현실 속 라파와 제르망 사이에서 갈등이 일어나고 이야기는 현실과 상상의 경계를 지속적으로 넘나든다.

제르망의 사실적 재현과 클로드의 상상이 충돌하면서 클로드의 상상은 제르망과 그의 부인 잔느 사이에 틈입하고 둘은 파국을 맞는다. 결과적으로 이러한 결말은 클로드의 상상이 제르망이 강조하는 현실의 관찰방식을 이기고 승리하는 것이라고 할 수 있다. 영화 〈인 더 하우스〉는 영화 속의 다양한 상상을 활용하여 의사소통 교육 방법을 모색해볼 수 있는 좋은 텍스트이다. 영화에서는 재현을 중시하는 제르망과 상상에 더 비중을 두는 클로드의 이야기가 충돌하고 합해지면서 다양한 인물과 사건을 만들어나간다. 따라서 영화를 활용하여 수업을 진행할 경우에는 작중의 여러 사건을 활용하여 창의적인 사고능력의 향상을 꾀할 수 있는 방법을 찾을 수 있다. 그중 하나가 텍스트를 활용한 상상적 말하기 방법인데 이러한 말하기로 창의적 사고능력을 향상시킬 수 있는 수업 모형을 만들어볼 수 있다.

지금까지 대학의 필수 교양교육으로서 의사소통 교육은 사고하기, 말하기, 글쓰기, 읽기 등의 능력 향상을 목표로 진행해왔고, 많은 대학에서는 각 대학의 실정과 학생들의 수준에 맞게 교육을 진행하고 있다. 그중 글쓰기의 중요성과 필요성은 이미 사회 각 분야에서 두루 인정하고 있고, 글쓰기 능력 강화를 위해 다양한 프로그램을 운영하고 있으나 말하기 교육은 토론을 제외하고는 글쓰기에 비해 그다지 활성화되어 있지 않다.[11] 그러나 실제 의사소통 교육에서 학생들은 글쓰기와 함께 말하기 능력의 향상을 원하는 경우가 많다.[12] 〈인 더 하우스〉는 학습자들의 상상력이나 감정을 표현하는 말하기를 이끌어낼 수 있는 흥미로운 영상 텍스트이다. 기존의 연구에 따르면 학생들이 선호하는 말하기 수업은 비디오 감상 및 토론인데 학생들의 이러한 요구는 현재에도 여전히 유효하다.[13]

디지털 매체에 매우 익숙한 학생들은 영화감상 후 독후활동에 대한 경험도 많으므로 영화를 활용한 말하기는 텍스트에 대한 접근을 쉽고 흥미롭게 할 수 있기 때문이다.

먼저 〈인 더 하우스〉를 활용한 말하기 수업으로는 상상력의 변주를 통한 이야기 만들기가 있다. 영화 안에서 주인공 클로드는 제르망의 피드백을 통해 이야기를 만들어가면서 제르망이 요구하는 인물이나 사건을 나름의 방식으로 재해석, 가공해 새로운 이야기를 전개해나간다. 작중에서 제르망은 부인인 잔느와 클로드의 글을 읽으며 논평을 하는 장면이 자주 등장한다. 제르망의 조언을 들은(사실 제르망은 잔느와 같이 글을 읽으면서 잔느의 비평에 반박하기도 하지만 클로드를 만나서는 잔느가 한 이야기를 바탕으로 글의 문제점을 지적하고 있다) 클로드는 작중인물과 거리를 두면서 시니컬하게 때로는 파격적으로 이야기를 변화시킨다. 라파의 성격이 너무 밋밋하다는 제르망의 지적에 따라 라파가 클로드를 이성적으로 좋아하거나 클로드와 에스더의 관계를 알고 죽음을 선택하는 캐릭터로 혹은 클로드로부터 가족을 지키기 위해 적극적으로 행동하는 인물로 만들기도 한다. 그때마다 이야기는 현실과 상상을 오고 가는데 작품 안에서는 그 경계가 명확하게 드러나지 않는다. 따라서 영화를 활용한 말하기를 구성할 때는 클로드가 바라보는 관점에 따라 수용자의 경험에 따른 이야기의 결말에 대한 다양한 상상적 이야기 만들기가 가능하다.

영화를 활용한 말하기 수업의 또 다른 한 가지는 영화 초반부에 등장하는 형용사를 활용한 글쓰기를 변형한 말하기 수업이다. 처음 클로드의 글에 마음이 간 제르망은 클로드를 불러 글에 대해 간단한 피드백을 하고 형용사를 활용한 글짓기 과제를 받는데, 여러 가지 형용사를 활용한 그의 글에 다시금 마음을 빼앗기게 된다. 형용사는 사람이나 사물의 형태를 나타내는 품사로 문장에서 사람이나 사물의 상태, 성질을 설명한다. 형용사를 활용한 말하기를 통해 작중인물의 성격이나 상태, 혹은 이야기 서술자의 감정을 상상력과 논리적인 방법으로 전달하는 능력을 기를 수 있다. 동시에 타인과의 소통이 부족한 학생들에게 말하기의 흥미를 불어넣는 수업방법이 될 것으로 보인다. 또한, 영화 초반 클로드의 글쓰기와 관련한 다양한 이야기의 변주는 여러 차원의 상상적 말하기 방법을 모색하는 데 도움이 될 것이다. 작중에 등장하는 각종 문학, 예술 텍스트를 활용한 상상하기와 말하기가 그것이다.

〈인 더 하우스〉에는 문학텍스트에 대한 이야기도 많이 등장하지만 상상력을 발휘해서 봐야 할 여러 예술작품들이 등장한다. 제르망의 부인인 잔느의 갤러리에 등장하는 전위적인 예술작품과 클로드가 라파의 집을 관찰하며 에스더에게 설명하는 파울 클레의 그림이 그것이다. 잔느가 일하고 있는 미노타우르스 갤러리의 예술품은 아이들이 섹스 숍이라고 오해할 만큼 전위적이고 그로테스크하다. 성기모양의 나치문양 그림이나, 꽃으로 의미화한 여성의 성기, 여성의 가슴을 가진 남성이나 남성의 성기를 가진 여성 인형, 실체의 형상은 존재하지 않지만 소리를 통해 장면을 상상하게 하는 설명하는 미술작품에 관한 이야기들은 우리의 상상력을 전혀 다른 층위로 끌고 간다. 특히 설명을 듣고 미술을 상상하게 하는 작품은 기존의 미술과는 전혀 다른 상상으로 예술을 만들어내는 작업이 될 수도 있을 것이다.

영화 속에 등장하는 파울 클레의 그림 역시 창의적인 상상력을 자극하여 또 다른 예술을 만들어낼 수 있는 좋은 소재이다. 파울 클레는 현대 추상화의 시조로 평가받는 작가로 예술은 "보이지 않는 것을 보이게 한다"[14]는 주장을 했다. 형체를 파악하기 어려운 추상화는 다양한 해석을 지니고 있다는 점에서 추상화를 활용한 말하기 수업은 창의적인 상상력을 함양하는 좋은 방법이 될 수 있을 것이다. 클레가 말한 보이지 않는 것을 보이게 하는 상상, 그것은 창의적 사고의 기본이다. 작중에서 클로드는 라파의 집을 관찰하던 중 그의 행동을 못마땅해하는 에스더의 환심을 사기 위해 벽에 있는 파울 클레의 그림을 설명한다. 클로드는 아버지에게 독일어를 배웠고 클레에 대해서도 들었다면서 에스더에게 그의 그림을 소개한다. 클로드는 클레의 그림을 보면서 각 그림의 제목이 '구원', '방해', '희망', '파괴'라고 말하면서, 자기가 어렸을 적에 어머니가 떠났다는 이야기를 한다.

그런데 흥미로운 것은 클로드가 설명하고 있는 클레의 작품은 실제 작품에 대한 설명이 아니며 클로드가 에스더의 동정심을 불러일으키는 과정을 만들기 위한 하나의 장면이라는 것이다.[15] 여기에서 주목할 것은 클로드가 붙인 '구원', '방해', '희망', '파괴' 같은 작품의 제목이다. 실제 작가의 작품에는 존재하지 않는 그림의 제목은 클로드의 심리를 보여주는 하나의 메타포로 읽을 수 있다. 클로드가 처한 불행한 현실의 구원으로 라파의 집에 틈입하여 에스더의 관심을 받고 싶었으며 그의 희망을 방해하는 주변 관계들, 그러나 에스더와의 교감과 사랑에 대한 희망, 그리고 그것이 이루어지지 못하자 모든 관계를 파국으로 만들어가는 파괴 같은 것이 그것이다. 그러한 해석은 어찌 보면 조금 과한 의미 부여일 수도 있지만 개개인의 경험을 바탕으로 영화 속의 그림을 보고 클로드의 심리를 상상해 이야기하기 등의 수업을 구성한다면 창의적 상상력을 발현할 수 있는 매우 흥미로운 말하기 교육이 될 것으로 생각한다.

## 해석의 다층성과 다양성

앞서도 살펴봤듯이 영화 〈인 더 하우스〉를 활용하여 영화 속에 등장하는 파울 클레의 그림이나 영화 속 잔느의 갤러리에 전시된 그림을 통한 창의적 상상이나, 상상하기를 바탕으로 한 말하기 외에도 영화 속의 서사를 이용하여 글쓰기 수업을 구성할 수 있다. 클로드가 글의 마지막에 항상 붙이는 '다음에 계속'이라는 표현은 이야기의 지속을 의미하며 다음 이야기에 대한 흥미를 불러일으키는 장치로 기능한다. '다음에 계속'이라는 표현은 현실과 이야기의 경계를 구분하는 시그널이다. 따라서 영화를 본 학습자들로 하여금 이야기 속의 인물이나, 사건, 갈등을 학습자의 입장에서 재구성하여 재현적인 관점에서 이야기를 만들 수도 있고, 그것과는 별개로 전혀 다른 상상 차원의 이야기를 만들어낼 수 있는 가능성이 있다.

클로드를 통해 자신의 글쓰기에 대한 욕망을 실현하고자 했던 제르망은 자기가 생각했던 것과는 전혀 다르게 진행되는 글 속의 세상을 엿보고 싶은 강렬한 열망으로 시험지를 훔쳐내는 부정을 저지르고 결국은 해고를 당한다. 글을 첨삭하면서 갈등으로 치닫던 두 사람의 관계는 클로드가 이야기의 결말을 맺기 위해 제르망의 집으로 가고 잔느를 만나면서 최종적인 파국을 맞이한다. 라파의 집을 훔쳐보면서 그들의 가족이 되고 싶었던 클로드는 그들의 아들이나 연인이 될 수 없었고, 글 속의 상상은 현실과 엉키면서 진실은 사라진다. 클로드는 제르망과 잔느의 사이에서 새로운 상상력을 발휘해 이야기의 엔딩을 만들어낸다. 이야기의 말미에서 클로드는 학교를 떠날 것을 결심하고 제르망의 집으로 가서 잔느를 만난다. 그리고 제르망이 잔느의 예술을 쓰레기 취급하는 사람이라는 것과, 제르망이 아들을 원했으나 잔느로 인해 아이를 얻을 수 없었다는 현실과 허구의 이야기를 섞어서 전달한다. 그 순간 잔느는 제르망의 해고소식을 듣는다. 제르망은 그의 집에서 소설의 엔딩이 마무리될 것이라는 클로드의 글을 보고, 잔느와 클로드 사이를 오해하며 두 사람의 관계는 끝이 난다.

영화를 활용한 글쓰기 텍스트로서 〈인 더 하우스〉가 가지고 있는 장점은 이러한 지점에서 빛을 발한다. 영화는 클로드의 글쓰기가 상상과 결부되는 중반부터 끊임없이 현실과 이야기 속을 넘나드는데 그 과정에서 제르망은 다양한 피드백을 진행한다. 이야기의 구조나 인물의 성격, 갈등, 인물이나 상황의 묘사 등이 그것이다. 클로드는 제르망의 지도와 자신의 상상을 결합하여 이야기를 만들어 나가고 에스더와의 사랑을 꿈꾸지만 에스더와 클로드의 사랑은 상상일뿐 현실에서 일어나기 어려운 일이다. 결국 클로드는 상상 속의 에스더에게 같이 떠날 것을 권유하지만 에스더는 그녀의 가족과 떠날 것을 통보한다. 클로드는 글 속에서 "이 가족은 모두 상처에서 회복되었다"며 "이 집에 들어오는 걸 1년 동안 꿈꿨고 결국 들어왔다. 완벽한 가족을 가까이에서 보면서 이들의 일부가 될 것만 같았다. 그런데 이 집에 내 자리는 없다"로 이야기를 마무리한다. 제르망은 클로드의 결말을 보면서 가족의 회복을 이야기의 엔딩으로 삼은 것은 별로라는 조언을 한다.

클로드의 글을 피드백하면서 제르망은 여러 번 "의외의 결론이지만 다른 대안이 없는 성공적인 엔딩"을 만들라는 조언을 한다. 이야기가 파국에 이르면서 클로드는 제르망에게 그동안 쓴 이야기의 몇 가지 결말을 제시한다. 그 결말은 라파가 클로드를 죽인다, 클로드가 둘을 죽이고 여자를 차지한다, 세 남자가 있는 집에 에스더가 불을 낸다, 여자가 집을 뛰쳐나가니 남자가 공원벤치에서 기다린다 같은 것들이었다. 영화 속에 등장하는 클로드가 만드는 이야기의 결말은 제르망이 말한 "재미있는 이야기에 개성 있는 캐릭터를 만들어 의외의 결론이지만 다른 대안이 없는 성공적인 엔딩"
이라고 보기에는 너무 통속적인 결말이다. 따라서 학습자들에게 작
중에서 제르망이 클로드에게 요구했던 다른 대안이 없는 성공적인
엔딩을 만들어 직접 이야기를 이어가게 하는 글쓰기는 창의적인
상상력을 발휘할 수 있는 쓰기의 한 방법이 될 수 있다. 또한, 제르
망이 제시하는 성공적인 엔딩을 위한 방법으로 영화의 구성에 대
한 발문을 해보는 것도 도움이 될 것이다. 영화의 구성에 대한 발문
은 소설적인 이야기나 시나리오 같은 문학적인 글을 구성하는 데
있어 이야기의 구조와 갈등, 엔딩에 대한 이해를 해나가는 좋은 방
법이 될 수 있기 때문이다.

〈인 더 하우스〉는 클로드의 상상적 글쓰기를 보여주는 작품이기
도 하지만 청년기를 관통해가는 아이의 성장서사이기도 하다. 평범
한 고등학생이 그의 재능을 알아본 교사에 의해 재능을 발휘하고
글을 쓰기 위해 주변과 세상을 관찰하며 자신의 삶을 모색하는 부
분이 주인공의 성장서사로 읽힐 수 있는 부분이다. 따라서 이 작품
은 청소년기의 학생들에게 자신의 삶을 돌아볼 수 있는 다양한 성
찰의 기회를 제공할 수 있다. 이경희는 영화를 이용한 성찰적 글쓰
기의 방법으로 발문에 의한 영화 이해, 요약문 작성, 영화관련 주제
고찰, 자기 성찰적 글쓰기의 단계로 영화를 활용한 성찰적 글쓰기
학습모형을 제시한 바 있다.[16] 영화의 발문은 영화를 이해하기 위
한 기초 작업인데 〈인 더 하우스〉는 특히 발문을 통한 이해가 반드
시 필요한 작품이다. 그것은 클로드가 써나가는 작품 속 이야기에
서 현실과 상상을 구분하면서 주인공의 이야기가 어떻게 진행되고,
그 과정에서 감독이 어떤 문제들을 제기하고 있는가를 살펴보는
것이 작품을 이해하는 중요한 방법이 되기 때문이다.

〈인 더 하우스〉에서 발문을 통해 도출해볼 수 있는 주제는 다양

하다. 영화에서 집은 매우 중요한 의미를 지닌다. 클로드가 글쓰기를 시작한 행위가 라파와 제르망의 집안으로 들어가 보고 싶은 욕망에서 시작되었기 때문이다. 그가 라파의 집안에 들어가고자 했던 것은 평범한 가족의 삶에 대한 호기심 때문이었다. 제르망의 집에 들어가 보고 싶어 했던 것은 제르망을 처음 본 순간 그가 어떻게 사는지, 부인은 어떤 사람인지, 아이는 있는지, 서로 정말 사랑하는지가 궁금했기 때문이다. 그것은 처음으로 사람들의 눈에 잘 띄지 않는 뒷줄에 앉은 냉소적인 소년을 알아봐주고 그에게 자존감을 준 사람에 대한 궁금함 때문이었다. 이렇듯 클로드가 들어가 보고자 열망한 집이라는 공간이 의미하는 바가 무엇인지를 찾아보면 클로드가 쓰는 글의 재현과 상상의 의미를 살펴볼 수 있다. 또한 제르망이 클로드의 글을 피드백하는 이유를 통해 성장의 문제를 살펴볼 수 있다. 클로드의 글쓰기의 궁극적인 지향은 무엇이고 그가 제르망을 파국으로 이끈 이유, 클로드가 제르망이 직장과 부인 모든 것을 잃고 난 후 그의 곁에서 다시 글쓰기를 시작하겠다고 생각한 이유는 무엇인지, 그의 다음 이야기는 무엇이 될지, 클로드의 욕망은 무엇이고 그 근저는 무엇인지 등 작품 속에 등장한 여러 문학 텍스트가 의미하는 바를 심층적으로 살펴볼 수 있다. 그것을 바탕으로 영화를 수용하는 학습자들은 자신의 경험을 통해 새로운 해석의 가능성을 열어볼 수 있다.

또한 영화를 활용하여 글쓰기를 진행할 때 특정한 장면에 대한 상상력을 바탕으로 한 사고의 확장과 글쓰기 역시 흥미로운 작업이 될 수 있다. 〈인 더 하우스〉의 끝 장면은 상상력을 활용한 글쓰기의 좋은 소재가 된다. 영화의 엔딩은 모든 것을 잃고 초라해져 벤치에 앉아 있는 제르망에게 클로드가 다가오면서 이야기를 나누는 것으로 시작한다. 삶의 의욕을 잃은 듯 초라하고 초췌한 표정의 제르망은 이야기의 엔딩을 해결했는지 묻고 클로드는 포기했다는 대답을 한다. 그들 앞에 있는 아파트에 시선을 두고 클로드는 제르망에게 벤치에 앉아서 보니 창문이 가지각색이며, 라파네 집을 바라볼 때 객석에 앉아서 볼 때처럼 집안의 사람들은 어떻게 살까가 늘 궁금했다는 말을 한다. 그리고 아파트 창으로 보이는 두 여인에 대한 이야기를 시작한다. 발코니에 나와 있는 두 여인의 모습을 보며 제르망은 유산을 놓고 싸우는 자매라는 해석을, 클로드는 변심한 레즈비언 커플이 싸우는 장면이라는 해석을 내린다. 그리고 클로드는 어떤 집이든 틈이 있기 마련이며 방법만 찾으면 그 안으로 들어가는 것은 간단하다고 말한다. 영화는 "제르망 선생님은 다 잃었다. 부인, 직장. 하지만 그의 곁에 남은 나는 다음 이야기를 시작한다(다음에 계속)."는 클로드의 다짐으로 이야기를 맺으며 다양한 인물 군상이 있는 아파트의 창문을 클로즈업한다.

영화의 마지막 장면에서 아파트 창문으로 비치는 군상은 아이들과 생일 케이크의 촛불을 끄며 식사하는 가족, 중년의 남자, 개와 놀고 있는 사람, 다투다 총을 쏘는 가족, 춤추는 두 커플, 다투는 듯 보이는 레즈비언 커플, 사랑을 나누는 남녀, 싸우는 여자 둘, 카드놀이를 하는 사람들, 화분에 물을 주는 여자, 텔레비전을 보는 남자, 병자와 간병하는 여인 등 다양하다. 마지막 장면의 이러한 배치는 작품을 여러 가지 각도에서 해석하는 것을 가능하게 한다. 창문이라는 각각의 프레임 안의 이야기는 멀리서 바라보는 사람의 경험에 따라 다층적으로 해석할 수 있다. 창문을 바라보며 나누는 클로드와 제르망의 이야기를 통해 알 수 있듯이 같은 장면을 보아도 보는 사람들의 삶의 경험이나 주관적인 생각에 따라 각기 다른 해석을 내릴 수 있기 때문이다.

영화에서 클로드가 쓰는 글 마지막에 항상 붙이는 '다음에 계속'

이라는 마무리는 텍스트에 대한 열린 해석이며 그것을 수용하는 수용자의 상상력을 자극하는 장면이다. 현대의 예술 장르 특히 포스트모던 담론에서 수용자의 해석은 예술을 완성하는 중요한 키워드가 된다. 이것은 영화나 문학작품 안에서 수용자의 경험이나 생각이 작품을 다양하게 읽게 하는 요인이 된다는 것을 말해주는 것이다. 따라서 특정한 장면을 보고 개개인의 상상력을 발휘해 글쓰기를 해보는 것은 문학적인 상상력을 증진시키며 자유롭고 창의적인 글쓰기 능력을 배양하는 좋은 방법이 될 수 있을 것이다.

개인의 다양한 삶의 체험이나 문학적인 체험을 바탕으로 문학적 상상력을 발휘한 글쓰기는 학생들에게 다층적인 문학의 해석 가능성을 직접적으로 경험하게 한다. 나아가 삶을 성찰하는 안목을 기를 수 있게 하는 좋은 방법이다. 필자는 현재 〈고전으로 세상보기(문학)〉라는 수업을 운영하고 있다. 이 강좌는 고전의 정전으로 알려진 세계 문학작품을 읽음으로써 자신을 성찰하고, 작품을 통해 세상을 보는 생각과 관점을 정립하며, 그것을 바탕으로 다채로운 인간 삶의 문제를 이해하고 해결할 수 있는 능력과 의사소통 능력을 기르는 것을 목표로 하고 있는 교과목이다. 필자는 매 학기 첫 주에 〈인 더 하우스〉를 보고 수업을 시작한다. 그것은 이 작품이 다양한 이야기의 프레임으로 다채로운 해석을 가능하게 하는 영화이고, 작품의 기본서사가 소설을 만들어가는 이야기인 까닭에 문학텍스트의 다양한 해석 가능성을 설명하기에 좋은 텍스트이기 때문이다.

〈인 더 하우스〉는 포스트모던적인 상상력으로 수용자의 해석을 강하게 요구하는 텍스트이다. 특히 클로드와 제르망의 대화 속에서 드러나는 영화의 마지막에 부감되는 창문 속 인물들의 이야기를 통해 문학은 보는 사람들의 관점 혹은 프레임에 따라 다양한 해석의 가능성을 지니고 있음을 주지시킬 수 있다. 〈인 더 하우스〉의 이러한 특징으로 수업 첫 시간에 문학적 해석의 다층성과 문학적 해석의 다양성, 그리고 수용자의 해석의 중요성을 설명할 수 있는 좋은 텍스트가 된다. 수업 전에 진행하는 이러한 예비 작업은 여타의 자연과학이나 사회과학적 성격의 학문이 정확한 답을 가지고 있는데 반해, 문학은 작가의 의도와 상관없이 수용자의 생각과 경험에 따라 아주 다양한 해석의 가능성을 가지고 있음을 설명하는 데 매우 효과적이다.

그리고 한 학기 수업이 끝난 후 그동안의 문학적인 지식이나 작품을 해석하는 시각을 바탕으로 이 장면에 대한 상상적 글쓰기를 진행했다. 특히 제르망과 클로드가 두 여성을 보고 이야기하는 장면에 대한 상상적인 글쓰기를 진행한 결과 아주 다채로운 해석이 나왔다는 점은 무척이나 흥미롭다. 영화 속에서 클로드와 제르망은 발코니의 두 여인을 보며 각기 다른 해석을 내린다. 제르망은 유산을 놓고 싸우는 자매로, 클로드는 레즈비언 커플의 불화로 이야기를 만들어낸다. 이렇게 멀리서 바라보는 프레임 속 인물의 이야기는 그 장면을 바라보는 사람의 상상과 경험에 따라 다양하게 구성할 수 있다.

영화 〈인 더 하우스〉를 활용한 글쓰기는 영화 속 '발코니의 두 여인'의 이야기를 상상하여 소설적으로 뒷이야기 마무리하기라는 자유로운 글쓰기 방식으로 진행했다. 소설을 구성하는 요소는 인물과 사건과 이야기이다. 학습자들에게 소설의 주인공으로 영화 속 두 여인을 설정한 후 개개인의 상상력을 발휘해서 이야기의 시작과 마무리를 만들어볼 것을 제안한다. 그 결과 학생들은 그 장면에 대한 상상적인 글쓰기를 통해 다채로운 이야기를 펼쳐놓았다. 친구 간의 우정과 갈등으로 이야기를 구성하거나, 절친한 관계인 두 여인이 한 남자를 사이에 둔 애증으로 나아가는 과정, 형편이 어려운 자매의 현실순응과 자기의 꿈을 향해 나아가는 갈등, 동료 간의 갈등, 해고하는 사람과 해고당하는 사람의 이야기, 처첩 간의 갈등, 수업 시간에 다루었던 카프카와 관련한 이야기 등 매우 흥미로운 이야기들을 만들어냈다.

그중에서도 바람둥이 남자의 두 부인이 낳은 전혀 다른 성격의 두 딸이 아버지의 죽음 이후 알게 된 또 다른 어린 이복자매의 존재와 유산을 처리하는 과정에서 벌어진 에피소드를 통해 문학과 삶의 이야기를 다룬 학생의 '어떤 동거'라는 제목의 글은 매우 흥미로운 상상을 보여주었다. 특히 두 딸 중 한 명을 생제르망의 문학 교사로 설정해 이야기를 만들어낸 것은 매우 흥미로웠다. 이렇듯 영화 속의 에피소드를 이용한 특정한 장면에 대한 글쓰기는 창의적인 수용을 통한 상상력을 펼쳐볼 수 있는 좋은 방법이 될 것이다.

그 외에도 영화 안에는 다양한 문학작품이 등장한다. 제르망은 클로드의 글을 통해 문학수업 시간에 제르망에게 무안을 당한 라파가 학교 신문에 시험지 유출 부정행위에 관한 글을 쓸 것이라는 사실을 알게 된 후 라파의 마음을 돌리기 위해 책 한 권을 준다. 그것은 독일의 소설가 로베르토 무질의 작품으로 16세 소년의 시각으로 현실문제에 대한 문학적 성찰을 하고 있는 〈생도 퇴를레스의 고백〉이다. 책을 읽은 후 라파가 자신의 계획을 실행하는 것을 망설이는 장면이 등장한다. 로베르토 무질의 〈생도 퇴를레스의 고백〉은 16세의 사관생도가 일상적 삶의 한계나 언어의 문제로는 깨달을 수 없는 문제를 해결하기 위해 학교를 떠나는 이야기이다. 책을 읽은 후 라파의 모습은 방황하는 청소년을 보여주는 것이다. 영화에서 오종은 청소년기의 방황을 통한 정체성 찾기의 문제를 다른 작품을 통해서도 보여준다. 잔느는 클로드의 글을 보면서 문학에 의미를 부여하는 제르망에게 문학의 쓸모없음을 보여주는 예로 J. D. 샐린저의 『호밀밭의 파수꾼』을 이야기한다. 그러나 청소년기의 방황을 다룬 〈호밀밭의 파수꾼〉은 지금도 전 세계 청소년에게 많은 사랑을 받고 있으며, 우리나라 대학생들에게도 큰 영향을 준 작품이다. 이 작품이 청소년들에게 많은 영감을 주는 것은 작중 주인공의 청소년기의 방황이 그들에게도 공감을 불러일으키기 때문이다. 이러한 것을 볼 때 영화에 등장한 작품의 읽기를 통해 자신의 현실을 통찰하여 말하고 쓰게 하는 것 또한 나를 드러내고 타인의 처지를 공감할 수 있는 능력을 키울 수 있는 좋은 의사소통 교육방법이 될 수 있을 것이다.

## 문학적 상상력에서 창의적 사고로

앞서 살펴본 것처럼 영화 〈인 더 하우스〉는 프랑소와 오종의 영화가 지니고 있는 다채로운 감각과 예술, 글쓰기, 상상력에 관한 다양한 이야기가 들어 있는 작품이다. 오종이 영화 속에서 보여주는 독특한 서사는 창의력과 상상력을 요구하는 최근 교육의 흐름 속에서 흥미로운 의사소통 수업 방식을 만들 수 있는 좋은 텍스트가 될 수 있다. 특히 작중에 등장하는 예술작품을 텍스트로 삼아 상상력을 바탕으로 한 장면에 대한 말하기나 그림 보고 상상해 이야기하기 등의 수업을 구성한다면 매우 흥미로운 말하기 교육이 될 것으로 생각한다.

또한 그러한 상상력을 바탕으로 소설 속 인물이나, 사건, 갈등 등 재현적인 관점에서 이야기를 만들 수도 있고, 그것과는 별개로 전혀 다른 상상적 차원의 이야기를 만들어낼 수도 있다. 그중에서도 포스트모던 예술의 특징인 수용성을 발휘하여 특정한 장면을 보고 개개인의 상상력을 발휘해 글쓰기를 해보는 것은 문학적인 상상력을 증진시키며 자유롭고 창의적인 글쓰기 능력을 배양하는 좋은 오늘날, 세상의 변화는 더욱 빨라지고 새로운 지식의 습득과는 전혀 다른 상상력을 요구한다. 집단지성과 지식의 공유가 보편화된 사회에서는 과거와 같은 도제적 지식의 전수가 더 이상의 의미를 갖지 못한다. 더욱이 다채로운 매체의 등장 그것을 이해하고 활용하는 능력이 중요해진 상황에서 매체적 리터러시는 영상이 범람하는 오늘날에는 개개인이 지녀야 할 중요한 능력이 되었다고 할 수 있다. 따라서 영화 텍스트를 활용한 의사소통 수업은 그러한 점에서 의미가 있다. 특히 본고에서 다룬 〈인 더 하우스〉는 다양한 의사소통 수업을 구성할 수 있는 좋은 텍스트가 된다는 점에서 더욱 의미가 있다고 할 수 있다.

1) 이 글은 『교양교육연구』 제11권 제5호(한국교양교육학회, 2017.10.)에 실린 「영화 〈인 더 하우스〉를 활용한 의사소통교육을 연구」를 수정·보완한 것임.

2) 이송이, 「프랑수아 오종의 작품에 나타난 죽음으로의 여행」, 『프랑스 문화연구』 9권 0호, 한국프랑스문화학회, 2004, 77쪽.

3) 후안 마요르가는 1965년 스페인의 마드리드에서 태어나 현재 스페인, 특히 마드리드를 대표하는 극작가로 활발한 활동을 하고 있다. 그의 희곡 『마지막 줄에 앉은 소년』은 2014년 지식을 만드는 지식에서 책으로 처음 출간되었다. 2015년에는 연출가 김동현의 연출로 초연되었으며, 2017년 4월 4일부터 4월 30일까지 손정원의 연출로 예술의전당에서 상연하였다. 2015년 초연된 이후 현재까지 많은 대학이나 청소년 연극제에서 공연되고 있는 인기 있는 레퍼토리이다.

4) 최근 교양교육을 담당하는 교수자들을 중심으로 영화를 활용한 글쓰기 등의 새로운 수업모형을 모색하는 움직임이 활발하게 일어나고 있다. 연구에 대한 성과는 교양교육 연구자들이 중심이 되어 펴낸 황영미 외, 『영화로 읽기 영화로 쓰기』, 푸른사상, 2015. 등의 단행본과 여러 편의 논문이 있다. 강민정, 「자기 성찰적 글쓰기의 효과적 교육 방안 연구-대학 교양 글쓰기교육에서 자기 성찰적 글쓰기 교육의 실제 적용 사례를 중심으로-」, 『우리어문연구』 54, 우리어문학회, 2016. 김용석, 「영화텍스트와 철학적 글쓰기: 글쓰기의 실례를 통한 접근」, 『철학논총』 42, 새한철학회, 2006. 나은미, 「영화를 활용한 성찰 글쓰기 탐색-대학생을 대상으로, 〈더 헌트〉를 활용하여」, 『작문연구』 31권 0호, 한국작문학회, 2016. 박현희, 「영화를 활용한 '창의적 사고와 표현' 교육 수업모형: 영화 부당거래를 활용한 '공동체와 정의'주제 수업사례를 중심으로」, 『사고와 표현』 4권 2호, 한국사고와표현학회, 2011. 박종덕, 「〈박하사탕〉을 활용한 비평적 글쓰기 교수, 학습 방법 연구」, 『인문학연구』 92권 0호, 충남대학교 인문과학연구소, 2013, 159-188. 유영희, 「영화 감상문을 쓰기 위한 세 가지 수업 모형 비교 연구」, 『사고와 표현』 9권 1호, 한국사고와표현학회, 2016. 이경희, 「영화 〈그녀 HER〉를 활용한 글쓰기 교육모형 연구」, 『사고와 표현』 9권 2호, 한국사고와표현학회, 2016. 한래희, 「영화 텍스트를 활용한 비평문 쓰기 교육 연구」, 『대학작문』 6, 대학작문학회, 2013. 한영현, 「영화 매체를 활용한 글쓰기의 전략과 전망: 영화 비평문 쓰기를 중심으로」, 『작문연구』 19, 한국작문학회, 2013. 황성근, 「텍스트를 활용한 글쓰기 교육연구: 영화 워낭소리를 중심으로」, 『교양교육연구』 7권 4호, 한국교양교육학회, 2013. 황영미, 「영화를 활용한 이과생 대학 글쓰기 교육방법 연구」, 『교양교육연구』 7권 4호, 한국교양교육학회, 2013. 등이 그것이다.

5) 황영미, 위의 논문.

6) 황성근, 위의 논문.

7) 영화 〈인 더 하우스〉의 원작인 후안 마요르가의 희곡 〈맨 끝 줄 소년〉은 기존의 희곡 텍스트와는 다르게 독특한 방식으로 극중 인물들의 상상력을 보여준다는 점에서 흥미로운 텍스트이다. 그러나 본고에서 오종의 영화를 활용하여 의사소통 교육의 방법을 모색하고자 한 것은 최근 의사소통 교육에서 멀티미디어 텍스트를 해석하고 그것을 바탕으로 한 의사소통 교육을 중요하게 여기는 경향이 있고, 학생들 역시 희곡보다는 영상 텍스트에 대한 친연도가 매우 높아 영화를 활용한 교육이 더욱 효과적이라고 판단했기 때문이다. 또한 현실과 상상의 경계를 다루는 이야기의 전개상 영화 속 화면을 통해 구현되는 현실과 상상력을 넘나드는 이야기가 희곡보다는 훨씬 생생하고 구체적으로 흥미롭게 다가오기 때문이다.

8) 클로드가 영화의 말미에 학교를 다니고 싶은 않은 순간에 제르망을 만났고 그로 인해 글을 쓰고 싶은 욕망을 갖게 되었음을 말하는 장면이 있다.

9) 이송이, 앞의 논문, 81쪽.

10) 김은정, 「창의적 상상력과 교육적 경험의 의미」, 『교육과학연구』 46집 3호, 이화여자대학교 교육과학연구소, 2015, 123쪽.

11) 지금까지 진행되고 있는 교양교육에서의 말하기 교육에 관한 연구는 토론이나 프레젠테이션 등의 효과나 방법 외에는 그리 많지 않고, 말하기 교육의 현황에 대한 것이 주를 이루고 있다. 임선애, 「글쓰기와 말하기 교육의 현황과 전망」, 『교양교육』 6권 4호, 한국교양교육학회, 2016. 전은진, 「대학생 말하기 교육의 현황과 개선 방안」, 『인문과학연구』 32, 강원대학교 인문과학연구소, 2012. 전정미, 「대학생을 위한 말하기 교육-학습자 욕구에 바탕을 둔 교수-학습 내용 구성을 중심으로」, 『화법연구』 4, 한국화법학회, 2002.

12) 본 연구자는 매 학기 수업 첫 주에 학생들에게 간단한 설문조사를 하고 있다. 설문조사에는 학생들이 원하는 수업형태와 사고와 표현을 통해 얻고 싶은 역량을 묻는 항목이 있다. 설문결과에 따르면 학생들은 교수 중심의 강의식 수업을 원하지만 동시에 글쓰기와 함께 말하기 영역의 역량 향상을 원하고 있음을 알 수 있다. 학생들이 원하는 말하기는 토론이나 프레젠테이션 같은 논리적인 말하기도 있지만 개인의 감정을 드러내고 생각을 표현하는 말하기도 많은 부분을 차지한다. 이러한 결과는 자기를 표현하는 말하기에 대한 학생들의 욕구가 생각보다 높다는 것을 보여준다.

13) 전정미, 위의 논문, 100쪽.

14) 한정선, 「메를로 퐁티의 파울 클레」, 『철학과 현상학 연구』 35, 한국현상학회, 2002, 50쪽.

15) 실제 파울 클레의 작품에는 영화 속에서 클로드가 에스더에게 설명한 구원, 방해, 희망, 파괴 같은 작품이 존재하지 않는다.

16) 이경희, 앞의 논문.

강민정, 「자기 성찰적 글쓰기의 효과적 교육 방안 연구-대학 교양 글쓰기교육에서 자기 성찰적 글쓰기 교육의 실제 적용 사례를 중심으로-」, 『우리어문연구』 54, 우리어문학회, 2016, 413-457쪽.

김용석, 「영화텍스트와 철학적 글쓰기: 글쓰기의 실례를 통한 접근」, 『철학논총』 42, 새한철학회, 2006, 432-477쪽.

김은정, 「창의적 상상력과 교육적 경험의 의미」, 『교육과학연구』 46집 3호, 이화여자대학교 교육과학연구소, 2015, 119-138쪽.

나은미, 「영화를 활용한 성찰 글쓰기 탐색 - 대학생을 대상으로, 〈더 헌트〉를 활용하여」, 『작문연구』 31권 0호, 한국작문학회, 2016, 63-92쪽.

박종덕, 「〈박하사탕〉을 활용한 비평적 글쓰기 교수, 학습 방법 연구」, 『인문학연구』 92권 0호, 충남대학교 인문과학연구소, 2013, 159-188쪽.

박현희, 「영화를 활용한 '창의적 사고와 표현' 교육 수업모형: 영화 부당거래를 활용한 '공동체와 정의'주제 수업사례를 중심으로」, 『사고와 표현』 4권 2호, 한국사고와표현학회, 2011, 7-34쪽.

유영희, 「영화 감상문을 쓰기 위한 세 가지 수업 모형 비교 연구」, 『사고와 표현』 9권1호, 한국사고와표현학회, 2016, 169-206쪽.

이경희, 「영화 〈그녀 HER〉를 활용한 글쓰기 교육모형 연구」, 『사고와 표현』 9권 2호, 한국사고와표현학회, 2016, 7-34쪽.

이송이, 「프랑수아 오종의 작품에 나타난 죽음으로의 여행」, 『프랑스 문화연구』9권 0호, 한국프랑스문화학회, 2004, 69-89쪽.

임선애, 「글쓰기와 말하기 교육의 현황과 전망」, 『교양교육연구』6 권 4호, 한국교양교육학회, 2016, 139-168쪽.

전은진, 「대학생 말하기 교육의 현황과 개선 방안」, 『인문과학연구』 32, 강원대학교 인문과학연구소, 2012, 167-191쪽.

전정미, 「대학생을 위한 말하기 교육-학습자 욕구에 바탕을 둔 교 수-학습 내용 구성을 중심으로」, 『화법연구』4, 2002, 85- 112쪽.

한래희, 「영화 텍스트를 활용한 비평문 쓰기 교육 연구」, 『대학작 문』6, 대학작문학회, 2013, 213-247쪽.

한영현, 「영화 매체를 활용한 글쓰기의 전략과 전망: 영화 비평문 쓰기를 중심으로」, 『작문연구』19, 한국작문학회, 2013, 237-273쪽.

한정선, 「메를로 퐁티의 파울 클레」, 『철학과 현상학 연구』35, 한국 현상학회, 2007, 49-79쪽.

황성근, 「텍스트를 활용한 글쓰기 교육연구: 영화 워낭소리를 중심 으로」, 『교양교육연구』7권 4호, 2013, 39-69쪽.

황영미, 「영화를 활용한 이과생 대학 글쓰기 교육방법 연구」, 『교양 교육연구』7권 4호, 한국교양교육학회, 2013, 109-135쪽.

# 공동체의 폭력에 대한 사유와 글쓰기
## 〈더 헌트〉[1]

나은미

### 성찰 글쓰기란?

　자기탐색, 자아탐색, 자기성찰, 자아성찰, 자기표현, 자기기술 등 다양한 이름으로 불려온 성찰 글쓰기는 구체적인 성취 목표에 따라 성찰 활동에 비중이 있는 유형, 글쓰기 활동에 비중이 있는 유형, 성찰과 글쓰기 활동에 균등한 비중을 두는 유형으로 나눌 수 있을 것이다. 첫째 유형은 말 그대로 성찰에 초점을 두기 때문에 쓰기 행위가 성찰의 도구가 된다. 하루 일과 후 쓰는 일기, 치료 목적의 글쓰기 등이 이 유형에 해당할 것이다. 성찰에 초점을 두기 때문에 글의 외적인 구조화나 형식미 등에 개의치 않고 자신의 경험을 뒤돌아보고 성찰하는 데 초점이 있다.[2] 둘째 유형은 성찰보다는 기록에 초점이 있는 경우이다. 자신의 삶을 정리하고 기록하는 자서전 쓰기가 대표적 유형이다. 즉 결과물의 정리와 기록에 초점이 있기 때문에 전체적인 구조와 흐름 등 흥미를 유발하는 글의 형식미를 고려한다. 셋째 유형은 성찰과 글쓰기를 동시에 추구하는 유형이다. 대학에서 성찰 글쓰기는 이름이 주는 범주적 특징을 통해 알 수 있듯이 대체로 셋째 유형에 속한다고 볼 수 있다. 이 글은 셋째 유형에 속한다.

 이 글에서는 성찰 글쓰기에서 영화를 활용하는 문제를 논의하고, 영화 〈더 헌트〉를 활용한 대학생 성찰 글쓰기의 전개 양상을 소개한다. 비평문 쓰기는 비평의 대상이 되는 작품 자체에 방점이 있다면, 성찰 글쓰기는 효과적인(또는 보다 깊고 넓은) 성찰을 위해 영화를 활용한다는 점에서 성찰에 방점이 있다. 그래서 비평문 쓰기는 비평 대상 작품에 대한 이해가 전제 조건이 되어야 하지만, 성찰 글쓰기에서 영화를 활용하는 문제는 작품 자체에 대한 감독의 의도나 자·타칭 전문가 그룹에 의한 작품의 분석적 비평 내용이 정답이 되어서는 안 된다. 때로 관람자가 작품 전체를 이해하지 못했다고 하더라고 어떤 식으로든 자신의 삶에 대해 사유할 단서를 얻을 수 있다면 나름대로 의미가 있다.

## 영화 매체의 특성과 글쓰기 교육

 영화는 최근 들어 글쓰기 교육뿐 아니라 교양교육, 전공교육 등 다양한 분야에서 활용되고 있다.[3] 다양한 교육 영역에서 영화가 폭넓게 활용되는 이유는 "영화가 우리의 생활 속에 문화적 삶의 핵으로 확고하게 자리를 잡았기 때문이다. 즉 현대 기술 산업 사회의 주도적 서사 형식이 되어 문화적 삶의 핵으로 확고하게 자리 잡고 있고, 이러한 삶의 한가운데에 우리가 교육할 대학생들이 살고 있기 때문일 것이다."[4]

 영화진흥위원회의 2015 소비자조사에 따르면 최근 1년간 극장 영화 관람률은 94.2%이고, 1년간 관람 편수도 평균 8.6편이나 된다. 특히 19-23세의 관람률은 96%나 되고 1년 평균 관람 편수 역시 9.4로, 다른 연령대에 비해 높게 나타났다. 대학생 대부분이 한 달에 한 번 꼴로 영화를 보는 셈이다.[5]

현대인의 삶에서 영화가 중요해진 이유는 다양하겠지만 가장 큰 이유 중 하나는 접근의 용이성일 것이다. 기술의 발전 덕에 우리는 극장, TV, 인터넷, 모바일 등 다양한 매체를 통해 영화를 접할 수 있게 되었다. 특히 인터넷과 모바일 등 통신 기기의 활용과 접근이 비교적 용이한 20대들에게 영화는 휴식, 데이트, 재미, 여가활동 등 기타 다양한 목적으로 이용된다.

또 따른 이유는 영화가 제공하는 즐거움이다. 여론조사기관 마크로밀엠브레인이 영화감상을 통해 얻은 것이 무엇인지 묻는 질문에 조사 대상자의 68.2%가 '재미와 감동'이라고 응답했고, 52.9%가 '기분전환', 40.2%가 '경험하지 못한 세계에 대한 간접경험', 35.4%가 '스트레스 해소'라고 응답했다. 현대인에게 영화 관람은 즐거움, 휴식, 새로운 경험 등 다양한 즐거움의 제공 수단이 되고 있는 것이다. 더구나 영화는 이러한 즐거움을 얻는 데 들이는 비용이 비교적 소액이고 시간의 할애 또한 적다.

즉 기술의 발전 덕에 다양한 방법으로 쉽게 영화에 접근할 수 있게 되었으며, 서사를 실감 나게 재현할 수 있는 영화 매체의 본질적 특성은 여가 시간의 증가로 삶에서 오락과 즐거움의 추구가 중요해진 현대인에게 핵심적인 문화 수단으로 자리하게 되었다고 볼 수 있다.

영화의 이러한 특성은 쓰기의 동기 요인이 될 수 있다. 쓰기 활동은 말하기와 달리 고차원적인 사고를 토대로 하며 완결성을 지향하기 때문에 본질적으로 에너지의 소모가 큰 활동이다. 그래서 구체적인 동기가 없을 경우 학생 필자들을 적극적인 필자로 독려하는 것이 쉽지 않다. 쓰기 전 내용 생성의 과정에서 접근의 용이성과 즐거운 경험은 쓰기에 대한 동기부여가 될 수 있다.

물론 손쉬운 접근과 즐거움이 영화를 성찰 글쓰기에 활용하는 근거가 될 수는 없을 것이다. 영화가 성찰 글쓰기에서 효과적으로 활용될 수 있는 이유를 필자는 다음 두 가지 정도를 더 들고 싶다. 하나는 '지금, 여기'의 문제를 다룬 영화가 많다는 점이다. 시의성 있는 문제를 다룬 영화는 사회에 대한 관심을 촉발하고 흥미를 유발할 수 있다. 사회문제가 곧 개인의 문제이기도 하지만 요즈음 학생들은 직접적으로 자신의 문제로 연결되지 않을 경우 사회문제에 관심이 없다. 영화는 다양한 사회문제를 서사 형식으로 재현함으로써 사건의 본질에 접근할 수 있도록 한다. 그것도 거부할 수 없는 '재미'를 통해서 말이다.[6]

다른 하나는 인류가 오랫동안 고민하고 성찰해온 인간의 보편적인 문제를 다룬 영화가 많다는 점이다. 영화는 선과 악, 사랑, 가족, 죽음, 나이 듦, 자본, 존엄성 등 다양한 문제를 시대의 흐름과 요구를 반영하여 다양한 장르로 풀어냄으로써 보편적인 문제를 지금, 여기의 문제로 소환해내곤 한다. 고전으로 평가되는 다양한 원전이 시간의 간격을 두고 영화로 다시 만들어지고 향유되는 이유는 이러한 주제가 지금, 여기의 우리에게도 여전히 유효하기 때문이다.

하지만 여러 가지 장점에도 불구하고 읽기자료로 영화를 활용하는 것은 한계점도 있다. 특히 영화 매체의 본질적 특성인 '정신 분산'의 문제를 들 수 있다. 영화는 그 매체의 특성상 "즉각적으로 인지되고 대부분 욕망(쾌락) 혹은 무관심(불쾌) 가운데 하나를 선택하는 즉각적 반응만을 야기하기 때문에 내면적으로 의미 있는 경험이 되기 어렵다."[7] 텍스트가 의미 있는 경험으로 전이되기 위해서는 텍스트의 문제를 지금, 여기, 주체의 삶의 문제와 연결하여 사유할 수 있어야 한다. 하지만 끊임없는 움직이는 영상은 주체가 자신의 문제와 연관하여 사유할 수 있는 시간을 허락하지 않는다.[8]

박정하[9]는 이러한 정신 분산적 수용을 견제하고 보완하는 방안으로 글쓰기 활동을 제안한다. 영화에 대한 글쓰기는 "영화에 대한 또 다른 '정신 집중'을 요구하기 때문에 한 걸음 물러서서 성찰적 접근을 시도할 수 있다"는 것이다. 영화를 통한 철학적 글쓰기를 시도한 이왕주[10] 역시 이러한 짧은 아쉬움을 줄이기 위한 방법으로 영화와 사귀는 법을 제안한다. 그는 영화와 사귄다는 것은 영화를 작가의 뜻을 읽어내는 작품(work)이 아닌 우리가 뜻을 만들어낼 수 있는 텍스트(text)로 대하는 것이라고 한다. 그리고 영화와 사귀는 구체적인 방법으로 글쓰기를 제안한다.

## 대학생 성찰 글쓰기의 성격과 작품 선정

대학생을 대상으로 한 성찰 글쓰기 교육에서 영화를 활용할 때는 교육 대상이 '대학생'이라는 점, 그 영화가 '성찰'을 위한 텍스트라는 점을 염두에 두어야 한다.

대학생 시기는 성인기 진입 전에 마지막 공교육을 받는 시기이다. 그래서 이 시기는 향후 건강한 성인으로서 삶을 살기 위한 준비기간이 될 수 있어야 한다. 이러한 점을 고려한다면 대학생을 위한 성찰 글쓰기는 단순히 한 개인의 삶을 뒤돌아보고 미래를 설계하는 차원을 넘어 공동체 구성원으로서 삶을 고려할 필요가 있다.

또한 작품 자체의 분석이나 비평을 넘어, 나와 너, 우리의 지금, 여기의 삶에 대한 문제로 확장될 수 있어야 한다. 특히 대학생을 대상으로 한 성찰과 탐색은 사적인 삶의 회고나 탐색을 넘어 인간에 대한 이해와 내가 속한 공동체에 대한 이해, 그리고 그 공동체의 구성원으로서 개인에 대한 이해를 전제한 성찰과 탐색으로 확장될 필요가 있다.[11] 왜냐하면 한 개인의 삶은 내가 속한 다양한 공동체와 그 공동체의 구성원들인 또 다른 개인들과 연관되어 있기 때문이다.

주지하다시피 "사회에서의 삶은 개인이 사회화된다는 것을 전제한다."[12] 즉 한 개인이 살아간다는 것은 다양한 공동체 안에서 인간들과 다양한 관계를 맺고 그 안에서 살아간다는 것을 의미한다. 그래서 성찰적 글쓰기의 관심이 학생 필자의 성장과 행복한 삶, 좋은 삶에 초점이 있다면 타인에 대한 이해와 공동체에 대한 이해는 자아탐색과 자아형성의 중요한 변수가 된다.

그러므로 대학생을 대상으로 한 성찰 글쓰기는 인간이라는 종에 대한 특성과 인간들의 관계망인 사회에 대한 이해뿐 아니라 더 나아가 학생 자신이 몸담고 있는 지금, 여기의 시공간이 고려된 공동체에 대한 이해로 확장될 필요가 있다.

영화 〈더 헌트〉는 공동체 안에서 개인에 대해 사유할 기회를 제공한다는 점에서 대학생 성찰 글쓰기에서 활동하기 적절하다. 영화는 한 어린아이의 거짓말에서 시작된다. 거짓말이 의도성을 전제한다는 점을 고려하면 엄격한 의미에서 클라라(아이)의 말은 거짓말이 아니지만 아이가 한 말의 진짜 의도를 알아차리지 못한 한 어른(원장)의 해석에 의해 루카스는 아이(클라라)를 성폭행한 사람이 된다. 그리고 많은 어른들의 믿음(편견 또는 이데올로기) 속에서 사건은 기정사실이 되어간다.

그런데 이 모든 사건의 전개 과정 속에 '아이들은 거짓말을 하지 않는다'는 집단의 믿음이 자리하고 있다. 영화는 편견이 만든 잘못된 해석과 그러한 해석을 근거 없이, 또는 무비판적으로 수용한 공동체의 잘못된 판단 속에서 한 개인이 어떻게 파괴되어 가는지를 보임으로써 공동체 안에서 개인의 삶에 대해 사유할 기회를 제공한다.

특히 이 영화의 배경이 삼대가 함께 살아온 작은 공동체라는 점,[13] 피해자와 가해자들이 매우 친밀한 관계라는 점, 억울한 누명을 쓴 피해자가 적극적으로 해명하지 않는다는 점, 가해자가 구체적이지 않은 채 내용이 전개된다는 점 등 다양한 장치는 관객들이 끊임없이 "왜"라는 질문을 던지며 문제의 핵심에 대해 생각하게 한다. 즉 설명되지 않기에 오히려 관객은 "왜 동네 사람들(친구들조차)은 아이의 말을 그렇게 쉽게 사실이라고 믿는가?", "왜 루카스(피해자)는 자신이 억울한 누명을 썼다고 적극적으로 해명하지 않는가?", "왜 혐의가 벗겨진 후에도 사람들의 태도는 변하지 않는가?" 등 다양한 질문을 하게 된다.

　이러한 영화적 장치 때문에 학생들은 자연스럽게 한 개인의 삶에 집단의 폭력성이 어떻게 개입되는지 깊이 사유하게 되고, 나 역시 집단의 구성원으로서 한 개인의 삶에 영향을 끼칠 수 있는 존재임을 깨닫게 된다. 더 나아가 우리가 당연하다고 생각하는 많은 가치와 상식, 이데올로기, 관습 등이 사람들을 움직이는 힘이며, 그러한 힘이 개인의 삶과 어떤 관련이 있는지 사유할 수 있게 된다[14)]

　　　　영화를 볼 때 우리는 주인공인 루카스(피해자)에 자신을 투사한다. 그래서 영화를 보는 내내 불편하고 짜증스럽고 화가 난다. 관객들은 클라라가 왜 그러한 행동과 말을 했는지를 알고 있고 루카스가 누명을 쓰고 있다는 것을 알기 때문이다. 자신도 언제든 루카스와 같이 억울한 입장에 처할 수도 있다는 생각을 하기에 적극적으로 해명을 하지 않는 루카스에게도, 그리고 진실을 보지 못하는 사람들에게도 화가 나는 것이다. 하지만 영화가 진행되는 과정에서 학생들은 '나'와 또 다른 개인인 '타자'가 루카스(개인)가 될 수도 있고 마을 사람들(공동체)이 될 수도 있음을 인식하면서 자연스럽게 자신이 피해자가 될 수도 있지만 가해자가 될 수도 있다는 것을 사유할 수 있게 된다.

1)은 학생들이 〈더 헌트〉에 대해 평가한 내용이다.[15]

## 1) 영화 〈더 헌트〉에 대한 학생들의 평

| 컴퓨터공학과 김○○ | ★★★★☆ |
|---|---|

광장히 현실적으로 잘 반영했다. 연예인들을 향한 댓글이나 소문을 듣고 판단할 때 우리가 마을사람이 될 수도 있다는 것을 명심하자. 정당하다고 생각하고 이행한 폭력이 제일 끔찍하다.

| 영어영문학과 유○○ | ★★★★ |
|---|---|

영화의 제목처럼 주인공 루카스는 사회에서 '사냥'당한다. 영화에서는 성인이 되면 '생계를 이끌어나가라'라는 의미로 총이 주어진다. 주인공이 속한 사회는 '루카스가 아이를 성추행 했다'고 생각한다. 실제로는 성추행은 벌어지지 않았지만, 그 결과 그들은 가족을 지키기 위해 루카스를 고립시킨다. 사람은 관계를 이루면서 살아간다. 하지만 그 관계가 상실된 사람은 인간이라고 치부되지 않는다. 단지 '사냥감'일 뿐이다.

| 패션디자인과 이○○ | ★★★★☆ |
|---|---|

이 영화를 통해 편견으로부터 온 마녀사냥이 우리 주변에서도 쉽게 일어날 수 있다는 것을 알았다. 또한 편견이 얼마나 사람을 비극으로 몰고 가는지를 표현한 작품이었다.

| 기계시스템공학과 송○○ | ★★★★ |
|---|---|

먹먹한 영화. 서로 더 믿어줄 수 있길 바란다.

| 경영학부 최○○ | ★★★★☆ |
|---|---|

집단의 그릇된 의심과 편견이 몰고 오는 끔찍한 상황을 간접 체험할 수 있다. 많은 사람들이 접하고 느꼈으면 좋겠다.

| 무용학과 김○○ | ★★★★☆ |
|---|---|

더 헌트는 인간관계 중 흔히 일어나지만 혼자서는 대항할 수 없는 타인의 외면과 사람들의 편견을 직설적으로 표현한 작품이었다고 본다.

| 애니메이션과 이○○ | ★★★★ |
|---|---|

아이들은 순수하다. 그러므로 '아이들의 말은 거짓이 없다'는 우리의 편견을 깨버리는 영화인 것 같다. 이 영화를 보면서 답답했던 점은 친구 혹은 동료인 루카스의 말보다 그저 '순수한 아이의 말만 믿을까?'였다. 이 영화에서 많은 교훈을 알려주고 있지만 아이의 거짓말로 루카스에게 대하는 마을 사람들 혹은 친구들의 행동들을 보면서 불쾌했다.

| 정보시스템공학과 이○○ | ★★★★ |
|---|---|

탈출구가 없는 미로는 매우 답답하다. 인간관계도 그렇다. 진실된 관계도 거짓된 선동 앞에선 쉽게 금이 가는 것 같다.

| 영어영문학과 김○○ | ★★★ |
|---|---|

보면서 마음이 편한 영화는 아니다. 주인공에게 미안한 마을주민은 끝내 없었다. 이들은 사냥을 한 것이고 사슴의 생각은 중요하지 않기 때문이다. 자신들은 정당한 행동을 했다고 생각한다.

영화를 통한 성찰 글쓰기는 〈나를 위한 글쓰기〉라는 강좌의 한 단계인 세상 속 '나' 이해하기로, 개인과 공동체의 문제를 탐색하기 위한 방법이다. 사회가 다원화되고 복잡해질수록 개인은 자신이 속한 사회와 문화에 대해 전체적이고 심층적으로 이해하기가 어렵게 된다. 그래서 "개개인은 전체를 알지 못한 채 부분적 기능을 맡고 있는 자기 일만 처리하지만 마치 스타디움의 패턴처럼 하나의 무늬와 같은 조직화가 군중 위에 군림하고 있다"[16]는 것을 알지 못하는 것이다. 즉 현대사회는 개인이 자신의 의지와 상관없이 집단의 무늬를 이루는 요소이지만 그 무늬의 한 부분인 개인은 그 무늬를 한눈에 볼 수 없는 구조인 것이다. 크라카우어는 이러한 '군중의 무늬'를 분석할 수 있는 가장 강력한 매체로 영화를 든다[17]. 영화가 자신이 속한 공동체의 실체와 사회문제를 거리를 두고 관찰함으로써 사회와 공동체에 대해 전체적이고 심층적으로 이해하고 사유할 수 있는 기회를 제공한다.

## 2) 〈나를 위한 글쓰기〉 강의 설계[18)]

| 수업 설계 | | |
|---|---|---|
| 1주 | 강의 안내 및 설계 | |
| 2–4주 | 현재의 '나' 분석하기 | 조하리의 창 |
| | | 현재의 '나'의 분석 |
| | | 현재의 '나' 쓰기 및 공유하기 |
| 5–7주 | 과거의 '나' 탐색하기 | 사물의 심리학 |
| | | 성찰과 치유의 시간 |
| | | '나를 이루는 것들' 쓰기 및 공유 |
| 8–10주 | 세상 속 '나' 이해하기 | 영화 감상 |
| | | 영화로 성찰 글쓰기 |
| | | '나'와 '공동체' 쓰기 및 공유 |
| 11–12주 | 되고 싶은 '나' 설계하기 | 행복한 삶의 설계 |
| | | 미래의 '나' 쓰기 및 발표하기 |
| 13–14주 | 수정 및 편집 | 대표 원고 선정~수정 및 편집 |
| | | 종합 토론 |
| 15주 | 기말고사(지필 시험) | |

## 3) 세상 속 '나' 이해하기 단계와 구체적인 활동

| 단계 | 구체적 활동 | 활동 유형 |
|---|---|---|
| 1단계 | 영화 보기 | 집단 활동 |
| 2단계 | 토론 질문 만들기 | 개인 활동 |
| 3단계 | 토론 질문 및 생각 공유하기 | 조별 활동 후 집단 활동 |
| 4단계 | 쓰기 | 개인 활동 |
| 5단계 | 완성본 읽고 합평하기 | 조별 활동 |

1단계는 영화를 보는 단계이다. 영화 보기는 중간고사 기간에 수강생 전체가 모여 함께 관람한다. 함께 관람을 하는 이유는 영화를 집중해서 보도록 하기 위한 것이기도 하고, 다른 수강생들의 시청

태도와 반응을 함께 공유하도록 하기 위해서이기도 하다. 영화 내용은 이후 수업 과정에서 중요한 맥락이 되는데 따로 보게 할 경우, 영화를 보지 않거나 본다고 하더라도 대충 보고 오는 학생이 많으면 수업의 질이 떨어진다. 한편 영화를 관람하기 전에 학생들에게 영화에 대한 정보를 전혀 주지 않으며 인터넷이나 SNS 등을 보지 않도록 주의를 주는데, 이는 영화를 주체적이고 능동적으로 관람하도록 하기 위해서이다. 영화 제목을 알려주면 영화사 측의 정보나 관람자들의 영화평을 미리 볼 가능성이 크다. 그런데 주지하다시피 이러한 정보가 관람 전에 입력되면 영화를 보는 과정에서 미리 입력된 정보가 관여되고 그럴 경우 자신만의 느낌으로 영화를 보기 어렵게 된다.

2단계는 영화를 본 후 개인별로 질문을 만드는 단계이다. 학생들은 영화를 보는 과정에서 조원들 또는 전체 수강생들과 함께 토론(Discussion)하고 싶은 질문을 만든다. 개인적으로 질문을 만드는 과정을 갖는 이유는 영화가 학생 필자 개개인의 감정과 삶에 대한 사유로 이어질 수 있도록 한 것이다. 이 과정을 생략하고 바로 토론 활동을 하게 되면 적극적이고 주동적인 학생의 주도로 토론이 진행되거나 교수의 의도치 않은 질문이 학생들의 사유를 경직시킬 수 있다. 또한 누군가 전문가의 비평을 인용할 경우 그 해석이 수업시간을 장악하기도 한다.[19] 그래서 필자는 영화감상 전에 영화에 대한 그 어떤 정보도 미리 주지 않을 뿐 아니라 학생 필자 자신의 마음에서 들리는 소리에 귀를 기울일 것을 요구하고 독려한다. 질문지 만들기의 요구 조건은 다음과 같다.

### 4) 토론 질문 만들기 과제의 주의 사항

① 영화 〈더 헌트〉를 감상한 후 함께 토론하고 싶은 내용을 질문 형식으로 만들고(3개 이상), 토론을 하고 싶은 이유를 써 봅니다.

② 질문 1과 질문 2는 영화의 내용과 연관된 것으로 질문을 만들고 간략하게 질문에 답을 써 봅니다.

③ 질문 3은 이 영화를 보는 동안 마음에서 일어난 자신의 감정 상태에 주목하여 질문을 던져 보고, 그 이유를 간략하게 써 봅니다.

※ 유의사항 – 다른 사람의 인터넷 평을 읽지 말고 자신의 마음에서 들리는 소리에 집중하여 질문을 만들어 봅니다.

3단계는 토론 질문 및 생각 공유 단계로, 개인별 질문과 이유를 조원들과 공유하고 생각을 나누는 과정이다.[20] 학생들 각각의 질문과 생각을 조원들과 공유한 후에는 좀 더 깊이 있게 토론해보고 싶은 주제를 정한다. 공유 과정에서 가장 많이 나온 질문이 자연스럽게 조별 토론 주제로 채택되지만 때로 공유 과정에서 새로운 질문이 만들어지기도 한다. 조별 주제에 대해서 각자의 의견을 포스트잇에 쓴 후 함께 의견을 공유한다. 포스트잇을 이용하는 이유는 모든 학생들의 참여를 유도하기 위한 것이다. 그냥 자유롭게 얘기를 하도록 할 경우 몇몇 외향적이고 주동적인 학생들이 토론을 주도하게 되고, 그럴 경우 내향적이거나 소극적인 학생들은 수업 참여가 부족하고, 자신의 생각을 정리하고 공유할 기회를 갖지 못할 수 있다.

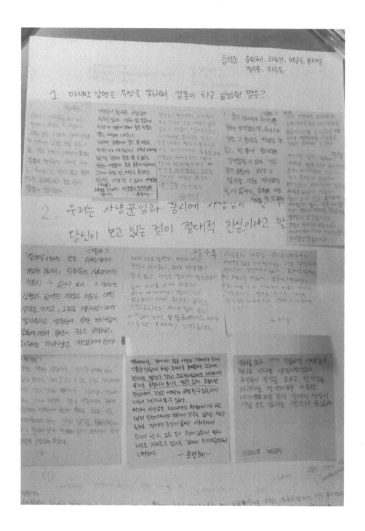

　5)는 조별로 선정한 주제에 대해 포스트잇을 활용하여 의견을
공유한 것이다. 학생들 스스로 궁금한 점에 대해 의견을 내고 토론
의 시간을 가진 후 조장이 내용을 정리하여 전체 수강생들 앞에서
조별 의견을 발표한다.

## 6) 조별 질문 내용

| 조명 | 조별 질문 내용 |
|---|---|
| 음악조 | 1. 마지막 장면은 무엇을 뜻하며 감독이 하고 싶었던 말은? |
| | 2. 우리는 사냥꾼임과 동시에 사냥감이 될 수 있다. 당신이 보고 있는 것이 절대적 진실이라고 말할 수 있는가? |
| 수면조 | 1. 클라라가 거짓말을 했을 때 그 아이는 어떤 결말을 생각했고, 그 거짓말을 함으로써 무엇이 이루어지길 바란 것일까? |
| | 2. 왜 나는 영화를 보는 내내 해피엔딩이었으면 좋겠다는 생각을 했을까? |
| 영화조 | 1. 루카스와 클라라가 나누는 대화 내용 중 '아저씨는 앞을 보세요. 저는 선을 볼게요'에서 클라라가 말하는 선과 루카스가 봐야 하는 앞은 무엇을 의미하는가? |
| | 2. 교회에서 루카스가 클라라의 아버지인 테오와 한참 동안 눈빛을 교환한다. 그동안 테오는 어떤 생각을 했을까? |
| 무비조 | 1. 마지막 장면에서 누군가가 루카스에게 총을 쏜 이유는? |
| | 2. 내가 마을사람이었다면 루카스와 클라라 중에 누구를 믿었을까? |
| | 3. 영화를 보면서 왜 답답함을 느꼈을까? |
| 잠조 | 1. 루카스의 집에 있지도 않은 지하실을 유치원생들이 이야기한 이유는 무엇일까? |
| | 2. 마을사람들이 돌변하는 태도가 너무나도 신경 쓰인다. 어째서 이렇게 한 번에 친구에 대한 마음이 변할 수 있었던 것일까? |
| 운동조 | 1. 과연 '나'였다면 끝까지 선동되지 않고 친한 친구를 믿었을까? 아니면 어쩔 수 없이 선동되었을까? |
| | 2. 클라라에게 패니(루카스의 강아지)는 어떤 의미일까? |
| | 3. 사건이 일어났을 때, 마을사람들의 행동(루카스를 의심하는 것)이 이해되는 이유는 무엇일까? |
| | 4. 작가가 루카스라는 인물에게 이혼과 아들, 새 여자 친구라는 관계도를 부여한 이유가 무엇일까? 만약 루카스에게 딸아이가 있었다면 어떠했을까? |
| 요리조 | 1. 왜 영화와는 관련이 없는 이혼사실과 베드신이 들어갔을까? |
| | 2. 왜 나는 무서웠나? |
| 독서조 | 1. 마지막 장면에서 누군가가 총을 쏘았다. 누구이고 왜 쐈을까? 또 왜 빗나갔는가? |
| | 2. 왜 루카스는 적극적으로 해명을 하지 않았을까? |

6)은 조별로 선정한 질문 내용이다. 가장 많이 토론하고 싶어 한 내용은 마지막 장면이 무엇을 뜻하는 것인지, 그 장면을 통해 감독이 하고 싶은 말은 무엇이었는지에 대한 것이었다. 이에 대해 음악조 학생들이 의견을 정리하면 다음과 같다.

① 사냥꾼이 될 수도 사냥감이 될 수도 있다. 영화 뒷부분에 마쿠스(루카스의 아들)가 성인이 되어 총을 선물로 받고 사냥을 나간다. 마지막 장면에서 총을 쏜 사람은 마쿠스라고 생각한다. 이제 그에게도 누군가를 향해 총을 쏠 수 있는 권한이 생겼다. 물론 동물에 한해서. 그러나 눈빛, 말, 때로는 폭력으로 누군가(사람)를 사냥할 수 있다. 사냥감의 대상은 어제의 사냥꾼이 될 수도 있다. -A학생

② 루카스의 트라우마를 나타낸다고 생각한다. 이전의 일 때문에 고통을 받은 루카스가 사건이 해결된 이후에도 고통을 받고 있고, 그 총은 결국 루카스의 트라우마가 쏜 것이었다고 생각한다. 그래서 루카스는 '실제로'는 맞지 않고 정신적으로만 총소리를 듣고 총은 맞지 않았다고 생각했다. -B학생

③ 영화의 첫 장면과 마지막이 모두 '사냥'으로 시작되고 끝이 났는데, 사냥이 사슴사냥도 되고 마녀사냥을 뜻하기도 한다. 모든 오해와 혐의가 풀려나고 아들 마쿠스에게 총을 줌으로써 대물림을 하게 되는데 그렇게 모든 것이 밝혀졌는데도 루카스를 향한 총성은 경고를 의미하고, 사람의 의식이 무섭다는 생각을 했다. -C학생

④ 총의 방아쇠가 루카스를 향해 당겨졌는데, 루카스가 정말 그 총알을 맞았을 수도 있고, 빈총에 방아쇠만 당겨졌을 수도 있다. 이는 겉의 상황만 보고는 그 결과를 아무도 지레짐작할 수 없다는 것을 감독이 의도한 것 같다. -D학생

⑤ 마지막 장면에서 실루엣으로 루카스한테 총을 쏘는 장면은 불특정 다수를 실루엣으로 비유하여 피해자의 억울함을 감독이 말해주는 것 같다. -E학생

⑥ 마지막 장면이 영화의 전체를 함축하여 보여준다고 본다. 마녀사냥을 하다가 결국 루카스가 혐의에서 벗어났듯이, 마지막에 모두가 사냥을 하다가 사냥에 참여하지 않은 루카스가 어이없게 총에 맞을 뻔한 것이 영화 전체를 함축적으로 설명하는 것 같다. 감독은 실제로도 있을 수 있는 마녀사냥에 대해 오해와 진실을 보여준 것 같다. -F학생

4단계는 개인별로 쓰기 과제를 수행하는 단계이다. 조별 공유 및 전체 공유의 시간을 가진 후 학생들은 개인별 글쓰기를 수행한다. 지금까지의 집단 및 조별 활동 과정에서 생성한 모든 것을 자신의 글쓰기 활동으로 수렴하는 과정이다. 학생들은 처음에 자신이 던진 질문을 글감으로 선택하기도 하고 조별 활동 과정에서 수립된 질문을 선택하기도 한다.

5단계는 마지막 단계로 개인별 쓰기 과제를 함께 공유하고 합평을 하는 단계이다. 개인별로 쓴 과제를 조원들끼리 돌아가면서 읽은 후 댓글을 달아준다. 1-3단계가 말로 하는 단계라면 4단계와 5단계는 개인별 쓰기와 읽고 합평하는 데 초점을 둔 활동이다. 글을 읽는 과정에서 밑줄을 긋고[21] 글에 대한 간략한 소감과 의견을 글 뒷면에 써준다.

8)은 "관계 속의 '나'"는 제목의 글에 대한 조원들의 합평이다.

### 8) 글쓰기에 대한 조원들의 합평

① 클라라의 거짓말로 시작된 사건에만 집중하는 것이 아니라, 전체적으로 관계를 파악하려는 시도가 색다르고 좋았습니다. 또, 인간관계에 대해 다시 한번 생각하게 되었습니다. '나는 홀로 존재할 수 없다'는 문장이 기억에 남고, 그렇기에 사람들 간 관계가 얼마나 중요한지 느끼게 되는 글입니다.

② 사회 속에서밖에 존재할 수 없는 개인과 그 사회에서 배척당한 개인의 관계로 영화를 해석하신 것에 재밌었습니다. 관계에 좀 더 중점이 이루어져 글이 써졌다면 더 탄탄한 글이 되었을 것 같다는 생각을 하며 글을 읽었네요.

③ '관계의 단절이 개인의 파멸을 초래한다'는 첫 문장이 가장 인상 깊게 느껴졌습니다. 또 영화 전체를 '관계'라는 하나의 초점에 맞춰 해석한 것이 새로웠습니다. 저도 현재의 관계에 대해 다시 한번 생각해볼 수 있는 좋은 계기가 된 글이었습니다.

한편 학기 초에 수강생 전체의 의견을 받고 싶은 글을 한 편씩 선정하도록 하는데, 이때 영화에 대한 평을 받고자 했던 학생들은 홈에 글을 공개하여 조원들 이외의 다른 학생들의 의견도 받는다. 학생들은 게시된 글을 읽고 댓글 형식으로 의견을 쓰고, 글을 게시한 학생은 댓글의 내용을 정리하여 교수에게 제출한다.

## 9) 영화 글에 대한 다른 조 학생들의 댓글

관계 속에서 사람은 살 수 있다.

사람은 타인과의 관계 속에서 살아간다. 나는 타인과의 관계 속에서 정의되며 사회 안에서 홀로 존재 할 수 없다. 즉, 개인은 누군가의 아버지, 친구, 대부로서 비로소 '나'가 존재 하는 것이다. 관계의 단절이 개인의 파멸을 초래하는 영화 the hunt'는 인간이 관계 속에 살아간다는 것을 여실히 보여주는 영화다.

영화의 주인공 루카스는 절친한 친구들과 같은 마을에 산다. 그들은 서로의 가족을 잘 알고 있을 뿐만 아니라 같이 사냥을 가기도 한다. 또한 호수에서 어린아이같이 놀기도 한다. 그 중 테오는 루카스의 절친한 친구다. 그는 루카스의 전처와의 문제에 대하여 상세히 알고 있을 뿐만 아니라 조언을 해준다. 그리고 테오의 딸 클라라라는 루카스가 선생으로 있는 유치원에 다닌다. 그래서 루카스는 클라라와 같이 유치원에 가기도한다. 루카스는 그가 속한 사회에서 다양한 관계에 놓여있며 긴밀하게 연결되어있다. 하지만 루카스가 테오의 딸 클라라를 성적으로 학대 했다는 소문이 돌면서 둘의 관계는 파국으로 치닫는다. 특히 '친구'라는 긴밀한 연결고리 속에서 개인의 파멸은 더욱 극적으로 그려진다.

소문은 '아마 그럴 것'이라는 추측에 불과했다. 하지만 이는 곧 '루카스가 그랬다'고 기정사실화된다. 루카스는 자신의 억울함을 해소하기 위해 직접 테오를 찾아간다. 하지만 그에게 돌아온 대답은 '내 딸을 건드렸다면 네 머리에 총알을 박아 버리겠다'는 협박뿐이었다. 테오의 이와 같은 태도는 루카스가 사회에서 완전히 소외당하는 것을 의미한다. '친구'라는 관계는 느슨한 관계가 아니다. 사랑과 신뢰가 바탕인 긴밀한 관계다. 루카스는 '너는 나를 믿을 것이라는 생각 하에 '자네와 내가 사건의 진실을 따악해서 원장님한테 가서 해명하자'고 말한다. 하지만 테오는 '클라라는 거짓말을 하지 않는다'고 말하며 루카스를 매몰차게 내쫓는다.

루카스는 믿는 도끼에 발등 찍힌 심정이다. 절친한 친구마저 '나'를 사회의 악으로 치부하는 상황에서 자신이 믿을 것이라고는 애완견 페니와 자신의 아들 마쿠스 밖에 남지 않았다. 루카스는 점점 파멸되어간다. 아이들과 괴물 놀이를 하던 그는 없다. 그의 애인 리디아가 당신이 그런 것 아니지?하며 물어 왔을 때, 그는 돌변한다. 그는 자신의 집에서 그녀를 폭력적으로 내쫓는다. 영화의 제목처럼 루카스는 사람들에게 사냥을 당함으로써 파멸되는 것이다. 영화 초반에 루카스는 친구들과 사냥을 한다. 그 장면에서 사슴은 총을 든 사냥꾼 앞에서 죽음을 기다리는 '약자'다. 사냥꾼은 총을 쏘는 방식을 통해 사슴을 폭력적으로 제압한다. 이와 마찬가지로 루카스는 사회에서 '약자'다. 위에서 말했듯이, 개인은 관계 속에서 존재한다. 이와 같이 아동 성추행범이라는 낙인이 찍힌 루카스는 인간관계에서 철저히 소외된다. 즉, 루카스는 인간으로서 존재 가치를 상실한다. 총을 든 사냥꾼처럼, 사람들은 온견어린 시선으로 루카스에게 보이지 않는 폭력을 행사한다.

루카스가 파멸된 모습을 보여주는 장면은 그가 교회를 찾아간을 때다. 그는 아이들의 아름다운 노래 소리가 울려나오고, 기도를 하고 있는 사람들을 아랑곳 하지 않고 테오에게 나가간다. 그는 '내 눈을 봐, 아무것도 없잖아'고 테오에게 말한다. 즉, 영화는 관계에서 소외된 개인은 결국 아무것도 남지 않은 상태가 된다는 것을 루카스를 통해 드러내고 있다.

우리는 영화를 통해 개인이 사람과의 관계를 맺고 살아가는 것이 얼마나 중요한지 알 수 있다. 나는 홀로 존재 할 수 없다. 누군가와 살을 부대끼고, 싸우고, 화해하며 살아가는 것이다. 영화를 통해 내가 현재 가지고 있는 '관계'에 대해서 다시한번 생각해 볼 수 있는 기회였다.

| | | |
|---|---|---|
| 22 | 의생물/1451143/이승은 | 05-15 23:55 |
| 21 | 전자정보공학과/1593056/이태훈 | 05-15 21:50 |
| 20 | 경영/1532048/오조엽 | 05-15 15:42 |
| 19 | 경영학부/1532158/최정호 | 05-13 00:10 |
| 18 | 컴퓨터공학부/1292063/박명현 | 05-12 12:52 |
| 17 | 경영학부/1432074/최다연 | 05-11 21:26 |
| 16 | 법정학과/1536020/송원홍 | 05-10 22:50 |

## 영화를 활용한 성찰 글쓰기 수업의 성과

수업(Instruction)이란 "학습이 촉진되도록 학습자에게 영향을 미치는 일련의 의도된 사건을 의미한다(Gagne, 변영계·이상수 역, 2003: 24; 최지현 외, 2009: 25 재인용)." 대학에서 수업의 일환으로 운영되는 강좌라면 학습자 요인이 대학생이라는 점, 교양교육의 일환으로 운영된다는 점 이외에도 교수자가 이 수업을 통해 학습자들에게 어떤 영향을 미칠 것인지를 고려해야 할 것이다. 필자가 영화 〈더 헌트〉를 성찰 글쓰기에 활용한 의도는 다음과 같다.

첫째, 편견에 대해 사유할 기회 제공

둘째, 나(개인)의 삶이 너(타인)의 삶, 공동체의 삶과 어떤 관계가 있는지에 대해 사유 기회 제공

셋째, 내(개인)가 그들(타인)의 삶에 개입 가능성에 대해 사유, 나도 공동체의 일원, 나 역시 공동체의 일원으로 가해자가 될 수 있음에 대해 사유, 역지사지에 대해 사유 기회 제공

넷째, 어른(성숙)과 미성숙(어린아이)에 대해 사유할 기회를 제공

위에서도 언급했듯이 영화를 활용한 성찰 글쓰기는 〈나를 위한 글쓰기〉의 한 과정이다.[22] 〈더 헌트〉는 미래 설계를 위한 과정 전에 세상 속에서 나, 즉 공동체 구성원으로서 개인에 대해 탐색하기 위한 과정이다. 학생들은 이 영화를 통해 개인과 공동체의 관계를 탐색함으로써 나를 둘러싼 또는 나를 이루고 있는 다양한 내 안의 타자성을 인식할 수 있게 된다. 그리고 이 모든 탐색은 공동체 안에서 나의 삶, 성숙한 삶, 좋은 삶, 행복한 삶에 대한 사유로 이어지게 된다.

## 11) 교수자의 의도와 학생들의 글

① 영화에서는 아이들은 절대로 거짓말을 하지 않는 존재라고 정의 내린다. 유치원 원장은 그렇게 믿고 이미 클라라의 말을 듣자마자 루카스를 범죄자로 생각한다. 도대체 왜 아이들은 거짓말을 하지 않는다고 생각할까? 아이들은 무조건 순수한 존재이기 때문일까? 그렇다면 어른들은 아이였을 때 거짓말을 해본 적이 없는 걸까? 도저히 이해할 수 없었다. 나는 어렸을 적에 거짓말을 상당히 많이 했다. 주로 관심을 받기 위해서였다. 일단 시선이 내게 집중되는 상황이라면 난 내게 쏠린 관

心을 절대 놓칠 수 없었기에 거짓말이라도 늘어놓았다. 그러고는 그게 사실인 양 두 눈 부릅뜨고 당당하게 말했다. 그 나이는 다 그럴 시기이다. 그리고 우리는 모두 그 시기를 지나온 사람들이다. 그런데 그 사실을 하얗게 잊어버리고 어른이 되어서는 대뜸 '아이들은 거짓말을 하지 않아요'라니? 우리는 인식을 바꿀 필요가 있다.

② 루카스는 늘 사냥을 하는 사냥꾼의 입장이었다. 그는 총으로 사냥하는 것을 즐겨 친구들과 함께 사슴사냥을 나가곤 했다. 그 사냥하는 과정에서 희열을 느끼고, 함께 사냥하는 사람들과의 관계는 더욱 돈독해지며, 다양한 이야깃거리가 생기게 된다. 그들에게 사냥은 삶의 낙이요, 영광이었다. 하지만 그 사건으로 인해 입장은 뒤바뀌게 된다. 루카스가 사냥의 대상이 된 것이다. 어린 여자아이인 클라라의 상상력으로 만들어진 작고 사소한 발언은 모두가 루카스를 사냥감으로 만들기에 아주 충분했다. 애완견 페니나 루카스의 아들 마르쿠스는 루카스를 궁지에 몰아가기 위한 수단이었을 뿐 그들의 직접적인 목적은 아니었다. 그들은 확고했고, 그들의 사냥감은 정확했다. 루카스였다.

③ 우리는 우리가 믿고 싶은 것을 선택한 후에 그것을 진실이라 믿는다. 따라서 우리가 가능성을 닫아버리는 순간, 진실을 알 수 있는 기회마저 잃게 된다. 영화 속에서는 억울하게 한 사람이 성적 학대의 가해자가 된다. 진실이 중요한 이유는 여기에 있다. 누군가는 잘못된 판단으로 상처를 받고 피해자가 될 수 있기 때문이다. 영화의 제목 '더 헌트'처럼 실제로 우리가 누군가를 살인하지 않더라도 우리가 가진 생각, 눈빛, 말, 그리

고 때론 폭력으로 진실과 관계없이 어떤 사람을 죽음에 이르게 할 수 있다. 그리고 이런 억울한 상황이 나에게도 일어날 수 있는 것이다.

④ "아저씨는 앞을 보세요, 저는 선을 볼게요"라는 대사는 아이의 사고가 고립되어 있음을 보여준다. 사건 전체를 볼 수 있는 사고가 확립되지 않았고, 당장 눈앞에 보인 것들만 볼 수 있는 아이에게는 그 선 자체가 가장 중요한 것이 된다. 그리고 영화 후반부에 등장하는 장면에서 얽히고설킨 많은 선들을 바라보는 클라라와 루카스의 태도는 이야기의 초반과 마찬가지다. 클라라는 여전히 자신이 시작한 사건의 전말을 이해하지 못하고 그 선에만 집중한다. 클라라가 그 선들을 이해하고 넘어가기 위해서는 시간이 필요하다. 그래서 더 넓은 사고가 가능하고 감정 선을 조절할 수 있는 루카스가 클라라를 대신해 그 선들을 넘어가 주는 것이다. 〈중략〉

⑤ 이후 영화 끝 부분에서는 루카스의 아들 마쿠스가 성인이 되어 합법적으로 총기를 소지하고 사냥을 하는 장면이 나온다. 루카스가 사냥감인 사슴들을 바라보고 있을 때 누군가 뒤에서 총을 쏘는데 간신히 루카스를 빗겨나간다. 나는 총을 쏜 사람이 마쿠스일 거라고 생각한다. 먼저 영화에서 총을 한 번 쏘고 다시 쏘려다 멈칫하고 돌아서는데 사슴을 놓치자 어설픈 사냥꾼이 다른 곳으로 사슴을 찾으러 간 상황을 말해준다. 감독은 이 장면을 통해 영화의 전반적인 주제를 말하고자 하지 않았나 싶다. 사냥에 미숙한 마쿠스가 당장 눈앞에 보이는 사슴만 봤을 뿐 그 뒤에 있는 루카스는 보지 못했다. 이는 성인이 되어

사냥을 할 수 있지만 아직 미성숙한 마쿠스는 전체를 볼 수 있는 눈을 제대로 갖추고 있지 않다는 것을 말한다. 그리고 한때 판단의 대상, 즉 마녀사냥의 목표물이었던 루카스의 아들인 마쿠스에게도 누군가를 향해 사냥의 총을 겨눌 수 있는 힘이 생긴 것이다. 다시 말해, 사냥에서 사냥꾼임과 동시에 사냥의 표적이 될 수 있음을 암시한다. 그리고 앞서 말한 것처럼 전체를 제대로 볼 수 있는 시각이 마쿠스에게 없다면 그도 결국은 과거 공동체 사람들이 했던 것처럼 누군가를 죽음으로 몰고 갈 수 있다.

(11①)은 편견이 어떤 일을 판단하는 데 끼치는 영향에 대해 인식하고 있으며, (11②)는 가해자였던(사슴에게 그는 사냥꾼이었다) 루카스가 사냥을 당하는 입장으로 변해가는지를 통해, 언제든 우리는 공동체의 한 구성원이 되기도 하지만 그 구성원의 타자가 될 수도 있음을 인식하고 있다. 한편 (11③)은 루카스뿐 아니라 학생 자신을 포함하여 누구든지 한 개인이 또 다른 누군가의 잘못된 판단으로 피해자가 될 수 있다는 인식으로 이어지고 있다. 그리고 (11④)와 (11⑤)는 '선'에 대한 상징을 통해 어른과 아이, 성숙과 미성숙의 문제로 사유의 확장을 꾀했음을 읽어낼 수 있다.

읽기 텍스트를 활용한 글쓰기 수업에서 성취 목표를 달성하기 위해서는 수업을 설계할 때 텍스트의 활용과 학생 필자의 접근 방식에 대해 면밀하게 설계할 필요가 있다. 왜냐하면 텍스트를 읽기 전에 어떤 자료를 어느 과정에 어떻게 제공하는지에 따라 성취 목표에 도달 정도가 달라질 수 있기 때문이다. 영화 감상문을 쓰기 전에 다양한 방법을 시도하여 비교 연구한 유영희(2016: 169)에 의하면 아무런 지침이 없이 영화를 보는 경우는 "학생이 평소 가지고 있는 사고 구조나 정서를 표현하는 데는 도움이 되지만 영화를 독해하는 힘이 약한" 반면 참고자료를 제시한 경우에는 "참고자료가 스키마를 형성하는 역할"을 했다고 한다.

영화를 활용한 성찰 글쓰기는 작품의 분석이나 논리적 구조 등에 대한 비평에 초점이 있는 것이 아니라 영화가 학생 필자가 속한 사회 공동체와 자신의 삶에 대해 사유의 기회를 제공하는 것이 중요하기 때문에 미리 참고자료를 주기보다는 열린 마음으로 영화를 감상하는 것이 중요하다. 그리고 교수는 이러한 사유가 가능하도록 분위기를 조성하고 자신의 느낌에 주목하고, 그러한 느낌을 논리적으로 풀어낼 수 있도록 독려할 필요가 있다.


## 성찰적 삶을 위한 마무리

우리 학생들에게 성찰은 낯설고 불편하다.[23) 낯설다는 것은 성찰적 삶에 대한 경험이 부재할 뿐 아니라 그러한 삶의 태도가 긍정적으로 권장되지도 않았으며, 그래서 그 방법도 모른다는 것을 의미하며, 불편하다는 것은 나를, 타인을, 내 안의 타자성을 보는 것이 불편하다는 것이다.

우리 사회에서 지식은 지금, 여기, 나의 삶과 연결되지 못한 채 시험을 위한 것이 되었고, 대학에 들어와서 역시 취업이라는 또 다른 관문을 뚫기 위한 무기로 기능해왔다.[24) 또한 사회의 발전과 치열한 경쟁 속에서 사적인 것은 사소한 것이 되어갔고, 하나의 문제에 오랫동안 천착하는 것 역시 시대에 뒤떨어지는 것이 되어갔다.[25) 집단화된 익명의 가면 속에서 폭력이 난무해도 피해자는 대의라는 이름하에 또는 사회의 발전을 위해 잊혀져야 할 존재가 되어갔다.[26)

하지만 삶이, 활동이, 지금, 여기의 문제에 대한 고민이 결국 행복한 개인들을 위한 것임은 누구도 부인하기 어려울 것이다. 이제는 너무나 많이 쓰여 어떤 자극도 되지 못하지만 '인간은 사회적 동물이다.'[27) 그래서 누군가의 삶은 결국 우리의 삶일 수밖에 없다. 나의 삶은 너의 삶, 우리 삶의 한 부분이며, 나 역시 너의 삶, 우리의 삶을 이루는 요소임을 인식하는 것은 매우 중요하다. 공동체에 대한 인식 역시 개별적 요소가 보이지 않는 그냥 뭉뚱그려진 집단이 아니라 개개인의 정체성과 개성이 보이는 공동체에 대한 인식이어야 할 것이다. 그러한 인식이 가능하려면 구체적 개인인 '나'에 대한, 그리고 '너'에 대한 구체적인 사유가 뒤따라야 한다.

위에서도 언급했듯이 삶 속의 경험적 개인은 자신이 속한 거대한 군중의 무늬를 이루지만 현실의 삶 속에서 경험적 개인은 그 군중의 무늬를 볼 수 없다. 영화를 활용한 성찰 글쓰기가 이러한 한계를 극복하는 하나의 대안적 방안이 될 수 있다. 자신의 삶을 관찰자의 입장에서 거리를 두고 성찰적 자아로서 바라볼 때 전체와 그 속에서 나와 너, 그인 개인을 볼 수 있는 것이다. 영화는 관찰자의 입장에서 거리를 두고 군중의 무늬를 볼 수 있는 매체이기에 성찰 글쓰기에서 활용 가치가 크다.[28)

1) 이 글은 『작문연구』 31집(2016.12.)에 실린 내용을 수정 · 보완한 것임.

2) 주지하다시피 경험의 언어화는 경험으로부터 거리 두기를 가능케 한다. 어떤 일의 경험 주체일 경우에는 자신이 포함된 세계에 대해 객관적으로 인식하기 어렵지만 글을 쓰는 행위를 통해 우리는 자신의 경험 속에 함몰되지 않고 거리를 두고 관찰하고 사유할 수 있다. 즉 우리는 어떤 경험 속에 있을 때 전체 속에서 어떤 것을 볼 수 없는데, 글쓰기를 통해 전체를 볼 수 있고, 그럴 때 우리는 그 전체를 이루는 요소들의 관계 또한 볼 수 있다.

3) 강민정(2016)은 자체성과 자기성을 구분한 리쾨르의 텍스트를 활용하여 자기성찰의 사유를 유도한 글쓰기를 제안한 것이고, 김영희(2012)는 구전되는 이야기를 학습자의 자기탐색에 활용하는 방안을 제안한 것이다.

4) 박정하(2015), 「왜 영화로 글쓰기 교육을 해야 하는가」, 『영화로 읽기 영화로 쓰기』, 푸른사상

5) 비평적 대상을 읽어내는 방법에 대해서는 오랫동안 논란이 되어왔다. 이에 대해서는 박영민(2002)을 참조할 수 있다. 비평문 쓰기에 대한 다양한 연구는 국어교육 분야의 연구들을 참조할 수 있다. 대학에서 교양교육 차원에서 비평문 쓰기는 명확하게 비평에 초점이 있다기보다 비평과 감상을 모두 포함하는 경우가 많다. 조하연(2004)은 '감상'이라는 개념을 면밀하게 검토하면서 문학이 단순한 이해와 평가의 차원을 넘어 "감상자가 적극적으로 자신의 삶에 유의미한 것으로 창조적으로 수용하는 행위까지 포함"해야 함을 역설한 바 있고, 한래희(2013: 220-221) 역시 영화 텍스트를 활용한 글쓰기에서 지나치게 인지적, 논리적 반응만을 강조할 경우 영화 감상이라는 미적 체험이 갖는 의미가 퇴색된다고 주장하면서 영화를 볼 때 감정적 체험들이 비평문 쓰기에 반영되어야 한다고 역설한 바 있다. 이에 대해서는 따로 논의하기로 한다. 대학 교양교육에서 비평문 쓰기에 대해 다룬 논문은 조희정(2011), 한영현(2013), 한래희(2013) 등을 들 수 있다. 조희정(2011)은 대학 교양 수업에서 비평문 쓰기의 환경을 분석하고 내용 생성 전략을 제안하는 과정에서 원전과 영화 텍스트를 활용한 사례를 보인 것이다. 한영현(2013)은 영화의 매체의 특성이 시각적 이미지에 주목하여 비평문을 쓰는 방법을 제안한 것이고, 한래희(2013)는 영화 비평문을 쓰기 전 활동 방법으로 토론을 제안하고 영화 텍스트와 토론, 비평문 쓰기 활동이 상호 효과적으로 연계될 수 있는 방안을 제안한 것이다.

6) 철학교육 분야에서도 영화를 활용하곤 한다. 철학교육에서 영화를 활용하는 이유를 김용석(2006: 434)은 "시대의 흐름에 밀려서 마땅히 설 자리를 잃고 있는 철학이 '생존의 길'을 찾기 위해 오늘날 세인들로부터 훨씬 더 많은 관심을 끌고 있는 영화에 공생의 손길을 보내고 있다는 의혹을 사고 있다"고 하면서도 영화의 본질적 성격이 '현실'을 제시하는 것이라면, 철학의 본질적 성격은 '현실을 탐구하는 것'이라는 이유를 들어 영화를 활용한 철학적 글쓰기 교육의 당위성을 주장한다.

7) 박정하, 위의 논문 18-19쪽.

8) 문화 활동 유형에 대한 조사 결과 역시 현대인의 삶에서 영화가 차지하는 비중이 얼마나 큰지를 보여준다. 서울시가 조사한 2012 서울 서베이에 따르면 문화 활동 관람률 중 영화 관람(57.3%, 2.41회)이 1위로 나타났다. 20대의 경우는 영화 관람 비율이 91.1%로 여가 활동의 대부분을 영화 관람에 할애하고 있음을 알 수 있다.

9) 박정하, 위의 논문 18쪽.

10) 이왕주(2016), 『철학, 영화를 캐스팅하다(1판 14쇄)』, 효형출판

11) 실제 사건이 영화화되면서 해당 사건이 재조명되는 경우도 많다. 예를 들어 2011년에 개봉한 영화 〈도가니〉는 실제 사건의 재수사와 도가니법의 제정에 영향을 끼치기도 했다.

12) Premieres Bonnewitz(1997), Premieres lecons sur La sociologie de P. Bourdieu(문경자 옮김(2000), 『부르디외 사회학 입문』, 동문선),

13) 즉, 주체가 읽기의 속도를 제어할 수 있는 독서와 달리 영화는 그 속도를 제어할 수 없다. 예컨대 우리는 책을 읽는 과정에서 특정한 부분에 밑줄을 그으면서 잠시 텍스트의 흐름을 쉬고 사유 주체가 자신의 생각 속에 잠길 수 있다. 하지만 영화는 잠시 멈추기 어렵다. 즉, 독서는 사유 주체의 의지에 따라, 혹은 가독 역량에 따라 독서 주체가 텍스트와 주체의 상호작용을 조율할 수 있지만, 영화는 감독의 의도에 따른 흐름을 관객이 조율하기 어렵다.

14) 나은미(2014), 「표현주의에 토대를 둔 대학 글쓰기 수업의 한 방안-〈나를 위한 글쓰기〉강좌를 대상으로-」, 『한국어학』65, 117-146, 한국어학회.

15) 고등학교 〈작문〉 과목에서 성찰 글쓰기를 다루고 있는데, 2007 개정 교육과정 해설서에 따르면 자기 성찰을 위한 글은 "글쓰기를 통해 자기 이해에 이르고, 자신의 정체성을 재구성함으로써 정서적, 심리적 성숙을 도모하기 위해 쓰는 글이다"라고 정의되어 있고, 다른 종류의 글과 달리 자기 성찰의 글은 "체험의 진솔한 표현을 중시하고 이러한 진솔한 표현 속에 다양한 성찰의 계기가 포함된다"고 기술되어 있다. 고등학교 과정에서 성찰 글쓰기는 사적인 영역의 탐색에 초점이 있음을 알 수 있다(노은희, 2008: 326).

16) 크라카우어, 박정하 위의 논문 19쪽 재인용

17) 크라카우어, 박정하 위의 논문 재인용.

18) 호숫가에서 벌거벗고 수영을 하는 영화의 첫 장면은 루카스와 그의 친구들이 얼마나 친밀한 사이인지를 보여주는 장면이다.

19) 표 1)은 학생들이 종강 때 만든 직접 만든 편집본의 내용이다.

20) 이 강좌는 2012년 1학기에 교양 선택으로 개설되었다. 자잘한 내용에는 변화가 있었지만 강좌 개설 취지와 목표에는 큰 변화가 없다. 세상 속 '나'를 이해하는 방편으로 초창기에는 영화 〈더 헌트〉와 소설 「필경사 바틀비」를 동시에 활용했는데, 소설을 읽지 않거나 읽었다고 하더라도 작품 자체에 대한 이해도가 떨어져 영화만을 대상으로 하게 되었다. 전체적인 강의 운영에 대해서는 나은미(2014)를 참조할 수 있다.

21) 주입식, 암기식 학습에 익숙한 학생들에게 비평가나 교수와 같은 권위자의 의견은 학생의 주체적이고 능동적인 사유를 억압하는 기제가 되곤 한다.

22) 학기 초 강의 안내를 한 후 바로 조를 편성한다. 대학에서 성찰 글쓰기는 사적인 경험을 쓰고 공유하는 차원을 넘어 동시대를 공유하는 세대들의 공동체적 경험이 필요하므로 조원들끼리 친밀감을 형성하는 것이 중요하다. 필자는 다른 전공의 학생들이라는 점을 고려하여 학생들에게 취미나 관심거리가 무엇인지 묻고, 이러한 주제로 조를 편성한다. 조 편성 후 자기소개를 하는 과정에서 학생들은 자신이 언제 어떤 계기로 좋아하게 되었는지, 또는 어떤 이유로 그러한 주제를 좋아하는지를 이야기하면서 친해질 수 있다.

23) 밑줄은 읽는 사람이 타인의 글에 개입하는 방법이다. 마음에 드는 내용, 어휘, 문장뿐 아니라 이상하거나 다시 생각해보기를 바라는 곳에 그냥 밑줄을 그으면 된다. 필자는 밑줄 친 내용과 표현을 다시 한번 점검한다. 하지만 수정에 반영하는 것은 필자의 몫이다.

24) 단계별 강의 설계에 대한 자세한 내용은 나은미(2014)를 참조할 수 있다.

25) 조혜정(1992: 6-7)은 책을, 영화를, 또는 다양한 텍스트들을 자신의 삶과 연결 지어 적극적이고 창조적으로 읽어내지 못하는 이유를 입시 위주의 교육과 지난 일세기에 걸친 근대적 지식 생산과정에서 찾는다. 지금까지의 교육이 사유하는 인간을 양성하지 못했다는 평을 수긍하기에, 그리고 지금, 여기에서 선생 노릇을 하고 있고, 전문가임을 증명하기 위해 이 글을 쓰고 있기에 그녀의 진단이 필자에게는 뼈아픈 충고로 들린다. 물론 조혜정(1992)의 「글 읽기와 삶 읽기」시리즈는 우리 사회가 "자신의 문제를 풀어갈 언어를 가지지 못한 사회, 자신의 사회를 보는 이론을 자생적으로 만들어가지 못하는 사회", 즉 식민지 사회로 진단한다. 여기서 '식민지성'이란 "구체적으로 역사적인 사건과 관련된 현상을 뜻하는 것이 아니라 지식과 삶이 겉도는 현상"을 지칭한다. 이 시리즈는 이러한 식민지화를 위한 효과적인 방안을 모색한 일련의 의도된 기획의 결과물이라고 볼 수 있다.

26) 반복적인 경험은 그러한 경험에 대한 사유 자체를 불가능하게 한다. 필자 역시 이 활동이 수업이라는 점, 그래서 무엇인가 내가 미리 답을 알고 있어야 한다는 점, 그리고 학생들이 그러한 답을 이치에 맞게 설명해야 한다는 점에 갇혀 있었던 것은 아닌지 고민해본다.

27) 요즘 학생들에게 진지한 말을 하는 사람은 피하고 싶은 사람 중 하나라고 한다. 진지한 말은 대체로 삶에 대한 문제, 사회문제 등을 말한다. 말이 실천으로 이어지지 못한 것에 대한 피로감을 이해하지 못하는 것은 아니지만, 그래서 더욱 안타깝다.

28) 사회는 이질적인 인간 군상의 집합이고 본질적으로 이질적인 것은 불편한 것이다. 그래서 타인을 나와 다른 것, 그들이라고 인식하면서 배려하고 관용적인 태도를 갖는다는 것은 쉽지 않다. 하지만 이질적인 것이 나의 일부분임을 인정할 때 이질적인 것은 배척하고 도려내는 것이 아니라 함께 살아야 할 대상이 되며, 자연스럽게 배려와 관용의 대상이 될 수 있을 것이다. 공감이 중요한 이유도 이 때문이다. 공감은 내 안의 너와 네 안의 나의 조응이라고 볼 수 있다.

강민정, 「자기 성찰적 글쓰기의 효과적 교육 방안 연구-대학 교양 글쓰기 교육에서 자기 성찰적 글쓰기 교육의 실제 적용 사례를 중심으로-」, 『우리어문연구』 54, 우리어문학회, 2016, 413-457쪽.

경희대학교 글쓰기 교재 편찬위원회, 『나를 위한 글쓰기』, 경희대학교 출판문화원, 2011.

김영희, 「구전이야기 '다시쓰기(Re-Writing)'를 활용한 자기탐색 글쓰기 교육」, 『구비문학연구』 34, 한국구비문학회, 2012, 185-242쪽.

김용석, 「영화텍스트와 철학적 글쓰기: 글쓰기의 실례를 통한 접근」, 『철학논총』 42, 새한철학회, 2006, 432-477쪽.

김진해, 「대학 교양교육의 새로운 모색-경희대 후마니타스 칼리지 글쓰기 교육을 중심으로」, 『대학작문』 3, 대학작문학회, 2011, 107-134쪽.

나은미, 「표현주의에 토대를 둔 대학 글쓰기 수업의 한 방안-〈나를 위한 글쓰기〉 강좌를 대상으로-」, 『한국어학』 65, 한국어학회, 2014, 117-146쪽.

노은희 외, 『고등학교 국어과 교육과정 해설 연구 개발』, 한국교육과정평가원, 2008.

박영민, 「비평적 대상을 읽는 두 가지 방법」, 『청람어문교육』 25, 청람어문학회, 2002, 145-181쪽.

박정하, 「왜 영화로 글쓰기 교육을 해야 하는가」, 『영화로 읽기 영화로 쓰기』, 푸른사상, 2015.

유영희, 「영화 감상문을 쓰기 위한 세 가지 수업 모형 비교 연구」,

『사고와 표현』 9-1, 한국사고와표현학회, 2016, 169-206쪽.

이왕주, 『철학, 영화를 캐스팅하다(1판 14쇄)』, 효형출판, 2016.

조하연, 「'鑑賞'의 개념 정립을 위한 小考」, 『문학교육학』 15, 한국 문학교육학회, 2004, 377-412쪽.

조혜정, 『글 읽기와 삶 읽기⟨1⟩-바로 여기 교실에서』, 도서출판 또 하나의 문화, 1992.

조희정, 「대학 교양 수업의 비평문 쓰기 교육 연구: 내용 생성 전략 을 중심으로」, 『작문연구』 12, 한국작문학회, 2011, 359- 396쪽.

최지현 · 서혁 · 심영택 · 이도영 · 최미숙 · 김정자 · 김혜정, 『국어 과 교수 · 학습 방법(초판 3쇄)』, 도서출판 역락, 2009.

한래희, 「영화 텍스트를 활용한 비평문 쓰기 교육 연구」, 『대학작 문』 6, 대학작문학회, 2013, 213-247쪽.

한영현, 「영화 매체를 활용한 글쓰기의 전략과 전망: 영화 비평문 쓰기를 중심으로」, 『작문연구』 19, 한국작문학회, 2013, 237-273쪽.

Premieres Bonnewitz, Premieres lecons sur La sociologie de P. Bourdieu, 1997 (문경자 역, 『부르디외 사회학 입문』, 동문선, 2000).

# 글쓰기, 혹은 상처 드러내기
## 〈프리덤 라이터스〉[1]

김중철

## 글쓰기 교육과 스토리텔링

의사소통 교육 자체의 소통을 생각해본다. 소통 교육이 오히려 불통의 양상으로 진행되고 있는 것은 아닌지 하는 염려 때문이다. 교수자 자신의 입(가르침)과 손(글쓰기)이 일치하지 않거나 교수자와 학습자 간 소통이 제대로 이뤄지지 못하고 있는 것은 아닌지 돌아보게 된다. 글쓰기와 말하기의 과목과 강연들은 범람하는데 진정한 소통은 왜 점점 더 어려워지고 있는지, 글쓰기를 가르치는 글의 문장이 잘못 쓰여 있거나 말하기에 관한 말이 잘못 전달되어 오해를 사고 있지는 않은지, 그러한 모순과 불합리 속에서 소통의 필요성과 중요성만 겉으로 외치고 있는 것은 아닌지 돌아보게 된다.

말이 많다고 소통이 잘 되는 게 아니듯, 소통에 대한 과다한 말들이 오히려 소통에 방해가 되는지도 모른다. 말을 잘 한다는 것은 하고 싶은 말을 다 하는 것이 아니라, 하지 말아야 할 말을 하지 않는 데 있다. 소통의 중요성이나 글쓰기, 말하기의 요령에 대한 수많은 지침과 조언들이 오히려 혼란을 일으키며 자유롭고 편안한 소통을 방해하고 있는지도 모른다.

이 글은 글쓰기 교육과 영화 간의 연계를 찾기 위한 한 가지 시도로서, 구체적으로는 영화에서 '글쓰기'는 어떻게 그려지고 있는 지, 실제 영화 속에 나타난 글쓰기, 혹은 글쓰기 교육의 양상과 그 의미를 살펴보기 위한 것이다. '글쓰기'의 중요성이나 필요성을 일 방적이거나 강제적으로 전하기보다는 '이야기'의 형태로써, 즉 '스 토리텔링'의 방식으로 전할 수 있다면 그것 역시 글쓰기(의사소통) 교 육의 효율적이고 또한 중요한 한 가지 방식이 될 수 있을 것이다. 소위 스토리텔링 시대에 글쓰기 교육 역시 그것에 부합하는 방식 을 모색해볼 필요가 있는 것이다.

이 글은 '글쓰기/교육을 위한 방법'으로서의 스토리텔링에 대해 살펴보려는 것으로, '스토리텔링 글쓰기'를 목적으로 하지는 않는 다. '스토리텔링 글쓰기'란 서사적 글쓰기를 가리키며 이에 대해서 는 충분한 논의들이 있을뿐더러, 이 글에서의 관심과는 차이가 있 다. 이 글에서 다루려는 것은 요컨대 스토리를 담고 있는 텍스트(이 야기물)를 글쓰기 교육의 자료로 활용하는 것과 관련된다. 여기서는 그 예로 영화를 언급하려 한다. 영화는 이 시대의 대표적인 이야기 양식이기 때문이다.

영화 〈프리덤 라이터스〉(리처드 라그라브네스 감독, 2007)는 우선 교육 자 체의 중요성을 여실하게 보여준다. 주인공 에린 그루웰의 교육자로 서의 사랑과 봉사와 헌신의 모습은 감동적이다. 가난과 폭력과 차 별 속에서 자라나, 세상으로부터 버림받은 학생들을 포기하지 않고 진심 어린 애정과 가르침을 통해 변화시켜 가는 그녀의 모습은 '교 육'의 숭고함을 단적으로 보여준다.

그런데 이 영화는 글 읽기/쓰기와 관련해서도 중요한 사안을 제 공해준다. 글 읽기/쓰기 행위가 인간을 얼마나 변하게 할 수 있는 지를 보여주기 때문이다. 글을 읽고 쓴다는 것의 의미와 가치를 단 적으로 확인시켜 주는 작품이라는 것이다. 에린 그루웰이 문제의 학생들을 변화시킨 방법이 글 읽기/쓰기라는 것이다. 이 글에서는 그루웰이 학생들에게 제공했던 작품(글)들과 그들 자신의 글(일기) 역시 결국 '스토리'의 형태를 지닌 것들이라는 점에 주목하고자 한다.

이 글의 대상 작품은 영화 〈프리덤 라이터스〉이다. 단 논의 전개를 위해 영화의 원작이 되는 책(일기모음집) 『프리덤 라이터스 다이어리(Freedom Writers Diary)』[2]의 일부를 인용하면서 이해를 돕고자 한다.

## 영화 〈프리덤 라이터스〉에 대하여

이 영화는 미국 캘리포니아주 로스앤젤레스 인근 항구도시 롱비치의 윌슨 고등학교에서 있었던 실제 이야기를 바탕으로 한다. 이곳에 부임을 받은 초임 여교사 에린 그루웰이 학생들과 함께 1994년 가을부터 1998년 봄까지 썼던 142편의 일기들을 영화로 옮긴 작품이다.

영화의 첫 장면은 1992년 로스앤젤레스시 폭동 사태의 실제 뉴스화면이다. 건물들이 불타며 검은 연기에 휩싸여 있고 어둠 속의 거리에서 총격이 난무하는, 마치 전쟁터와 같은 도시의 모습이 한동안 이어지면서 이를 전하는 기자들의 긴박한 음성이 어지럽게 섞인다. 이 실제의 뉴스화면은 영화 속 이야기의 배경이 되는 도시 롱비치와 이곳에 소재한 윌슨 고등학교의 폭력과 공포의 분위기를 고스란히 전달한다. 이는 물론 이야기 속 주인공인 학생들이 처해 있는 위험하고 위태로운 삶의 모습인 셈이다.

영화는 이어 여학생 에바의 목소리로 그녀의 일기 내용이 읽히면서 장면화된다. 어린 시절 학교에 첫 등교하는 날, 집 앞 거리에서 총격 사건이 일어나고 그 범인으로 아버지가 지목되어 무자비하게 끌려가는 모습을 그녀가 목격한다는 내용이다. "전쟁을 보았다"는 그녀의 일기 속 고백은 이 영화의 전체 이야기를 압축한다. 윌슨 고등학교 203호 학생들의 삶이 그렇고, 그들과 맞부딪혀 지내야 했던 그루웰의 생활 역시 그러했다고 볼 수 있기 때문이다. '전쟁 같은' 세상 속에 던져질 수밖에 없었던 학생들의 삶을 함축적으로 보여주는 첫 장면에 이어 영화는 1994년 그루웰 교사가 윌슨 고등학교에 부임하여 교장과 인사 나누는 장면으로 넘어간다.

고등학교 교사로 처음 부임받은 23세의 풋내기 여교사 그루웰이 만난 학생들은 폭력과 폭행, 그리고 마약에 찌들어 있는 상태였다. 흑인, 동양계, 라틴계 등이 뒤얽혀 있는 203호 교실 학생들은 인종 간 차별과 편견 속에서 인생의 구렁텅이로 내몰리고 있는 처지였다. 누구에게서도 따뜻한 사랑을 받지 못하고 쓸쓸히 버림받은 그들이 교실에서 보여주는 모습은 금방이라도 폭발할 것 같은 증오와 분노, 긴장과 경계심뿐이다. 그들은 학교에서도 '가르칠 수 없는 아이들'로 내몰린다. "그 학생들은 안돼요(00:40:13)"라는 말로 그들을 규정짓고 마는 학교에 맞서 그루웰이 홀로 학생들과 마주해가는 과정이 이 영화의 주된 이야기다.

학생들은 처음 그루웰 교사를 거들떠보지도 않고 오래가지 못해 학교를 떠날 것이라고 생각하지만 그녀는 인내와 이해로써 학생들을 만나며 그들의 생각을 변화시키려 한다. 기존의 교육 방식으로는 그들에게 다가갈 수 없음을 깨달은 그녀는 노래와 게임 등으로 흥미를 유도해내고, 조금씩 자신에게 관심을 주기 시작하는 학생들에게 그녀는 어느 날 두 가지를 제안한다. 다름 아닌 책 읽기와 '일기 쓰기'이다. 그녀는 학생들에게 『안네 프랑크의 일기』[3]를 일일이 나눠주며 읽기를 권한다. 전혀 흥미를 끌지 않던 그 책에 학생들이 차츰 관심을 두기 시작하는 것은 그 일기 속의 이야기가 결국 자신들의 이야기와 다르지 않음을 느끼면서부터이다. 전쟁의 포화 속에서 극한의 공포와 외로움을 견디며 지내야 했던 안네의 삶이 자신들과 닮았다는 생각으로 그들은 '안네의 일기'를 읽는다. 그러면서 학생들은 점차 변해가는데 영화는 이러한 변화를 학생들의 손에서 총이 버려지고 대신 책을 펼쳐드는 것으로 상징적으로 장면화한다. 원작에서는 이러한 과정을 다음과 같은 대목에서 찾을 수 있다.

> 삶과 세상을 바꾼 사람들의 이야기를 읽기 전에는 나의 문제를 그다지 심각하게 받아들이지 않았다. 그런데 책을 읽고 나니 내가 엄청난 위선자라는 생각이 들었다. 가장 기억에 남는 이야기는 나치가 안네 프랑크와 같은 죄 없는 사람들을 고의로 괴롭히는 내용이었다. 나의 경우 나를 괴롭히는 것은 바로 나 자신이었다. 내 문제를 숨기는 것도 나 자신이었다. 불행하게도 안네 프랑크는 자유를 얻지 못했다. 나도 그렇게 될까 봐 두렵다. - 원작, 149쪽.

원작에서는 학생들이 『로미오와 줄리엣』을 읽으며 친구와의 사랑을 회상한다거나, 소설 『최후의 회전』을 읽고는 총기 장난으로 억울하게 죽은 친구를 떠올리기도 한다. 자신들이 저질러왔던 마약, 폭행, 절도 등의 행위를 생각하기도 한다. 타인의 글(책)을 통해 자신들을 보고 있는 셈이다.

그루웰은 한편 학생들에게 일기 쓰기를 권한다. 한 권씩의 일기장을 나눠주며 '자유롭게, 그러나 매일같이' 쓸 것을 권유한다. 글쓰기와 관련하여 이 글에서 주목하는 것은 일기 쓰기가 가져온 203호 학생들의 변화다. 일기를 쓴다는 것은 "자신의 생각과 개념, 느낌, 인상, 반응, 꿈, 이상, 슬픔, 열망, 희망, 경험을 겉으로 드러내는 일"[4]이다. 글쓴이의 '속내'를 밖으로 드러내는 것은 어려움과 가치를 동시에 갖는다. 한 개인의 '속내'는 그가 속해 있는 집단이나 사회의 그것이기도 하기 때문이다. 안네의 일기가 제2차 세계대전과 나치의 학살을 생생히 보여주듯이, 즐라타의 일기가 유고 내전과 인종차별을 여실히 담아내듯이, 일기는 "감춰진 '비밀들'을 밝히고 파헤칠 수 있는 가장 직접적인 수단"[5]이 된다. 안네의 일기와 즐라타의 일기는 각기 어린 꼬마들의 단편적인 기록이 아니라 그들이 살고 있던 사회의 정치와 인종과 종교의 문제를 고스란히 보여주는 거울이었던 셈이다. 폭력과 살육과 죽음을 보여주는 그 일기들을 읽으며 203호 학생들은 자신들이 놓여 있는 어두운 현실을 되짚는다. 그리고 스스로 일기 쓰기를 통해 그동안 감춰두고 있던 상처와 무서움과 외로움을 밖으로 드러낸다.

## "네 자신의 이야기를 써라"

영화 〈프리덤 라이터스〉는 '스토리텔링' 교수방법의 한 사례를 제시한다. 스토리텔링이란 주지하듯 "이야기를 다른 사람에게 들려주면서 서로의 상상력과 감성을 주고받는 소통의 한 방식"[6]이다. 학생들이 많은 '이야기'를 접하도록 하면서 점차 자신과의 '소통'을 유도해냈다는 점에서 에린 그루웰의 교수법은 요컨대 '스토리텔링' 방식의 차용이라 할 수 있다. 그 대상이 되는 작품들은 논픽션(실화)이기도 하고 픽션(소설, 영화)이기도 하였다. 물론 그 이야기들은 모두 203호 학생들의 삶이나 의식과 관련되는 것들이라는 점에서 공통적이다. 학생들로 하여금 그 이야기들을 통해 자신들의 삶과 생각을, 좀 더 구체적으로는 폭력과 차별과 편견의 위험을 인지하게 하고, 타인(이야기 속 인물, 또는 반 동료들)과의 동류의식과 공감대를 갖도록 만들기 위한 것이었기 때문이다. 그루웰은 직접적인 언질이나 노골적인 훈육이 아니라 '이야기' 형태의 양식들을 통해 학생들로 하여금 스스로 인식할 수 있도록 유인한 것이다. 스토리텔링은 논리적인 이성이 아닌 "인간의 감성에 호소하여 공감대를 끌어내는"[7) 효과적인 방법이다. 그것은 결국 학생들 자신의 이야기를 글(일기)로써 밖으로 꺼내게 하는 데 성공한다. 이와 관련된 원작의 대목들은 다음과 같다.

> 지난 며칠간 그루웰 선생님의 수업시간에 『듀랑고 거리(Durango Street)』라는 책을 읽었다. 이 책은 소년원에서 막 나온 루퍼스라는 이름의 십대 흑인 소년에 관한 이야기이다. 루퍼스는 소년원을 나오면서 보호관찰관에게 다시는 말썽을 일으키지 않겠다고 약속한다. – 원작, 61쪽.

> 우선 아이들이 이미 알고 있는 것에서 출발하는 게 중요한 듯하다. 그래서 아이들의 현실과 관계있는 소설을 소개하여, 아이들이 이야기를 생생하게 느끼도록 유도하고 있다. 얼마 전에는 갱단과 친구들 때문에 고민하는 빈민가 소년의 이야기를 읽게 했다. 어떤 아이들은 책을 끝까지 다 읽은 게 이번이 처음이라고 말하기도 했다. 아이들이 그 책을 너무 좋아해서 간단하게 영화로 만들자고 제안했다. – 원작, 80쪽.

> 그들에겐 졸업장보다 죽음이 더 가까운 현실인 것 같다. 나는 아이들의 숙명론적인 태도를 바꾸어보려고 올해의 독서 목록을 골랐다. 인종차별적인 낙서 사건 때문에 관

용을 가르치기로 한 이후로, 나는 아이들에게 그 주제를 계속 상기시키며 확장해나가고 있다. 내가 고른 것은 위기에 처한 십대들을 다룬 네 권의 책이다. - 원작, 115쪽.

위의 두 번째와 세 번째 글은 그루웰의 것이며 나머지는 학생의 일기 중 한 대목이다. 모두 그루웰 교사가 학생들에게 읽기를 권했던 책 혹은 이야기의 성격들을 보여준다. 소년원에서 나온 십대 흑인 소년의 이야기, 갱단과 친구들 때문에 고민하는 빈민가 소년의 이야기, 위기에 처한 십대들의 이야기 등 모두 학생들과 "비슷한 상황의 주인공이 나오는" 것들이다. 모두 학생들의 현실과 관계있으며, 실제 학생들은 이야기에 동질감을 가지며 재미를 느낀다. 그것은 부끄러움이나 죄책감으로 나타나기도 하고, 갱생에의 의지로 나타나기도 한다.

이 영화 〈프리덤 라이터스〉를 감상한 학생들의 소감문에서도 독서와 글쓰기의 의미를 학생들 스스로 이해하고 터득하게 되었음을 알 수 있다.

영화를 보면서 글이라는 것을 읽어야 하는 새로운 이유를 알게 되었다. 롱비치 학생들이 변하게 될 수 있었던 결정적인 계기는 '안네의 일기'를 읽은 것이었다. 롱비치 학생들은 그들과 비슷한 상황에 처한 안네의 일기를 읽으면서 공감하고 다시 한번 자기 스스로를 되돌아보게 되었다. 그리고 두 번째로 롱비치 학생들을 변화시킬 수 있었던 것은 글을 쓰는 것이었다. 글을 쓰면서 자기 자신을 정리하고 다시 돌아보게 되며 그것을 선생님에게 보여줌으로써 조금이나마 자기 자신과의 갈등을 해소할 수 있지 않았나 싶다. - 학생의 소감문 중에서.

> 글쓰기 수업을 통해서 변화되는 아이들의 모습을 보여
> 주면서 글을 쓰는 것과 글을 읽는 것이 얼마나 중요한지
> 를 알려준다.
> 초등학교 때부터 읽기와 쓰기라는 과목이 있지만 그것
> 이 얼마나 중요한지는 알고 있지 않았다. 이 영화가 그
> 것에 대한 답을 주는 것 같다. - 학생의 소감문 중에서.

〈프리덤 라이터스〉에서 그루웰 교사는 이처럼 소설이나 영화, 또
는 직접적인 체험담 등을 통해 학생들을 교정·변화시켜 나간다.
실화나 허구의 '이야기'가 학생들의 변화를 가져온 주요 수단이었
다는 것이다.

그루웰이 학생들의 개선을 위해 취한 교육 수단이 독서와 글(일기)
쓰기이고, 그 구체적인 대상이 영화와 같은 이야기 양식이었다면,
이는 지금의 글쓰기 교육에도 그대로 적용할 만하다. 영화 속 학생
들이 〈쉰들러 리스트〉와 같은 영화를 보며 글을 써가듯이, 이 영화
〈프리덤 라이터스〉 역시 지금 우리의 학생들이 글쓰기에 대해 다
시금 생각해보게 하는 방법론상 수단이 되리라는 것이다. 다름 아
닌 독서와 글쓰기의 중요성을 이 영화 자체가 그대로 보여주고 있
기 때문이다.

그루웰의 방식 하나가 이야기 양식의 체험을 통한 '스토리텔링'
이라면 다른 하나는 '실화'의 차용이라는 점이다. 그녀가 택한 텍스
트들은 『안네의 일기』, 『즐라타의 일기』, 〈쉰들러 리스트〉 등이다.
이들은 모두 실화이다. 학생들이 이러한 텍스트에 쉽게 몰입하고
공감할 수 있었던 데는 '실제 있었던' 이야기라는 점이 크게 작용

한다. '사실성'은 이야기의 흡입력을 높이면서 수용자의 감성을 자극하고 설득력과 호소력을 효과적으로 발휘한다. 203호 학생들은 자신들의 체험 혹은 현실과 다르지 않은 또 다른 실제의 체험, 현실을 만나면서 그 문제가 비단 자신만의 것이 아님을, 또한 추상적인 관념의 세계가 아니라 생동하고 구체적인 세상의 현장에서 벌어진 것임을 자각한다.

> 오늘 밤에 책 읽기 운동의 선정 도서 중 하나인 『파도』를 다 읽었다. 친구의 영향이 어떤 파장을 불러올 수 있는지를 보여주는 이야기이다. 책의 주요 등장인물 중에 로버트 빌링이라는 학생이 있는데, 그는 다른 십대들을 협박하고 괴롭혀서 현대의 나치처럼 행동하게 만들었다. 십대 아이들은 양 떼들처럼 아무 생각 없이 그들의 리더를 따랐다. 이 책을 읽고 나서 십대들이 얼마나 나쁜 꾐에 잘 넘어가는지 알았다. 그들은 무리에 섞이거나 인기를 얻으려고 자신의 뜻에 어긋나는 일을 한다. 아마 그래서 히틀러가 아이들을 이용했을 것이다. (…) 하지만 나 자신이 비슷한 경험을 했기 때문에 이 책에 나오는 이야기가 진실이라는 걸 알고 있다. 나는 소위 '멋진' 아이들하고 어울리고 싶은 나머지 뻔히 잘못된 일인 줄 알면서도 나쁜 일을 저지른 적이 있다. - 원작, 150-151쪽.

'나쁜 꾐'에 잘 넘어가는 십대들의 실제 이야기를 자신의 경험에 비추고 있는 원작의 대목이다. 청소년 시기 친구의 영향, 십대들이 저지르는 만용과 실수, 그리고 그 연장선상에 놓이는 어른들의 전쟁과 만행, 이러한 이야기가 '나'에게 고스란히 이해되는 것은 '나'의 실제 경험 때문이며, 또한 그 이야기가 실제의 사건들이기 때문이다.

실제 영화 〈프리덤 라이터스〉를 수업 중에 보여주며 진행했던 논자의 경험으로도, 학생들은 이 이야기가 미국에서 실제로 있었던 이야기라는 점에 크게 감동받는 인상이다. 영화 속 학생들이 안네의 이야기 등 실화에 감동받는 것과 동일한 이치다. 특히 영화의 마지막에 나오는 실제 인물들의 사진을 보며 학생들은 주인공들의 건강하고 성숙한 모습에 깊은 인상을 받곤 한다. 상상으로 꾸며내고 만들어낸 허구의 이야기보다 실제 일어났었고 존재했던 이야기라는 사실은 수용자로 하여금 심정적인 자극과 강한 공감을 갖게 하는 요인이 되기 때문이다.

대개의 교육이 그렇듯 글쓰기 교육 역시 학생들의 내적인 동기 없이 강제에 의한 경우들이 많다. 강제적 부담의 구속력은 내적 동기의 '자유'를 순식간에 소거해버린다. '내가 좋아서' 또는 '스스로 깨달아서'라는 자발성을 잠식시켜 버리고 마는 것이다. 외부의 힘에 의해 강제적으로 끄집어낼 수 없는 자기 내부의 목소리가 자연스럽게 흘러나올 수 있도록 유도하는 것이 글쓰기 교육에 있어서도 중요한 과정임은 물론이다.

영화 속 학생들은 독서를 통해 자신이 타인과 공감할 수 있음을 깨닫는다. 폭력의 한가운데 던져져 있는 자신의 처지가 단지 자신만의 문제가 아님을 알게 된다. 비슷한 처지에 놓인 타인들에 대해 이해하고 그들과 심정적인 공감대를 갖게 되는 것이다. 타인의 글(안네, 즐라타의 일기)이 자신을 비추는 거울 역할을 하는 것이다. 동시에 그들은 스스로 글(일기)쓰기의 필요를 느낀다. 글을 통한 자기고백의 동기를 갖는 것이다. 글이 쓰는 이의 자세에 따라 "경이로운 고백이 되기도 하고 궁색한 변명이 되기도"[8] 한다면, 그들에게 있어 일기는 가장 '경이로운 고백'의 글인 셈이다.

영화에서 그루웰은 일기장을 한 권씩 나눠주며 다음과 같이 말한다. "누구나 다 사연들이 있겠지. 네 자신에게라도 각자의 얘기를 하는 것은 참 중요한 일이야. 원하는 건 뭐든지 써도 돼. 과거, 현재, 미래의 일 아무거나 쓸 줄만 안다면, 그냥 일기처럼 쓰는 거야. 노래, 시, 나쁜 거, 뭐든지 말이야. 대신 꼭 매일 써야 해. 펜을 가까이 두고 영감이 떠오를 때마다 써야 해(00:45:32)." 그러면서 그녀는 학생들의 글에 점수를 매길 수는 없다고 말한다. 진실한 글에 등급이나 평가를 내릴 수는 없다는 것이다. 글쓰기의 근간은 진실에 있음을 말하고 있다.

그루웰의 위의 말은 어떠한 내용이든 '자주 쓰라'는 것으로 요약된다. 내용이나 형식에 구애 받지 말고, 일기를 쓰듯이 매일처럼 '자주' 쓰라는 것이다. '자주' 쓰라는 것 말고는 최대한 강제 요소들을 배제하고 있다. 글쓰기에 있어 내면의 것을 밖으로 꺼내놓는 행위 자체의 중요성을 강조하고 있는 것이다. 학생들의 일기 속에서 그루웰은 그들의 폭력과 공격성 속에 감춰져 있는 두려움과 절망감을 인지한다. 그렇게 그들의 글(일기)은 타인이 그들을 이해할 수 있는 길을 열어주게 된다.

## 글쓰기, 성장과 변화

일반적으로 글쓰기란 의사소통의 방식으로 이해된다. 어떠한 정보나 메시지를 다른 이에게 효과적이고 정확하게 전달하기 위한 중요한 커뮤니케이션 방법이라는 것이다. 자신의 생각, 감정, 소망 등을 표현하고 남과 공유하고자 하는 행위다.

그러나 영화 〈프리덤 라이터스〉 속의 글쓰기는 이와는 다소 차이가 있다. 이 영화가 보여주는 글쓰기의 의미는 타인과의 소통이 아니라 우선 자신과의 대화다. 앞서 인용한, "네 자신에게라도 각자의 얘기를 하는 것은 참 중요한 일"이라는 그루웰의 말은 그 단적인 증거다. 자신과의 대화란 달리 말해 자기의 발견이기도 하다. 영화에서 학생들이 글을 쓰는 이유는 자신의 얘기를 남에게 전하려는 데 있지 않다. '일기'라는 글의 속성상 그들은 글을 쓰면서 자신 스스로를 돌아본다. 자연스레 과거와 현재의 경험과 과오에 대해 쓰기 때문이다. 그러한 글(일기)쓰기는 그들 스스로를 변화시킨다. 그들이 글을 쓰는 목적은 자신에 대해, 자신에게 이야기하기 위해서다. 자신과 타인의 연결이 아닌, 자기와 자신을 잇기 위한 행위인 셈이다. 원작의 다음 대목은 이를 잘 보여주는 사례다.

> 나는 거짓된 삶을 살고 있다. 내게는 나를 괴롭히는 은밀한 비밀이 있다. 그것은 바로 내가 아무도 모르는 알코올 중독자라는 것이다. 나는 진실을 숨기려고 물병에 술을 담아 가지고 다닌다. 아무에게도 내 문제를 털어놓을 수 없다는 사실이 고통스러울 뿐이다. - 원작, 148쪽.

일기 쓰기가 '자신의 현재 삶을 이해하는 강력한 방법'[9]임을 보여주는 한 예다. 일기의 주인공은 그동안 '아무도 모르는' 사실을 고백하고 있다. 그러나 그는 자신이 알코올 중독자라는 사실보다 '아무에게도 그 사실을 털어놓을 수 없었던' 사실 자체가 더욱 고통스러웠음을 말하고 있다. 그것이야말로 자신을 괴롭혔던 '은밀한' 비밀이었다는 것이다. 자신의 고민과 이야기를 들어줄 상대가 주변에 아무도 없었다는 절박한 외로움이 일기를 통해 비로소 드러나고 있는 것이다.

이렇듯 그들에게 일기(글) 쓰기는 자신의 존재에 대한 확인인 셈이다. 자신의 존재를 확인하고 증명하고 싶은 바람의 행위인 것이다. 주변의 누구도 자신의 존재를 긍정하거나 심지어 인식조차 하지 않는 형편에서 그들이 할 수 있는 자존의 확인은 글을 통해서인 것이다. 같은 반 학우임에도 아무도 그 '존재'를 모르고 있던 인도계 학생이 스스로 나서서 자신의 일기 내용을 읽는 장면은 그 단적인 예다. 이 장면에서 그 학생은 자신이 직접 읽는 일기를 통해 "그루웰은 내가 희망을 가질 수 있게 해줄 유일한 사람이었다. (…) 난 203호에 있는 그루웰 선생님에게 내 시간표를 처음으로 받았다. 난 방으로 들어갔고 내 인생의 모든 문제들은 더 이상 문젯거리가 안 되었다. 나에게는 이제 집이 있다(01:13:30)"고 한다. 그루웰의 헌신과 203호 학생들의 변화를 가장 압축적으로 보여주는 장면이다.

영화 〈프리덤 라이터스〉가 보여주는 글 읽기/쓰기의 의미는 '교감/공감'으로 요약할 수 있다. 그들은 독서를 통해 이야기(일기, 소설) 속 인물들과 교감/공감한다. 세상의 폭력과 차별과 편견에 희생당하면서 세상에 대한 반감과 불만으로 가득했던 그들은 마침내 타자와의 공감대를 키우고 스스로의 문제를 발견하며 치유한다.

이 점은 이 영화를 본 학생들의 소감에서도 공통적으로 발견된다.

> 글은 힘들고 어려운 상대방에게 말하는 것을 대신해주는 소통과 같다. 그래서 글은 그들에게 가장 필요했던 서로 간의 오해를 풀고 화해할 수 있게 하는 기회를 만들어주었다. – 학생의 소감문 중에서.

> 아이들은 수업시간마다 자신의 경험과 생각들을 다시 한번 되새겨보고 다시 생각하면서 글을 적는다. 글쓰기는 단절돼 있던 에린과 아이들을 이어주는 다리의 역할

을 한다. 그리고 아이들과 소통 할 수 있게 해준다. - 학생의 소감문 중에서.

글을 제대로 써본 적 없던 학생들에겐 다소 생소했던 글쓰기. 그러나 글을 쓰는 행위 자체는 얼음 같던 학생들의 마음을 녹이기에 충분했다. 물론 학생들에게 에린 그루웰이라는 교사가 중요한 역할을 한 것은 분명하다. 그러나 자신의 삶의 갈피를 잡지 못하고 방황하던 아이들은 글쓰기를 통해 스스로 변화한 것이다. 글쓰기를 통해 학생들의 소통의 문이 열린 것이다. 비록 직접적인 대화는 없을지라도 글을 쓰고 그것을 타인이 읽음으로써 말로는 할 수 없는 감정들이 오가는 것이다. 이러한 모든 것들이 학생들의 삶을 바꾼 것이다. - 학생의 소감문 중에서.

영화에서 글쓰기가 서로의 경계심을 지우고 거리를 좁히며 공감할 수 있게 한 결정적 방법이 되었음을 이 영화를 본 학생들도 파악하고 있다. 일기와 같은 자신의 솔직한 내면을 드러내는 글쓰기가 결국에는 타인들과의 공감과 소통을 가져오게 한 힘이 되었음을 학생들도 이해하고 있는 것이다.

영화에서 그루웰은 학생들의 흥미를 끌어내기 위한 한 방법으로 '경계선 게임'을 한다. 바닥에 선을 긋고 질문에 해당하는 학생들이 선 가까이 다가서게 하는 식이다. "고아원이나 감옥에 있었던 사람?" "당장 마약을 살 수 있는 곳을 아는 사람?" "갱단에 있는 사람과 친분이 있는 사람?" "폭력으로 인해 친구를 잃어본 적이 있는 사람?(00:41:40-)"과 같은 질문들이 이어지고, 질문에 응하는 과정에서 학생들은 바닥의 선과 함께 조금씩 서로에게 다가서게 된다. 편견과 증오의 시선으로만 바라봤던 타인들을 가까이에서 다시 보게 되는 것이다. '경계선 게임'이 역설적으로 그들 사이의 '경계'를 지우는 셈이 되는데, 이것은 결국 독서와 글쓰기를 통한 공감의 마당으로 이어지게 된다.

영화의 초반, 교장과 면담하는 자리에서 그루웰 교사는 "처음에는 로스쿨에 가려고 하였지만, 법정에서만 아이들을 보호하는 것은 이미 진 것이다. 진짜 싸움은 학교 교실에서 일어난다고 생각한다(00:05:28)"고 말한다. 이때 그녀가 말하는 '싸움'이란 자신과 학생들과의 관계를 말한다. 학생들의 변화를 위한 부단하고 치열한 노력을 의미하는 것이다. 그 '싸움'의 도구(방법)로 그녀는 책과 펜을 이용한 것이며 결국 싸움에서 이긴 셈이 된다. 물론 진실한 승리의 몫은 다름 아닌 203호 학생들의 것이다. 그리고 그들의 변화는 결국 그들의 이야기를 읽은 지금 여기 학생들의 변화를 가져온다. 그들의 변화를 가져온 글쓰기의 의미를 많은 학생들이 공감하기 때문이다. 다음의 글은 그 단적인 예다.

사실 글쓰기란 무엇인가에 대해 진지하게 생각했던 적은 단 한 번도 없는 것 같다. 어렸을 적에 남들이 다닌다는 이유로 부모님 손에 끌려간 글짓기 학원에서 스트레스란 단어가 무엇을 의미하는 것인지도 모른 채 스트레스 받는다고 앓는 소리를 내며 원고지의 수많은 칸을 채우는 데 급급했던 적도 있었고, 여자친구에게 편지를 쓰느라 머리카락을 쥐어뜯었던 적도 있다. 이제 와서 돌아보면 모두 다 추억이지만 과연 그때의 난 무엇을 쓰려고 했던 것일까? - 학생의 소감문 중에서.

교육의 본질은 '변화'다. 지식의 획득 이전과 이후의 단순한 차이가 아니라 삶 차원의 '개선'과 '발전'에 있다. 글쓰기 교육도 그렇다. 단지 그 방법이 '자기표현'과 이를 통한 '타인과의 소통'에 있는 것이다. 영화 〈프리덤 라이터스〉는 청소년의 성장을 배경으로 하면서 결국 성장(변화)의 의미를 고백과 공감의 행위와 연결 짓고 있다. '진정한 성장(변화)'을 '진실한 글쓰기/읽기'의 의미로 풀어내고 있다는 것이다.

## 글쓰기 교육 자료로서의 영화

영화 〈프리덤 라이터스〉는 전쟁 같은 삶을 살아가는 아이들의 성장과 변화의 이야기다. 그들을 변화시킨 것은 교사 에린 그루웰의 집념과 인내였으며 그 구체적 방식은 독서와 글쓰기였다. 아주 더디고 고되었지만 그녀의 노력은 끝내 학생들로 하여금 절망을 이겨내게 한다. 그녀의 독서와 글쓰기는 요컨대 자기표현과 타인과의 교감을 목적으로 한다. 내부에 감춰져 있던 것들을 밖으로 꺼내 고백하게 함으로써 타인과 동질감을 갖게 하고 이해와 교감을 이뤄낸 것이다.

글쓰기를 소재로 하는 영화들로는 〈헬프〉, 〈스트레인저 댄 픽션〉, 〈모터사이클 다이어리〉, 〈파인딩 포레스터〉, 〈어댑테이션〉, 〈릴라릴라〉 등을 들 수 있다. 〈헬프〉는 차별을 겪는 흑인의 비애와 그 사회적 개선을, 〈스트레인저 댄 픽션〉은 글(소설)을 쓰는 사람과 그 소설 속 인물 간의 관계를, 〈모터사이클 다이어리〉는 체 게바라의 이야기로 젊은이의 꿈과 의지를 보여준다. 〈파인딩 포레스터〉는 문학적 재능을 가진 소년과 은둔하던 작가 사이의 우정을, 〈어댑테이션〉은 각색 작업을 통한 고쳐/새로 쓰기의 고충을, 〈릴라릴라〉는 진정한 사랑의 이야기를 진실한 글쓰기의 문제와 연결 지어 흥미롭게 보여준다. 각 작품들이 보여주는 글쓰기의 종류와 성격과 양상은 상이하다. 다채롭고 풍요로운 이야기들을 담아내는 영화 장르는 글쓰기 교육에 있어서도 중요한 자료의 제공처가 된다.

　이 글은 글쓰기 교육의 한 방법으로서 스토리텔링에 대해 살펴보고자 하였다. 대표적인 스토리 양식인 영화를 통해 글쓰기 교육의 방법을 모색하기 위한 것이었다. 이 영화 〈프리덤 라이터스〉 속의 주인공 에린 그루웰이 택한 방법이 그것이었고, 이 영화의 관객이 글쓰기에 대해 새로운 인식을 갖게 되었다면 이 또한 그 방법을 택한 셈이 된다.

1) 이 글은 졸고 「영화 속 글쓰기 교육의 양상과 의미 - 영화 〈프리덤 라이터스〉를 중심으로」(『동남어문논집』 제 40집, 동남어문학회, 2015)를 수정 · 보완한 것임.

2) 에린 그루웰 저, 김태훈 역, 랜덤하우스, 2007. 이 책의 표지에는 '절망을 이기는 용기를 가르쳐준 감동과 기적 의 글쓰기 수업'이라는 글귀가 적혀 있다. 책의 표제('라이터스')와 함께 '글쓰기'를 직접적으로 강조하고 있음을 알 수 있다.

3) 원작에서는 이 외에도 많은 소설들과 『즐라타의 일기-어느 사라예보 소녀의 삶』이 포함되어 있다. 특히 원작 에서는 『즐라타의 일기』는 자주 거론이 되는데, 반면, 영화에서는 『안네 프랑크의 일기』에 집중되어 있는 편이다.

4) 스테파니 도우릭 저, 조미현 역, 『일기, 나를 찾아가는 첫걸음』, 도서출판 간장, 2011, 29쪽.

5) 스테파니 도우릭, 위의 책, 291쪽.

6) EBS 다큐프라임 '이야기의 힘' 제작팀, 『이야기의 힘』, 황금물고기, 2011, 219쪽.

7) EBS 다큐프라임 '이야기의 힘' 제작팀, 위의 책, 219쪽.

8) 김훈 외, 『소설가로 산다는 것』, 문학사상, 2011, 17쪽.

9) 스테파니 도우릭, 앞의 책, 130쪽.

김성수, 「영화를 활용한 글쓰기 교육의 기초」, 『철학과 현실』 90호, 철학문화연구소, 2011, 274-285쪽.

김중철, 「말하기, 글쓰기에 있어서 거짓과 진실의 문제」, 『사고와 표현』 8집 1호, 한국사고와표현학회, 2015, 181-204쪽.

김훈 외, 『소설가로 산다는 것』, 문학사상, 2011.

송희복, 「교육영화의 이해와 그 글쓰기의 의미」, 『교육인류학연구』, 교육인류학회, 2004, 73-98쪽.

스테파니 도우릭 저, 조미현 역, 『일기, 나를 찾아가는 첫걸음』, 도서출판 간장, 2011.

에린 그루웰 저, 김태훈 역, 『프리덤 라이터스 다이어리』, 랜덤하우스, 2007.

이선자, 「공감훈련이 교사의 공감능력과 교수-학생 간 갈등관리 방식에 미치는 효과」, 한국교원대학교 석사학위 논문, 2006.

조너선 갓셜 저, 노승영 역, 『스토리텔링 애니멀』, 민음사, 2014.

최예정 · 김성룡, 『스토리텔링과 내러티브』, 글누림, 2005.

최훈 · 최승기, 「영화 '12명의 성난 사람들'과 논리적 사고」, 『철학탐구』 31집, 중앙대학교 중앙철학연구소, 2012, 233-262쪽.

한국사고와표현학회 영화와의사소통연구회 편, 『영화로 읽기, 영화로 쓰기』, 푸른사상, 2015.

EBS 다큐프라임 '이야기의 힘' 제작팀, 『이야기의 힘』, 황금물고기, 2011.

# 영화로 글 쓰는 세 가지 방법
## 〈다우트〉[1]

유영희

## 텍스트를 읽는다는 것

우리는 여러 종류의 텍스트를 경험한다. 그 텍스트는 글일 수도 있고, 영상일 수도 있고, 현실일 수도 있다. 본고에서 말하는 텍스트는 영화이다.

영화를 보면서 사람들은 뭔가를 얻는다. 영화를 보고 무엇이든 얻었다면 그만큼 자신은 달라진다. 이렇게 우리는 뭔가 필요해서 영화를 찾고 그것을 경험한다.

이런 논리를 교육 현장에 적용하면 교수자가 학생들에게 영화를 보게 하는 것은 학생들에게 뭔가 변화를 기대하기 때문이다. 영화를 일방적으로 받아들여서는 변화가 일어날 수 없다. 애당초 일방적으로 받아들인다는 것 자체가 불가능하다. 관객의 주체성은 없애려야 없앨 수 없는 것일 뿐 아니라, 관객의 주체성을 영화보다 하위에 놓을 수도 없기 때문이다. 그런 의미에서 영화를 보고 일어나는 변화는 관객이 영화와 대화하면서 발생하는 것이라고 할 수 있다. 영화와 대화를 잘해야 관객에게도 변화가 잘 일어난다.

그런데 수업을 하다 보면 학생들이 텍스트를 이해하는 방식은 '옳다', '그르다', '—해야 한다', '-해서는 안 된다' 등 이미 자신이 가지고 있는 가치관을 기준으로 판단하거나 해결책을 제시하려고 한다.

예를 들어, 자연 재해와 가난으로 주인집에서 쫓겨난 하인이 라쇼몽 누각 위에서 노파의 옷을 빼앗아 달아나는 내용의 단편 소설 「라쇼몽」[2]이라는 작품을 감상할 때는 '아무리 상황이 나빠도 도둑질은 나쁘다' 아니면 '하인이 도둑질을 한 것은 사회문제이므로 사회문제를 해결해야 한다'는 내용으로 글을 쓴다.

다른 예로 각자 가정이 있는 남자와 여자가 사랑에 빠진다는 단편 「개를 데리고 다니는 부인」[3]의 경우 '두 사람은 빨리 자기 가정으로 돌아가야 한다'는 내용으로 글을 쓰는 경우가 많다. '그들의 사랑은 순수하다'라는 이해도 있지만, 이 역시 그들의 사랑을 긍정하는 판단이 포함되어 있다. 물론 이러한 판단 중심의 읽기 활동이 무의미하거나 틀렸다는 것은 아니다. 그러나 이런 판단은 작품이 말하고자 하는 것이 무엇인지 충분히 듣지 않고 이루어지기는 경우가 많다는 것이다. 이것은 좋은 대화라고 하기 어렵다.

이런 평가와 해결책 제시는 감상 과정에서 텍스트에 대한 숙고가 충분히 이루어져야 한다. 여기서 숙고한다는 것은 텍스트에 집중하여 그 의미를 분석하고 새로운 것을 발견한다는 의미이다. 충분히 숙고하지 않으면 기존 사회의 가치를 답습하거나 평소 자신이 가지고 있던 생각대로 텍스트를 판단하게 된다. 그런 읽기는 자기 확인의 반복이 되기 쉽다. 그렇게 되면 텍스트를 경험하기 전과 후에 변화가 일어나기 힘들다. 그것은 영화의 경우도 마찬가지다.

지난 연구 중 텍스트를 숙고할 필요성과 숙고하는 방법을 제시한 연구로는 김미란과 한영현의 논문이 있다. 김미란이 제시한 것은 자기객관화 방법이다.[4] 김미란은 자기표현적 글쓰기를 비판하면서 자기 성찰적 글쓰기를 대안으로 제시하였는데, 여기서 자신을 성찰한다는 것은 자기를 객관화하는 것이다. 그는 영화 〈파인딩 포레스터〉를 감상하고 학생들에게 '자막은 어느 계층에 속하는가' …
'내(학생)가 쓴 글에서 나는 타인과 어떤 방식으로 관계 맺는가, 영화
에서 자막은 타인과 어떤 방식으로 관계 맺는가 비교하기' 등을 글
쓰기 주제로 제시한다.

한영현은 이미지를 분석하는 방법을 영화 〈아멜리에〉의 이미지
분석을 예로 들어 설명하였다. 여기서 한영현은 영화 글쓰기에서
이미지에 중심을 두어야 하는 이유를 영화적 특성에서 찾는다. 영
화에서 반복되어 나오는 이미지를 포착하여 그것을 먼저 분석하고
나서 나중에 그 분석을 통해 문화적이고 이데올로기적인 의미를
파악해나가야 한다고 한다.[5]

이 두 가지 방법 역시 감상자의 가치관과 배경지식을 바탕으로
텍스트를 분석하고 있다. 본고에서는 영화와 직접 마주하는 '질문
하기'의 효과에 대해 논의하고자 한다.


## 같은 영화 다른 감상문 쓰기

영화 〈다우트〉[6]는 플린 신부가 아동 성추행을 했는지 안 했는지
애매하게 끝나기 때문에 다양한 해석이 나올 수 있는 자료라고 보
고 세 학기에 걸쳐 각기 다른 방법으로 감상문 쓰기를 진행하였다.

영화 줄거리는 대략 다음과 같다.


알로이시스 수녀는 플린 신부가 의심에 대해 강론하자 이상하게
여긴다. 제임스 수녀는 플린 신부와 도널드의 관계를 의심하고 그
것을 교장 알로이시스 수녀에게 말한다.

플린 신부의 해명을 듣고 제임스 수녀는 바로 의심을 접지만, 알로이시스 수녀는 플린 신부의 혐의를 확신하고 수녀라는 신분을 넘어서서 플린 신부를 추궁한다. 알로이시스 수녀는 도널드의 엄마를 만난 후 도널드 퇴학은 보류하면서도, 플린 신부는 떠나도록 계속 종용한다.

알로이시스 수녀가 플린 신부의 이전 교구에 전화해서 전근 사유를 알아냈다며 채근하자 플린 신부는 의심의 파급력에 대해 강론하고 교구를 떠난다.

그러나 아무도 자신의 말을 믿지 않고 오히려 플린 신부가 승진해서 자리를 옮기자 알로이시스 수녀는 자신의 확신에 의심을 품으며 눈물을 흘린다.


처음 2014년에는 영화를 보고 아무 설명이나 지침 없이 글쓰기를 하는 '자기표현적' 글쓰기를 진행하였다.

두 번째 2015년에는 영화 감상문을 쓰기 전에 참고자료를 제시하여 스키마를 활성화하고 글을 쓰게 하였다. 이때 제시한 참고자료는 다음과 같다.

① 2015년 2학기 고려대학교 교재 중 〈사실과 해석 사이에서〉

예시 글 (읽기 자료 1. E. H. 카, 『역사란 무엇인가』 서문, 읽기 자료 2. 신채호 『조선상고사』 서문, 읽기 자료 3. 정준민, 「사실보다 역사가에 관심을 가져라」, 문화 웹진 예스 24 『채널예스』)

② 김대식 교수 강의 〈뇌, 현실, 그리고 인공지능〉

(https://www.youtube.com/watch?v=8_ETnpDtMDE)

③ 『관찰의 인문학』 「첫 번째 산책 새로운 것을 사랑하는 법」[7]

(아들과 산책하면서 아들과 자신이 본 것이 얼마나 다른지 설명하는 부분) 부분이다.

세 번째 강의에서는 영화를 보고 글쓰기 전에 질문을 하게 하였다. 학습자의 질문생성 전략[8]이라고 할 수 있다. 질문하기는 두 번에 걸쳐 수행하였다. 처음에는 아무 지침 없이 자유롭게 질문하게 한 후 다시 추론 질문을 중심으로 질문하도록 요구하였다.

이 세 가지 수업을 좀 더 자세히 소개하면 다음과 같다.

### 1) 자기표현적 감상문 쓰기

2014년의 수업에서는 아무 지침 없이 감상문을 쓰게 하였다. 아무 지침 없이 감상문을 쓰게 하면, 평소의 자신의 감정이나 가치관이 바로 영화를 감상하는 데 개입하게 된다. 그런 의미에서 아무 지침 없이 감상문을 쓰게 하는 것은 자기표현적 글쓰기와 같은 맥락에 있는 활동이다. 이러한 자기표현적 글쓰기는 자기 자신을 확증하는 글쓰기라고 할 수 있다.[9] 다음에 예시한 학생 글을 보면 이를 확인할 수 있다.

> 「누구를 위하여 의심을 하는가?」
>
> …전략… 사람에게는 생각의 자유와 표현의 자유가 있다. 그러나 이것을 남용하여 타인에게 피해를 입힐 권리는 없다. 또한 언뜻 봐서는 나와 상관없을 것 같던 생각도 부메랑처럼 본인에게 돌아와 나 또한 제2의 피해자가 될 수 있다. 결국 확실치 않은, 바람직하지도 않은 의심은 나를 위한 것도 아니고, 그렇다고 남을 위한 것도 아닌 알 수 없는 것이 되어버린다. '의심'이라는 생각 자체를 부정적이게 여기고 의심하는 사람을 질타하는 것은 아니다. 하지만 적어도 그러한 생각을 하기에 앞서서, 이 생각이 진정 나를 위한 것인지, 무엇을 위하여 이런

생각을 하는지, 이러한 생각을 가져도 되는 건지에 대해
생각해볼 여유를 가지는 것도 좋지 않을까? - 학생 글 1

「절대적 기준이란 존재하는가?」

···전략··· 나는 여기서 플린 신부를 응원한다. 이는 알로
이시스가 나쁘다는 것이 아니다···. 갈등의 해결 방법에
는 상대방을 배제하는 방법만 있는 것이 아니라, 대화와
소통이라는 훌륭한 도구를 우리는 가지고 있다···. 우리
는 머릿속 한쪽에서 '내가 무조건 맞다'라는 생각을 지
워야 한다···. 저 사람의 행동이 좋은 의도인지, 나쁜 의
도인지를 순전히 본인의 기준에 따라 판단한다. 그러니
갈등 속에서 상대방에게 자신의 생각과 의도를 충분히
설명하는 노력도 필요하다. 그러면 플린 신부와 알로이
시스 수녀처럼 비극적인 결말은 찾아오지 않을 것이다.
- 학생 글 2

「인간 본연의 양면성」

내가 영화 '다우트'를 보면서 중심적으로 본 내용은 두
등장인물의 양면성이다. 극 중 알로이시스 수녀와 플린
신부는 모두 자신들이 남들 앞에서 드러내는 모습과 상
반되는 모습을 드러낸다. ···중략···

고등학생 때 어른들에게는 공부를 열심히 하는 모범적
인 생의 모습을 보여줬지만, 사실 학교 자습을 자주 빼
먹고 게임을 했다. 나뿐만 아니라 대부분의 학생들이 그
러했고, 또 거의 모든 지구에 사는 사람들에게 있어 이
러한 양면성은 없다고 한다면 오히려 더 이상하다고 할

만큼, 양면성은 자연스러운 성질이었던 것이다…. 영화 속 두 등장인물, 플린 신부와 알로이시스 수녀에 대해, 그리고 나의 경우에 가면에 가려진 본성의 공통점은 더 자유로운 상태를 추구한다는 것이다. 자신의 자유의지를 찾는 것은 인류의 공통적인 희망일 것이다. 이러한 면에서 볼 때 영화 속에 드러나 둘의 양면성을 나쁜 이미지로만 받아들일 것이 아니라 영화를 보는 이들로 하여금 자신들의 가면 속에 숨겨왔던, 자유를 원하는 또 다른 모습을 볼 수 있도록 하는 기회로 보는 것이 어떨까? - 학생 글 3

위 세 감상 글은 모두 공통적으로 텍스트의 사건이나 인물에 대해서는 큰 관심을 보이지 않고 있다. 따라서 텍스트에 대한 분석이나 질문을 하지 않는다. 다만, 보는 사람의 생각이 적극적으로 개입되어 있다. 학생 글 3의 글쓴이는 자기 경험을 더 적극적으로 서술하고 있어서 자기 경험으로 텍스트를 이해하고 있다는 것이 좀 더 분명하게 드러난다. 글쓴이가 염두에 두고 있는 장면들은 알로이시스 수녀나 플린 신부의 양면성을 보여주는 장면이라고 보기 어렵다. 그러나 이렇게 장면의 의미를 자의적으로 보게 된 것은 글쓴이가 평소 자신의 행동을 이중적이라고 생각했고 그것에 마음이 걸려 있었기 때문이라고 해석할 수 있다. 그런 의미에서 아무 지침 없이 감상문을 쓰게 하는 것은 방어기제를 사용하지 않고 자신을 표현하는 방식이 된다.

이러한 방법은 자기 경험을 적용하여 영화를 이해하므로 학생의 평소 생각이나 정서를 드러내는 데 효과적이라고 할 수 있다. 이런 글쓰기는 영화를 통한 심리치료의 방법으로 사용할 수도 있다.[10] 실

제로 3의 학생은 영화를 보면서 약간 안심하게 되었는지도 모른다.[11]

그러나 이런 심리 치료적 수업 방식은 대학 교양교육에 도입하기에 적합한지도 문제이고, 도입된다고 하더라도 교수자의 심리 치료 방면의 전문적 역량도 필요하다. 또 1:1이거나 적어도 1:10 이하 정도의 소수의 학생을 대상으로 진행해야 효과적이라는 점에서 별도의 강의 설계가 필요할 것이다. 필자는 자기표현적 글쓰기 자체를 비판하는 김미란의 견해에는 동의하지 않지만, 성찰이나 분석을 동반하지 않고 자기표현만 하는 것이 교육적 효과가 없다는 데에는 동의한다.

### 2) 스키마 활성을 적용한 감상문 쓰기

두 번째 수업은 2015년에 이루어졌다. 이때는 참고자료를 제시한 후 감상문을 쓰게 하였다. 이렇게 참고자료를 먼저 제시하고 감상문을 쓰게 한 것은 영화의 인물과 사건에 대해 초인지적 관점[12]을 갖기 바라는 의도가 있었다. 이 자료들이 수녀와 신부 어느 한쪽을 지지하는 자신의 관점을 반성할 수 있는 계기를 줄 수 있으리라 기대했기 때문이다. 그렇게 해서 좀 더 주관성을 배제하고 감상할 수 있으리라 기대하였다.

학생의 사례 글은 다음과 같다.

> 「세 살 생각 여든까지 간다」
> …전략… 영화 〈다우트〉에서도 마찬가지다. 제임스 수녀는 처음에 플린 신부를 의심했지만, 그의 해명을 듣고 나서 더 이상 그를 의심할 경험이나 이유가 없었기 때문에 그에게 사과를 하고 오해를 풀었다. 하지만 알로이시스 수녀는 그런 모습 외에도 자신이 목격한 사실, 살아

오면서 겪었던 일들 때문에 그에 대한 물증 없는 의심을 멈출 수 없었다. 마지막 장면에서 그녀가 우는 장면에서 나는 그녀 안에 자리 잡고 있던 무의식적 직관력이 그를 계속 의심하게 만들었다고 생각하게 되었다. …중략…
나는 자신이 살아가면서 받아들이기로 한 관념과 그로 인한 무의식을 바꾸기는 힘들다고 생각한다. 그렇기 때문에 윤리적으로 문제가 되지 않는 이상 서로의 이념을 존중해줘야 한다. 하지만 어릴 때부터 강요로 인해 받아들인 잘못된 이념이 그 사람들의 인생을 지배하는 것을 옳지 않다고 생각한다. 이를 개선하기 위해 아이들에게 하는 교육을 항상 우선시하고 문제점이 없는지 개선해 나가야 한다고 생각한다. – 학생 글 4

자신의 경험이 인식에 영향을 준다는 해석은 김대식 교수의 동영상 자료를 활용한 것으로 보인다. 후반부는 평소 자신의 생각이 반성적 고찰 없이 드러나고 있다는 점에서 자기표현적이라고 할 수 있다.

> 「자명이라는 이름의 독」
> …전략… 〈다우트〉라는 영화의 예를 보자. … 영화는 관객들에게 생각할 여지를 주기 위해서 의도적으로 두 인물 중 어느 한쪽 편을 들지 않는다. 하지만 한 가지 재미있는 트릭을 사용하는데, 알로이시스는 보수적인 원칙주의자로서 비호감형 인물로 설정했고, 플린은 자유로운 사고를 지닌 진보적인 신부로서 호감형 인물로 설정했다. 보통 관객들은 '호감=진실'이기를 무의식중에 기

대하기 때문에 아마도 플린의 입장에서 영화를 감상했을 것이다. 하지만 극이 진행되면서 다소 모호하지만 플린에게도 굉장한 의혹이 있다는 것을 보여주면서 관객들을 혼란에 빠뜨린다. 영화는 은연중에 관객들에게 '넌 플린 신부가 죄가 없다는 것에 대해 자명하지?'라고 묻는 것이다. …중략…

우리는 우리가 자명하다고 생각하는 – 심지어 역사적 사실조차 – 의심의 대상이 될 수 있다는 것을 인지해야 한다. 하지만 이것이, 사실은 존재하지 않고 세상은 의심투성이라는 회의주의에 빠지자는 것은 아니다. 자신만의 확신으로 플린 신부를 의심하던 알로이시스 수녀가 결국에는 자기 자신에게 의심을 갖지 않던가? 논쟁이 난무하는 우리 사회에 필요한 것은 건전한 의심이다. 건전한 의심을 통해 주장들이 서로 견제되면서 사회가 발전해야 한다. 그렇지 않은 의심과 자명은 독이다. – 학생 글 5

이 글은 인간의 인식이 얼마나 정확한지에 대한 의문은 김대식 강의 동영상을 활용한 것으로 보인다. 학생 글 5처럼 후반부는 평소의 가치관을 그대로 답습하고 있다.

「온전한 사실은 없다」
…전략… 영화 〈다우트〉에서는 어떠한 사실은 타인이 인식할 때 그 사람의 배경지식에 따라 주관적인 의미가 더해져 변질된다는 것을 보여준다. 어떠한 사실을 전해 들으면서도 한 사람은 그대로 받아들이는 반면, 다른 사람은 자신의 논리에 따라 그 사실이 거짓이라고 판단해

버린다. 비슷한 경험이 있는 사람도 각자의 논리와 신념에 따라 그것에 대한 의미가 완전히 다르게 부풀려지는 것이다. …중략…

우리가 어떠한 사실을 인지할 때 어떠한 것을 알게 되든지 우리는 그것을 자의적으로 해석하여 변질된다. 그 사실이 심지어 글로부터 얻었거나 타인으로부터 전달받은 것이면 두말할 것도 없다. 우리는 이러한 점을 염두에 두고, 우리가 아는 어떠한 사실도 온전한 것은 없다는 것을 인지하며 이를 통해 오류를 범하지 않도록 하는 것이 좋겠다. - 학생 글 6

「믿지 말고 판단으로 남겨두세요」

…전략… 우리는 자신의 가치관을 토대로 판단하는 것은 어쩔 수 없는 일이다. 다만 문제는 판단과 사실은 엄연히 다른데 판단을 아무 의심 없이 사실이라고 믿는 것이다. 과학자들은 '지구가 태양 주위를 돈다'라는 사실마저도 끊임없이 의심한다. 그들은 다른 사실이 있지 않을까, 우리가 판단한 사실이 틀리지 않았을까 하면서 자신들의 판단을 검토하고 또 검토한다.

우리는 신이 아니다. 판단을 할 수 있지만, 그것을 사실이라고 받아들일 수는 없다. 그렇다고 해서 여러 가지 판단이 필요하지 않은 것은 아니다. 여러 가지 판단은 사건을 좀 더 객관적으로 보고, 사실과 가장 가까운 사실을 이끌어내는 데 필요하다. 다만, 우리는 자유롭게 판단하되 그것을 사실화하지 않는 것이 자신의 판단을 확신하는 것보다 도움이 될 것이다. - 학생 글 7

학생 글 5, 6 모두 학생 글 4, 5와 흐름이 비슷하다.

위 네 글은 아무 지침 없이 감상문을 쓸 때와는 확실히 다르다. 이 글들의 공통적인 특징은 바로 참고자료의 논지를 준거 자료로 활용해서 영화를 설명한다는 점이다. 특히 김대식 교수의 강의 동영상의 내용이 감상문에 녹아들어가 있다. 이러한 참고자료는 감상자의 스키마를 활성화하는 역할을 한 것으로 보인다.[13] 이 수업 활동으로 스키마 활성화 독해 전략의 의미를 확인할 수 있다.

이런 방법을 사용할 때는 제시한 참고자료가 영화와 얼마나 긴밀한 관계를 가지고 있는지 신중하게 선택해야 한다. 학생들에게 일종의 감상 지침을 주는 것과 같아서 영화와 참고자료가 밀접한 관계가 있어야 하기 때문이다. 교수자의 섬세한 설계가 필요한 방법이라고 하겠다.

### 3) 추론 질문을 활용한 감상문 쓰기

#### ① 추론 질문 방법

영화를 보고 나서 어떤 질문이든지 다 해보라고 요구하였다. 이렇게 나온 일차 질문은 다음과 같다.[14]

　1
- 영화의 플린 신부와 알로이시스 수녀 중 누가 옳고 그른가?
- 제임스 수녀는 어쩌다가 알로이시스 수녀를 닮아가게 된 걸까? (제임스 수녀가 알로이시스 수녀가 시키는 대로 한 것을 닮아갔다고 해야 할지 분석이 먼저 필요하다. 그 후에 이렇게 질문하는 것이 좋다.)
- 제임스 수녀는 긍정적으로 평가할 인물인가?
- 제임스 수녀는 나약한 성격일까? 강인한 성격일까?

- 도널드 엄마가 알로이시스 수녀에게 남의 아픔을 공감하지 못한다고 한 말은 맞을까?
- 알로이시스 수녀의 거짓말은 선의의 거짓말일까?


2

- 확신이 없을 때는 어떻게 해야 하나?
- 알로이시스 수녀처럼 확신은 있지만 증거는 없을 때는 어떻게 해야 하나?
- 내가 알로이시스 수녀라면 합리적인 결정을 할 수 있었을까?
- 의심이 긍정적 결과를 낳는 상황은 없을까?


1은 주로 등장인물의 옳고 그름에 대한 판단과 평가를 묻는 질문이고, 2는 주로 현실에 적용하기 위한 질문이다. 그 밖에도 '제임스 수녀는 앞으로도 악몽을 꾸게 될까?'와 같은 예측의 성격을 지닌 질문도 있었다. '플린 신부의 성 정체성은 무엇일까?'와 같은 사실을 묻는 질문도 있었다.

위와 같은 평가 질문이나 적용 질문이 잘못된 것은 아니다. 영화를 감상할 때는 그것을 자신의 삶과 연관 지을 수 있는 부분이 많이 있기 때문이다. 다만, 이런 질문은 영화를 충분히 분석하고 의미를 추론하여 해석한 후에 진행하는 것이 좋다. 그래서 학생들에게 다음과 같은 지침을 주면서 질문을 수정하게 하였다.

## 1. 질문 요령

1) 영화 내용에서 벗어나지 말고, 영화에서 보여주는 정보를 모아 그에 입각하여 질문한다. '왜?' '어떻게' '무엇' 등의 의문사를 사용하면 좋다. "왜 ○○는 그런 행동을 했을까", "그는 그것을 어떻게 했을까?" "그것은 무엇일까, 또는 무슨 뜻일까?" 등
2) 일반화하지 않는다. 예: 사람들의 행동 → 알로이시스의 행동
3) 질문에 해석이나 평가(자신의 말)를 넣지 않는다. 텍스트에 나온 구체적인 사항만 기술하며 질문한다.

## 2. 올릴 내용

1) 질문 두 가지(세 가지까지 허용)하고 답 달기(질문 개수를 제한하는 이유는 상대적으로 중요한 질문을 골라야 한다는 뜻임.) 먼저 예습 노트에 질문 최대한 쓰고, 그중에서 두세 개 골라 블로그에 올리세요.
2) 질문하고 답하기 한 소감

\* 텍스트와 대화한다는 마음으로 접근하면 좋습니다.

수업 시간에 제시한 질문 지침 첫 조항 질문할 거리를 영화 안에 한정한 이유는 영화라는 텍스트가 제시하는 문제 상황을 밀도 있게 다루는 것이 일차적인 과제이기 때문이다. 교육 현장에서 영화를 사용하는 이유는 영화를 통해 영화감독과 배우, 그리고 영화를 같이 보는 감상자들 간의 공감대를 형성하고 그 속에서 새로운 것을 발견하며 공유하기 위한 것이다. 이러한 물리적 상황을 고려하면 강의실에서 텍스트 내용을 심층 탐색하는 추론 질문의 중요성은 매우 크다.

두 번째 질문 지침은 의문사 '왜' '어떻게' '무엇'을 사용하도록

권장했다. 이것은 좋은 질문의 구조와 연관된다.[15] 강의 시간 질문 지침에서 의문사를 사용하라는 것은 의문사로 시작하라는 좋은 질문의 조건과 묘하게 일치하고 있다. 좀 더 텍스트에 밀착한 답을 찾기 위해서는 의문사를 적절히 사용한 질문이 유용하다.

세 번째로는 질문을 가능하면 많이 하도록 요청했다. 일단 10개 이상 질문을 하는 것이 좋다. 처음부터 질문의 중요도를 판단하면서 질문하기는 어렵다. 질문을 하다가 통찰력이 생긴다. 자신이 해 놓은 질문을 관찰자 입장에서 살펴볼 수도 있다. 일종의 초인지적 과정[16]이라고 할 수 있는데, 자신의 질문 목록을 위에서 바라보면, 자신의 이해과정을 알 수 있게 될 뿐 아니라, 나아가 자신의 질문 방식의 특징에 대해서도 알게 되고 그러다 보면 자신의 관심과 특성도 성찰할 수도 있다. 그래서 질문은 많이 하는 것이 좋다.

그런 다음에 두세 개를 고르도록 했다. 이것은 질문의 중요도를 판단하게 하는 과정이다. 영화의 핵심 주제와 관련 있는 질문을 고르는 것이 중요하다. 물론 핵심 주제에 대한 생각이 다를 수도 있다. 이 역시 질문을 통해서 점검할 수 있다.

마지막으로 영화와 대화하는 마음으로 질문하라고 요구했다. 우리가 질문을 할 때는, 특히 평가적 질문을 할 때는 공격적이기 쉽다. 그러나 공격적인 태도로는 대화가 잘 이루어지지 않는다. 영화의 내용을 제대로 파악하기가 쉽지 않기 때문이다. 그러므로 영화에 관심과 애정을 가지고 등장인물의 마음을 상상하면서 감독의 의도도 추측해가면서 질문하는 것이 좋다. 그것이 대화하는 마음으로 질문하는 것이다.[17]

이러한 지침에 해당되는 질문으로 교수자가 예상한 것은 다음과 같다. '제임스 수녀는 왜 흑인 소년에게 술 먹은 상황에 대해 먼저 물어보지 않고 알로이시스 수녀에게 알렸을까?', '알로이시스 수녀가 플린 신부에게 혐의를 두는 근거는 무엇일까?', '플린 신부는 자기가 신분상 위에 있는데도 결백하다면 왜 알로이시스 수녀의 요구대로 전근 갔을까?' 등등이다. 실제 학생들의 질문에도 이와 비슷한 내용이 많았다.

위에 예시한 질문 외에도 '바람 부는 장면이 왜 여러 번 나올까?', '전구는 왜 자꾸 나갈까?', '플린 신부가 성경에 꽂아놓은 말린 꽃은 왜 클로즈업해서 보여줄까?', '알로이시스 수녀는 왜 적극적으로 증거를 수집하지 않았을까?', '알로이시스 수녀는 왜 플린 신부의 혐의를 공론화하지 않았을까?', '알로이시스 수녀는 왜 마지막에 울었을까?', '마지막에 울면서 의문을 갖게 되었다고 했는데, 그 의문의 의미는 무엇일까?' 하는 질문이 나왔다. 이런 질문을 하다 보면, 그냥 볼 때는 생각지도 않았던 단서들이 잡힌다.

예를 들어, 왜 알로이시스 수녀는 제임스 수녀의 보고를 받고 바로 그것을 성추행이라고 생각했을까를 탐색하다 보면, 가톨릭 사제의 성추문이 가톨릭교회에 상당히 만연해 있는 현실을 알게 될 수 있다.

2016년 2월 개봉한 영화 〈스포트라이트〉[18]에서 다루는 가톨릭 사제의 성추문은 규모가 대단하다. 2002년 보스턴 교구의 1,500명 사제 중 249명이 스포트라이트 특종 팀의 취재로 기소되었다. 영화에서 성추행 사제들을 치료하는 사제 출신의 치료사는 어느 교구든 일반적으로 사제의 6%가 아동을 성추행한다고 한다. 그의 조사에 의하면, 이들은 도널드와 비슷한 상황에 있는 아이들, 주로 가난하고 편모거나 부모의 양육을 잘 받지 못하는 아이들, 동성애 성향이 있는 대상으로 한다. 그들의 행동이 들켜도 그들은 크게 문책당하지 않는다. 이들은 '아파서 쉼', '배정받지 못함' 정도의 책임만 진다.

실제 영화 〈스포트라이트〉 시작 부분에 아이 두 명을 성추행한 게오건 신부가 기소되지 않을 거라고 경찰들이 대화하는 장면이 나온다. 기소되지 않는 대신 이동한다고 한다. 자주 이동했다는 것은 성추행 등 불미스러운 사건이 연루되었을 가능성이 크다. 플린 신부가 자주 이동했다는 사실로 알로이시스 수녀는 자신의 추측을 확신하게 되는데, 무리한 추측은 아닌 셈이다. 질문을 하지 않으면 이런 탐색은 하기 어렵다.

'플린 신부는 어떻게 상위 교회로 이동하게 되었을까? 혐의가 없기 때문일까?' 하는 질문도 할 수 있다. 실제 학생들 중에는 플린 신부가 상위 교회로 이동했다는 것으로 알로이시스의 확신이 옳지 않았다고 판단하는 경우가 많다. 그러나 영화 〈스포트라이트〉에서 보스턴 교구의 루이 추기경은 30년간 사제 성추행을 은폐한 책임을 지고 결국 사임하지만, 그 후 교회는 그를 '바실리카 디 산타마리아 마지오레'라는 로마의 최상급 교회로 재배치한다. 이런 사례를 보면 플린 신부가 승진해 간 것이 혐의 없음을 증명하는 것은 아니다. 물론 이런 생각은 꼭 현실의 정보를 알고 있어야 가능한 것은 아니다. 논리적으로만 보아도 승진이 성 추행 혐의 없음을 증명해주는 것은 아니기 때문이다.

알로이시스 수녀의 행동에 대해서 질문해보면, '왜 알로이시스 수녀는 증거 수집을 소홀히 하고 혼자서 플린 신부 문제를 해결하려고 했을까?', '영화는 알로이시스 수녀가 감정적으로 흥분해 있는 모습을 많이 보여주는데, 왜 그렇게 감정적일까?' 이런 질문도 할 수 있다. 이것은 '스포트라이트' 팀이 매우 냉철하고 이성적으로 증거를 수집하여 보도하고 있는 것과 대비된다.

이런 질문을 수집하다 보면, 마지막에 알로이시스 수녀가 의심을 갖게 되었다면서 눈물을 흘리는 것이 자신이 플린 신부에게 한 행동을 반성하는 것을 의미하는 것일까 하는 의문도 갖게 된다.

　아래에 학생들의 질문과 글을 예시한다. 이때 학생들에게 반드시 질문을 반영하여 글을 쓰도록 요구하지는 않았다. 실제로 질문과 다르게 글을 쓴 경우도 있었다.

② 학생 글 사례

「빠져나올 수 없는 블랙홀, 의심」

영화 〈다우트(DOUBT)〉는 제목 그대로 엉킬 대로 엉킨 두 개의 의심만을 보여준다. 알로이시스 수녀의 폴린 신부에 대한 의심, 그리고 자기 자신에 대한 의심. 폴린 신부는 정말 도널드를 추행한 것일까? 알로이시스 수녀가 폴린 신부를 결국 쫓아낸 것은 옳은 행위인가? 이런 질문들에 대해서 영화는 끝까지 명확한 답을 내려주지 않는다. 다만 영화 '다우트'가 보여주는 것은 의심이 부른 파장일 뿐이다. …중략…

하지만 영화를 보며 내가 알로이시스 수녀의 입장이 공감이 되지 않은 것은 아니다. 우리는 얼마나 지금 사람을 못 믿고 있는가. 늦은 밤 캄캄한 거리에서 뒤에 따라오는 사람이 있다면 해코지하진 않을까 의심하고, 돈을 빌려줄 때도 정말 이 사람을 믿어도 될까 한 번 더 의심한다. 누군가에게 완벽한 믿음을 주기 쉽지 않은 사회다. 또한 남을 완전히 믿는 순수함이 가끔은 멍청함으로 악용되는 세상이다. 알로이시스 수녀의 경우처럼 우리는 종종 의심이 꼬리에 꼬리를 물게 되는 현상을 경험하곤 한다. 우리는 지금 빠져나올 수 없는 의심의 블랙홀 속

에 빠진 것은 아닐까? 지금 이 순간에도 우리는 얼마나 많은 의심들을 간직하고 있는가? - 학생 글 8

글쓰기 전 질문 1. 왜 알로이시스 수녀는 수녀들과 밥을 먹는 자리에서 제임스 수녀에게 플린 신부가 '의심'에 대해 설교한 목적을 물었을까? 2. 왜 알로이시스 수녀는 거짓말을 하면 안 된다고 하면서 늙은 수녀가 눈이 멀지 않았다고 플린 신부에게 거짓말했을까?

「참을 수 없는 의심의 불쾌함」 - 영화 〈다우트〉를 보고 -

의심은 불쾌한 감정이다. 나는 영화 〈다우트〉를 보면서 불쾌함을 느꼈다. 그 불쾌함은 아마 알로이시스 수녀(이후 수녀)가 의심하는 모습에서 인정하기 싫은 나의 모습을 보았기 때문일 것이다. …중략…

특히, 수녀는 플린 신부와의 언쟁에서 자신의 과거에 대해 불안한 모습을 보이는데, 이후에 플린 신부를 더 강경하게 대한다. 수녀의 의심이 과거의 상처로부터 자신을 보호하기 위한 공격인 것 같아 연민을 느꼈다. 하지만, 수녀의 마지막 '의심'은 이전까지의 의심과 성격이 다르다. 이전까지의 의심이 자신의 경험을 잣대로 남을 판단하려는 것이었다면, 마지막 '의심'의 화살은 이제 내부를 향하기 때문이다. 즉, 마지막 '의심'은 이전의 사고의 틀에서 벗어나 의심하는 자신이 옳은지에 대해서 의심하는 고해성사인 것이다.

의심은 불쾌하다. 특히 스스로를 의심할 때는 더욱 불쾌하다. 자신의 경험의 틀에서 벗어나, 다른 사람의 시선에서 나 자신을 바라보기 때문이다. 자신을 기준으로 바깥을 향하는 의심은 화살이 될 수 있다. 하지만, 남을 기준으로 자신을 향하는 의심은 오히려 나를 직면할 수 있는 거울이 될 수 있다. 수녀가 마지막 '의심'을 통해 진정한 회개에 이르렀기를 바라본다. - 학생 글 9

글쓰기 전 질문 1. 도널드의 엄마는 알로이시스 수녀가 불렀을 때 왜 플린 신부의 편을 들었을까 2. 알로이시스의 마지막 말 "나는 너무 의심스러워요"의 '의심'은 무슨 뜻일까?

「'다우트', 가장 강력한 방어기제」
영화 대사를 미루어 짐작건대 알로이시스 수녀는 과거에 '죄'를 지었다. 죄책감은 아마도 그녀가 강박적으로 원리원칙을 고수하게 만들었을 것이다. 혹은 이전부터 원리원칙을 고수하던 그녀의 성격이 더욱 고착되게 했을 것이다. 그렇기 때문에 그녀는 고민이 많아 몰래 와인을 마신 '도널드'의 사정을 이해해줄 수 없으며 벌만 줄 수 있을 뿐이다. 마찬가지로 '죄'를 지었다고 의심되는 플린 신부에게도 아량을 베풀 수 없다. 더욱이 플린 신부는 자유분방함으로 알로이시스 수녀의 원리와 원칙을 위협하기 때문에 제거해야 할 대상이다. 커져가는 '의심'과 '미움'에 휩쓸려 그녀는 결국 자신이 세운 '원칙(거짓말하지 않는다)'를 어기고 신부를 쫓아낸다. 그렇기에 그녀는 마지막에 또 한 번 죄를 저지른 자신을 용납하지 못하고 눈물을 흘렸을 것이다.
한 번 확실하다고 믿어버린 것을 포기하려면 많은 용기가 필요하다. 자신에게 부족한 점이 있다는 것을 인정한다는 것. 거울에 자기 자신을 비추어보는 것도 용감한 사람만이 할 수 있는 일이다. 플린 신부는 알로이시스의 거울이었다. 그녀가 그것을 조금만 더 일찍 깨달았다면 끝없는 의심으로 자기방어를 하지는 않았을 것 같아 안타깝다. 이 영화는 의심이 확신으로 바뀌어가는 과정의 무서움을 보여주고 있기도 하지만, 한편으로는 자신에 대한 반성보다는 자기방어에 급급했던 편협한 겁쟁이의 말로를 보여주고 있다고도 생각한다. 영화를 보고 감상문을 쓰면서 내 안의 알로이시스 수녀를 발견하고 반성을 많이 했다. – 학생 글 10

글쓰기 전 질문 1. 극중 도널드의 어머니가 알로이시스 수녀에게 남의 아픔을 공감하지 못한다고 한 말이 맞을까? 2. 알로이시스 수녀가 마지막에 흘린 눈물과 '너무 의심스러워요'라는 대사의 의미는 무엇이었을까?

영화 〈다우트〉 감상문
…전략… 이 영화의 균형감 있는 연출 덕에 관객은 알로이시스 수녀와 플린 신부의 입장에서 번갈아가며 생각해볼 수 있다. 영화는 끝까지 진실을 명백히 말하지 않는다. 중요한 것은 플린 신부의 유죄 여부가 아니라 '의심'의 양상이다.
알로이시스 수녀는 무턱대고 플린 신부의 죄를 확신하지 않는다. 그녀는 자신의 의심이 진실이라는 증거를 확보하기 위해 노력한다. 그를 심문하고, 피해가 짐작되는 학생의 어머니를 호출한다. 급기야 도덕적 신념까지 어기면서 플린 신부를 압박하여 그를 쫓아낸다.

그렇다면 알로이시스 수녀는 왜 마지막에 눈물을 흘렸을까. 단순히 거짓말하면 안 된다는 신념을 어겨서가 아니다. 한 인간을 향했던 '맹목적인' 의심과 정당화를 위한 노력 끝에 남은 것은 자기 자신의 도덕성에 대한 의심이다. 자신과는 다른 가치관을 지닌 상대(플린 신부)에 대한 적대감이 그의 인격에 대한 비난으로 잘못 표출된 것이다. 그녀의 노력은 진실을 위한 것처럼 보였지만 사실은 자신의 비난을 정당화하기 위해서였다. 알로이시스 수녀는 자신의 집요한 의심이 편협함에 기인했음을 깨달아 눈물을 흘린다 …후략… - 학생 글 11

글쓰기 전 질문 1. 제임스 수녀는 액자의 유리를 통해 학생들을 감시하는 등 알로이시스 수녀가 시키는 것이 비인간적이라고 했으면서도 왜 그 말에 따랐을까? 2. 알로이시스 수녀는 왜 제임스 수녀를 제외한 다른 사람들에게 자신이 플린 신부에 대해 의심한 내용을 밝히지 않았을까?

〈다우트〉 속의 사회
…전략… 영화 속에서 제임스 수녀가 본의 아니게, 알로이시스 수녀와 플린 신부 사이의 갈등을 크게 터지게 시점을 만든 것 같다.

나는 이들의 모습을 작은 사회에 비교하며 생각도 해보았다. 플린 신부를 진보주의적으로, 알로이시스 수녀를 보수주의적으로, 제임스 수녀를 진보와 보수가 존재하는 속의 대중으로 생각해보았다. 어느 나라 사회든 보수와 진보적인 사상이 나뉘어 잠재하고, 제임스 수녀처럼 순진하고 좌우에 흔들리는 대중이 있다.

나는 감독이 사회의 모순점들에 "의심"이라는 두 글자를 던져버린 것이 아닌가라는 생각도 해보았다. 사회는 결국 사람들로 이루어져 있다. 결국 나는 영화 속에서 작은 사회를 보았고, 그 속에 속한 나도 봤다. ⋯후략⋯

– 학생 글 12

글쓰기 전 질문 1. 왜 플린 신부의 성경책 속 꽃을 화면에서 두 번이나 보여줬을까? 2. 손톱이 얼마나 긴가는 상관없으며, 문제는 얼마나 청결한가 하는 것이라고 말하는 플린 신부의 의도는 무엇이었을까?

위 다섯 편의 글은 영화를 보는 관점이나 문제의식은 다르다. 질문과 감상문 사이에 긴밀한 관계가 있지도 않다. 그러나 앞의 두 그룹에 비해 상대적으로 텍스트의 내용을 많이 분석하고 있다는 것을 알 수 있다. 세 그룹은 모두 같은 학교의 신입생이라는 공통점이 있으므로, 앞의 2014년, 2015년 글에 비해 세 번째 그룹에서 영화에 대한 분석이 많아진 것은 질문하기 방법을 거쳤기 때문이라고 추측할 수 있다.

## 추론 질문의 의미

추론 질문은 영화와 대화하는 방법이 된다는 점에서도 중요하다. 상대를 평가하는 마음이 앞서 있으면 대화가 어려운 것처럼, 영화 등 텍스트에 대해서도 평가 중심으로 반응하는 것은 감상자의 인식 지평을 넓히기 어렵고, 텍스트와 나의 거리를 좁히기 어렵다. 감상자의 인식을 확장하기 위해서는 1차적으로 텍스트에 집중해야 한다. 학생들이 제시한 '바람직한 읽는 태도' 몇 가지를 소개하면 다음과 같다.

> 의문을 가지면서 능동적으로 읽어야 한다.
> 글쓴이와 소통에 성공하겠다는 적극적인 자세로 글을 읽어야 한다.
> 글쓴이가 어떤 상황에서 글을 썼을까 상상하며 읽는다.
> 글쓴이가 글을 쓴 목적을 생각하며 글쓴이가 전달하고자 했던 것을 파악하려고 하며 읽는다.
> 선입견과 편견을 버리고, 글쓴이가 전달하고 싶은 바를 정확하게 파악하며 읽는다.
> 글쓴이가 독자와 어떤 부분에서 의사소통을 하려고 하는지 생각하며 읽는다.[19]

아무에게라도 이런 질문을 하면 비슷한 대답을 할 것이다. 이러한 태도는 영화를 보는 데도 적용된다.[20] 감독이나 배우의 입장을 상상하면서 능동적으로 의문을 가지고 영화를 볼 때 추론하기는 당연히 동반되는 사고 과정이다.

질문 그 자체로 보면, 사실 질문, 추론 질문, 적용 질문 중에서 어느 질문이 감상자의 인식지평을 넓히는 데 최선이라고 단정하기는 어렵다. 학습자의 상황과 수업 목적에 맞게 적절하게 사용하는 것이 중요하다. 그런데 대학 강의실에서 유용한 질문은 아무래도 추론 질문 방식이 유용하다고 생각한다.

여기서 학생들에게 제시한 질문 지침은 추론 질문과 관계가 많다. 질문의 유형과 종류에는 여러 가지가 있다. 추론 질문은 여러 가지 자기 질문 중 하나이다. 최기원[21]의 논문에서 분류한 질문의 종류를 요약하면 다음과 같다. 논자가 수업에서 제시한 질문은 *한 질문에 해당한다.

(1) *높은 수준의 질문(사고 질문): 해석, 적용, 분석, 종합, 평가와 관계

　　낮은 수준의 질문(사실 질문): 지식이나 사실, 구체적인 것의 회상과 관련

(2) 산출 질문: 결론, 결과, 산출과 같은 답 요구하는 질문

　　*과정 질문: 결론에 이르는 절차와 관련된 질문

　　의견 질문: 학생의 판단이나 평가를 요구하는 질문

(3) 폐쇄적 질문: 수렴적 사고를 조장하는 좁은 범위의 답을 요구하는 질문

　　개방적 질문: 확산적, 창조적 사고를 강조하는 넓은 의미의 응답을 요구하는 질문

(4) 내용, 시간, 방법, *이유를 묻는 질문

(5) 기억 질문: 교과 내용을 회상하기를 요구하는 질문

　　탐색 질문: 외부 자료를 참고해서 답하기를 요구하는 질문

(6) 어구에 충실한 질문: 문맥상 분명한 답을 요구하는 질문

　　*추론 질문: 암시적인 내용이나 심오한 의미를 발견하게 하는 질문

　　배경 질문: 교과에서 제공해주지 않은 배경 정보가 있어야 답할 수 있는 질문

(7) 사실적 질문: 글에 언급된 내용에 관심을 집중시키는 질문

　　*해석적 질문: 글에 언급된 내용을 해석하는 질문

　　적용적 질문: 다른 사태나 상황으로 이어 생각해야 하는 질문

⑻ 사실적 질문: 텍스트에서 문제 내고 텍스트에서 답을 찾을 수
있는 질문

*추론적 질문: 텍스트 내의 특정 부분으로 텍스트에서 제시하
지 않은 내용을 추론하는 질문

스키마 활용 질문: 텍스트의 특정 부분이나 전체의 의미를 독
자의 스키마에 긴밀하게 연결시켜 다양하게 반응하게 하는
질문

해석적 질문과 추론적 질문이 비슷한 의미지만, '해석'이라는 용
어가 주관적 해석이라고 오해할 여지가 있어서 추론으로 선택하여
사용했다. 추론에도 예측, 추측 등 여러 의미가 있지만,[22] 여기서 추
론이란 영화에 나오는 말이나 사건에 대해 그 의미나 이면의 의미
를 분석하고 의미를 찾아가는 것을 말한다. 그러나 어떤 해석도 가
능한 개방적인 질문도 아니고, 나와 있는 정답을 찾는 닫힌 질문도
아니다.

이제 추론 질문을 하고 감상문을 쓰는 것은 어떤 의미가 있는가?

영화를 평가하거나 현실에 적용하는 것은 매우 신중하게 해야
할 어려운 활동이다. 그런데 관객은 영화를 보고 텍스트에 대한 숙
고 없이 곧바로 평가하고 적용하는 경우가 있다. 평가나 적용을 하
기 전에 추론 질문을 먼저 충분히 하는 것이 좋다. 추론하는 과정에
서 평가와 적용이 나올 수 있고, 그렇게 해서 나온 평가와 적용이
문제해결에 유용하다.

예를 들어, 〈6번째 날〉[23]이라는 영화를 보고,[24] '인간 복제가 허
용되어도 그 기술의 사용은 부자들의 전유물이 되지 않을까?'라는
질문을 한다면, 그것은 평가 질문이다. 이런 질문을 하기 전에 '복
제하는 데 드는 비용은 얼마인가?'라는 사실 질문과 '이 기술로 가

난한 사람에게 도움을 준다고 하는데 어떻게 도움을 줄 수 있을까?'라는 추론 질문을 하고 이 질문을 해결했다면 '생명 복제 기술은 부자들의 전유물인가?' 하는 질문에 답을 잘 생각해낼 수 있다.

다른 예를 더 들어보자. '생명 복제를 어디까지 허용해야 하는가?'라는 질문을 먼저 하기보다 '애완견 복제를 허용하는 이유는 무엇일까?'를 먼저 한다면, '생명 복제 허용' 문제에 대답하기 위한 단서를 찾을 수 있다. '말하는 인형 심팔은 허용해도 되는가?'라는 질문도 좋지만, '왜 주인공 아담 깁슨은 애완견 복제는 반대하면서 말하는 인형 심팔은 샀을까?'라는 추론 질문을 먼저 한다면 앞의 질문에 대한 대답을 생각할 수 있다.

다른 예로, 〈12인의 노한 사람들〉[25]이라는 영화를 보고, '만장일치라는 제도가 의사 결정에 적합한 것일까?'라는 평가 질문을 하기 전에 '미국은 왜 배심원의 만장일치제도를 도입했을까?'라는 추론 질문을 먼저 한다면 답의 실마리를 찾아갈 수 있다. 또 '토론과정에서 자신의 이익(야구 경기 관람)을 위해 억지 주장을 하는 토론자를 어떻게 제재할 수 있을까?'라는 평가(질문자는 야구 경기를 보러 가고 싶어 하는 배심원의 행동을 '억지'라고 미리 판단해버렸다)와 적용 질문(어떻게 제재할까?)을 하기 전에 '왜 7번 배심원은 야구 경기 가는 것을 더 중요하게 생각했을까?'라는 추론 질문을 먼저 하는 것이 영화를 깊이 이해하는 데 도움이 될 것이다. 그러면 그렇게 엉뚱한 행동을 하는 사람을 제재하는 데에도 도움 될 것이다.

## 영화 감상문 어떻게 쓸 것인가

같은 영화로 수업을 했지만 해마다 다른 방식으로 수업을 진행하였다. 이런 강의로 얻은 감상문이 다른 특징을 보이는 것은 강의 방식에 따른 차이 때문이라고 보았다. 같은 학교, 같은 학년을 대상으로 수행한 것이기 때문에 세 가지 방법을 비교하는 것은 어느 정도 타당성이 있다고 생각한다.

여기서 세 번째 방식이 최선이라고는 말할 수 없다. 이 세 가지 방법에는 모두 장단점이 있기 때문이다. 첫 번째 아무 지침이 없을 때는 교수자가 감상자의 상태를 이해하기 쉽다. 그러나 감상자의 독해력을 향상시키는 데에는 어려움이 있다. 두 번째 참고자료를 주었을 때는 참고자료 내용의 스키마를 활성화시켜서 적극적인 추론을 하는 모습을 볼 수 있었다. 적절한 참고자료라면 영화의 이해도를 높이는 데 도움이 될 것이다. 그러나 참고자료 선택에 교수자의 판단이 강하게 작용할 가능성이 있다. 그렇게 되면 감상자 자신의 생각을 표현하는 것도 아니고 그렇다고 영화에 대한 집중도도 약해질 수 있는 염려가 생긴다. 참고자료와 관련된 영화 장면에 선별적으로 집중할 수 있기 때문이다. 마지막으로 질문 지침을 주고 질문 연습을 한 후 감상문을 썼을 때는 영화에 대한 집중도는 높아지지만, 개인의 자유로운 발산적 사고에는 부정적인 영향을 줄 수 있다.

이렇게 보면, 첫 번째 방법이 필요한 경우도 있고,[26] 스키마를 적절하게 활성화시키는 것이 유용한 경우도 있다. 좀더 적극적으로 발산적이고 창의적인 사고를 촉진해야 하는 경우도 있다. 그러나 텍스트와 소통하고자 한다면, 추론 질문을 통한 감상문 쓰기가 효과적이다.

영화를 보면서 영화를 깊이 이해하고 그것을 통해 내 인식의 지평을 넓히고자 한다면 추론 질문으로 영화와 대화하는 방법을 활용해보기를 권한다.

1) 이 글은 「영화 감상문을 쓰기 위한 세 가지 수업 모형 비교 연구: 영화 〈다우트〉 감상문 사례를 중심으로」 (사고와표현 제9집 1호, 2016)을 수정한 것임.

2) 아쿠타가와 류노스케 저, 김영식 역, 『라쇼몽』, 문예출판사, 2008.

3) 안톤 파블로비치 체호프 저, 오종우 역, 『개를 데리고 다니는 부인』, 열린책들, 2009.

4) 김미란, 「대학의 글쓰기 교육과 장르 선정의 문제-자기표현적 글쓰기에 대한 비판적 고찰을 중심으로」, 『작문연구』 제9집, 한국작문학회, 2009.

5) 한영현, 「영상 매체를 활용한 글쓰기의 전략과 전망」, 『작문연구』 제19집, 한국작문학회, 2013, 254쪽.

6) 감독 존 패트릭 셰인리, 주연 메릴 스트립, 필립 세이모어 호프만, 2008.

7) 알렉산드라 호로비츠 저, 박다솜 역, 시드니페이퍼, 2015.

8) 부정희, 「질문전략을 활용한 독서 감상문 쓰기 지도 연구」, 경기대학교 문화예술대학원, 독서지도학과 석사학위 논문, 2014. 여기에는 교사 질문 전략과 학습자의 자기주도 질문 전략이 모두 소개되어 있다.

9) 김미란, 앞의 논문, 김미란은 여기서 자기표현적 글쓰기 관행에 대해 이론적 근거도 없고, 교육적 효과도 없다고 비판한다.

10) 심영섭, 『영화치료의 이론과 실제』, 학지사, 2011, 20-35쪽. 영화치료의 원리는 관객이 영화를 보면서 감정이 일어나는 것은 개인 욕망이 투사되었을 가능성이 있기 때문이라고 하면서, 투사뿐 아니라 동일시, 모방, 이상화 등의 심리 작용을 드러낼 수 있다고 하였다. 이를 통해서 감상자가 무엇에 불만족되는지, 숨겨진 판타지는 무엇인지 의식화하고 그것을 언어화해야 한다고 하였다.
이런 정신분석적 접근뿐 아니라 대상관계적 접근, 인지학습적 접근, 실존주의적 접근도 가능하다.
이 중에서 인지학습적 접근은 대학 교양교육에서 적용할 만하다. 인지치료에서 말하는 심리적 오류는 논리학의 오류와 유사한 내용이 매우 많기 때문이다. Robert L. Leahy, 『인지치료기법』, 시그마프레스, 1996, 1장.

11) 김미란, 앞의 논문, 83쪽. 김미란은 이런 자기표현적 글쓰기의 치료적 효과에 대해 개인성을 재인증하는 폐쇄회로적인 글쓰기라고 비판하고 있다.

12) 최기원, 「학생질문생성지도의 효과 연구」, 고려대학교 교육대학원 석사학위 논문, 1999, 16쪽. 여기서 초인지란 해독자 자신의 이해 과정에 대한 이해를 말한다. 자신의 인지 과정을 알고 어려움에 봉착했을 때는 필요한 조치를 하는 지적 작용을 통칭한다.

13) 최기원, 위의 논문, 13-16쪽.

14) 질문에는 여러 가지가 있는데, 본고에서는 크게 추론 질문, 적용 질문, 평가 질문으로 분류하여 질문을 분석하였다. 이에 대한 내용은 Ⅲ. 추론 질문의 의미에서 자세히 다룬다.

15) 제임스 파일 · 메리앤 커리치 저, 권오열 역, 『질문의 힘』, 비즈니스북스, 2014, 63쪽.

16) 최기원, 위의 논문, 16쪽. 읽기 활동을 통해 글의 내용을 이해하기도 하고, 독자 자신이 자신의 이해과정을 이해할 수 있게 되기도 하는데, 후자를 초인지라고 한다.

17) 마릴리 애덤스 저, 정명진 역, 『삶을 변화시키는 질문의 기술』, 김영사, 2005, 78-79쪽, 227쪽 외 여러 곳. 애덤스는 대상을 수용하는 학습자 질문이 자신의 삶을 고양시키는 반면, 대상을 판단하는 심판자 질문은 자신의 삶에 해롭다고 한다. 여기서 학습자 질문은 본고의 추론 관련 질문과 유사한 특성이 많다.

18) 감독 토마스 매카시, 주연 마이클 키튼, 마크 러팔로, 레이첼 맥아담스 2015. 이 영화는 『보스턴 글로브』지의 '스포트라이트' 특종 팀이 2002년 실제 탐사 보도한 사건을 기반으로 만들어졌다. 이 팀은 이 보도로 퓰리처상을 수상했다. 이 영화 역시 전미비평가협회 작품상과 각본상, 미국 배우조합상의 최고 작품상인 '베스트 앙상블 캐스트'를 받았고, 제88회 아카데미 작품상까지 받았다.

19) 2016년 〈다우트〉 감상문을 쓴 미디어학부 학생들의 의견.

20) 영화를 능동적으로 해석하며 본다는 점에서 영화를 읽는다는 표현을 쓰기도 한다. 조셉 보그스 저, 이용관 역, 『영화 보기와 영화 읽기』, 제3문학사, 1998, 역자 서문 6.

21) 최기원, 앞의 논문, 20-24쪽.

22) 김연희, 「질문생성전략의 효과 연구」, 고려대학교 교육대학원 석사학위 논문, 2003, 40쪽. 여기서는 앞으로 전개될 내용을 예측하거나 언어나 사실을 다른 상황에 적용하는 능력, 구성이나 표현의 요소를 추리하는 능력도 포함시키고 있다.

23) 감독 로저 스포티스우드, 주연 아놀드 슈왈제네거, 2000. 과학이 발달한 미래를 상상하여 인간 복제에 대한 논란을 소재로 만든 영화.

24) 2016년 1학기에는 세 반에서 전공과 학생의 욕구를 반영하여 각각 〈다우트〉, 〈6번째 날〉, 〈12인의 노한 사람

들)로 수업을 진행하였는데, 〈6번째 날〉로 수업한 반은 생명공학부였다. 여기에 사용한 질문 사례는 실제 학생들이 질문한 것이다.

25) 감독 시드니 루멧, 주연 헨리 폰다, 1957. 아버지를 죽인 혐의로 사형을 구형받은 18세 소년에 대해 12명의 배심원이 유무죄를 판결하는 과정을 다룬 작품. 언어학과에서 사용한 영화이다.

26) 몇 해 전 한 학생의 글이 글마다 편차가 심해서 개인 면담을 하였다. 면담에서 본인이 자연스럽게 자신의 경험을 이야기하는 과정에서 학생에게 분노가 많다는 것을 알게 되었다. 이런 학생의 경우는 첫 번째 방법을 접목하는 것이 좋을 것이다. 물론 이 방법을 수행하기에는 현실적인 어려움이 매우 많겠지만 첨삭 시 주의를 환기해주는 정도라도 배려하면 도움이 될 것이다.

마릴리 애덤스 저, 정명진 역,『삶을 변화시키는 질문의 기술』, 김영
　　사, 2005.

심영섭,『영화치료의 이론과 실제』, 학지사, 2011.

아쿠타가와 류노스케 저, 김영식 역,『라쇼몽』, 서울: 문예출판사,
　　2008.

안톤 파블로비치 체호프 저, 오종우 역,『개를 데리고 다니는 부인』,
　　열린책들, 2009.

알렉산드라 호로비츠 저, 박다솜 역,『관찰의 인문학』, 시드니페이
　　퍼, 2015.

이오덕,『우리 문장 쓰기』, 한길사, 2000.

제임스 파일 · 메리앤 커리치 저, 권오열 역,『질문의 힘』, 비즈니스
　　북스, 2014.

고려대학교 사고와교육편찬위원회,『학문의 통섭과 대학 글쓰기』,
　　고려대학교출판부, 2015.

2014년, 2015년, 2016년 수강생 글.

김미란,「대학의 글쓰기 교육과 장르 선정의 문제-자기표현적 글
　　쓰기에 대한 비판적 고찰을 중심으로」,『작문연구』제9집,
　　한국작문학회, 2009.

김연희,「질문생성전략의 효과 연구」, 고려대학교 교육대학원 석사
　　학위 논문, 2003.

김영정,「창의성과 비판적 사고」,『인지과학』13권 4호, 한국인지과
　　학회, 2002.

부정희,「질문전략을 활용한 독서 감상문 쓰기 지도 연구」, 경기대
　　학교 문화예술대학원, 독서지도학과 석사학위 논문, 2014.

유영희, 「확인 질문(cross examination) 방식과 퇴계 고봉 사칠 논변 방식의 비교 고찰」, 『사고와 표현』 제8집 2호(한국사고와표현학회), 2015.

최기원, 「학생질문생성지도의 효과 연구」, 고려대학교 교육대학원 석사학위 논문, 1999.

한영현, 「영상 매체를 활용한 글쓰기의 전략과 전망」, 『작문연구』 제19집, 한국작문학회, 2013.


〈다우트〉, 감독 존 패트릭 셰인리, 주연 메릴 스트립, 필립 세이모어 호프만, 2008.

〈6번째 날〉, 감독 로저 스포티스우드, 주연 아놀드 슈왈제네거, 2000.

〈12인의 노한 사람들〉, 감독 시드리 루멧, 주연 헨리 폰다, 1957.

# 과학과 사회, 윤리의 행복한 조우, 과학 영화를 활용한 글쓰기 교육
### 〈가타카〉, 〈필라델피아〉, 〈아웃 브레이크〉, 〈인셉션〉[1)]

송인화

## 글쓰기는 융복합적 교육에 어떻게 기여하는가

최근 대학교육에서 융복합교과의 중요성과 필요성에 대해서는 일정한 합의에 도달했다고 보인다. 단일 전공으로는 해결할 수 없는 다변화된 사회와 그에 따른 인재상의 변화,[2)] 기업의 요구 변화,[3)] 지식정보화 사회와 매체의 변화[4)] 등 논자에 따라 강조점은 달리하지만 전통적인 단일 전공 중심의 지식과 교수/학습 방법으로는 변화된 세계에 대응하기 어렵다는 문제의식과, 그에 따른 새로운 교과의 필요에서 설계된 것이 융복합교과라 할 수 있다. 즉, 지식과 정보 자체가 아닌, 그것을 활용하고 응용하여 새로운 창의를 생산할 인재를 양성해야 한다는 인식이 전공 교과의 융합이라는 새로운 틀을 요구한 것이라 할 수 있다.

따라서 융복합교과는 상이한 전공이나 지식의 기계적 결합이나 접합이 아닌 융합을 통한 기초역량을 기르는 데 목표를 두고 있다. 복수의 전공 지식을 학생에게 교수하고 습득게 하는 것보다는, 지식과 지식들 사이에서 사고하며, 지식을 재구성하고, 새로운 창의를 생산하고 표현하도록 하는, 그럼으로써 궁극적으로 문제를 해결할 수 있는 역량을 기르도록 하는 것이 수업의 목표라 할 수 있다.

즉, 기초역량을 갖춘 능동적이고 창의적 인재를 기르도록 하는 것이 융복합교과가 지향해야 할 목표인 것이다.[5)]

기초역량이 무엇인가에 대해서는 다소 차이가 있기는 하지만 대체로 문제 분석과 해석 역량, 문제해결 역량, 의사소통 역량이 융복합교과가 추구해야 할 핵심 역량이라는 사실에는 크게 이견이 없다.[6)] 즉, 문제를 정확하게 파악, 분석하고, 그것에 대한 해석과 재구성을 통해 창의적 해결방식을 모색하며, 도출한 의견과 해결방법을 글과 말로 표현, 전달하는 것이 융합교과를 통해 함양해야 할 핵심적이고도 기초적인 역량이라 할 것이다.

그런데 이러한 기초역량을 함양하는 데 무엇보다 중요한 것은 학생의 자발적인 사고와 능동적인 참여라 할 수 있다. 문제를 인식하고, 자기 시각에서 내용을 비판적으로 재구성하며, 그것을 자신의 언어로 표현하는 데는 학생의 자발적, 자율적 사고 과정이 전제되어야 한다. 이러한 자율성과 능동적 참여 없이 지식과 정보 전달 중심으로 수업이 이루어질 경우 융복합교과는 자칫 역량의 창출이 아닌, 사이버 공간에서 취득된 지식을 재조합하는 데 그칠 우려마저 있다.

이러한 학생의 자발적인 참여를 유도하기 위해서는 교수자가 아닌 학생 중심으로 수업이 이동해야 하며, 가르침(Teaching)보다는 배움(Learning) 중심으로 교과 운용이 이루어져야 한다. 물론 학생이 교수가 강의하는 서로 다른 전공 내용을 듣고, 습득하여, 그것을 스스로 융합함으로써 역량을 함양할 수도 있다. 그러나 모든 학생들에게 그것을 기대하기는 쉽지 않다. 그러한 상황은 기초역량을 갖춘 특정 학생에게 한정되며 대다수 일반적인 학생의 경우 적극적으로 수업에 참여할 수 있도록 교과를 설계하고 운용하는 것이 필요하다.

이처럼 융복합교과에서 학생의 자발적 참여가 중요하고 수업의 중심이 학생에게 이동해야 한다고 할 때 발표/토의/글쓰기가 중심이 된 활동 수업은 그것을 위한 유효한 방식이 될 수 있다. 하나의 문제에 대해 세 가지 방식을 모두 동원하여 수업을 진행하는 것으로 이러한 수업에서 학생은 수동적 학습자가 아닌, 자발적이고 주체적인 구성원이 된다. 수업에 학생은 필요한 지식을 자발적으로 조사, 습득하여 발표하고, 토의를 통해 쟁점을 추출하며, 서로 다른 관점의 의견을 조율하고 통합한다. 나아가 글쓰기를 통해 해결방식에 대한 자신의 의견과 관점을 표현한다. 문제에 대해 말하고, 듣고, 쓰는 활동을 통합하여 시행함으로써 자발적인 수업 참여는 물론 이러한 학습을 통해 사고력과 표현력, 그리고 문제해결 역량을 기를 수 있게 된다. 학생은 하나의 문제에 대해 발표, 토의, 글쓰기를 순차적으로 시행함으로써 자연스럽게 전문 용어(Terminology)와 지식을 습득하게 되고, 비판적으로 문제를 재구성하게 되며 자신의 의견을 논리적으로 조직, 표현할 수 있게 된다. 그럼으로써 융복합 교과가 목표로 하는 기초역량을 함양하게 되는 것이다.

학생이 중심이 된 수업에서 교수는 기본적으로 강의자로서보다는 조언자, 조정자, 상담자로서 역할을 하게 된다. 문제와 관련된 참고자료를 온라인 수업지원 시스템에 공지하며, 학생들이 분담해야 할 과제의 양을 적정하게 분배하고, 학생의 발표가 서로 중복되거나 논점을 이탈하지 않도록 조정해준다.[7] 또 협력적, 생산적 토의가 될 수 있도록 토의의 과정을 조율해주기도 한다. 마지막으로 글쓰기의 주제와 문항을 구성하고 피드백을 시행한다. 교수는 강의를 통해 수업에 개입하는 대신 수업을 조직하고 방향을 제시하며, 논점의 명확화와 피드백을 통해 학생의 역량이 개발될 수 있도록 조력하는 것이다.

이 글은 과학적 주제를 철학, 신학, 심리학 등의 인문/사회학적 관점에서 접근한 융복합교양과목의 운용 사례로[8] 학생 활동 중심의 교과 운용이 융합교과를 통한 기초역량의 증진에 유효한 방식임을 이야기하고자 한다.


## 영화에서 찾는 과학-사회적 쟁점의 발견과 인식

### 1) 융복합적 소재로서의 사회과학적 이슈(Socioscientific issue)

#### ① SSI(Socioscientific issue) 소재의 의미와 가치

SSI란 과학과 관련된 사회·윤리적 문제를 의미한다. 근대 이후 자율적 발전을 거듭해온 과학은 인간에 의해 통제되는 선을 넘어 위협적인 상황에까지 도달하고 있으며 이에 따라 과학의 발전과 인간의 미래에 대한 진지한 통찰이 필요하게 되었다. 무한궤도에서 발전하는 과학적 발전을 어느 정도까지 용인할 수 있는지, 또 그것이 인류의 행복과 평등, 자유와 어떻게 연관되는지에 대해 인식하고 과학과 인문학, 사회학적 갈등에 대한 해결을 모색해야 한다.

수업은 15주 차 동안 유전자 조작, 에이즈, 바이러스와 질병, 가상현실 등의 4개의 SSI를 선별하여 수업을 진행하였다.[9] 과학적 쟁점에 대해 인문학과 사회학적 지식을 동원하여 문제를 비판적으로 재구성하며, 문제에 대한 해결방법을 모색하여 언어로 표현하도록 하였다.

#### ② 영화를 활용한 쟁점의 발견과 인식

과학적 지식을 이해하고 문제를 발견하기 위해 해당 주제를 소재로 한 영화를 활용하였다. 영화의 활용은 주제에 대한 학생의 흥미를 자연스럽게 유도하는 데 일차적으로 도움이 되었으며 동시에

과학적으로 검증된 영화들은 비전공학생들이 과학적 지식을 거부감 없이 이해하는 데도 도움이 되었다.

또 영화의 내러티브 분석을 통해 작품에 나타난 SSI가 무엇인지 확인하고, 작품이 어떤 시각에서 그것을 다루고 있는지를 살펴보았다. 갈등 분석을 통해서는 문제를 중심으로 상충하는 시각들이 무엇인지, 충돌하는 이유가 무엇인지를 알아보았다.

영화 자체에 대한 지식도 문제를 입체적으로 분석하는 데 도움이 되었다. 즉, 감독의 철학과 작품 경향을 이해함으로써 문제에 접근하는 작품의 시각이 무엇인지 확인하였으며, 영화 상영 당시의 관객 수, 평점, 반응 등을 통해 SSI가 어떻게 이슈화되었는지도 살펴보았다. 이러한 영화 분석을 통해 SSI를 확인할 뿐만 아니라, 텍스트로서 영화를 읽어내는 능력을 함양하도록 하였다. 영화를 텍스트로 접근하여 문제를 발견하고 이슈를 분석하며 영화의 해석과 그것에 대한 학생의 시각을 분리할 수 있도록 하였다. 해당 주제에 대해 활용한 영화는 아래와 같다.

| SSI | 영화 |
|---|---|
| 유전자 s조작-과학과 생명 윤리(철학, 신학) | 가타카(Gattaca, 1997) |
| 에이즈와 동성애-질병과 인권(신학, 사회학) | 필라델피아(Philadelphia, 1993) |
| 바이러스-의학과 사회/경제학 | 아웃브레이크(Outbreak, 1995) |
| 가상현실-테크놀로지와 사회/심리학 | 인셉션(Inception, 2010) |

③ 각 이슈에 대한 3주 차로 수업을 구성하였고 주차별 교육 구성을 정리하면 아래와 같다.

1주 차: 문제의 이해와 분석

2주 차: 다양한 학문적 관점에서 문제에 접근, 쟁점 분석

3주 차: 문제에 대한 언어적 표현과 결과물 제출

이처럼 하나의 SSI를 3주 동안 진행함으로써 얻게 되는 효과는 첫째, 학생들이 자연스럽게 전문적인 지식과 용어를 습득하게 되었다. 대부분 인문/사회계열인 학생들에게 과학적 전문 용어와 지식이 다소 생소하고 부담스러울 수 있는데 관련된 지식을 반복적으로 듣고, 발표와 토의를 통해 말하고, 글을 씀으로써 전문 용어를 편하게 구사하며 관련 지식을 습득하게 되었다.

둘째, 감상, 발표, 토의, 글쓰기 등의 방식을 모두 활용하여 수업을 진행할 수 있었다. 하나의 주제에 대해 다양한 방식을 활용하여 수업을 함으로써 내용이 입체적으로 탐구될 수 있었고 학생의 자발적 참여를 끌어낼 수 있었다. 말하고 행위하고 쓰는 작업을 통해 수업이 운용됨으로서 수업이 진행될수록 학생들은 수동적 학습자에서 자발적인 학습자이자 수업 구성원으로서 능동적으로 참여하게 되었다.

셋째, 심화학습을 할 수 있다. 융복합교과의 수업목표와 관련하여 가장 중요한 점이라 할 수 있는데 발표, 토의, 글쓰기 등을 진행하는 과정에서 학생들은 문제에 대해 심화된 인식과 사고력을 배양하게 되었다. 3주에 걸쳐 완만하게 그러나 다른 각도에서 주제가 탐구됨으로써 학생은 문제를 깊이 있게 숙고하고 창의적 해결을 모색하게 됨을 볼 수 있었다. 융복합교과는 전공이 다른 분야의 교수가 수업을 담당하는 과정에서 자칫 학생에게 상이한 전공 지식을 일반적 수준에서 전달하는 경우가 많다.[10] 학생은 많은 양의 지식으로 인해 버거워하게 되고 그만큼 학습의 부담으로 수업의 흥미를 놓치는 경우도 있다. 그런데 이처럼 하나의 주제를 이해, 분석, 표현하게 될 때 학문적 시각의 차이와 충돌을 이해하고, 비판적으로 문제를 사고하며, 그것에 대한 자기 의견을 재구성할 수 있게 된다. 많은 양의 지식을 전달하기보다 하나의 주제라도 충분히 숙고하고 해결할 수 있는 기초역량이 강화됨을 볼 수 있었다.

## 2) 토의와 글쓰기를 통한 문제해결과 표현

### ① 발표와 토의를 통한 지식 구성과 쟁점 선정

교수 강의는 각 주제의 첫 시간에 SSI의 발견과 기본 개념 제시에서 실시하였고 그 외 대부분의 수업은 학생들의 발표, 토의, 글쓰기로 진행되었다. 교수는 수업 전 자료를 e-class에 제공하고, 발표할 내용의 기본적인 방향을 제시해주었다. 그 외 발표 후 논점을 정리하고, 학생들의 질문과 상담을 받아주는 역할을 하였다. 발표는 4-5명으로 모둠조를 구성하여 진행하였고 조원 사이의 역할 분담과 형평성을 고려하여 개인 발표를 기본으로 하였다. 발표는 영화 분석 발표와 전공 발표를 포함하여 조별로 총 2회를 실시하였다.[11]

1) 영화 분석 발표의 경우 해당 발표조의 조원들은 발표 전 자료실에 올라와 있는 자료를 읽고 SSI에 대한 기본 정보를 공유한 후 수업 전에 영화를 보고 발표를 준비하였다. 4명(5명)의 조원이 다음과 같은 내용을 개인적으로 나누어 발표하였다.

- ▶ SSI를 중심으로 한 내러티브 분석-갈등의 원인, 전개, 결과
- ▶ 문제에 대해 영화가 취하고 있는 관점
- ▶ 인물의 성격과 행위의 배경
- ▶ 감독과 그의 철학/주요 배우
- ▶ 관객의 반응, 평점, 평론가들의 논평

이러한 영화 발표는 SSI에 대한 흥미를 높이고 그것에 대한 이해를 명확하게 하는 데 도움이 되었다. 나아가 텍스트로서 영화를 이해하고 분석하는 방식을 배우는 효과도 있었다. 또 시각 매체를 통해 문제를 인지함으로써 음성이나 문자 자료보다 훨씬 기억의 효과가 높았고[12] 따라서 다음 수업에서 주제의 연속성을 확보하는 데

도움이 되었다.

  2) 전공 발표의 경우 하나의 SSI에 대해 3개 조가 발표하였고, 영역 설정은 전 주 수업(영화 수업) 마무리에 교수가 SSI를 정리하며 방향을 제시해주었다. 영역 선택은 발표조들 사이의 토의를 통해 결정하였고 그 후 다시 조별 토의를 통해 내용이 겹치지 않도록 개인 발표를 나누도록 하였다. 조별 발표 2일 전에 발표 자료를 e-class에 올리도록 하였고 이를 검토한 후 부족한 조에 대해서는 e-class 대화 쪽지를 통해 보완하도록 하였다. 4개의 SSI에 대한 학생 발표 내용은 다음과 같다.

  ㄱ. 유전자 조작과 생명 윤리
   – 유전자 조작의 기본 개념과 현재 기술 개발 상황
    – 1. 종교적 관점에서 보는 유전자 조작
     1) 기독교 2) 가톨릭 3) 불교 4) 이슬람
    – 2. 철학(윤리적) 관점에서 보는 유전자 조작
     1) 우생학적 관점에서의 조명 2) 개인적 생명을 지킬 권리와 인류 생명에 대한 통찰
    – 3. 의학적 관점에서 보는 유전자 조작
    – 4. 사회학적 관점에서 본 글로벌 상업 자본과 유전자 조작

  ㄴ. 에이즈와 동성애, 인권
   – 에이즈의 기본 개념과 발병 원인
   – 에이즈에 대한 의학적 접근
   – 에이즈에 대한 종교적 접근
    1) 기독교 2) 가톨릭 3) 불교 4) 이슬람
   – 사회학적 관점에서 본 동성애와 에이즈

- 각국의 에이즈 발생 상황과 대응 방식<sub>(미국, 유럽, 남미, 중국, 베트남,</sub>
일본)

ㄷ. 바이러스와 질병 대처 방식
- 바이러스의 개념과 종류, 위험성
- 문화/정치적 관점에서 본 질병의 수사학 - 바이러스에 대
응하는 역사적 방식
- 바이러스 대처 기구와 각국의 상황<sub>(미국, 유럽, 아시아, 아프리카)</sub>
- 경제학적 관점에서 본 백신 개발과 저개발국가의 위기적 상황
- 윤리적 관점에서 본 환자 격리와 인권 보호

ㄹ. 가상현실과 사회/심리적 인식
- 가상현실의 개념과 테크놀로지
- 테크놀로지 관점에서 본 가상현실의 현재와 미래
- 사회/심리학적 관점에서 본 가상현실
- 문학적 관점에서 본 가상현실

전공 영역에 대한 학생들의 발표는 내용 면에서 일정 수준 이상
으로 이루어졌다. 학생들은 자신이 선택한 전공에 대해 위키피디아
등의 온라인 정보를 이용하였지만 상당수의 학생은 전공 서적을
참고하여 전문적인 내용의 발표를 하였다. 영화 분석을 통해 SSI에
대한 문제의식을 분명히 가진 상태에서 발표 영역을 자신이 선택
하여 준비했기 때문이라 생각된다. 학생들은 기대 이상으로 성실하
고 진지하게 문제에 접근하였고 발표를 준비하였다. 전체 조 발표
가 아닌 개인 발표 형식으로 진행한 것도 질을 높일 수 있었던 요
인이라 생각된다.

수업 시간에 다룰 내용을 학생이 스스로 습득하여 발표함으로써 해당 지식에 대해 발표 학생은 물론 발표를 듣는 학생들도 높은 집중도를 보여주었다. 발표 학생은 자료를 읽고, 구성하는 과정에서 관련 지식을 자연스럽게 습득하게 되었고, 발표를 듣는 학생 역시 동료의 발표에 높은 몰입도와 집중력을 보여주었다. 발표 내용에 대해 질문이나 비판도 자유롭게 이루어졌다. 학생들은 전문 지식을 발표한다는 자부심이 높았고 그만큼 진지하고 성실하게 수업에 참여하였다.

하나의 SSI에 대해 다양한 전공의 시각을 알게 되면서 학생은 그러한 전공들의 주장과 논리 사이에서 자신 위치를 정하고 의견을 결정하였다. 각 전공의 논리에 비판적으로 사고하기도 하고 동의하기도 하면서 조 발표 후의 질문과 토의 시간에 그러한 의견을 적극적으로 피력하였다. 조 발표를 마친 후 다음 시간에 토의할 쟁점들을 전체 토의를 통해 결정하였는데 질문과 토의에서 집중적으로 논의됐던 문제가 자연스럽게 쟁점으로 추출되었다. 교수의 강의에 의해 지식을 습득할 때보다 훨씬 활발하게 의견을 말하고 비판적으로 사고하며 표현하는 것을 볼 수 있었다.

② 토의와 글쓰기를 통한 문제해결과 표현

토의를 통해 결정된 쟁점에 대해서 3주 차에 조별 토의와 글쓰기를 시행하였다. 토의 쟁점과 자료를 e-class에 업로드하여 학생들이 쟁점에 대한 의견과 자료를 준비해오도록 하였다. 토의를 위한 조는 서로 다른 의견을 가진 학생들끼리 매번 다르게 편성하였다. 토의 전에 주요 쟁점에 대한 학생들의 의견을 물어 모둠을 편성하였고 가능한 성별, 학년, 전공이 다른 학생들끼리 짜도록 하였다. 이러한 조 편성은 약간의 번거로움이 있었으나, 매번 다른 조원끼리의 모임으로 지루함이나 갈등 없이 진행되는 효과가 있었다. 쟁점에 대한 이해와 자료 준비가 된 상태에서 토의를 시행했기 때문에 이슈에 대해 활발하게 토의가 이루어졌다. 네 개의 SSI에 대한 쟁점(논제)은 다음과 같다.

ㄱ. 유전자 조작과 생명 윤리
- 쟁점 - 유전자 조작의 현 상황과 문제는 무엇인가.
  - 유전자 조작에 대해 인정해야 하는가, 한다면 어느 정도 해야 하는가.
  - 치료 목적을 위한 유전자 조작은 허용되어야 하는가, 한다면 어느 정도 해야 하는가.
  - 유전자 조작에 대해 어떤 법적/정책적 방안이 보강되어야 하는가.

ㄴ. 에이즈와 동성애, 인권
- 쟁점 - 에이즈는 동성애 때문에 발생하는가.
  - 에이즈 환자에 대한 처리 방안은 온당한가.
  - 에이즈 환자가 가족과 동료에게 있다면 어떻게 할 것인가.
  - 에이즈 환자에 대한 한국의 보건과 복지 정책의 문제는 무엇이며 개선 방안은 무엇인가.

ㄷ. 바이러스와 질병 대처 방식
- 쟁점 - 바이러스가 해롭기만 한 질병 인자인가.
  - '바이러스'라는 공포의 수사학을 통해 배제되고 억압되는 집단은 누구인가.

- 백신 개발을 둘러싼 글로벌 제약 회사와 선진국의 이해 행위는 온당한가, 그렇지 않다면 어떻게 조정하고 해결할 수 있을까.
- 바이러스 환자에 대한 격리 조치가 인권을 침해하지 않는가, 그것을 해결할 수 있는 방안은 무엇인가.

ㄹ. 가상현실과 사회/심리적 인식
- ■ 쟁점 - 우리 삶에 있는 가상현실은 무엇인가, 그것을 어떻게 인식하고 있는가.
- 미래의 가상현실에 어떻게 대처할 것인가.
- 가상현실이 우리에게 줄 수 있는 진정한 의미는 무엇이며 그것을 수용하는 바람직한 방안과 태도는 무엇인가.

토의 후 한 시간 동안 글쓰기를 시행하였다. 하나의 SSI에 대해 3-4개의 질문을 구성하여 프린트물로 학생들에게 나누어 준 뒤 쓰도록 하였다. 필요한 경우 개인 의견을 마지막에 자유롭게 기술하도록 하였다. 대체로는 문항 안에서 학생들의 의견이 수렴되어 자유 의견을 기술하는 경우는 많지 않았다.

글쓰기 문항을 구성하면서 중요하게 고려한 것은 '문제를 자기화'하는 것이었다. 관련 주제에 대해 일반적인 지식을 나열하거나 편집하여 쓰기보다 자신의 문제로 성찰, 재구성하고, 문제해결에 대한 방안을 제시하도록 하였다. 따라서 첫 번째 문항은 문제를 개인화하기 위해 '자신의 생활에서 발견되는 유전자 조작 상황은 무엇이며 그것의 문제에 대해 그동안 인지하고 있었는가', '가족과 동료 중 에이즈 환자나 동성애자가 있는가, 그에 대해 지금까지 어떻게 대하였는가', '생활 가운데 발견되는 바이러스는 무엇이며 어떻게 대처하고 있는가', '생활 속 가상현실은 무엇이며 어떻게 그것을 수용하고 있는가' 등으로 구성하였다. 두 번째와 세 번째 질문은 쟁점 중심으로 문항을 구성하였고 갈등이 되는 문제에 대한 글쓴이의 의견을 묻고 그렇게 생각하는 이유에 대해 쓰도록 하였다. 네 번째 문항은 문제를 해결하는 방안에 대해 쓰도록 하였다.

이러한 문항 구성은 지식을 요약해 쓰거나 다른 사람의 주장에 의존해 쓰는 것을 가능한 한 지양하고 자신의 생각으로부터 문제를 재구성하여 방안을 모색하고 논리적으로 표현하는 데 초점을 맞춘 것으로 학생들에게도 이를 여러 번 주지하였다. 글쓰기 평가도 SSI에 대한 지식을 동원하였는가와 그것을 바탕으로 개인 의견을 논리적으로 제시하였는가에 두었고 이를 학생들에게 주지시켜 지식과 문제해결적 역량이 동시에 평가되도록 하였다. 네 번의 글쓰기를 진행하는 동안 학생들은 후반으로 갈수록 개인적인 의견과 방안을 쓰는 것에 대한 두려움이나 부담에서 점차 벗어나 자기 의견을 논리적으로 구성하고 표현하는 데 적극적으로 임하였다. 토의를 통해 논리적으로 정리되고 합리적으로 조정된 의견을 글쓰기를 통해 다시 문자로 표현함으로써 해당 지식을 분명하게 알게 됨은 물론 그것에 대한 자신의 의견을 구성, 표현하는 과정에서 논리력이나 창의력 등이 함양되는 효과가 있었다.

③ 수행 중심 평가

발표, 토의, 글쓰기를 중심으로 수업이 진행되었으므로 평가 역시 수행평가 중심으로 이루어졌다. 두 번의 조 발표와 네 번의 글쓰기에 각 10점씩 배점하여 60점, 기말고사 20점, 출석 10점, 수업 참여 10점을 배점하여 총 100점 만점으로 평가하였다.

발표는 공정성을 위해 조 발표의 경우 조별 협의를 통해 발표 영역을 나눈 후 개인 발표로 진행하였고 10점 중 8점은 개인 평가, 2점은 조 전체 평가로 하였다. 조 발표 후 학생들과의 질문, 답변, 토의가 진행되었기 때문에 이에 대해서는 가점으로 2점까지 부여하였다.

토의는 수업 참여 점수를 통해 평가하였다. 적극성과 생산적 논의를 중점으로 평가하였고  논제 일탈이나 다른 학생과의 협력을 저해하는 일방적인 자기주장의 경우 감점을 하였다. 이에 대한 평가 배점은 수업 전에 반복적으로 공지하였다.

글쓰기 평가는 자기주장이 분명하게 제시되었는가, 전문 지식을 충분히 동원하여 논지를 구성하였는가, 창의적 해결 방안을 제출하였는가를 평가하였고 이 역시 글쓰기 시간마다 공지하였다.

기말고사는 수행평가 영역과의 비중을 고려하여 지나치게 높지 않도록 고려하였다. 즉, 수행평가를 중심으로 평가가 이루어지도록 하였고 한 번의 기말고사를 통해 평가가 결정되지 않도록 하였다. 문항은 지식 유형과 문제해결 방안 제시 유형으로 구분하여 1:2로 구성하였고 학생들의 선택권을 최대한 보장하기 위해 모든 문항에 4개 영역의 문제를 모두 제시하여 그중 하나를 선택, 기술하도록 하였다.

### 3) 역량 함양의 효과와 수업 만족도

마지막 주에 수업 개선을 위한 설문 형식으로 만족도를 조사하였다. 33명 중 33명이 답변을 하였으며 각 문항에 대해 5점 만점에 평균 4.4 이상이 나와 수업에 대해 전반적으로 높은 만족도를 보여주었다. 문항은 크게 CSI의 융복합적 성격, 융복합 수업을 통한 역량 함양, 수업 요소별 만족도, 수업 효과와 개인적, 환경적 요인과의 관련성, SSI의 소재에 대한 제안으로 나누어 이루어졌다.

먼저 CSI의 융복합적 성격과 관련하여 이 수업이 융복합과목으로서 적절한가와 수업 방식의 효과성을 묻는 질문에 다음과 같이 대답하였다. 특히 발표-토의-글쓰기로 연계된 수업 방식이 융복합 교과에 효과적인가를 묻는 질문에 33명 중 18명이 매우 그렇다(5)고 답변하여 이 수업 방식이 융복합교과에 매우 적절했음을 알 수 있었다.

① 융복합교과로서의 수업 부합성

| 이 수업은 지식융복합 교양교과목의 성격에 부합하였는가. | 응답 인원 수 |
| --- | --- |
| 매우 그렇다(5) | 15 |
| 그렇다(4) | 15 |
| 보통이다(3) | 3 |
| 아니다(2) | |
| 전혀 아니다(1) | |

② 융복합과목 소재로서의 SSI의 적절성

| 이 수업의 소재인 SS는 융복합적 접근에 적합한 소재였다. | 응답 인원 수 |
| --- | --- |
| 매우 그렇다(5) | 15 |
| 그렇다(4) | 18 |
| 보통이다(3) | |
| 아니다(2) | |
| 전혀 아니다(1) | |

I

### ③ 문제중심형 강의 방식의 효과성

| 논점별 지식 습득과 개인 의견 구성 및 표현으로 이루어진 문제중심형 강의 방식은 융복합 강의 운영으로 효과적이었다. | 응답 인원 수 |
|---|---|
| 매우 그렇다(5) | 13 |
| 그렇다(4) | 18 |
| 보통이다(3) | 2 |
| 아니다(2) | |
| 전혀 아니다(1) | |

### ④ 발표−토의−글쓰기 수업 방식의 효과성

| 발표−토의−글쓰기로 연계되는 수업 방식은 융복합 강의 운영에 효과적이었다. | 응답 인원 수 |
|---|---|
| 매우 그렇다(5) | 18 |
| 그렇다(4) | 12 |
| 보통이다(3) | 3 |
| 아니다(2) | |
| 전혀 아니다(1) | |

다음으로 기초역량 함양과 관련하여 함양하고 싶은 역량과 CSI 수업을 통해 함양되었다고 생각하는 역량에 대해 16개의 항목을 제시하고 복수로 선택하게 하였다. 이에 대한 결과는 아래와 같다.

### ① 융복합과목을 통해 함양되기를 기대했던 역량

| 융복합 수업을 통해 함양하고 싶은 역량 | 응답 인원 수 |
|---|---|
| 정보 분석 · 해석 · 처리 능력 | 19 |
| 의사소통 능력 | 15 |
| 협동 능력 | 9 |
| 문제해결 능력 | 10 |
| 창의력 | 9 |
| 윤리적 의사결정 능력 | 13 |

| | |
|---|---|
| 다문화이해 능력 | 4 |
| 갈등조정 능력 | 5 |
| 시민 의식 | 2 |
| 삶의 향유 능력 | 4 |
| 자기 주도적 학습 능력 | 11 |
| 자기효능감 | 3 |
| 자기 성찰 및 반성적 사고 능력 | 7 |
| 다른 사람과의 관계 형성 능력 | 11 |
| 넓은 시각(big picture)에서 판단하는 능력 | 22 |
| 공감을 통한 인간 존중 | 9 |
| 기타 | |

## ② 융복합 수업을 통해 함양되었다고 생각하는 역량

| 이 수업을 통해 함양되었다고 생각하는 역량 | 응답 인원 수 |
|---|---|
| 정보 분석 · 해석 · 처리 능력 | 16 |
| 의사소통 능력 | 19 |
| 협동 능력 | 12 |
| 문제해결 능력 | 9 |
| 창의력 | 7 |
| 윤리적 의사결정 능력 | 13 |
| 다문화이해 능력 | 14 |
| 갈등조정 능력 | 10 |
| 시민 의식 | 1 |
| 삶의 향유 능력 | 1 |
| 자기 주도적 학습 능력 | 20 |
| 자기효능감 | 5 |
| 자기 성찰 및 반성적 사고 능력 | 14 |
| 다른 사람과의 관계 형성 능력 | 12 |
| 넓은 시각(big picture)에서 판단하는 능력 | 24 |
| 공감을 통한 인간 존중 | 11 |
| 기타 | |

기초역량의 함양과 관련하여 기대했던 역량의 수(153)에 비해 함양되었다고 생각하는 역량의 수(170)가 더 많이 나타남으로써 학생들이 애초 기대보다 것보다 실제 수업을 통해 기초역량을 더 많이 함양했다고 생각하고 있음을 알 수 있다. 학생들이 이 수업을 통해 가장 크게 기대했던 역량은 넓은 시각(big picture)에서 판단하는 능력 (22)과 정보 분석·해석·처리 능력(19)이었으며 다음으로 의사소통 능력(15)과 윤리적 의사결정 능력(13) 순이었다. 반면, 다문화이해 능력(4), 갈등조정 능력(5), 시민 의식(2), 삶의 향유 능력(4), 자기 성찰 및 반성적 사고 능력(7)에 대한 능력 함양 기대 수준은 상대적으로 낮은 편이었다.

수업을 통해 함양되었다고 생각하는 역량에 대해서는 넓은 시각 (big picture)에서 판단하는 능력(24)을 가장 많이 선택하여 융복합교과를 통한 통합적 사고 능력이 향상되었다고 생각하고 있음을 알 수 있었다. 또 자기 주도적 학습 능력(20)을 다음으로 많이 선택하여 발표-토의-글쓰기에 의한 자율적 수업 방식이 기초역량의 함양에 효과적이었음을 보여주었다. 이 외 의사소통 능력(19)과 정보 분석·해석·처리 능력(16) 등도 많이 선택하여 의사소통 능력과 이해력, 판단력 등에 대한 역량도 향상되었다고 생각하고 있음을 알 수 있었다. 의사소통 능력과 정보 분석·해석·처리 능력의 경우 기대하는 역량과 함양되었다고 생각하는 역량에서 모두 높게 선택되어 의사소통 역량과 정보 이해력 및 판단력이 융복합교과를 통해 함양해야 할 핵심 역량임을 확인할 수 있었다.

양자 사이의 일치도와 관련하여 학생들은 융복합수업을 통해 정보 분석과 해석 능력, 의사소통 능력, 넓은 시각에서 판단하는 능력 등에 대한 역량이 함양되기를 기대했으며 실제로 수업을 통해 그러한 능력이 향상되었다고 답변하여 이들 역량 사이에 기대와 결과가 가장 근사하게 일치했음을 알 수 있다. 반면, 자기 주도적 학습 능력과 자기 성찰 및 반성적 사고 능력의 경우 함양하고 싶은 역량으로 선택한 수는 각각 11명과 7명에 불과했으나 실제로 함양되었다고 선택한 수는 20명과 14명이어서 가장 큰 차이를 보여주었다. 이는 학생들이 융복합교과를 실시하기 전 성찰 능력과 자기 주도 학습 능력에 대해 기대가 낮았으나 실제로는 그러한 능력이 함양되었다고 생각하는 것으로, 자율적 교과 운영에 따라 자발적 학습과 자기 성찰성이 확장된 결과라고 추정된다. 다문화이해 능력 역시 기대보다 실제 함양의 결과가 높게 나타났는데 이는 주제 발표 시 외국인 유학생이 자기 나라의 사례를 구체적으로 발표한 데 따른 것이라고 생각된다.

수업 요소별 만족도와 관련하여 이 수업에서 가장 좋았던 것과 좋지 않았던 것을 중복 선택하게 하였고 아래와 같은 결과가 나왔다.

| 수업에서 특히 좋았던 것은 무엇인가. | 응답 인원 수 |
|---|---|
| 영화를 통한 SSI의 도입 | 27 |
| 문제중심형 논점 토의 | 17 |
| 전문 지식의 습득 | 5 |
| 글쓰기를 통한 자기 의견 구성 및 표현 | 15 |
| 조별 발표 | 0 |
| 전문가 초청 강연 | 7 |
| 교수 강의 | 5 |

| 수업에서 특히 좋지 않았던 것은 무엇인가. | 응답 인원 수 |
|---|---|
| 영화를 통한 SSI의 도입 | 0 |
| 문제중심형 논점 토의 | 0 |
| 전문 지식의 습득 | 3 |
| 글쓰기를 통한 자기 의견 구성 및 표현 | 0 |
| 조별 발표 | 13 |
| 전문가 초청 강연 | 5 |
| 교수 강의 | 1 |
| 기타 | 2 |

학생들이 CSI 융복합강의에서 가장 좋았다고 답한 것은 영화를 통한 SSI의 도입(27)이었으며 문제중심형 논점 토의(17)와 글쓰기를 통한 자기 의견 구성 및 표현(15)도 호응도가 높게 나타났다. 반면, 조별 발표(13)가 수업에서 가장 좋지 않았던 것으로 꼽았는데 이는 조별 발표에 따른 학습 부담과, 조별 발표 시 조원 간 갈등이 가장 큰 문제로 지적되었다. 평가의 공정성을 위해 개인별로 영역을 나누어 조별 발표를 진행하였는데 영역 분배 과정에서 조원 간의 소통과 갈등이 문제로 지적되었다. 발표로 인한 학습 부담이 일반적인 교양 수업에 비해 상대적으로 많기 때문에 조원 간 합리적 협력이 이루어 질 수 있도록 평가하고 조정하는 장치가 필요함을 알 수 있었다.

마지막으로 SSI의 소재 제안과 관련하여 추후 이 강의에서 다루었으면 하는 SSI는 무엇인가?라는 질문에(중복 선택 가능) 학생들은 동물 실험(15)을 가장 많이 선택하였으며 다음으로 이종 장기 이식과 정보통신과 사생활 침해, 그리고 사이버 공간과 자아 정체성을 동일한 수(12)로 많이 선택하였다. 이 외에도 에너지 자원 개발과 환경보존(9), 환경 호르몬(7) 등에 대해서도 관심을 보였다. 동물 실험, 이종 장기 이식을 선택한 것은 유전자 조작, 바이러스 등을 통해 접한 생명과학적 주제와의 연관성 때문이라 생각되며, 정보통신, 사이버 공간 등을 택한 것은 학생들이 쉽게 접하는 친근한 소재이기 때문이라고 판단된다.


## 남는 문제와 개선 방향

〈CSI: 영화를 통해 본 과학-사회적 쟁점〉은 SSI라는 융복합적 소재를 가지고 과학과 인문 · 사회과학과의 융복합적 접근을 시도한 교양수업이었다. 코칭적 기법을 활용하여 Teaching보다는 learning에 중점을 두고 학생들의 자발적인 학습에 초점을 맞추어 수업을 운용하였다. 이는 수동적인 지식 습득보다 자율적인 지식 구성과 표현 등을 통해 기초역량을 함양하고자 한 것으로 발표, 토의, 글쓰기 중심의 수업을 통해 학생이 문제에 대한 분석, 해석, 표현, 문제해결 역량을 고루 함양하도록 노력하였다.

융복합교과에 대한 학생들의 수업 만족도는 전반적으로 높았으며 자율적 학습을 통한 수업 참여도가 현저히 상승하는 것을 볼 수 있었다. 그러나 다음과 같은 점에서 문제가 발견되었으며 개선이 요구된다.

첫째, 과목의 전문성을 충분히 확보할 수 있는 방안이 필요하다. 본 수업은 한 사람의 교수가 수업을 진행하였다. 공동 수업이 아닌 단독 수업을 진행함으로써 수업의 집중도를 높이고, 전체적인 교과 내용의 수준을 고르게 하며, 학생의 학습량의 부담을 줄일 수도 있었다. 무엇보다 수업을 전체적으로 조망하면서 내용과 수준, 수행평가 활동을 진행할 수 있어 기초역량의 함양이라는 융합교과의 목표를 도달하는 데 상대적으로 용이했다는 장점이 있다. 그러나 과학이나 의학 등에 대한 전문적인 지식을 충분히 확보하기 어려운 난점이 있었고, 그것을 수업 전에 미리 읽고 준비하는 데도 많은 부담이 있었다. 이러한 문제는 해당 주제에 대한 전문가 특강을 통해 상당 부분 보완할 수 있을 것으로 보이며 특강 전에 전문가에게 수업의 내용과 수준을 충분히 고지하여 전체 수업의 맥락과 흐름에 조화될 수 있도록 준비하는 것이 필요하다고 생각된다.

둘째, 융합교과 수업에 대한 정책적 지원이 필요하다. 융합교과를 설계하고 운용하는 데는 일반 교과보다 훨씬 많은 시간과 노력이 필요하다. 융합교과의 목표인 논리력, 창의력, 합리성, 나아가 인성까지의 기초역량을 증진시키기 위해서는 교과를 설계하는 데서부터 운용하는 과정, 그리고 평가에서도 일반 교과보다 훨씬 많은 준비와 업무 부담이 발생한다.[13] 따라서 수업의 질을 확보하고 융합교과의 실제적 성과를 얻기 위해서는 수업을 보조할 수 있는 전문적인 인력의 배정은 물론, 참여 교수에게 해당 시수를 모두 인정해주거나 최소한 1/n이 아닌 그보다 높은 시수를 인정해주는 것이 필요하다.[14]

세 번째, 평가의 공정성을 위한 객관적 지표를 개발하는 것이 필요하다. 수행 활동 중심으로 평가가 이루어질 경우 토의와 발표, 특히 글쓰기 등에서 학생들은 평가의 공정성에 대해 우려를 보였다.[15] 평가 기준을 미리 공지하는 것도 필요하지만 동시에 객관적으로 인정할 수 있는 지표가 필요하다고 생각된다. 이는 일반적인 글쓰기나 토의에서 활용되는 기준과는 구분이 되어야 하며 그보다 높은 수준의 논리력, 판단력, 창의력, 문제해결 능력을 평가할 수 있는 지표가 되어야 할 것이다.

1) 이 글은 『교양교육연구』 제9집 1호(한국교양교육학회, 2015)에 게재된 「CSI : 영화를 통해 본 과학-사회적 쟁점」의 운용 사례를 통해 본 융복합교과의 운용과 기초역량의 강화」를 수정한 것임.

2) 박구용, 「학문횡단형 문제찾기 교양교육의 이념」, 『인문학연구』 43권. 조선대학교 인문학연구원. 2012. 469-494쪽.

3) 홍병선, 「직업 시장은 대학교육에 대한 사회적 요구와 대안 모색」, 『교양교육연구』 제3권 제2호. 2009. 453쪽.

4) 손동현, 「융복합교육의 기초와 학부대학의 역할」, 『교양교육연구』 제3권 1호. 2009.2., 23쪽.

5) 기업의 요구라는 현실성을 강조하는 홍병선도 기업을 비롯한 모든 전문 직업시장은 '지식' 내지 '정보' 교육이 아니라 '능력'을 기르는 교육을 요구한다고 말하며 결국 기초역량의 강화가 융복합교과의 목표임을 분명히 하고 있다. 홍병선(2009), 앞의 글, 61쪽.

6) 박구용은 현대사회가 요구하는 기초역량은 다양한 학문을 횡단하는 능력이라 말하며 구체적으로는 1) 비판적 사고능력, 2) 합리적 의사소통 능력, 3) 창의적 문제해결 능력의 세 가지를 들고 있다. 김혜영은 융합교과가 추구하는 융합역량에 대해 1) 거시적인 시각과 새로운 것에 대한 적극성을 통한 융합현상의 이해, 2) 다양한 시각에 대한 존중심을 토대로 융합이 필요한 부분을 새롭게 발굴하기 위한 분석적 사고력 및 적극성, 3) 지식 사용에 대한 사고력을 토대로 새로운 문제 상황을 다양한 요소의 융합을 통해 창의적으로 해결하는 것, 4) 다른 사람과의 조화와 책임감을 바탕으로 문제를 해결하되, 다양한 자료 및 정보를 활용하는 것, 5) 창조적 융합 결과물을 효과적으로 개발하고, 효율적으로 운영할 때 정보기술을 활용하는 능력 등을 들고 있다(박구용, 앞의 글, 472쪽; 김혜영, 「융합교육의 체계화를 위한 융합교육의 방향과 기초융합교과 설계에 대한 제언」, 『교양교육연구』 제7권 2호, 2013.4., 11-38쪽).

7) 이는 결국 코칭을 활용한 수업 방식이라 할 수 있는데 학생의 잠재력을 신뢰하고 수업에 동기를 부여함으로써 학생들이 스스로 역량을 개발할 수 있도록 돕는 것이다. 이에 관해서는 신희선, 「인문학적 소통을 위한 교수법으로서 코칭을 활용한 대학 교양교육 사례연구」, 『순천향 인문과학논총』 제31권 1호, 2012. 239-275쪽 참조.

8) 최근 융합교과에 관한 논의는 필요성이나 중요성에 대한 강조에서 실제 수업 운영 사례에 관한 연구로 이동하여 활발하게 이루어지고 있다. 이에 대해서는 안호영·송현주, 「교양 교육과 융합이는 글쓰기-수업 사례 분석을 중심으로」, 『교양교육연구』 제7권 1호, 2013.2., 75-102쪽; 김봉률, 「'가치와 표현' 교육으로서 융복합교양교육론과 그 사례」, 『교양교육연구』 제7권 2호, 한국교양교육학회, 2013.4., 73-101쪽; 박일우·기정희, 「인문학·예술 융복합 신규 교과목 〈그림읽기로 세상보기〉 개발」, 『교양교육연구』 제7권 6호, 2013.12., 11-41쪽; 홍순희, 「융합형교양교과목과의 연계를 통한 통합적인 인성교육의 방안과 '새로운' 인간상 모색-〈힐링을 위한 음악과 문학의 만남〉운영사례를 중심으로」, 『교양교육연구』 제8권 1호, 한국교양교육학회, 2014.2., 451-483쪽; 이희용, 「한국대학의 교양교과목 개발의 실태와 방향성 고찰」, 『교양교육연구』 제6권 4호, 2012.12., 263-292쪽 참고.

9) 네 개의 SSI를 선정하는 데는 주제의 현재성, 인접성, 흥미성 등이 고려되었다. 유전자 조작, 에이즈, 바이러스 등은 생명과학적 주제로 연관성이 높고 수업이 설강되었던 2014년도에 사회적 이슈가 되었던 주제이며, 가상현실은 학생들이 높은 관심과 흥미를 가지고 있는 주제이다.

10) 김혜영은 융합교과의 한계로 '하나의 융합교과가 만들어지고 교과의 내용을 한 명 이상의 기존 학문분야 교수들이 지식을 전달해주는 형태로 운영되는 경우가 많다'고 지적한다. 그럼으로써 융합교과가 기초역량을 기르는 역량 중심 교육보다는 여전히 지식 습득에 머물고 있다고 말한다(김혜영, 「융합교육의 체계화를 위한 융합교육의 방향과 기초융합교과 설계에 대한 제언」, 『교양교육연구』 제7권 2호, 2013.4., 19-21쪽).

11) 수강 학생은 33명이었고 8개 조를 편성하여 4개의 SSI에 대해 2회씩 발표하도록 하였다.

12) 대체로 읽은 것은 10%를 기억하고, 들은 것은 20%를 기억하고, 본 것은 30%를 기억하고, 듣고 본 것은 50%를 기억하고, 발표와 토론을 말한 것은 70%를 기억하고, 행동하여 몸으로 익힌 것은 90%를 기억한다고 한다(신희선, 「인문학적 소통을 위한 교수법으로서 코칭을 활용한 대학 교양교육 사례연구」, 『순천향 인문과학논총』 제31권 1호, 2012. 255쪽).

13) 글쓰기의 경우가 특히 그러한데 네 번의 글쓰기에 대한 채점과 공지, 그리고 피드백 과정에 많은 시간과 업무 부담이 발생하였다. 발표와 토의는 해당 수업 시간에 바로 피드백과 평가가 가능하지만 글쓰기는 별도의 시간이 필요하며 시험을 포함하여 다섯 번의 채점, 공지는 일반 수업의 두 배 정도의 평가 시간이 요구되었다.

14) 3학점 3시간의 경우 두 명의 교수가 강의를 했을 때 각각 3시수를 인정해주거나 최소한 2시수를 인정해주어야 함을 말한다.

15) 실제로 강의 평가 문항에서 학생들이 가장 낮은 평점을 준 것이 평가의 공정성으로 글쓰기나 토의에 대한 평가 기준을 미리 공지했음에도 불구하고 학생들은 이에 대한 우려가 높았다.

권성호·강경희,「교양 교육에서의 융합적 교육과정으로의 접근」,
『교양교육연구』제2권 2호, 2008, 7-24쪽.

김봉률,「'가치와 표현' 교육으로서 융복합교양교육론과 그 사례」,『교
양교육연구』제7권 2호, 한국교양교육학회, 2013.4., 73-
101쪽.

김혜영,「융합교육의 체계화를 위한 융합교육의 방향과 기초융
합교과 설계에 대한 제언」,『교양교육연구』제7권 2호,
2013.4., 11-38쪽.

박구용,「학문횡단형 문제찾기 교양교육의 이념」,『인문학연구』43
권, 조선대학교 인문학연구원, 2012, 469-494쪽.

박일우·기정희,「인문학·예술 융복합 신규 교과목〈그림읽기
로 세상보기〉개발」,『교양교육연구』제7권 6호, 2013.12.,
11-41쪽.

손동현,「융복합교육의 기초와 학부대학의 역할」,『교양교육연구』
제3권 1호, 2009.2., 23쪽.

신희선,「인문학적 소통을 위한 교수법으로서 코칭을 활용한 대학
교양교육 사례연구」,『순천향 인문과학논총』제31권 1호,
2012, 239-275쪽.

안호영·송현주,「교양 교육과 융합하는 글쓰기-수업 사례 분석을
중심으로」,『교양교육연구』제7권 1호, 2013.2., 75-102쪽.

이희용,「한국대학의 교양교과목 개발의 실태와 방향성 고찰」,『교
양교육연구』제6권 4호, 2012.12., 263-292쪽.

홍병선,「직업 시장은 대학교육에 대한 사회적 요구와 대안 모색」,
『교양교육연구』제3권 제2호, 2009.4.

홍순희, 「융합형교양교과목과의 연계를 통한 통합적인 인성교육의 방안과 '새로운' 인간상 모색-〈힐링을 위한 음악과 문학의 만남〉운영사례를 중심으로」, 『교양교육연구』 제8권 1호, 한국교양교육학회, 2014.2., 451-483쪽.

# 15

# 한국어 의사소통 교육
## 〈수상한 그녀〉[1]

정윤자 · 김명희

## 진정한 소통을 위한 바탕

'낙타는 사람을 배신하는 짐승이라서, 수천 리를 걷고도 지친 내색을 않다가 어느 순간 무릎을 꺾고 숨을 놓아버린다'는 말이 있다. 동행하는 사람을 따라 까탈 부리지 않으며 목숨이 다하는 순간까지 충실하게 걷다가 결국 숨이 끊어져버리는 가엾은 낙타에게 위대하고 숭고하다는 칭찬 대신 배신하는 짐승이라고 비난을 한다. 낙타는 제 목숨조차 돌보지 않고 충실했지만 자신과 동행자 모두를 불행하게 만들었을 뿐이라는 것이다.

그 이유는 낙타와 사람이 동행하고 있었고, 게다가 사막을 건너는 중이었기 때문이다. 침묵, 무던함, 오래 참음 따위는 저 혼자의 길을 걷는 사람에게는 미덕일 수 있지만 누군가 동행하는 사람에게는 대단히 치명적인 결함일 수 있다는 것이다. 그러나 달리 생각해보면, 이는 사막을 건너려던 사람의 시각에서 나온 말일 것이다. 꾀부리거나 반항하지 않고 목숨이 다하는 순간까지 주인을 도왔던 낙타, 그의 언어가 그러했을 뿐이다. 그를 섬세하게 살피지 않은 주인의 무지의 소치이거나 낙타에 대해 잘 알고 있다고 믿은 오만의 소치일 뿐이다.

의사소통이란 일방적 요구나 행동으로 이루어질 수 없다. 소통에서 보다 더 수동적이거나 수용적인 쪽의 언어는 물론, 그 문화에 대하여 이해하고 접근한다면 좋은 결과를 이끌어낼 수 있을 것이다. 충실한 낙타를 배신의 짐승으로 오인하지 않음은 물론, 갑작스럽게 낙타를 잃는 치명타를 얻게 되지도 않을 것이다.

외국인에게 의사소통 교육을 진행할 때 영화를 활용한 한국어 의사소통 교육은 매우 긍정적으로 논의되고 있다. 멀티미디어와 네트워크, 그리고 이와 관련된 콘텐츠 산업이 발전하고 폭넓게 소비되는 오늘날, 영화가 영화관, TV방송, 영화 전문 채널, 인터넷, 스마트폰 등을 통해 접근이 용이할 뿐만 아니라 내용, 시각적 이미지, 사운드가 어우러져 학생들의 흥미를 불러일으키기에 효과적인 매체이기 때문이다. 또한 우리 문화를 배경으로 한 영화를 통해 듣기, 말하기, 읽기, 쓰기를 교육할 때, 그들의 문화와 비교하면서 이루어지는 한국어 의사소통 교육이 더욱 원활하게 진행될 수 있기 때문이다. 단순히 언어교육에만 힘쓰던 과거와 달리, 문화 전반을 바탕으로 한 의사소통 교육이 더욱 효과적인 것으로 평가되고 있기에 영화라는 매체는 더욱 긴요하게 활용되고 있다.

한국어 교육은 학습자의 배경, 문화, 학습 동기와 목표 등이 다양하기 때문에 교과과정이나 교수학습 방안이 다르게 적용되어야 효과적으로 이루어질 수 있을 것이다. 그러나 교육환경의 현실적인 한계 때문이기도 하거니와 '정확하고 유창한 한국어 사용'이라는 동일한 목표를 가진 학습자들이기에 이들을 아우를 수 있는 교육 방안이 지속적으로 연구되어야 한다. 이러한 목표를 두고, 〈수상한 그녀〉를 활용한 한국어 의사소통 교육을 살펴보기로 한다.

2014년에 개봉된 국내 영화 〈수상한 그녀〉는 여러 방면에서 한국어 의사소통 교육으로 활용하기에 적절하다. 장르가 코미디, 드라마인 이 영화는 국내는 물론 외국 관객들에게도 큰 인기를 끌었다. 현재까지 중국, 베트남, 일본, 태국, 인도네시아 등 5개국에서 리메이크되었으며, 최근에 터키, 미국, 멕시코에서도 리메이크를 준비 중인 것으로 알려지고 있다.

한국 현실의 한 면이자 나아가 인간 삶의 한 과정을 웃음 속에 나타내고 있어서 이 영화의 내용을 외국인 한국어 학습자와 함께 생각하고 이야기해보기에 적절하다. 또한 이 영화는 20대가 가지는 삶의 가치를 생각하게 하고, 삶과 젊음에 대하여 성찰할 기회를 제공하기 때문에 20대인 외국인 대학생을 대상으로 한국어 의사소통 교육에 활용하기에 매우 긍정적이다. 이에 이 글에서는 이 영화를 감상하고 내용을 이해하며 영화 속 주제를 끌어내어 토의, 발표, 토론을 한 뒤 글쓰기 과정까지 진행하는 한국어 의사소통 교육 방안을 제시하게 된다.

## 영화 〈수상한 그녀〉의 이해와 메시지 확장

황동혁 감독의 〈수상한 그녀〉는 관객에게 재미와 감동을 주어 웃음과 눈물을 동시에 자아내게 한다. 영화의 내용은 70대의 주인공이 정체불명의 사진관에서 사진을 찍은 뒤 갑자기 20대가 되면서 벌어지는 일을 그린 것이다. 이야기가 언젠가 본 듯한 또는 한 번쯤 상상해봄 직한 방식으로 전개되어, 영화평론가들에게 관심을 받지 못하거나 낮은 점수를 받았다. 이 영화의 줄거리는 다음과 같다.

남편을 일찍 여의고 경제적으로 매우 어려운 처지에서 어린 아들을 훌륭하게 키워낸 오말순은 칠순 나이의 욕쟁이 할매이다. 그 아들이 국립대 교수로 노인문제 전문가라는 사실이 큰 자랑거리인 오말순은 어느 날 자신을 요양원으로 보내고자 하는 가족들의 대

화를 듣게 된다. 섭섭하고 뒤숭숭한 마음에 길을 걷다가 '청춘사진
관'을 발견하고 그곳에 들어간다. 곱게 단장하고 영정사진을 찍고
나오자 자신의 몸과 외모가 20세의 처녀로 돌아간 것을 확인하고
크게 놀란다. 젊어진 자신을 오랜 친구인 박씨조차 알아보지 못하
자 말순은 스무 살 '오두리'가 되어 꽃다운 젊음의 시간을 다시 한
번 빛나게 살아보기로 마음먹는다.

노래 부르기를 좋아했던 오두리(말순)가 우연히 노인 카페에서 노
래 부르는 모습을 보컬밴드 리더 반지하와 방송국 PD가 목격한다.
말순의 손자인 반지하의 제안으로 오두리가 밴드의 보컬이 되고,
PD 한승우의 제안으로 반지하 밴드는 TV에 나가게 된다. 마침내
노래 부르는 당일, 반지하가 교통사고로 출연할 수 없는 상황이 되
지만 오두리는 손자가 작곡한 노래를 성공적으로 부르고 병원으로
달려간다.

병원에서는 혈액이 부족하여 수술을 못해 손자의 생명이 위독한
상태로 급히 수혈할 사람을 찾고 있다. 오두리는 반지하의 혈액형
이 자신과 동일한 Rh-AB형이므로 자신이 수혈한다고 얘기한다.
이에 오두리가 말순임을 알고 있던 박씨와 아들 현철은 수혈을 하
지 말고 당당하고 멋진 20대로 살아가길 권유하지만 오두리는 손
자에게 수혈하고 70대 말순으로 돌아온다.

〈수상한 그녀〉는 코미디적 요소가 가미된, 우리 사회의 노인문제
를 제시하는 영화로 언급되고 있다. 이 영화에서 직접적으로 언급
하고 있는 노인문제는 다음과 같다. 대학생들이 강의시간에 교수의
질문에 대한 가벼운 대답으로 제시되는, 주름과 검버섯, 탑골공원,
행동이 느리고 뻔뻔함, 쾌쾌한 냄새 등의 노인에 대한 부정적 시각,
노인문제 전문가 집에서 늙은 어머니를 양로원에 보낼 수밖에 없
다는 모순적 행태, 죽음을 전제로 하는 노인들의 대화 내용, 노인에

대한 다른 연령층의 시각과 노인 자신들이 꼬집는 현실적인 문제 등이다.

다른 측면에서, 노인을 대변하는 영화로도 이해할 수 있다. 나이 들어 가족들에게 잔소리가 많은 70대 오말순이 스무 살 오두리로 다시 태어나자 그를 대하는 20대의 시각이 확연히 달라진다. 이를 통해 노인도 젊은 시절이 있었고, 노인도 젊었을 때에는 눈부시게 아름다웠으며, 그때의 젊은이는 지금의 젊은이와 다를 바 없이 멋지고 매력적이었음을 말해준다고 볼 수 있다. 그러면서도 가족이 위급한 상황에 처하면 망설이지 않고 모든 것을 내놓아 노인이 가족에게 더 헌신적이라는 것을 여실히 보여주고 있다는 점이다.

물론 위와 같은 시각을 전적으로 부인하지는 않는다. 그렇지만 15세 이상 관람가인 이 영화가 2014년에 866만여 명의 관객 수를 모은 데는 젊은 관객의 공감을 얻었기 때문일 것인데, 젊은이들이 이 영화를 노인문제 제시로만 이해하였다면 과연 그처럼 흥행할 수 있었을까에 의문을 가지게 된다. 이 영화를 통해 20대가 노인문제를 심각히 받아들이거나 깊이 공감하기 어려울 것이다. 노인문제는 여전히 20대 자신들의 현실이 아니기 때문이다. 그래서 이 글에서는 20대에 초점을 맞춰 이 영화를 이해하고 분석해보았다. 이 영화를 활용하여 20대 외국인에게 한국어 의사소통 교육을 실시할 것이기 때문이기도 하다. 결론적으로 이 영화는, '인생에서 젊음의 시기, 특히 20대가 얼마나 당당하고 빛나는 가치를 지니고 있는가'를 젊은이들에게 외치는 영화이다.

우리나라 20대가 지닌 현실은 매우 고단하다. 짜인 프로그램대로 공부해야 하는 10대를 지나 대학에 입학하면 취업을 목표로 스펙에 목숨을 걸어야 한다. 자신에 대해 진지하게 고민하거나 자신이 좋아하는 것을 찾아 방황해 볼 여유도 없이 그 시기를 보내지만 취업률이 낮은 현실 때문에 그들을 기다리는 것은 아르바이트, 비정규직, 인턴 등이 주를 이룬다. 기성세대에게 열심히 하지 않고 잘하지 못한다고 꾸중을 듣고, 바라보는 미래는 불투명하여 걱정스럽기만 한 세대이다. 인터넷 자살 사이트에 가장 많이 접속하는 세대가 20대이며 실제 실행에 옮기는 경우도 20대가 가장 많다. 굳이 에릭슨의 인간발달 8단계2)를 들어 설명하지 않더라도, 우리나라의 20대는 당당히 살거나 희망을 가지기 어려운 상황이다.

〈수상한 그녀〉에서는 그런 20대에게 말한다. 인생에서 이 시기가 얼마나 당당하고 빛나는 가치를 지니고 있는지를. 이렇게 볼 수 있는 근거를 영화에서 찾아 제시하면 다음과 같다.

---

**대사를 통한 직접적 언급**

① 미안한디 니는 내 스타일이 아니여. 그라고 내가 젤로 맘에 안 드는 것은 니가 얼마나 괜찮은 놈인지 모른다는 것이여.
　(반지하밴드 리더인 말순의 손자가 오두리 자신에게 관심을 보이자 손자에게 한 말)
② 좋은 꿈을 꿨네. 참말로 재미나고 좋은 꿈이었구먼.
　(손자에게 헌혈하면서 20살에서 다시 70살로 돌아가게 되자 눈물 떨구며 한 혼잣말)
③ 난 이제 자유여. 컴컴한 집에 왜 들어가. 두 바퀴와 기름값만 있으면 돼.
　(오랜 친구 박씨가 20대로 돌아가자 오말순이 '어떻게 살려고 그러느냐, 헌혈하러 가자'고 하자 박씨가 한 말)

---

대사 ①은 20대 손자에게 할머니로서 직접 적극적으로 전해주고 싶었던 말이다. 또한 노래를 잘 불러 손자가 좋아하는 여성이 '괜찮은 놈'이라는 조언을 해줌으로써 반지하가 자신감을 갖게 되는 계기를 마련해주기 위함이다. 이는 영화를 보는 20대에게 전하는 강한 메시지이다. 대사 ②에서는, 몸은 20이지만 사고가 70인 할머니로서 위독한 손자를 두고 20대를 그대로 지킬 수는 없었을 것이다. 수혈을 선택하면서 큰 아쉬움과 행복했던 순간에 대한 회상을 통해 20대가 얼마나 빛나고 가슴 두근대는 시기인지를 말해준다. 대

사 ③에서는 20대에게 직접적으로 강하게 전한다. 구체적으로 어떻게 살라고 제시하지는 않지만, 너무 현실에 얽매이지 말고 당당하고 자유롭게 살아보라고 말한다.

| 장면을 통해 제시 |
| --- |
| ① 옛날 20대에는 대단히 힘들고 어렵게 살아온 70대가 오늘날의 20대로 돌아가 즐겁고 당당하게 살아가는 여러 장면 |
| ② 20살 오두리가 70대로 돌아오자 친구 박씨가 다시 20대로 돌아가 자유를 찾아 오토바이를 타고 질주하는 마지막 장면 |

장면 ①에서는 70대가 그의 위치에서 20대를 바라보며 당당히 살라고 조언하지 않는다. 실제로 그런 조언을 듣고 순순히 받아들여 당당히 사는 20대는 거의 없을 것이다. 70대에서 20대로 돌아간 가짜 20대이지만, 직접 같은 눈높이를 가진 20대로서 최선을 다하며 활기차게 살아내는 모습을 보여줌으로써 20대가 공감하도록 이끈다. 장면 ②에서는 20대의 관객이 이미 공감하는 70대의 오말순을 통해 20대의 가치가 찬란하고 소중했음을 강하게 전해준다. 20대는 그 시기를 살아온 사람들 모두에게 끊임없이 추구하고 싶은 꿈이라는 것을 보여주고 있다.

결국 영화는 이러한 대사와 장면들을 통해 20대가 얼마나 가치 있고 소중한 시기인지를 말하고 있다. 현실에 기죽고 힘들어하는 젊은이들에게 현실에 너무 얽매이지 말고 당당히 살아가라고 〈수상한 그녀〉에서는 코믹한 웃음을 전하며 소리치고 있다. 이러한 내용으로 영화를 이해하게 하면서 이를 통해 20대의 외국인 학생들에게 한국어 의사소통 교육을 다음 2절에서와 같이 진행하고자 한다.

## 의사소통 교육에서 〈수상한 그녀〉 선정 의의

영화를 활용하여 한국어 의사소통 교육을 진행할 때 이 영화를 선정한 것은 다음 네 가지 이유에서이다.

첫째, 흥미 유발이 용이하다. 이 영화는 한국 영화 특유의 재미와 감동을 주어 웃음과 눈물을 동시에 유발한다. 스토리가 평이하고 내용이 외국인에게 쉽게 받아들여질 만하며 주인공의 연기력이 뛰어나 학습자의 몰입도가 높다. 그뿐만 아니라 한류의 영향으로 K-POP에 관심이 많은 한국어 학습자에게 충분히 흥미를 더할 것이다. 둘째, 노래를 통한 한국어 교육이 가능하다. 노래를 따라 부르며 한국어의 문장을 익히고 발음 연습을 할 수 있다. 셋째, 한국 문화 교육에 용이하다. 남편을 여의고 혼자 어려움을 견디며 아들을 대학교수로 키운 엄마와, 그런 사실을 알고 20살로 돌아간 엄마를 지켜주려는 아들을 통해 한국의 효사상과 모자의 정을 이해하게 될 것이다. 넷째, 문제의식 파악에 용이하다. 어렵게 키운 아들과 며느리, 손주들이 어머니(할머니)를 양로원에 보내려고 하는 장면에 대해 논의해볼 수 있다. 또한 독립하지 못한 채 뚜렷한 정체성을 찾지 못한 젊은 20대의 삶이 고단하지만 얼마나 가치 있고 당당한 시기인지를 공감하도록 이끌 수 있다. 대부분 20대인 한국어 학습자 자신의 처지나 상황과 결부시켜 이러한 사실에 대해 생각하고 말하고 글을 쓰는 시간을 가질 수 있다.

실제 수업 과정에서 이 영화 속 장면들을 보여주고 다음과 같은 물음을 제시한다. 이에 대해 학생들이 함께 토의하고 그 결과를 발표하며 다양한 의견을 듣고 정리한 뒤 자신의 생각을 글로 쓰는 시간을 가지게 된다.

1. 만일 자신이라면 행복하고 신나는 20대를 포기할 것인가?

· 교통사고로 인해 Rh-AB형인 손자에게 수혈이 시급한데 내가 Rh+-AB 혈액임.
· 헌혈하면 20대에서 바로 70대로 되돌아감.
· 오랜 친구인 박씨와 아들이 말림.
· 현재 가슴 뛰게 하는 사랑하는 사람도 있음.

2. 자신이 다른 나이가 될 수 있다면 몇 살이 되고 싶은가?

· 지금이 아니라 다른 나이가 될 수 있다면 몇 살이 되고 싶은가?
· 왜 그 나이가 되고 싶은가?
· 그 나이에 자신은 무엇을 하고 있으면 좋을까?
· 젊음의 가치와 특권은 무엇이라고 생각하는가?

〈수상한 그녀〉를 활용한 한국어 의사소통 교육을 C대학교 외국인 유학생을 대상으로 두 차례 진행하고, 그 결과를 이 글에 제시하였다. 1차 수업은 연구의 전반적인 방향을 알아보기 위하여 34명을 대상으로 하였다. 학습자의 국적은 중국 70%, 몽골 18%, 베트남 9%, 인도 3%로 이루어졌다. 이들의 평균 한국어 수준은 TOPIK 4급 취득이거나 한국어연수기관 4단계 수료이며, 이들의 한국어 학습 목적은 '학업을 위해서'가 70%로 대부분을 차지하였다.

2차 수업은 '영화 전체보기'와 '토의-발표-작문' 과정의 효과를 알아보기 위한 것으로 25명을 대상으로 진행하였다. 학습자의 국적은 중국 88%, 몽골 8%, 인도 4%로 이루어졌다. 이들의 한국어 수준은 TOPIK 3급이나 4급이 대부분을 이루었고 한국어 학습 목적은 '학업을 위해서'가 53.3%로 가장 높은 비율을 차지하였다. 이들을 대상으로 〈수상한 그녀〉에서 제시하고 있는 메시지를 통하여 자신이 처한 20대의 정체성을 생각하고 이를 현재의 문제점과 결부시켜 토의하고 발표하게 하였다. 그리고 당당하고 가치 있는 20대임을 스스로 인식하고 자신의 소중함을 글로 서술하도록 하였다.

## 1) 학습 동기 유발 및 과제 제시

영화를 활용하여 강의를 진행할 경우 수업시간에 영화 전체를 시청하는 것이 제일 좋다. 하지만 2시간이 넘는 영화를 수업시간에 시청하기가 쉽지 않으므로 수업 전에 미리 영화를 보게 하는 것이 한 가지 방법이다.

영화 감상 과제를 제시하기 전에 교수자는 학습자에게 영화에 대한 안내 및 동기 유발을 할 필요가 있다. 먼저 앞 차시에 학습자에게 해당 영화의 포스터를 보여주고, 학습자가 포스터의 제목과 사진을 보고 영화의 내용을 추측하게 한다. 이 활동을 통해 학습자는 영화 내용에 대한 궁금증과 호기심을 갖게 된다.

다음으로 영화의 예고편 동영상을 보여준다. 이것은 영화에 대한 흥미와 동기 유발에 도움을 주고 영화의 전반적 내용을 짐작하게 해준다. 특히 외국인 학습자가 한국어로 된 영화를 보는 것은 쉽지 않으므로 사전에 영화 예고 동영상을 보고 맥락을 이해하게 하면 내용을 파악하는 데도 도움이 된다. 이렇게 영화 포스터와 예고 동영상을 제시한 후 영화 감상과 1줄 감상평 작성을 과제로 제시한다.

## 2) 플립 러닝(flipped learning)을 활용한 영화 이해

학습자가 수업 전에 미리 영화를 감상하고 이해하는 데 도움을 주기 위해 플립 러닝 방식을 활용한다. 플립 러닝은 교실 수업 전에 테크놀로지를 활용하여 학습자 스스로 자신의 속도와 요구에 맞는 학습이 이뤄지도록 하고, 다양한 상호작용 활동을 통해 자기주도적인 학습을 할 수 있도록 하는 수업 방법이다.

이 수업에서 플립 러닝은 영화 미리 보기, SNS에 1줄 감상평 작성하기, 댓글 및 채팅을 통한 질의응답을 통해 진행된다. 학습자는 수업 전에 영화를 보면서 영화 감상 인증 사진을 찍어 SNS에 올리고 감상평을 작성하게 되는데, 이러한 과정을 통해 과제 수행의 부담을 덜고 영화 감상 활동을 진행한다. 그리고 실제 수업에서는 영화 내용을 바탕으로 토의, 발표, 작문 활동을 하게 된다.

수업시간에 2시간짜리 영화 한 편을 모두 보기 어려우므로 미리 보고 오도록 하고, 영화 활용 수업을 진행할 때에는 영화의 주요 장면만 따로 편집한 동영상을 보여준다. 이때 영화를 미리 보고 오게 되면 수업시간을 보다 효율적으로 사용할 수 있을 뿐만 아니라 영화 전체를 감상할 수 있기 때문이다.

한편 과제 확인을 위해서 SNS를 활용하는데, 영화를 감상하는 인증 사진을 올리게 하면 과제 수행 확인이 쉬울 뿐만 아니라 학습자의 흥미 유발도 가능하다. 또한 SNS에 감상평을 올리는 것이므로 학습자들이 쉽게 접근할 수 있고 과제 작성이 더욱 용이하며 다른 친구들이 작성한 내용까지 읽어보는 효과가 있다. 공지사항 아래에는 해당 공지에 대한 답글이나 느낌 등을 표현하게 하고, 한국어로 그룹 채팅을 진행할 수 있게 되어 플립 러닝 후 피드백하는데도 도움이 된다.

감상평을 작성할 때는 학생들이 단순히 '재미있었다, 감동적이었다'라는 말만 간단히 쓸 가능성이 높으므로 감상평과 함께 제일 인상 깊었던 장면과 그 이유를 쓰라고 하면 훨씬 재미있는 결과를 도출하기도 한다. 이처럼 SNS를 이용하면 시간과 장소에 구애받지 않고 피드백을 해줄 수 있다는 장점이 있다. 학습자들의 의견 교환과 질의응답은 물론, 교수자-학습자, 학습자-학습자 간의 피드백도 가능한 이점이 있다.

### 3) 영화를 활용한 토의-발표-작문 과정

의사소통이란 서로의 생각과 감정을 구어적, 문어적, 비언어적으로 표현하고 받아들이는 모든 활동을 뜻한다. 의사소통의 영역에는 말하기와 듣기뿐만 아니라 자신의 생각을 글로 전달하는 쓰기 활동도 포함되며 작문 능력은 말하기와 듣기 과정을 통해 신장될 수 있다. 따라서 말하기, 듣기, 쓰기는 각각 기능하는 것이 아니고 서로 상관관계를 갖고 있기 때문에 통합적으로 가르쳐야 한다.

영화를 활용한 통합적 한국어 의사소통 교육을 위하여 크게 2단계로 수업이 진행된다. 1단계 영화 감상하기, SNS에 감상평 쓰기를 거쳐, 2단계로 말하기-듣기-쓰기 활동의 수업 방식이 진행된다. 지금까지 감상하고 생각해왔던 영화의 내용을 바탕으로 토의하고, 발표하고, 상대방의 발표 내용을 들은 뒤 쓰기를 진행하는 것이다. 그리고 인생의 가치에 대해 말하고 쓰는 과정을 통해 단순한 언어교육을 넘어 인간의 삶에 대하여 진지하게 논의해보는 통합교육이 될 수 있도록 하였다.[3] '토의-발표-작문' 과정에서, 제시된 질문을 듣고 그에 대한 자신의 의견을 정리하고 이를 말로 표현하며 자신의 의견과 다른 다양한 관점과 언어 표현 방식을 접함으로써 사고력과 한국어 의사소통 능력을 향상시킬 수 있게 된다.

토의를 진행할 때는 영화 내용을 바탕으로 학습자들이 의견을 명확하게 표현할 수 있는 문제를 주제로 삼는다. 토의 주제는 흥미와 학습 동기 유발을 위해 영화 내용과 직접 관련이 있어야 하고, '토의-발표-작문' 과정을 유기적으로 연결할 수 있는 내용이어야 하며, 여러 나라 학습자의 문화적 차이 등을 고려해서 정하는 것이 좋다.

실제로 연구 수업에서는 '빛나는 젊음을 포기하고 손자에게 수혈해줄 것인가?'를 주제로 토의를 진행하였는데, 학생들의 82%가 '수혈해준다'는 의견을 내었다. 그 이유로, '손자는 너무 젊어서 할머니보다 살날이 많이 남았기 때문에', '가족이기 때문에 사랑하고 희생해야 하므로'를 제시하였다. 4%는 '수혈하지 않는다'를 결정하였는데, 그 이유로는 '할머니가 젊었을 때 너무 고생했기 때문에 보상을 받아야 하므로', '젊음을 유지하면 젊어진 박씨(김수현)와 결혼할 수 있다'를 제시하였다. 토의 활동을 진행하는 동안 학생들은 수업에 집중하고 진행되는 내용에 큰 관심을 보이며 상대방이 하는 말을 제대로 들으려고 노력하는 모습을 보였다.

다음으로 영화와 연계된 내용을 발표하게 한다. 이때는 다양한 대답이 나올 수 있는 질문을 통해 발표자들의 답을 유도한다. 실제로 교수-학습 지도안에서는 '지금이 아닌 다른 나이로 갈 수 있다면 몇 살이 되고 싶은가?'라는 질문을 제시하였다. 학습자가 대답할 때는 그러한 답을 선택한 이유도 언급하도록 하였다. 학습자가 주장과 이유를 연계하여 언급함으로써 한국어 말하기 능력과 동시에 논리적 사고 능력을 배양할 수 있게 되기 때문이다. 그리고 다른 사람의 발표를 들으면서 서로 생각의 차이가 있음을 인지하고, 듣기 능력을 향상시키며 글쓰기의 내용적 측면을 보완할 수 있게 된다. 또한 다양한 의견과 의사소통 기술을 접하면서 글의 내용이 풍부해지고 작문 능력의 질적 향상을 가져오게 된다.

마지막으로 토의, 발표 내용과 연계된 작문 활동을 통해 생각하고, 말했던 내용을 글로 쓰게 된다. 많은 학습자들이 수업 현장에서 작문 과제를 제시하면 무엇을 써야 할지 막막해하며 글쓰기에 대한 부담감을 느끼곤 한다. 이번 외국인 유학생 34명을 대상으로 한 설문 조사에서도 가장 어려운 영역에 대한 물음에, 쓰기 64%, 말하기 27%, 읽기 6%, 듣기 3%로 같은 결과가 나왔다. 이처럼 쓰기는 외국어 학습에서도 가장 어렵고 복잡하게 느껴지는 부분이다.[4] 이렇게 쓰기의 내용 구성에 어려움을 느끼는 경우 토의 및 발표를 통한 다양한 의사소통 활동을 하는 것이 크게 도움이 된다. 여러 사람들의 말을 들으면서 생각의 폭이 넓어지고, 자신의 의견을 말하면서 생각이 분명하게 정리되기 때문이다.

실제로 작문 활동 전에 연계된 주제로 말하기 과정을 거치면서 자연스럽게 작문 내용을 생성해낼 수 있게 된다. 여러 학습자가 어울려 토의하고 발표하는 일련의 상호 과정을 통해 글쓰기에 대한 여러 가지 재료를 얻게 되고 그에 따라 더욱 풍부한 내용의 글쓰기가 가능해지는 것이다. 이처럼 '말하기→쓰기(토의-발표-작문)' 활동은 사실의 나열에 의해 이루어졌던 말하기를 체계적인 쓰기 과정으로 전환시키는 데 도움을 준다.

'토의-발표-작문' 과정의 효과를 확인하기 위해 2차 연구 수업을 실시하였다. 25명의 학생이 토의 과정까지 참여한 뒤, 이들 중 13명의 학생은 실험군으로 '발표-작문' 수업을 진행하고, 나머지 12명은 대조군으로 '작문' 수업만 진행하였다. 실험군과 대조군으로 학생을 나눌 때는 단계 비율을 고려하였으며[5] 작문 시간은 동일하게 부여하였다.

실험 후에는 한국어 교사 3명[6]이 작문 결과를 평가하였다. 평가 항목은 한국어 쓰기 평가 채점 기준[7]을 참고하였다. 단, '발표-작문' 과정이 내용은 풍부함과 적절성, 체계성에 도움을 주기 위한 것이므로 어휘 및 문법의 정확도 면은 채점 기준에 넣지 않았다. 실험의 채점 기준은 〈표 1〉과 같다.

〈표 1〉 채점 기준 및 준거

| | | 채점 기준 및 준거 | 점수 |
|---|---|---|---|
| 1 | 독창성 | • 내용의 독창성<br>• 표현의 독창성 | 2 / 1 / 0 |
| 2 | 명료성 | • 주제가 명료하게 구체적으로 제시되고 있는가? | 2 / 1 / 0 |
| 3 | 적절성 | • 화제에 맞는 주제를 선택하고 있는가?<br>• 주제에 부합하는 글쓰기를 하고 있는가? | 2 / 1 / 0 |
| 4 | 다양성과 깊이 | • 주제의 내용을 다양하고 심층적으로 접근하고 있는가? | 2 / 1 / 0 |
| 5 | 응집성 | • 단락 간 연결이 유기적인가?<br>• 단락 간 전환이 자연스러운가? | 2 / 1 / 0 |

　　작문 점수의 만점은 10점이며 각 교사들에게는 실험군과 대조군
에 대하여 언급하지 않았다. 실험 결과 실험군과 대조군의 평균 점
수는 〈표 2〉와 같이 나타났다.

〈표 2〉 실험군과 대조군의 작문 점수

| 구분 | 실험군 평균 점수 | 대조군 평균 점수 |
|---|---|---|
| 교사 A | 6.85점 | 5.24점 |
| 교사 B | 7.37점 | 6점 |
| 교사 C | 6.94점 | 5.49점 |
| 평균 | 7.05점 | 5.58점 |

　　실험군과 대조군의 평균 점수 차이는 1.47점으로 한국어 교사 3
명 모두 실험군의 작문 평균 점수를 더 높게 부여했다. 이는 실험군
의 작문 내용이 대조군에 비해 우수하며 작문 내용과 연관된 발표
가 작문 내용의 풍부함, 적절성, 체계성에 영향을 미쳤음을 시사한
다. 실제로 대조군은 실험군에 비해 작문 내용이 추상적이며 구체
적인 상황이나 사건을 기술하지 않았다.

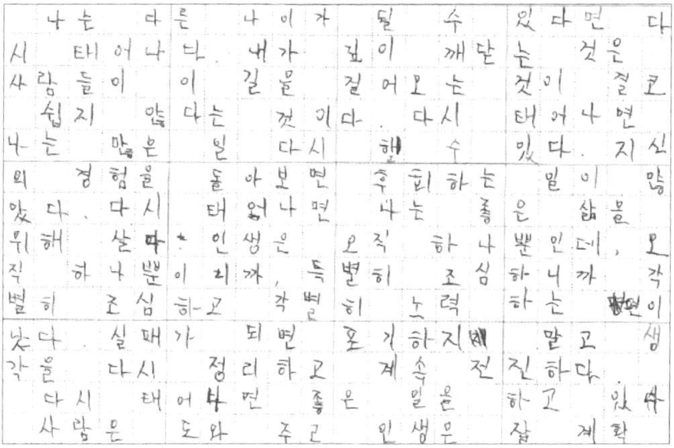
나는 다른 나이가 될 수 있다면 다
시 태어나다. 내가 길이 깨닫는 것은
사람들이 이 길을 걸어오는 것이 절코
쉽지 않다는 것이다. 다시 태어나면
나는 많은 일 다시 할 수 있다. 지신
의 경험을 돌아보면 후회하는 일이 많
았다. 다시 태어나면 나는 좋은 삶을
위해 살다. 인생은 오직 하나뿐인데, 오
직 하나뿐이니까, 특별히 조심하니까 각
별히 조심하고 각별히 노력하는 [illegible]이
낫다. 실패가 되면 포기하지 말고 생
각을 다시 정리하고 계속 전진하다.
다시 태어나면 좋은 일을 하고 있다
사람을 도와 주고 인생을 잘 계획

〈그림 1〉 대조군 학생의 작문 예

작문과 연관된 '말하기-듣기' 활동은 작문 내용의 질적인 측면뿐만 아니라 양적인 측면에도 영향을 주는데, 실제 대조군에 비해 실험군의 작문 양이 더 많았다. 600자 원고지를 기준으로 실험군은 평균 415.12자를 쓴 데에 비해 대조군은 평균 355.75자를 썼다. 59자 차이는 600자 원고지를 기준으로 9.8% 차이로, 이는 실험군이 대조군에 비해 양적으로 더욱 풍성한 내용을 썼음을 의미한다.

한편, 작문 활동을 할 때는 가능하면 수업시간을 활용하며 글쓰기에 적절한 시간을 배분해야 한다. 수업시간에 토론하고 발표했던 내용을 글로 옮겨 쓰려면 현장에서 작문 활동까지 마치는 것이 효율적이다. 연구수업 후 심층 면담을 진행한 결과 학습자들 역시 수업시간에 쓰기 활동을 하는 것이 쓰기 학습에 더 도움이 된다고 답하였다.

작문 활동 결과는 평가적 요소로 활용해야 한다. 평가를 통해 학습 동기를 유발할 수 있으며 개별 학습자들의 강점과 약점을 진단할 수 있기 때문이다. 또한 학습자의 학업 성취도를 파악할 수 있

는데 이는 다음 강의에 대한 수정 및 개선 사항을 알려주는 역할도
한다.

학생이 작문 활동을 마치면 교수자는 평가와 동시에 결과물에
대하여 첨삭을 하고 학습자에게 원고지를 돌려주게 되는데, 이는
결과물에 대한 피드백으로 학습자는 이를 통해 본인의 오류를 인
식하고 교정하여 한국어 쓰기 능력을 향상시킬 수 있게 된다. 아래
에 학생이 작성한 글의 첨삭 중, 첨삭 후의 자료를 제시하였다.

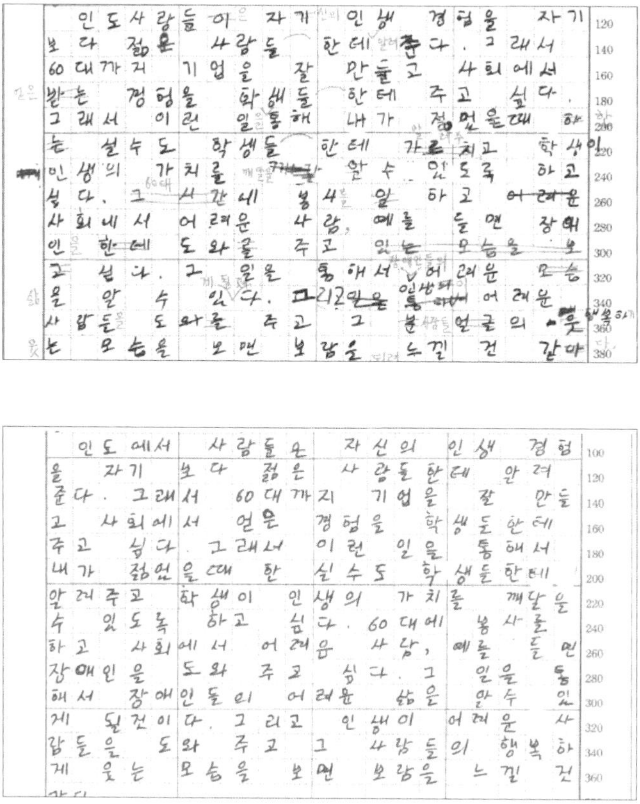

〈그림 2〉계속 첨삭 중·후

위와 같은 방식으로 C대학교 유학생 34명에 대해 연구 수업을 진행한 결과는 다음과 같다(34명 중 설문지 미제출자 1명, 총 33명의 결과).

〈표 3〉 영화를 활용한 한국어 의사소통 교육의 효과(부분)

| 이 수업 방식은 어떤 부분에 가장 도움이 되었습니까? | | | |
|---|---|---|---|
| 번호 | 내용 | 개수 | 백분율 |
| ① | 듣기 | 16 | 48% |
| ② | 읽기 | 0 | 0% |
| ③ | 말하기 | 12 | 36% |
| ④ | 쓰기 | 5 | 15% |
| ⑤ | 기타 | 0 | 0% |

이 수업 방식이 어떤 부분에 가장 도움이 됐는지를 묻는 질문에서는 '듣기' 48%, '말하기' 36%가 나와 이 수업 방식이 의사소통 교육에 효율적임을 보여줬다. 반면, 연구수업 당시 '쓰기'를 과제로 제시한 결과 쓰기 항목에서는 15%의 비교적 낮은 수치를 보였다. 이에 따라 연구 수업을 바탕으로 개선한 학습지도안에서는 '작문' 과정을 수업시간에 배치·구성하였다. 그리고 수업시간에 쓰기 활동을 한 2차 연구 수업의 실험군에서는 듣기 39%, 말하기 15%, 쓰기 31%, 기타(두 항목 이상에 도움이 있음) 15%로 쓰기를 수업시간에 진행하는 것이 쓰기 공부에 도움이 된다는 사실을 입증하였다.

〈표 4〉 영화를 활용한 한국어 의사소통 교육의 효과(전체)

| 이 수업 방식은 도움이 되었습니까? | | | |
|---|---|---|---|
| 번호 | 내용 | 개수 | 백분율 |
| ① | 많은 도움이 되었다 | 17 | 52% |
| ② | 도움이 되었다 | 12 | 36% |
| ③ | 보통이다 | 4 | 12% |
| ④ | 별로 도움이 되지 않았다 | 0 | 0% |
| ⑤ | 전혀 도움이 되지 않았다 | 0 | 0% |

'영화를 활용한 한국어 의사소통 수업'이 도움이 되었는지를 묻는 질문에서는 '많이 도움이 되었다'가 52%, '도움이 되었다'가 36%를 차지했다. '보통이다'는 12%, '별로 도움이 되지 않았다'와 '전혀 도움이 되지 않았다'는 각각 0%로 나타나 대부분의 학습자가 영화를 활용한 의사소통 수업이 한국어 학습에 도움이 되었다고 답하였다. 이에 연구 수업 결과를 바탕으로 교육 방법을 수정하고 보완하여 〈그림 3〉과 같은 수업 모형과 교수-학습 지도안을 제시하고자 한다.

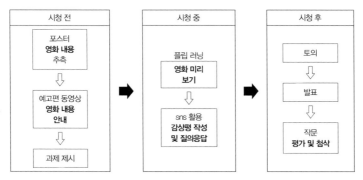

〈그림 3〉 영화를 활용한 의사소통 교육 수업 모형

## 영화를 활용한 의사소통 교육 수업 방안

〈표 5〉 영화를 활용한 한국어 의사소통 교육 교수-학습 지도안

| 영화 제목 | 〈수상한 그녀〉 |
|---|---|
| 학습 대상 | 중급 수준(TOPIK 3~4급)의 외국인 대학생[8] |
| 학습 목표 | 인생의 가치와 의미에 대해 발표하고 토론할 수 있다.<br>인생의 가치와 의미에 대해 쓸 수 있다. |

| 단계 | | 교수-학습 활동 | 시간 |
|---|---|---|---|
| 영화<br>시청 전 | 영화 내용 추측 | • 영화 포스터 제시: 포스터 사진 및 제목을 보고 영화 내용을 추측한다. | 3분 |
| | 영화 내용 안내 | • 예고편 동영상을 활용한 영화 내용 안내: 동영상을 통한 흥미 및 동기 유발, 전반적 내용 추측 | 4분 |
| | 과제 제시 | • 과제 제시: 영화 감상 후 감상평 쓰고 인증 사진 올리기 | 3분 |

| | 플립 러닝 | • 영화 '수상한 그녀' 감상 | 124분 |
|---|---|---|---|
| 영화 시청 중 | 감상평 작성 | • 영화 시청 후, 감상평 쓰기, 인증사진 올리기, 질의응답<br>• SNS 활용 | – |
| 영화 시청 후 | 도입 및 학습목표 제시 | • 영화 내용에 대해 간략하게 언급한다.<br>• 영화 '수상한 그녀'를 바탕으로 '토의–발표–작문' 활동을 하고 그를 통해 말하기, 쓰기 교육이 이루어짐을 제시한다. | 5분 |
| | 영화 부분 감상 | • 영화 편집본을 활용해 영화의 주요 장면을 다시 시청한다.<br>• 영화 내용 상기 및 수업 내용 제시<br><br>    – 할머니를 양로원에 보내는 것에 대해 논의하는 장면<br>    – 할머니에서 아가씨가 되는 장면(사진관→버스)<br>    – 과거 회상을 하며 노래 '하얀 나비'를 부르는 장면 | 10분 |
| | 토의 | • 조별 토의 및 발표를 통해 모두가 의견을 제시해볼 수 있도록 한다.<br>• 젊음을 포기하고 손자에게 수혈해 줄 것인가, 아닌가? 그 이유는 무엇인가? | 20분 |
| | 발표 | • 다른 나이가 될 수 있다면 몇 살이 되고 싶은가?<br>• 그 이유는 무엇인가? | 20분 |
| | 작문 | • 토의 및 발표한 내용을 바탕으로 작문 쓰기 주제를 제시한다.<br>• 다른 나이가 된다면, 그 시기의 입장에서 글을 써보기<br><br>    – 어떤 일을 하고 있는가? 의미 있는 일인가? 그 일이 재미있는가?<br>    – 그 나이에는 무슨 일을 하고 있었으면 좋겠는가?<br>    – 그 나이에 그것을 하고 있으려면 지금 무엇을 해야 하는가? 무엇이 필요한가? | 40분 |
| | 정리 및 과제 제시 | • 배운 내용을 정리하고 확인한다.<br>• 과제 제시. 쓰기 활동을 다 끝내지 못한 학습자는 지정 날짜까지 해오도록 한다. | 5분 |
| | 평가 및 피드백 | • 작문 결과물: 평가 요소로 활용<br>• 첨삭을 통한 피드백 제시 | – |

## 열린 교육을 위한 제언, 영화 활용

한국 영화 〈수상한 그녀〉를 활용하여 외국인에게 효과적인 한국어 의사소통 교육 방안을 모색하였다. 이 글에서는 영화를 새로운 관점에서 이해·분석하고, 이를 통한 수업의 절차와 방법을 제시하며 실제 수업의 예를 제시하였다.

한국어 의사소통 교육을 위해서 영화 〈수상한 그녀〉를 활용한 것은 매우 긍정적인 결과를 가져왔다. 우선 흥미를 유발하는 요소가 다분해서 학습자의 주의를 끌기에 충분하였다. 또한 영화의 주제를 '인생에서 젊은 시절이 가장 아름답고 멋진 시기이므로 당당하고 열정적으로 살라'는 것으로 분석하여 제시하였다. 이러한 주제는 학습자들 대부분이 20대의 외국인이기에 메시지로 마땅할 뿐만 아니라 자신의 상황과 연계하여 비판적으로 생각해보기에도 적절하였다. 또한 영화에 다양한 한국 문화가 담겨 있기에 한국 문화를 바탕으로 한국어를 교육한다는 점에서 의의가 있으며, K-POP을 소재로 한 영화라는 점에서 학습자들이 많은 흥미와 관심을 가지게 되어 매우 긍정적이었다.

영화를 감상할 때는 플립 러닝(flipped learning) 방식을 적용하여 수업 전에 미리 시청하도록 하였고, SNS를 통해 한 줄 감상평과 실시간 영화 감상 인증 사진을 올리게 함으로써 학습자들이 과제를 하는 데 재미를 갖도록 하였다. 문의사항이나 댓글 등을 실시간으로 올려 교수자-학습자, 학습자-학습자 간의 피드백이 원활히 진행되는 장점도 있었다.

본 수업에 들어갈 때는 영화 내용을 상기시키기 위해 영화의 대표 장면을 다시 보여주었다. 그다음에는 '가슴 뛰는 20대를 포기할 것인가', '몇 살의 나이로 살고 싶은가'와 같은 영화 상황 속 물음을 통하여 '토의-발표-작문' 순으로 이루어지는 말하기와 쓰기 과정을 진행하였다.

수업이 끝난 후에는 평가 및 첨삭을 통해 교수자는 수업 설계의 수정 및 보완에 대한 피드백을 얻고, 학습자는 교수자에게 피드백을 받아 본인의 오류를 인식하고 교정하여 한국어 능력을 향상시킬 수 있도록 하였다.

영화 〈수상한 그녀〉를 활용하여 진행한 한국어 의사소통 교육은 매우 효과적이었다. 이 영화를 통하여 자신들의 삶에서 이야기를 끌어내 적용함으로써 발표와 쓰기에 효과가 있었다. 이 영화를 활용하였을 때 학생들의 참여도와 집중도가 매우 높았으며, 한국어 의사소통 교육 과정에 자신의 삶의 이야기를 활용한다는 큰 장점이 있었다.

한국어 교육 현장에서, 한국어와 한국 문화를 알려주는 교육만이 아니라, 외국인 학습자가 자신의 삶과 가치, 문화 등을 끌어내어 한국어로 말하고 쓸 수 있는 교육도 진행되어야 한다. 사막을 동행할 때 목숨이 다하는 순간까지 충실히 걷되 침묵하는 낙타의 언어도 세심하게 살피는 것이 진정한 의사소통 교육일 것이다. 또 다른 좋은 영화를 활용하여, 여기에서 제시한 방안으로 외국인 학습자에게 한국어 의사소통 교육을 진행해도 좋을 것이다.

1) 이 장은 『새국어교육』 115호(한국국어교육학회, 2018.6.)에 게재된 것을 수정·보완한 것임.

2) 이용남, 「교육심리학의 영역」, 『신교육의 이해』, 윤정일(편), 학지사, 2004, 156쪽.

3) 의사소통 교육의 궁극적인 목표는 인간 교육이다(박재승, 2010: 135).

4) 작문이 규정된 문체의 특정 기준을 만족시켜야 하고, 정확한 문법을 반영하며, 청중이 규약에 의한 것이라고 생각할 만한 것에 따라 조직되어야 한다(Brown, H. Douglas, 2007: 391).

5) 형평성을 고려하여 실험군의 TOPIK 6급 학생의 원고지는 빼고 평가를 진행하였다 · 실험군(12명): 3급(50%), 4급(42%), 5급(8%) · 대조군(12명): 3급(50%), 4급(42%), 5급(8%).

6) · A교사: 11년(한국어 교원 경력) / 1급(한국어 교원 자격), · B교사: 9년 / 2급, · C교사: 8년 / 2급.

7) 조남민, 「한국어 쓰기 평가 구인과 채점 기준에 관한 연구: 한국어 쓰기 평가 범주의 회귀 분석을 중심으로」, 『언어와문화』 8-3, 한국언어문화교육학회, 2012, 261쪽.

8) 이 수업은 대학에 재학 중인 외국인 유학생을 대상으로 하였으며, 수업시간 100분을 기준으로 작성된 지도안이다.

공몽어, 「한·중 시나리오 공유 영화에 대한 중국 관객들의 인식과
    평가에 관한 연구: 〈수상한 그녀〉(중국판〈20세여 다시 한 번〉)를
    중심으로」, 건국대학교 석사학위 논문, 2016.

김석기, 「영화를 활용한 한국어 교재 개발 방안 연구」, 『국학연구론
    총』 5, 택민국학연구원, 2010, 289-320쪽.

김영희, 「한국어 교육에서 영화 활용 수업 방안 연구」, 부산외국어
    대학교 석사학위 논문, 2006.

김예호, 「영화 〈오세암〉을 이용한 한국어 통합교육」, 『국제한국어
    교육학회 학술대회 논문집』, 국제한국어교육학회, 2004,
    619-624쪽.

김윤영·정현미, 「수업 기본 원리를 적용한 플립드 러닝의 설계 및
    효과」, 『교육공학연구』 33-2, 한국교육공학회, 2017, 295-
    326쪽.

김제열·김성조, 「한국어 교육에서 의사소통 활성화를 위한 플립
    드 러닝(Flipped Learning) 수업 방안」, 『외국어로서의 한국어
    교육』 47, 연세대학교 언어연구교육원 한국어학당, 2017,
    109-421쪽.

두도·장리·한교, 「영화를 활용한 한국어 듣기 말하기 통합 교육
    방안 -중국 현지 대학생을 대상으로-」, 『언어사실과관점』
    26, 연세대학교 언어정보연구원, 2010, 227-265쪽.

박재승, 「국어교육: 의사소통 교육의 현황과 과제」, 『새국어교육』
    85, 한국국어교육학회, 2010, 119-139쪽.

손명진, 「영화를 활용한 의사소통 중심의 한국어 수업 방안 연구」,
    공주대학교 석사학위 논문, 2011.

유영미 · 전희정 · 정지영, 「영어권 학습자를 위한 교육용 영화 선정과 활용 방안」, 『한국어 교육』 25-4, 국제한국어교육학회, 2014, 249-275쪽.

윤영, 「한국어 교육에서 영화를 활용한 소설 교육 연구」, 연세대학교 박사학위 논문, 2011.

이용남, 「교육심리학의 영역」, 『신교육의 이해』, 윤정일(편), 학지사, 2004, 133-173쪽.

이정희, 「영화를 통한 한국어 수업 방안 연구」, 『한국어 교육』 10-1, 국제한국어교육학회, 1999, 221-240쪽.

정 설, 「원소스 멀티테리토리(One Source Multi-Territory) 한 · 중 합작영화의 의상 비교 분석: 〈수상한 그녀〉와 〈20세여 다시 한번〉을 중심으로」, 고려대학교 석사학위 논문, 2017.

조남민, 「한국어 쓰기 평가 구인과 채점 기준에 관한 연구: 한국어 쓰기 평가 범주의 회귀 분석을 중심으로」, 『언어와문화』 8-3, 한국언어문화교육학회, 2012, 251-273쪽.

Brown, H. Douglas, *Teaching by Principles*, NY: Longman, 2007.

〈수상한 그녀〉, 황동혁 감독, 심은경 · 나문희 주연, 2014.

「〈수상한 그녀〉 기자 · 평론가 평점」, 네이버 영화, 2014, https://movie.naver.com/movie/bi/mi/point.nhn?code=107924#pointExpertTab (2018.6.21.)

「이동진의 영화 풍경」, 2014, https://blog.naver.com/lifeisntcool/130184324312 (2018.6.21.)

# 저자소개

## 황영미

숙명여자대학교 국문과를 졸업하고 같은 대학원에서 석사와 박사학위(현대소설 전공)를 받았다. 1992년『문학사상』에 소설가로 등단한 이후 다수의 소설을 발표했고, 여러 매체에 영화평을 기고한 바 있으며, 현재『세계일보』에 '황영미의 영화산책'을 연재하고 있고, 팟캐스트로 '황영미의 영화인문학산책'을 진행하고 있다. 국제영화비평가연맹 한국본부 회장 및 한국사고와표현학회 회장을 역임했다. 국내 개최 국제영화제 평가위원(문화체육관광부)과 칸, 베를린, 부산국제영화제 국제영화비평가연맹상 심사위원을 역임했다. 영화 관련 저서로는『필름 리터러시-영화로 읽는 세상』,『다원화 시대의 영화 읽기』,『영화와 글쓰기』, 공저로『영화로 읽기, 영화로 쓰기』등이 있다. 현재 숙명여자대학교 기초교양학부 교수로 재직하고 있다.

## 박현희

이화여자대학교 정치외교학과를 졸업하고 서울대학교에서 석사와 박사학위 (정치학)를 받았다. 현재 서울대학교에서 강의교수로 〈사회과학 글쓰기〉, 〈창의적 사고와 표현: 공동체와 정의〉, 〈독서세미나-고전에 길을 묻다: 아리스토텔레스 『정치학』(공동체와 리더)〉강좌를 담당하고 있다. 2015년부터 현재까지 명지대학교 사회교육대학원에서 수사학, 스피치, 토론 교육을 담당하고 있다. 2016년부터 중앙선거관리위원회 방송토론위원회 주최 토론교육 강사로 활동했다. 저서로 『영화로 읽기 영화로 쓰기』(공저),『사회과학 리포트 작성법: 묻고 답하기』 등이 있고, 논문으로는「민주주의 실천과정으로서 공론장 작동과 글쓰기 교육: 시사다큐를 활용한 시사평론 쓰기 교육 과정 사례」,「인성함양을 위한 구성주의적 고전읽기 수업 모형 - 아리스토텔레스『정치학』읽기 수업」,「대학의 학술적 서평쓰기 교육의 과정적 접근」,「교양사회과학에서 민주적 시민성 함양을 위한 체험과 협력 기반 교육 방법」,「민주적 시민성 함양을 위한 토론대회 토론 모형의 구성방안」등이 있다. 교양교육을 통해 민주적 시민성 함양 및 인성 교육에 매진하고 있다.

## 김성숙

연세대학교 국어국문학과를 졸업하고 같은 대학원에서 박사학위를 받았다. 1993년부터 연세대학교 한국어학당에서 한국어 교육 및 관련 프로젝트 연구를 수행하였고 한양대학교 창의융합교육원 교수를 역임하였다. 2013년 대학 신입생 대상 '렌즈에세이' 관련 강의 자료를 공개하여 제1회 교양기초교육 우수 콘텐츠 콘테스트에서 우수상을 받았다. 저서로『한국어 쓰기 교육의 이론과 실제』,『한국어 논리와 논술』, 공저로『한자와 함께 배우는 한국어』1, 2,『(한달완성) 중급 한국어 쓰기』,『대학 강의 수강을 위한 한국어』말하기, 쓰기, 읽기, 듣기,『KBS 생활 한국어』,『A+ 대학 한국어』,『세계화 시대의 국어국문학』,『대학 글쓰기 연구와 텍스트 해석』, 번역서로『장르—역사 · 이론 · 연구 · 교육』,『쓰기 평가』, 앱으로 〈윤동주와 배우는 한국 시〉가 있다. 현재 연세대학교 언어연구교육원 교수로 있다.


## 황성근

한국외국어대학교 서양어대학 독어과를 졸업하고 같은 대학원에서 박사학위를 받았다. 독일문학은 물론 의사소통 분야에 대한 교육과 연구에 열중하고 있으며, 1998년 최우수 논문상을 수상하였다. 단행본으로는『실용 글쓰기 정석』,『창의적 학술논문쓰기의 전략』,『너무나도 쉬운 비즈니스 글쓰기』,『미디어글쓰기』, 『정보의 생산과 시각적 표현』,『독일문화읽기』,『기록극이란 무엇인가』등이 있으며, 논문은「고전읽기를 통한 의사소통교육방안」,「미디어글쓰기의 수사학적 설득구조」,「텍스트를 활용한 글쓰기 교육 연구」,「과학글쓰기의 학제적 접근을 위한 고찰」,「글쓰기와 말하기의 상관성 연구」등 수십 편이 있다. 현재 세종대학교 대양휴머니티칼리지 교수로 있으며, 글쓰기 센터의 센터장을 맡고 있다.


## 이재현

연세대학교 국어국문학과를 졸업하고 같은 대학원에서 박사학위를 받았다. 〈월간 복음과 상황〉에 기독교와 언어 관련, 〈월간 독서평설〉에 우리말과 글의 쓰임에 관한 글을 연재하였다. 저서로는『현대 국어 축소어형의 사용양상 연구』, 『논리적 말하기』(공저),『열린사고 창의적 표현』(공저),『성과 사랑의 시대: 성, 사랑, 섹슈얼리티』(공저) 등이 있다. 인문학자, 교육자로서의 사회적 역할과 이바지에 관심이 많아, 여주 소망교도소 재소자들을 대상으로 한 재능기부 자원봉사 강의(기초인성 힐링 글쓰기)를 6년째 하고 있으며, 서울시민대학 강의와 대학 밖 청년 대상 강의, 쪽방촌 강의 등도 활발히 하고 있다. 현재 동덕여자대학교 교양대학 교수로 독서와 토론, 글쓰기와 프레젠테이션, 문학과 사회 등을 가르치고 있으며 한국사고와표현학회 회장을 맡고 있다.

## 김경애

한양대학교 국어국문과를 졸업하고 숙명여자대학교에서 석·박사학위를 받았다. 현대의 다양한 매체들과 이를 활용한 읽기 교육에 관심을 가지고 이에 대한 연구를 해오고 있다. 특히 청소년소설과 웹소설 등 대중적인 소설 장르와 영화, 드라마 등을 바탕으로 한 문화 연구 및 미디어 리터러시 연구에 관심이 많다. 대표 논문으로 「토론식 학습법을 원용한 소설 텍스트의 읽기 교육 방안 연구」(2010), 「한국현대청소년 소설과 『모두 아름다운 아이들』」(2011), 「동화 콘텐츠의 읽기 교육 방안 연구」(2012), 「TV광고 텍스트의 읽기 교육 방법 모색」(2013), 「믿을 수 없는 서술 개념을 활용한 읽기 교육 방법 모색」(2014), 「우리들의 일그러진 자화상 - 영화 〈한공주〉의 스토리텔링 연구」(2015), 「'갈등'의 함의와 교육적 활용」(2016), 「트랜스미디어 현상과 문화적 변주 - 소설 『화차』의 영화 〈화차〉 각색 과정을 중심으로」(2017), 저서로 『로맨스 웹소설』(커뮤니케이션북스, 2017) 등이 있다. 〈열린문학〉 소설 부문 신인상을 받았으며, 문학비평가로도 활동하고 있다. 현재 목원대학교 국어교육과 교수로 있다.


## 신희선

숙명여자대학교 정치외교학과를 졸업하고 같은 대학원에서 정치학 석사와 국제정치학 박사를 받았다. 저서로 『한국근현대여성사』, 『세상을 바꾸는 여성 리더십』, 『발표와 토론』, 『논리적 말하기』, 『글쓰기와 읽기』, 『영화로 읽기 영화로 쓰기』, 『21세기 청소년 인문학』 등이 있다. 한국사고와표현학회 총무이사와 한국교양교육학회 총무이사를 지냈다. 〈교보문고 - 숙명여대〉 공동 주최 독서토론대회를 기획, 운영하였으며, 〈경북매일신문〉 칼럼위원과 〈한국장학재단〉 한국인재멘토링네트워크에서 '행복한 책읽기' 멘토로 활동하고 있다. 또한 〈한국교양기초교육원〉 컨설턴트로 각 대학의 교양교육 컨설팅과 저널 〈두루내〉의 편집위원을 맡고 있다. 2002년부터 숙명여자대학교에서 교양교육을 담당하면서 〈비판적사고와 토론〉, 〈융합적사고와 쓰기〉, 〈젠더로 읽는 여성〉, 〈리더십과 의사소통〉 수업을 운영하고 있다. 그 외에도 강의실 밖에서 학생들과 매주 국내외 이슈분석과 독서토론을 하는 〈리더십포럼〉을 15년째 진행하면서 배움과 나눔을 실천하고자 노력하고 있다.

## 남진숙

　동국대학교 국어국문학과 대학원에서 문학박사학위를 받았고, 2000년 『학산문학』을 통해 평론 활동을 시작했다. 동국대학교 대학원 신문편집장을 거쳐 교수학습개발센터 전임연구원을 역임했으며, 국가 경쟁력강화위원회 교육부문 자문위원으로 활동했다. 연구논문으로 「글쓰기 첨삭의 효과적인 교수학습법」, 「PBL을 활용한 '글쓰기 진술방식'의 창의적인 수업 모델과 그 의의」, 「이공계 글쓰기 '팀티칭 수업(Team teaching)'의 효과적 방법 및 그 실제」, 「융복합을 통한 생태교육 방법론」, 「다큐멘터리 영화 〈잡식가족의 딜레마〉를 통해 본 생태인식과 실천의 문제」, 공저로 『영화로 읽기 영화로 쓰기』, 『섬 공간의 탈경계성과 문화교류』 등이 있다. 그동안 글쓰기 및 말하기 교양 전반과 생태문학에 대한 관심을 갖고 꾸준히 교육, 연구 활동을 해오고 있다. 현재 동국대학교 다르마칼리지 교수로 재직하고 있으며, 한국사고와표현학회 총무이사, 문학과환경학회 편집위원, 동악어문학회 재정이사 등으로 활발히 활동하고 있다.


## 이경희

　이화여자대학교 독어독문학과를 졸업하고, 독일 마르부르크 대학교에서 박사학위를 받았다. 저역서로 『프리드리히 실러의 미적 교육론』(공저, 공역)이 있고, 논문으로 「쉴러의 미학이론에 나타난 젠더불평등 연구 - 『우미와 존엄』을 중심으로」, 「드라마 『군도』에 나타난 쉴러의 정치적 보수주의」, 「역사와 예술에 대한 시학적 성찰 - F. 쉴러의 『발렌슈타인』3부작을 중심으로」, 「근대 화학이론과 실험의 시학적 형상화 - 괴테의 『파우스트 2부』를 중심으로」, 「괴테의 지질학 연구와 문학적 담론」, 「미하엘 엔데의 환상소설 『끝없는 이야기』연구」, 「과학의 고전읽기 교육사례 연구 - 토머스 헉슬리의 로마니즈 강연 『진화와 윤리』를 중심으로」, 「반 고흐의 편지와 회화를 활용한 생태학적 사고와 상상력 교육」, 「소포클레스의 비극에 나타난 여성 젠더의 이원적 기획과 타자성 - 『안티고네』와 『엘렉트라』를 중심으로」 등이 있다. 현재 이화여자대학교 호크마교양대학 교수로 〈고전읽기와 글쓰기〉를 담당하고 있으며, 한국사고와표현학회 편집위원장과 한국미디어문화학회 연구상임이사로 활동하고 있다.

## 강옥희

상명대학교 국어교육과를 졸업하고 동대학원에서 박사학위를 받았다. 대중소설연구의 불모지에서 「1930년대 후반 대중소설 연구」로 박사학위를 받은 후 『한국 근대 대중소설 연구』, 『대중·신파·영화·소설』, 『딱지본 대중소설의 발견』, 『식민지 시대 대중예술인 사전』, 「식민지 시기 영화소설연구」, 「대중소설의 기원으로서의 딱지본 소설 연구」, 「문화콘텐츠로서 대중소설의 기능과 역할에 관한 연구」, 「1950년대 대중소설에 등장하는 데이트 코스를 통해 본 대중문화와 연애풍경」 등 대중소설과 관련한 다양한 저서 및 논문과 「창의성과 비판적인 사고력 개발을 위한 수업방안 연구 – 문학토론을 통한 〈명저읽기〉 수업사례를 중심으로」, 「영화 만들기를 활용한 교양교육 수업 사례와 성과 연구」 등의 교양교육관련 논문을 발표했다. 현재는 상명대학교 국어교육과 교수로 '현대소설론', '현대소설의 이해', '현대소설사', '문예비평론' 등 소설 관련 전공교과목과 '고전으로 세상보기(문학)' 등의 교양교과목을 강의하고 있으며, 대중서사학회 기획이사, 한국사고와표현학회 편집이사로 활동중이다.


## 나은미

한성대학교 국어국문학과를 졸업하고 같은 대학원에서 박사학위를 받았다. 저서로 『연결주의 관점에서 본 어휘부와 단어형성』, 『언어 표현 전략』, 『대학 글쓰기 연구와 텍스트 해석』, 『패턴중심 글쓰기와 말하기의 전략』 등이 있고, 「대학 신입생을 위한 성찰과 설계를 위한 쓰기 교육의 한 방법」, 「장르에 대한 이해와 대학의 〈사고와 표현〉 교육 설계」, 「표현주의에 토대를 둔 대학 글쓰기 교육의 한 방안」 등 다수의 논문이 있다. 현재 한성대학교 상상력교양교육원 교수로 재직하고 있으며, 〈사고와 표현〉, 〈세상읽기와 글쓰기〉, 〈나를 위한 글쓰기〉 등을 강의하고 있다. 성인의 성찰 글쓰기에 관심을 갖고 있으며, 푸른역사아카데미(한국연구재단 지원프로그램)에서 〈힐링, 그리고 보살핌을 위한 워크숍 안내〉를 진행하기도 했다. 한국리터러시학회와 한국사고와표현학회의 연구이사, 한국화법학회와 한국작문학회 편집위원으로 활동하고 있다.

## 김중철

한양대학교 국어국문학과를 졸업하고 같은 대학원에서 석사와 박사 학위를 받았다. 한양대학교 연구교수와 한양사이버대학교 전임강사를 거쳐 현재 안양대학교 아리교양대학 교수로 재직 중이다. 한국언어문화학회 총무이사, 대중서사학회 정보이사 등을 역임했으며 영등포평생학습관, 동대문도서관 등에서 대중시민강좌를 담당하기도 하였다. 현재 한국사고와표현학회 편집이사, 문학과영상학회 편집위원 등으로 활동하면서 문학과 영화, 글쓰기와 의사소통 관련 교육과 연구를 행하고 있다. 저서로는『소설과 영화』,『소설을 찾는 영화, 영화를 찾는 소설』,『사고와 표현』(공동저서),『과학기술 글쓰기』(공동저서) 등이 있으며 논문으로는「공간 읽기와 성찰적 글쓰기」,「문학과 만나는 영화의 한 방식」,「영화 '다우트'의 서사공간 분석」,「영화 '일 포스티노'와 '시'에 나타난 글쓰기의 의미」등이 있다.


## 유영희

중앙대학교 심리학과를 졸업하고 고려대학교에서 백호 윤휴 사상 연구로 박사학위를 받았다. 연구 초기에는 조선시대 유학 사상에 관심이 많아 백호 윤휴 사상을 비롯하여「90년대(1990-1999) 한국유교연구현황과 과제」,「탈성리학의 변주-미수 허목과 백호 윤휴를 중심으로」,「새로운 경학사상의 대두」,「사단칠정-도덕적 감정과 일반적 감정」,「인물성동이론 연구 성과를 통해 본 '같음'과 '다름'의 의미」등의 논문을 발표했고,「임윤지당의 성리철학과 수행론」등 조선시대 여성 유학자에 대한 논문도 발표했다.『한문이란 무엇인가』를 공동 저술하였고, 『불교철학개론』등 번역서도 출간하였다. 고려대학교 민족문화연구원 객원교수를 역임했고, 충북대학교 철학과를 비롯하여 여러 대학에서 강의하였다. 최근 10여 년간 고려대학교에서 사고와 표현 교과를 강의하면서 인문치료와 글쓰기 교수법에 관심을 가지고「주자학의 철학 치료적 의미-『주자어류』를 중심으로-」,「확인 질문(cross examination) 방식과 퇴계 고봉 사칠 논변 방식의 비교 고찰」등을 발표하였다. 중장년 성인을 위한 인문 글쓰기 강의도 하고 있다. 2018년에는 성인 글쓰기 강의를 묶어『나를 발견하는 관찰글쓰기』(희망사업단)로 출간하였다.

## 송인화

연세대학교 국어국문학과를 졸업하고 같은 대학원에서 박사학위를 받았다. 여성문학과 기독교문학에 관심을 가지고 있으며 최근에는 기독교 담론의 지식 구성 방식과 교양/문화 담론에 대해 연구하고 있다. 논문으로 「정연희 소설에 나타난 '자기세계' 구축 방식과 나르시시즘의 의미」, 「프로테스탄티즘 윤리와 질병의 수사: 임옥인의 『힘의 서정』연구」, 「1960년대 『여원』 연재소설 연구-연애담론의 사회, 문화적 의미를 중심으로」, 「1960년대 여성소설과 "낭만적 사랑"의 의미-강신재와 한무숙 소설을 중심으로-」, 「김활란 자서전 『그 빛 속의 작은 생명(生命)』에 나타난 여성의 사회 참여 방식과 공간의 정치」, 「반 버스커크의 '과학과 종교'에 나타난 기독교 사회진화론 연구: 사회주의에 대한 대응과 20년대 지식 구성」 등이 있다. 현재 한세대학교 교양학부 부교수로 글쓰기와 한국문학 및 문화 담론을 가르치고 있으며, 한국여성문학학회와 한국문학과종교학회 편집위원으로 있다.


## 정윤자

단국대학교 국어문학과를 졸업하고 같은 대학에서 석사와 박사학위(국어학 전공)를 받았다. 프로젝트 "음성 분석을 기반으로 한 몽골어 중국어 발음 교수법 연구", "리까르도빨마대학교를 통한 페루에서의 한국학과 한국문화 소개 및 전파"를 진행하면서 외국인을 위한 한국어 연구 및 교육을 진행해왔고, "규장각본 《천의소감언해(闡義昭鑑諺解)》의 역주와 현대어 풀이 및 스토리텔링 연구"를 진행하며 고전자료의 현대화 연구도 수행하였다. 법무부 천안교도소에서 외국인 수형자를 위한 한국어문화 프로그램 〈굿모닝코리아〉를 9년간 책임 진행하고 있으며, 우리말칼럼니스트로도 활동하고 있다. 『재미있는 한국어』, 『대학교양국어』를 엮었고, 공저로 『사고와 표현』이 있다. 현재 단국대학교 교양교육대학 교수로 재직 중이며, 국어교과 PD, 인권센터 인권상담소장, 양성평등상담소장직을 맡고 있으며, 한글학회 충남세종지회장을 역임했다.

## 김명희

단국대학교 한국어문학과와 문예창작과를 졸업한 후 같은 대학원에서 석사학위를 받고 충북대학교에서 박사 과정(외국어로서의 한국어교육 전공)을 수료했다. 사회통합 프로그램 한국어강사, 단국대학교 한국어문학과 외래강사, 충북대학교 한국연수부 전임교수로 재직한 바 있다. 2012년 경희대학교에서 제7회 한국어 및 한국 문화 지도 체험 수기 공모전에서 최우수상을 수상했으며 관련 공저로 『한국어로 세계를 누비는 우리』, 『소통과 나눔의 한국어 교육 이야기』가 있다. 현재 충북대학교, 남서울대학교, 천안외국인교도소에서 한국어를 가르치고 있다.